国家出版基金项目
NATIONAL PUBLICATION FOUNDATION
国家“十三五”重点图书出版规划项目

城市地下空间出版工程·运营与维护管理系列

总主编　钱七虎　副总主编　朱合华　黄宏伟

城市轨道交通轨道结构检测与修理

许玉德　李海锋　周　宇　杨新文　李新国　编著

同济大学出版社
TONGJI UNIVERSITY PRESS

上海市高校服务国家重大战略出版工程入选项目

图书在版编目(CIP)数据

城市轨道交通轨道结构检测与修理/许玉德等编著. —上海：同济大学出版社，2018. 11

城市地下空间出版工程. 运营与维护管理系列/钱七虎主编

ISBN 978-7-5608-8082-2

Ⅰ. ①城… Ⅱ. ①许… Ⅲ. ①城市铁路—轨道(铁路)—结构—检测 ②城市铁路-轨道(铁路)-维修 Ⅳ. ①U239.5 ②U213.2

中国版本图书馆CIP数据核字(2018)第185331号

城市地下空间出版工程·运营与维护管理系列

城市轨道交通轨道结构检测与修理

许玉德　李海锋　周　宇　杨新文　李新国　**编著**

出 品 人：华春荣
策　　划：杨宁霞　胡　毅
责任编辑：陆克丽霞
责任校对：徐春莲
封面设计：陈益平

出版发行　同济大学出版社　www.tongjipress.com.cn
　　　　　(上海市四平路1239号　邮编：200092　电话：021-65985622)
经　　销　全国各地新华书店、建筑书店、网络书店
排版制作　南京月叶图文制作有限公司
印　　刷　上海安兴汇东纸业有限公司
开　　本　787mm×1 092mm　1/16
印　　张　23.25
字　　数　580 000
版　　次　2018年11月第1版　2018年11月第1次印刷
书　　号　ISBN 978-7-5608-8082-2
定　　价　140.00元

内容提要

本书为国家“十三五”重点图书出版规划项目、国家出版基金资助项目、上海市高校服务国家重大战略出版工程入选项目。

全书从城市轨道交通工务管理的内容和特点入手，重点阐述了城市轨道交通工务管理过程中涉及的轨道结构及其部件状态的检测理论和方法、轨道结构状态的分析和评估策略与方法、轨道噪声与振动的检测与分析、轨道交通运营安全风险评估等内容。全书内容反映了目前城市轨道交通轨道结构检测、数据分析与决策技术和风险评估等方面的研究成果和工程实践总结，对深化城市轨道交通工务管理的内涵和实践，提升对城市轨道交通工务管理与决策的重视程度，实现城市轨道交通的安全、平稳、协调发展均具有重要的参考意义。

本书可供从事城市轨道交通规划、设计、运营与管理以及政府相关部门的有关人员学习与参考，也可供高等院校土木、交通、车辆等相关专业的师生使用。

作者简介

许玉德 博士，同济大学交通运输工程学院教授，博士生导师，上海市土木工程学会理事、上海市土木工程学会铁道工程专业委员会副主任委员。主要从事高速铁路基础设施的养护维修、重载铁路钢轨的修理和城市轨道交通运营安全评价的研究工作。先后主持和参加国家自然科学基金、国家863项目、国家科技支撑计划、铁道部科技开发计划等项目60余项，发表论文120余篇，其中被SCI，EI，ISTP收录60余篇，出版著作6部，获得软件著作权8项。研究成果多次获中国铁道学会科学技术奖、上海铁路局科学技术进步奖等奖项。

李海锋 博士，同济大学交通运输工程学院副教授、同济大学浙江学院交通研究所所长，硕士生导师，上海市土木工程学会铁道工程专业委员会委员，英国帝国理工学院访问学者。主要从事轨道结构与管理、轨道交通设施管理集成技术与方法、磁浮交通线路设计和维护集成化技术等方面的教学和科研工作。主持或作为骨干成员参与国家级、省部级科研项目30余项，发表论文40余篇，出版著作6部，获得软件著作权8项。研究成果多次获中国铁道学会科学技术奖、上海铁路局科学技术进步奖等奖项。

周　宇 同济大学交通运输工程学院副教授，博士生导师，上海市土木工程学会铁道工程专业委员会委员、国际华人交通运输协会会员。主要从事轨道结构分析、轮轨关系、钢轨养修和轨道智能监测等方面的研究工作。主持和参与国家自然科学基金、教育部高等学校博士学科点专项科研基金、铁道部课题及其他项目近30项，发表论文50余篇，其中被SCI，EI收录20余篇，编写教材2部，获专利6项。研究成果获中国铁道学会科学技术进步奖、上海市优秀工程咨询成果奖、上海铁路局科学技术进步奖等奖项。

杨新文　同济大学交通运输工程学院副教授，博士生导师，英国南安普顿大学声与振动研究所访问学者，国家自然科学基金评审专家，*Vehicle System Dynamics*，*Wear* 等杂志审稿专家。主要从事铁路轨道结构与养护维修、铁路噪声与振动、轮轨关系、列车与线路系统动力学的研究工作。先后主持和参与国家自然科学基金、国家 863 项目、教育部重点科研项目、铁道部科技开发计划和城市轨道交通领域等项目 30 余项，发表论文 70 余篇，其中被 SCI，EI，ISTP 收录 60 余篇，出版著作 4 部，获国家发明专利 4 项。研究成果获上海市科技进步一等奖等奖项。

李新国　高级实验师，同济大学交通运输工程学院铁道工程实验室主任。主要从事道路与铁道工程专业实验与测试相关的教学与研究工作。主持或参与完成国家级、省部级、企业级等项目 40 余项，发表论文 10 余篇，出版著作 1 部。

总 序

PREFACE

国际隧道与地下空间协会指出，21 世纪是人类走向地下空间的世纪。科学技术的飞速发展，城市居住人口迅猛增长，随之而来的城市中心可利用土地资源有限、能源紧缺、环境污染、交通拥堵等诸多影响城市可持续发展的问题，都使我国城市的发展趋向于对城市地下空间的开发利用。地下空间的开发利用是城市发展到一定阶段的产物，国外开发地下空间起步较早，自 1863 年伦敦地铁开通到现在已有 150 余年。中国的城市地下空间开发利用源于 20 世纪 50 年代的人防工程，目前已步入快速发展阶段。当前，我国正处在城市化发展时期，城市的加速发展迫使人们对城市地下空间的开发利用步伐加快。无疑 21 世纪将是我国城市向纵深方向发展的时代，今后 20 年乃至更长的时间，将是中国城市地下空间开发建设和利用的高峰期。

地下空间是城市十分巨大而丰富的空间资源。它包含土地多重化利用的城市各种地下商业、停车库、地下仓储物流及人防工程，包含能大力缓解城市交通拥挤和减少环境污染的城市地下轨道交通和城市地下快速路隧道，包含作为城市生命线的各类管线和市政隧道，如城市防洪的地下水道、供水及电缆隧道等地下建筑空间。可以看到，城市地下空间的开发利用对城市紧缺土地的多重利用、有效改善地面交通、节约能源及改善环境污染起着重要作用。通过对地下空间的开发利用，人类能够享受到更多的蓝天白云、清新的空气和明媚的阳光，逐渐达到人与自然的和谐。

尽管地下空间具有恒温性、恒湿性、隐蔽性、隔热性等特点，但相对于地上空间，地下空间的开发和利用一般周期比较长、建设成本比较高、建成后其改造或改建的可能性比较小，因此对地下空间的开发利用在多方论证、谨慎决策的同时，必须要有完整的技术理论体系给予支持。同时，由于地下空间是修建在土体或岩石中的地下构筑物，具有隐蔽性特点，与地面联络通道有限，且其周围邻近很多具有敏感性的各类建(构)筑物(如地铁、房屋、道路、管线等)。这些特点使得地下空间在开发和利用中，在缺乏充分的地质勘察、不当的设计和施工条件下，所引起的重大灾害事故时有发生。近年来，国内外在地下空间建设中的灾害事故(2004 年新加坡地铁施工事故、2009 年德国科隆地铁塌方、2003 年上海地铁 4 号线事故、2008 年杭州地铁建设事故等)，以及运营中的火灾(2003 年韩国大邱地铁火灾、2006 年美国芝加哥地铁事故等)、断电(2011 年上海地铁

10号线追尾事故等)等造成的影响至今仍给社会带来极大的负面效应。因此,在开发利用地下空间的过程中,需要有深厚的专业理论和科学的技术方法来指导。在我国城市地下空间开发建设步入"快车道"的背景下,目前市场上的书籍还远远不能满足现阶段这方面的迫切需要,系统的、具有引领性的技术类丛书更感匮乏。

目前,城市地下空间开发亟待建立科学的风险控制体系和有针对性的监管办法,"城市地下空间出版工程"这套丛书着眼于国家未来的发展方向,按照城市地下空间资源安全开发利用与维护管理的全过程进行规划,借鉴国际、国内城市地下空间开发的研究成果并结合实际案例,以城市地下交通、地下市政公用、地下公共服务、地下防空防灾、地下仓储物流、地下工业生产、地下能源环保、地下文物保护等设施为对象,分别从地下空间开发利用的管理法规与投融资、资源评估与开发利用规划、城市地下空间设计、城市地下空间施工和城市地下空间的安全防灾与运营管理等多个方面进行组织策划,这些内容分而有深度、合而成系统,涵盖了目前地下空间开发利用的全套知识体系,其中不乏反映发达国家在这一领域的科研及工程应用成果,涉及国家相关法律法规的解读,设计施工理论和方法,灾害风险评估与预警以及智能化、综合信息等,以期成为我国未来开发利用地下空间较为完整的理论指导体系。综上所述,丛书具有学术上、技术上的前瞻性和重大的工程实践意义。

本套丛书被列为"十二五""十三五"时期国家重点图书出版规划项目。丛书的理论研究成果来自国家重点基础研究发展计划(973计划)、国家高技术研究发展计划(863计划)、"十一五"国家科技支撑计划、"十二五"国家科技支撑计划、国家自然科学基金项目、上海市科委科技攻关项目、上海市科委科技创新行动计划等科研项目。同时,丛书的出版得到了国家出版基金的支持。

由于地下空间开发利用在我国的许多城市已经开始,而开发建设中的新情况、新问题也在不断出现,本丛书难以在有限时间内涵盖所有新情况与新问题,书中疏漏、不当之处在所难免,恳请广大读者不吝指正。

钱七虎

前言

FOREWORD

随着城市建设的快速发展，越来越多的轨道交通投入运营，大大地缓解了大、中城市交通拥堵问题，轨道交通作为城市交通骨干的作用和效果日益凸显。与此同时，作为轨道交通重要的安全保障设备设施之一的轨道结构日益受到严峻的挑战，轨道结构检测、养护维修的理论和方法及管理手段等亦在不断更新、完善和提升。

本书总结概括了城市轨道交通发展趋势和工务管理特点，结合作者多年城市轨道交通工务管理相关研究成果和工程实践经验，系统分析了城市轨道交通轨道结构组成、轨道部件状态与结构动力特性的检测技术和方法、养护维修管理与辅助决策体系和方法、轨道振动和噪声检测与对策，以及轨道交通运营安全风险评估等方面的理论和方法。

本书共分 9 章，主要内容安排如下：

第 1 章绪论，简要介绍了城市轨道交通的定义、类型、特点及其发展历程，然后通过分析轨道交通的专业构成，重点引入工务管理这一概念，继而针对城市轨道交通轨道结构的发展与特点及其维修体系做了深入的阐释。

第 2 章城市轨道交通轨道结构，首先介绍了轨道的分类、组成部件和几何形位等基本概念，然后分别就城市轨道交通轨道结构中的钢轨、扣件、轨枕、道床、道岔和钢轨伸缩调节器等部件进行了系统的梳理，较全面地反映了当前城市轨道交通轨道结构的设备配置情况及其选用要求等。

第 3 章轨道几何不平顺检测与修理，从轨道几何形位的基本概念入手，分析了检测原理和方法，阐述了轨道几何不平顺的随机特性及其分析和预测方法，结合轨道几何不平顺管理要求和标准，介绍了当前最新的检养修一体化概念和方法。

第 4 章轨道部件状态检测与修理，以钢轨和道岔这两大轨道部件为分析对象，首先介绍了典型的钢轨伤损类型、针对性的检测技术和评价方法以及可行的修理技术等内容，分析了钢轨合理选型、科学使用和全寿命管理的重要性，然后介绍了城市轨道交通道岔的检测与维护要求，提炼了道岔状态维护和评价的方法。

第 5 章无缝线路状态检测与修理，简要介绍了无缝线路的类型和特点及其技术特征，分析了无缝线路温度力的检测方法、锁定轨温衰减原因、钢轨无缝化焊接技术和无缝线路状态的模糊评定方法和修理对策。

第 6 章轨道振动和噪声检测与对策，在综述城市轨道交通噪声和振动产生的原因、分类方式及其影响的基础上，结合工程实例，介绍了轨道交通噪声和振动的检测方法、噪声等级分析评估与标准，进而提出了降低城市轨道交通噪声和振动的对策。

第 7 章轨道结构动力测试技术，介绍了轨道结构动力测试的内容、原理和方法，并结合具体的案例做了细致的说明。

第 8 章轨道养护维修决策技术与方法，在分析轨道状态与维护管理关系的基础上，针对轨道状态分析和评估及其管理中的典型问题，如检测数据源及其预处理、轨道状态数据分析和决策评估方法、轨道维修辅助决策系统等，结合实例做了具体的分析和阐释。

第 9 章轨道交通运营安全风险评估，在简要分析国内外轨道交通领域运营安全风险评估的研究基础上，结合上海和 A 市风险评估的不同策略和方法，系统梳理了轨道交通土建专业相关的运营风险，形成了包括土建系统等在内的轨道交通各专业的常见风险点。

本书由许玉德、李海锋、周宇、杨新文和李新国等共同编著，负责书中各章节的内容编写。各章节主要撰写人员为：第 1 章和第 5 章由许玉德、李海锋撰写；第 2 章由中铁第一勘察设计院集团有限公司周虎利和刘杰撰写；第 3 章和第 9 章由许玉德撰写；第 4 章由周宇、李海锋撰写；第 6 章由杨新文撰写；第 7 章由李新国撰写；第 8 章由李海锋撰写。全书的章节安排和统稿由许玉德和李海锋负责。另外，研究生李凤煜、刘婉怡、严道斌等参与了部分章节内容的讨论和编写。在此谨向每一位为本书的编写做出贡献的人表示衷心的感谢。书中还部分引用了国内外同行学者的一些研究成果，在此一并致谢。

本书的组织和撰写，得到了同济大学、上海铁路局、上海申通地铁集团等单位的大力支持和帮助，在此谨表谢意。同时，特别感谢同济大学出版社对本书出版的大力支持和无私帮助。

本书尚有许多方面的研究分析有待进一步深入和完善，纰漏和不妥之处在所难免，敬请读者批评指正。

编　者

2017 年 9 月于同济大学

目 录

CONTENTS

1 绪　　论

我国大、中城市普遍存在着车辆堵塞、交通秩序混乱的现象，这已成为城市发展的“瓶颈”。随着我国城市规模和经济建设飞速的发展，城市化进程在逐步加快，城市人口也在急剧增加，大量流动人口涌入城市，人员出行和物资交流频繁，交通需求急剧增长，城市交通供需矛盾日趋紧张。发展以城市轨道交通为骨干，以常规公交为主体的公共交通体系，为城市居民提供安全、快速、舒适的交通环境，引导城市居民使用公共交通系统是国外大城市解决城市交通问题的成功经验，也是我国大城市解决交通问题的有效途径。

自 21 世纪以来，具有节能、快捷和大运量特征的城市轨道交通受到众多城市管理者的关注。城市轨道交通是采用专用轨道导向运行的城市公共客运交通系统。由于畅通、高效、可靠的交通出行不仅是出行者选择出行方式的考虑因素，更是城市交通管理者追求的目标，所以，城市轨道交通凭借快速、便捷、安全、大运量和运输效率高等特性，成为城市公共交通的重要组成部分，在中国已经运营轨道交通的城市中，越来越多的居民愿意选择乘坐轨道交通出行。

1.1 城市轨道交通的概念

1.1.1 城市轨道交通的定义

城市中使用车辆在固定导轨上运行并主要用于城市客运的交通系统称为城市轨道交通。

在《城市公共交通常用名词术语》(GB/T 5655—1985)中将城市轨道交通定义为“通常以电能为动力，采取轮轨运输方式的快速大运量公共交通的总称”。

一般而言，广义的城市轨道交通是指以轨道运输方式为主要技术特征，是城市公共客运交通系统中具有中等以上运量的轨道交通系统(有别于道路交通)，主要为城市内(有别于城际铁路，但可涵盖郊区及城市圈范围)公共客运服务，是一种在城市公共客运交通中起骨干作用的现代化立体交通系统。

1.1.2 城市轨道交通的类型

城市轨道交通是一种采用专用轨道导向运行的城市公共客运交通系统。根据《城市公共交通分类标准》(CJJ/T 114—2007)，城市轨道交通主要包括地铁系统、轻轨系统、单轨系统、有轨电车、磁浮系统、自动导向轨道系统和市域快速轨道系统等不同制式，号称“城市交通的主动脉”，如表 1-1 所列。

1.1.3 城市轨道交通的特点

城市轨道交通具有以下主要特点：

(1) 安全。城市轨道交通线路或深埋于地下，或高架于空中，即便是地面线路也是全封闭的。每条轨道线路都采用双线独立运营，运营安全得以充分保证。

(2) 正点率高。因城市轨道交通(有轨电车除外)多采用独立运营和立交方式，最大程度地避免了交通事故和交通阻塞，因此，能够确保正点率在 98%以上。

表 1-1 城市轨道交通分类

分类名称及代码			主要指标及特征		
大类	中类	小类	车辆和线路条件	客运能力 N 平均运行速度 v	备注
城市轨道交通	地铁系统	A 型车辆	车长:22.8 m 车宽:3.0 m 定员:310 人 线路半径:≥300 m 线路坡度:≤35‰	N:3.0 万~6.0 万人次/h v≥40 km/h	大运量,适用于地下、地面或高架
		B 型车辆	车长:19 m 车宽:2.8 m 定员:230~245 人 线路半径:≥250 m 线路坡度:≤35‰	N:2.5 万~5.0 万人次/h v≥35 km/h	大运量,适用于地下、地面或高架
		L_B型车辆	车长:16.8 m 车宽:2.8 m 定员:210~240 人 线路半径:≥100 m 线路坡度:≤60‰	N:2.5 万~4.0 万人次/h v≥35 km/h	大运量,适用于地下、地面或高架
	轻轨系统	C 型车辆	车长:18.0~30.4 m 车宽:2.6 m 定员:200~315 人 线路半径:≥50 m 线路坡度:≤60‰	N:1.0 万~3.0 万人次/h 平均运行速度 v 的最低值在 25~35 km/h 之间	中运量,适用于高架、地面或地下
		L_C型车辆	车长:16.5 m 车宽:2.5~2.6 m 定员:150 人 线路半径:≥60 m 线路坡度:≤60‰	N:1.0 万~3.0 万人次/h 平均运行速度 v 的最低值在 25~35 km/h 之间	中运量,适用于高架、地面或地下
	单轨系统	跨座式单轨车辆	车长:15 m 车宽:3.0 m 定员:150~170 人 线路半径:≥50 m 线路坡度:≤60‰	N:1.0 万~3.0 万人次/h 平均运行速度 v 的最低值在 30~35 km/h 之间	中运量,适用于高架
		悬挂式单轨车辆	车长:15 m 车宽:2.6 m 定员:80~100 人 线路半径:≥50 m 线路坡度:≤60‰	N:0.8 万~1.25 万人次/h v≥20 km/h	中运量,适用于高架

续 表

分类名称及代码			主要指标及特征		
大类	中类	小类	车辆和线路条件	客运能力 N 平均运行速度 v	备注
城市轨道交通	有轨电车	单厢或铰接式有轨电车（含D型车）	车长：12.5～28 m 车宽：≤2.6 m 定员：110～260人 线路半径：≥30 m 线路坡度：≤60‰	N：0.6万～1.0万人次/h 平均运行速度 v 的最低值在15～25 km/h之间	低运量，适用于地面（独立路权）、街面混行或高架
		导轨式胶轮电车	—	—	—
	磁浮系统	中低速磁浮车辆	车长：12～15 m 车宽：2.6～3.0 m 定员：80～120人 线路半径：≥50 m 线路坡度：≤70‰	N：1.5万～3.0万人次/h 最高运行速度：100 km/h	中运量，主要适用于高架
		高速磁浮车辆	车长：端车27 m， 中车24.8 m 车宽：3.7 m 定员：端车120人， 中车144人 线路半径：≥350 m 线路坡度：≤100‰	N：1.0万～2.5万人次/h 最高运行速度：500 km/h	中运量，主要适用于郊区高架
	自动导向轨道系统	胶轮特制车辆	车长：7.6～8.6 m 车宽：≤3.0 m 定员：70～90人 线路半径：≥30 m 线路坡度：≤60‰	N：1.0万～3.0万人次/h v≥25 km/h	中运量，主要适用于高架或地下
	市域快速轨道系统	地铁车辆或专用车辆	线路半径：≥500 m 线路坡度：≤30‰	最高运行速度：120～160 km/h	适用于市域内中、长距离客运交通

（3）速度快。一般而言，城市轨道交通车辆的设计构造速度为80 km/h，旅行速度为35～40 km/h。而地面公交车辆的旅行速度较难确保达到25 km/h以上。

（4）方便舒适。发车时间间隔比较短，给人们出行、工作、购物和生活带来极大的便利。车站和车厢里四季如春的小气候、柔和的色彩、明亮的灯光、优雅的环境给人宾至如归的感觉。

（5）绿色环保、污染少。城市废气的主要排放体是汽车，而城市轨道交通列车采用电力牵引，无废气、废液排放，对周围环境的有害影响小。

（6）节能。每一单位运输量的能源消耗量，城市轨道交通系统仅为公共汽车的3/5，私人用车的 1/6。

(7) 运能大。一条城市轨道交通线相当于一条 16 车道道路的旅客输送能力。

(8) 用地省,可更好地带动沿线城市的发展。城市轨道交通线路占地仅为公路的 1/8。而且,通过轨道交通线站的科学设计,可以引导部分居民搬到城郊居住,缓解城市中心压力,改变城市人口的空间分布。

1.1.4 城市轨道交通的发展

1. 世界城市轨道交通的发展

世界城市轨道交通已有 140 多年的历史。1863 年,世界上第一条用蒸汽机车牵引的地下铁道线路在英国伦敦建成通车,当时还没有电车和电灯,车辆是采用蒸汽机车牵引,运营线路隧道内的空气环境较差。直到 1879 年,电力驱动机车研制成功,地铁乘客和工作人员才免除了蒸汽机车的烟熏之苦。19 世纪末 20 世纪初,世界大城市曾经掀起一阵地铁建设热潮。20 世纪上半叶,由于世界经济大萧条和两次世界大战,地铁建设跌入了低谷,莫斯科是第二次世界大战前修建地铁的少数城市之一。第二次世界大战后,随着全球经济慢慢复苏,世界各国又出现了新的地铁建设高潮。

150 年来,城市轨道交通建设仍在持续发展,特别是在汽车越来越多、道路越来越拥堵、环境问题日益严重的今天,建设城市轨道交通已经成为解决大、中城市交通问题的有效手段,也成为现代化城市发展的重要标志。随着世界城市轨道交通的持续发展,逐步形成了传统轮轨系统、直线电机驱动系统、磁悬浮列车、跨座式单轨交通系统、新交通系统等多种制式并存,因地制宜、重点发展的局面。

纵观世界城市轨道交通发展历史,大致可分为两大阶段。

第一阶段:从 1863 年到 20 世纪中叶。自第一条地铁诞生起,欧美的城市轨道交通发展较快,第二次世界大战前,已有 13 个城市修建了地铁。

第二阶段:从 20 世纪中叶至今。第二次世界大战后,伴随着各国城市的快速发展,地铁发展极为迅速。到 1969 年,又有 17 个城市新建了地铁,特别是 1970 年以后,地铁发展更快。

据不完全统计,目前除中国外,全世界 40 多个国家 140 多个城市共有约 8 227 km 的城市轨道交通运营线路,其中 90%以上线路均在 20 世纪 90 年代以前建成,按运营里程数统计,排名前 10 位的城市依次是:巴黎、纽约、伦敦、首尔、莫斯科、东京、芝加哥、柏林、波士顿、旧金山。其中,巴黎、纽约、伦敦的轨道交通运营里程数均在 400 km 以上。世界各国城市轨道交通平均年客运量约 230 亿人次,平均日客运量约 6 000 万人次。东京轨道交通的客运量占公共交通客运量的 94%,伦敦为 89%,维也纳为 68%,巴黎为 65%。从表 1-2 中不难看出,在世界发达国家和地区的一些大城市中,轨道交通在城市公共交通中起到了骨干作用。

表 1-2　　世界部分大城市轨道交通承担客运量

序号	国家	城市	百万人次·年$^{-1}$	年份
1	中国	北京	3 660	2016
2	中国	上海	3 401	2016
3	韩国	首尔	2 640	2015
4	日本	东京	2 581	2015
5	中国	广州	2 570	2016
6	俄罗斯	莫斯科	2 384	2015
7	中国	香港	1 949	2016
8	美国	纽约	1 762	2015
9	埃及	开罗	1 738	2016
10	墨西哥	墨西哥城	1 624	2015
11	法国	巴黎	1 520	2015
12	英国	伦敦	1 340	2016
13	中国	深圳	1 297	2016
14	新加坡	新加坡	1 198	2016
15	印度	德里	1 002	2016
16	日本	大阪	970	2016
17	巴西	圣保罗	832	2016
18	中国	南京	888	2016
19	俄罗斯	圣彼得堡	742	2016
20	中国	台北	740	2016

2. 我国城市轨道交通的发展

我国城市轨道交通起步较晚，始于 20 世纪 50 年代。纵观近 60 年的发展历程，可以归纳为四个阶段。

（1）起步阶段：20 世纪 50 年代，我国开始筹备北京地铁网络建设，1965—1976 年建设了北京地铁一期工程（54 km）。随后建设了天津地铁（7.1 km，现已拆除重建）、哈尔滨人防隧道等工程。起步阶段的地铁建设主要以人防功能为指导思想。

（2）发展阶段：20 世纪 80 年代末至 90 年代初，我国仅有上海、北京、广州等几座大城市规划建设了轨道交通，该阶段才是真正以发展城市交通为目的的地铁建设阶段。

（3）政府调控阶段：20 世纪 90 年代，一批省会城市纷纷开始筹划建设轨道交通项目，进行地铁建设的前期工作。由于要求建设的项目较多且工程造价高，1995 年 12 月国务院发布国办 60 号文，暂停了城市地下快速轨道交通项目的审批。同时，国家计划委员会（现名为：国家发展和改革委员会）开始研究制定城市轨道交通设备国产化政策。因而，此阶段为政府通过研究制定相应政策来指导地铁的规划建设阶段。

（4）建设高潮阶段：1999 年以后，国家通过一系列政策开始逐步鼓励大、中城市发展城市轨道交通，全国大部分省会城市及部分大、中城市均已建成轨道交通。截至 2017 年 3 月，全国已申请新建或扩建轨道交通的城市达 58 个，建设情况如表 1-3 所列。

表 1-3　　我国城市轨道交通建设概况

序号	城市	线路总长度/km	各制式线路长度/km						车站数	其中换乘站数	可研批复总投资/万元
			地铁	轻轨	单轨	市域快轨	现代有轨电车	中低速磁浮交通			
1	北京	454.9	423.8	—	—	—	22.1	9.0	174	65	32 569 824
2	上海	477.3	439.8	—	—	—	30.9	—	472	157	20 455 100
3	天津	115.8	115.8	—	—	—	—	—	65	30	3 177 900
4	重庆	214.2	21.2	—	—	—	—	—	126	57	12 265 200
5	广州	417.8	417.8	—	—	—	—	—	139	—	19 451 800
6	深圳	148.8	137.1	—	—	—	11.7	—	93	26	8 027 421
7	武汉	512.7	456.6	—	—	—	56.1	—	319	91	28 556 616
8	南京	177.5	159.2	—	—	—	18.3	—	140	12	*
9	沈阳	368.7	308.7	—	—	—	60.0	—	62	27	6 141 790
10	长春	104	76.0	28.0	—	—	—		47	—	3 392 891
11	大连	68.2	68.2	—	—	—	—	—	52	18	1 799 600
12	成都	379.8	320.5	—	—	—	59.3	—	275	89	22 304 383
13	西安	195.2	195.2	—	—	—	—	—	143	44	11 824 944
14	哈尔滨	72.1	72.1		—	—	—	—	53	17	4 814 900
15	苏州	165.9	138.9	—	—	—	27.0	—	128	35	10 128 800
16	郑州	96	96.0	—	—	—	—	—	81	37	4 984 900
17	昆明	137.7	137.7	—	—	—	—	—	94	37	8 331 100
18	杭州	420	333.0	—	—	60.7	26.3	—	170	39	11 680 600
19	佛山	123.3	102.5	—	—	—	20.8	—	36	19	6 574 320
20	长沙	168.7	150.1	—	—	—	—	18.6	121	45	10 008 500
21	宁波	118.7	97.1	—	—	21.6	—	—	81	23	7 372 100
22	无锡	34.5	34.5	—	—	—	—	—	24	3	2 288 700
23	合肥	169	151.0	—	—	—	18.0	—	145	35	10 805 762

续 表

序号	城市	线路总长度/km	各制式线路长度/km						车站数	其中换乘站数	可研批复总投资/万元
			地铁	轻轨	单轨	市域快轨	现代有轨电车	中低速磁浮交通			
24	南昌	100.2	100.2	—	—	—	—	—	78	20	5 910 050
25	青岛	363.8	363.8	—	—	—	—	—	190	63	18 870 953
26	福州	144.6	144.6	—	—	—	—	—	66	17	6 450 300
27	南宁	132.3	132.3	—	—	—	—	—	85	23	6 530 300
28	石家庄	59.6	59.6	—	—	—	—	—	52	16	4 441 200
29	济南	80.6	80.6	—	—	—	—	—	34	4	1 190 000
30	太原	49.2	49.2	—	—	—	—	—	21	7	1 660 100
31	兰州	50.1	35.0	—	—	—	15.1	—	42	10	3 172 526
32	贵阳	170.1	109.5	—	—	60.6	—	—	113	29	11 408 200
33	乌鲁木齐	89.7	89.7	—	—	—	—	—	72	20	7 106 900
34	呼和浩特	51.4	51.4	—	—	—	—	—	42	1	3 388 100
35	厦门	277.5	277.5	—	—	—	—	—	125	38	14 500 000
36	徐州	67	67.0	—	—	—	—	—	52	15	4 561 100
37	常州	59	53.0	—	—	—	6.0	—	53	13	3 866 907
38	东莞	164.7	164.7	—	—	—	—	—	36	9	4 998 900
39	南通	59.6	59.6	—	—	—	—	—	39	2	3 971 300
40	温州	156.5	—	—	—	156.5	—	—	40	9	4 139 300
41	芜湖	46.9	—	—	46.9	—	—	—	35	1	1 613 300
42	包头	42.1	42.1	—	—	—	—	—	32	1	3 055 200
43	洛阳	41.3	41.3	—	—	—	—	—	32	1	3 108 800
44	绍兴	41.1	41.1	—	—	—	—	—	29	2	2 916 300
45	淮安	0	—	—	—	—	—	—	—	—	—
46	南平	26.2	—	—	—	—	26.2	—	9	—	275 800
47	珠海	8.9	—	—	—	—	8.9	—	14	—	260 000
48	红河州	62.3	—	—	—	—	62.3	—	83	18	696 438
49	文山州	38.1	—	—	—	—	38.1	—	37	—	588 200
50	渭南(韩城)	55	—	—	55.0	—	—	—	5	—	186 800
51	安顺(黄果树)	6.5	—	—	6.5	—	—	—	5	—	120 000

续　表

序号	城市	线路总长度/km	各制式线路长度/km						车站数	其中换乘站数	可研批复总投资/万元
			地铁	轻轨	单轨	市域快轨	现代有轨电车	中低速磁浮交通			
52	三亚	8.7	—	—	—	—	8.7	—	15	—	147 000
53	黄石	20.6	—	—	—	—	20.6	—	26	—	199 500
54	泉州	53.7	—	—	—	—	53.7	—	58	—	980 000
55	台州	68.5	—	—	—	—	68.5	—	87	—	973 000
56	海西州（德令哈）	14.8	—	—	—	—	14.8	—	20	—	150 000
57	天水	20	—	—	—	—	20.0	—	17	—	310 000
58	毕节	28.1	—	—	—	—	28.1	—	18	—	480 000
总计		7 430.8	6 299.3	28	108.4	299.4	661.5	27.6	4562	1213	369 183 625

注：* 南京地区的可行性研究批复总投资金额数据由于未查到具体真实数据，故此处缺失。

3. 我国城市轨道交通的发展特点与趋势

当前我国城市轨道交通快速发展的大形势，已显现出以下发展特点：

(1) 城市主要轨道交通网络初步形成。北京、上海、广州等特大城市已建成多条轨道交通线路，网络化运营态势基本形成，在未来的10～15年，基本完成网络建设任务，逐步形成完善的城市轨道交通网络系统。

这些城市面对轨道交通网络化发展，开展了一系列的网络化专题研究，如车辆段与综合基地、主变电站、控制中心、无线通信、城市轨道交通自动售检票(Automatic Fare Collection, AFC)系统等资源共享研究。

(2) 城市轨道交通制式逐步多元化。目前，中国内地25个城市投入运行的110条轨道线路，大多数为传统地铁形式，占比为75%～80%。随着轨道交通网络化发展，多制式并存的局面已经显现并将逐步形成，如长春建设了现代化轻轨交通，重庆轨道交通2号线场线为跨座式单轨，北京机场线为直线电机系统，上海市区通往浦东国际机场则建成高速磁浮线路等。此外，还有100 km/h，120 km/h 不同等级的市域快线等。

(3) 车辆与机电设备的国产化。在国家城市轨道交通设备国产化政策推动下，通过建立合资企业、引进消化吸收新技术，开展多种形式的技术合作，我国将不断提高城市轨道交通车辆、机电设备的制造技术水平和国产化率，逐步形成城市轨道交通车辆与机电设备的产业化。

(4) 规范标准体系不断完善。1992年，首都规划建设委员会办公室主编了《地下铁道设计规范》(GB 50157—1992)，这是我国在城市轨道交通领域的第一部综合规范，对我国城市轨道交通的阶段性发展起到了至关重要的作用。1999年，北京市城乡建设委员会主编了《地下铁道工程施工及验收规范》(GB 50299—1999)。北京市规划委员会于2013年主编、2014年1月正式实施了《地铁设计规范》(GB 50157—2013)。另外，为了适应城市轨道交通的发展，我国在勘察、测量和城市轨道交通专业设备产品方面也编制了相应的专业规范，为研究设计及施工提供了依据。

随着城市轨道交通的发展，为满足设计和使用需求，大量与城市轨道交通规划、设计、施工、运营、管理和产品等相关的规范、标准和规程被发布并实施，目前已经基本覆盖了全领域。

1.2 城市轨道交通工务管理

城市轨道交通工务管理的主要任务是针对以轨道结构为主的工务设备和设施，通过采用科学化、机械化、智能化、信息化等方法和手段，维护轨道几何形位和轨道设备的正常使用状态，确保列车安全、准点、不间断地运行。

1.2.1 城市轨道交通系统专业构成

城市轨道交通是属于集多专业、多工种于一身的复杂系统，通常由工务工程、牵引供电、通信信号、车辆工程、运营调度与客运服务等组成，如图 1-1 所示。城市轨道交通的运输组织、功能实现、安全保证均应遵循轨道交通的客观规律。

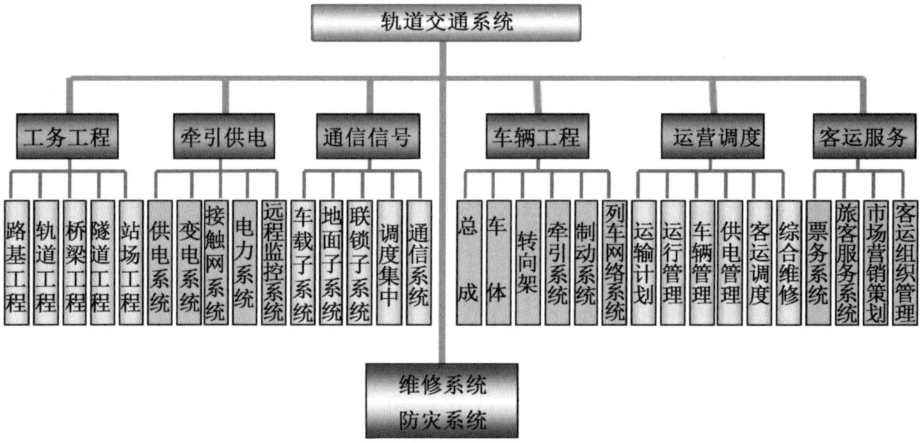

图 1-1 城市轨道交通系统专业构成

1.2.2 轨道结构发展与特点

移动设备列车和地面固定设备轨道是轨道交通系统中不可分割的两部分。城市轨道交通在多制式的发展过程中，采用钢轮钢轨制式的占绝大多数。

在城市轨道交通中，传统的有砟轨道主要由钢轨、轨枕、连接零件、道砟、道岔等组成。此外，有些线路还配备防爬器、轨距拉杆等附属装置。无砟轨道结构因其具有线路稳定、养护维修工作量少、满足城市轨道交通列车的高密度运行等特点，而在城市轨道交通建设中被大量采用。

1. 轨道结构的形成和发展

最早的轨道，两条凹槽的道路(Guideways)可追溯到 2400 年前的古希腊和罗马时代，现代铁路的起源可追溯到 16 世纪的德国和英格兰。1891 年，Haarmann 指出，最早的木槽道路起始于德国。铸铁轨的使用则自 1767 年才成为可能。金属轨的运用大大延长了轨道和木条的使用寿命，并且减小了车辆的运行阻力。但凹槽形的铸铁轨受力并不十分合理，在 1776 年，Curr 引进了 L 形的铸铁轨。早期的 L 形铸铁轨道如图 1-2 所示。支承在石枕上的 L 形铸铁轨道如图 1-3 所示。

图 1-2　早期的 L 形铸铁轨道图

图 1-3　支承在石枕上的 L 形铸铁轨道

1789 年，Jessop 引进了铸铁梁轨和有轮缘的车辆轮，从此结束了车辆既可在普通道路上行走，又可在轨道上行走的历史，至此标志着道路和铁路开始分离，当时采用的轨距也是 1 435 mm。此后数年，直至 1825 年，在英国从 Stockton 到 Darlington 的第一条公共铁路线上，Stephenson 使用的就是 T 形锻铁轨。锻铁 T 鱼腹形轨如图 1-4 所示。

对于钢轨截面的改进一直未停止过，Manby 和 Locke 在 1835 年开发了一种双头轨(Bullhead Rail)，如图 1-5 所示。同年，美国 Stricland 设计并使用了 π 形轨，如图 1-6(a)所示。1849 年，英国 Barlow 设计生产出如图 1-6(b)所示的 π 形轨。

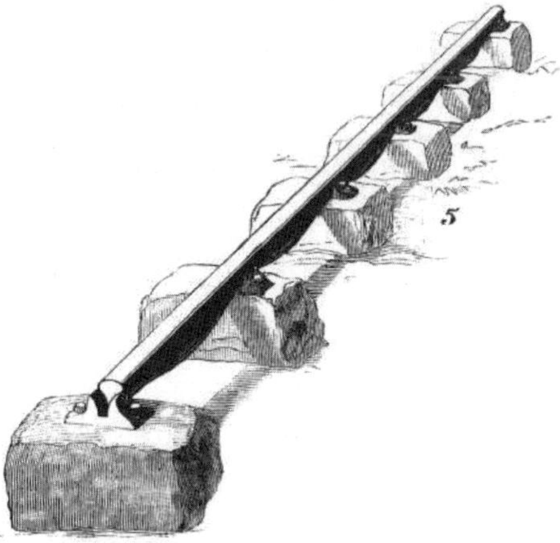

图 1-4　锻铁 T 鱼腹形轨

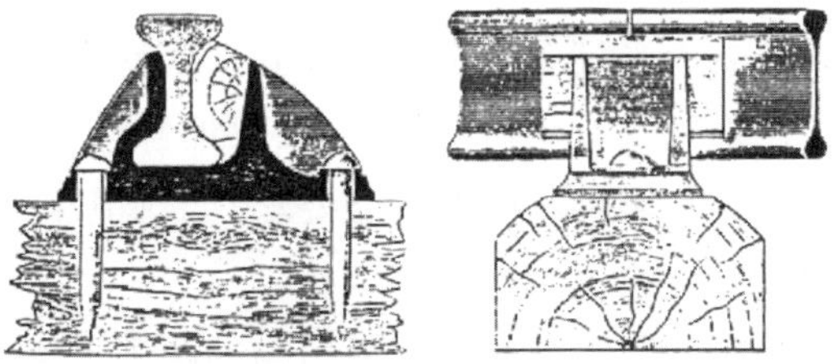

图 1-5　双头铁轨和轨座

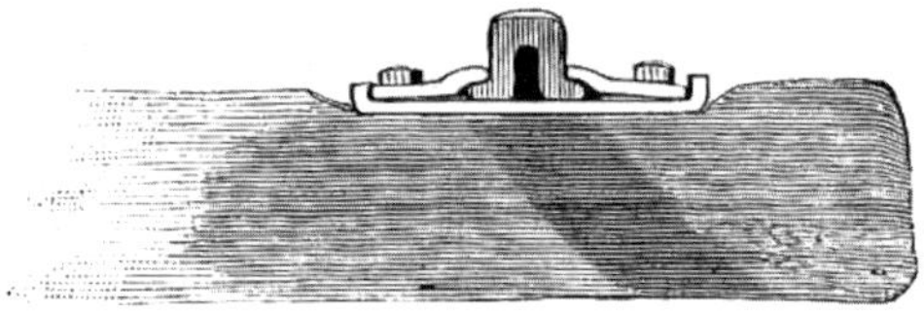

(a) Stricland 设计的 π 形轨

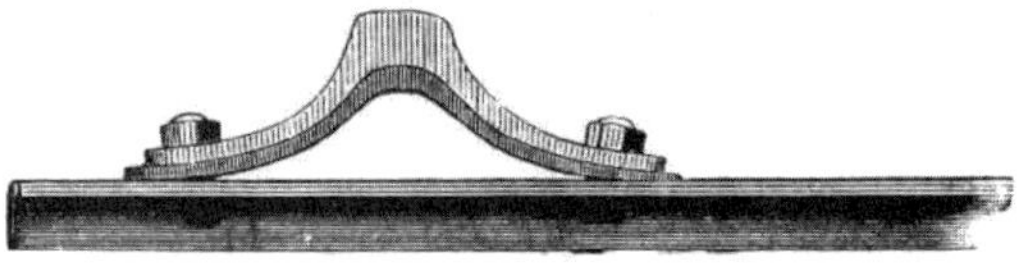

(b) Barlow 设计的 π 形轨

图 1-6 π 形钢轨和木轨

1830 年，美国人 Robert L. Stevens 首次设计了类似现代工字形截面的钢轨，如图 1-7 所示。1831 年以后，这种称为“Best Friend of Charleston”的钢轨被广泛用于美国的铁路，此时也是美国第一次引进并使用蒸汽机车。

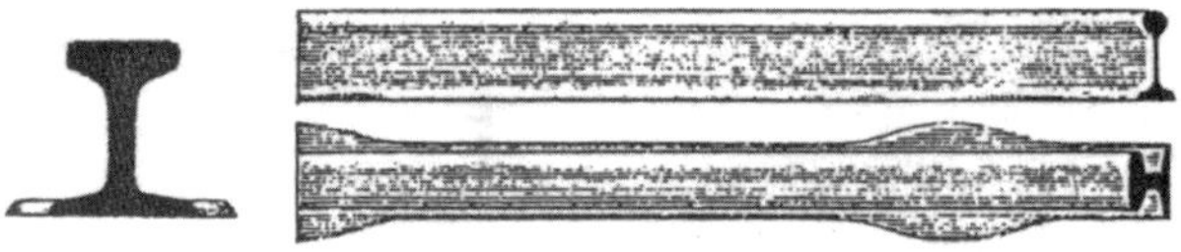

图 1-7 Stevens 首次设计的钢轨

自 19 世纪 30 年代开始，人们对各种各样的钢轨-轨枕系统进行了实验和铺设试验，自轧钢方法发明以来，这一实验也持续了几十年。19 世纪末 20 世纪初，在横向轨枕上的 Stevens 工字型钢轨结构形式已明显占主要地位。至今，这种轨道结构也是世界铁路的主要轨道结构形式。

在研制钢轨和轨枕时期，轨道上使用的主要是木枕。但进入 20 世纪 30 年代后，随着混凝土的使用越来越广泛，铁路也开始研制混凝土枕替代木枕，钢轨和横向混凝土轨枕组成的有砟轨道结构在世界范围铁路中得到了广泛的应用。之后随着铁路的发展，面对车辆速度的提高和轮载的增大，一些发达国家积极研制开发了适合不同运输条件、不同列车运行工况的轨道结构，主要有高速客运专线轨道结构、货运重载线路轨道结构、普通客货混运线路轨道结构、少维修轨道结构(如日本的梯子式轨道结构)、减振降噪型轨道结构(轨下基础低刚度轨道结构)等。

2. 轨道结构的特点

轨道结构是确保城市轨道交通安全运营的基础，它除了直接承受列车荷载并传至路基外，同时还要承受列车牵引力、制动力、摇摆力以及钢轨温度应力等。轨道结构必须能保持几何形位稳定性且具有足够的强度，以保证各种列车都能按规定速度安全平稳地运行。同时，轨道结构还须具备多种不同的性能要求，如轨道结构的稳定性、合理的轨道刚度、防爬性能和一定的减振性能等。

强度和稳定性是对轨道结构的两项基本要求，但同时，不同的列车荷载对这一要求也有所差别。轨道结构部件钢轨、轨枕、连接零件、道床等本身的力学性能对轨道结构的耐久性和稳定性均有较大影响，而各轨道部件之间的相互联系和配合也是影响轨道结构强度和稳定性的主要因素。

传统轨道结构的工作特点不同于其他一般的工程结构物，主要表现在以下三个方面：

(1) 荷载的随机性和重复性；

(2) 结构的组合性和散体性；

(3) 养护维修的经常性和周期性。

对于城市轨道交通而言，选择轨道结构的原则是轨道结构应具有足够的强度、稳定性和适量弹性。轨道结构类型不宜太多，零部件应具有较强的通用性，结构简单，便于养护维修。各地段根据不同降噪要求，应采用不同降噪效果的轨道结构类型。另外，轨道结构应具有较好的绝缘性，以减少杂散电流。尽量采用施工技术较为成熟的轨道结构形式。目前，城市轨道交通采用的轨距都为标准轨距。

3. 我国城市轨道交通轨道结构技术特征

纵观国际以及我国城市轨道交通的发展历程，轨道结构技术的进步和轨道产品的发展基本是在国铁相关技术和产品的基础上，不断实现创新和突破的过程，"轨道结构创新"一直是发展的主题词。经过多年的发展和积累，我国城市轨道交通的轨道结构已经形成了体系完善、产品丰富、理论深入和持续发展的良好局面。

我国不同年代地铁轨道技术和产品的主要成果如表 1-4 所列。

表 1-4　　城市轨道交通轨道技术和产品的主要成果

序号	类别	主要产品
1	扣件及配套类	弹性扣板弹性分开式扣件、有螺栓弹条弹性分开式扣件、无螺栓弹条弹性分开式扣件、橡胶垫板、塑料垫板、橡塑垫板、高弹性垫板、轨距垫、多道迷流防线
2	道床类	短枕式整体道床、无枕式整体道床、长枕式整体道床、梯形轨枕整体道床(引进)、可调式框架板整体道床
3	道岔类	直线尖轨、曲线尖轨(半切线型、相离型)、高锰钢锰辙叉、固定护轨、可调护轨，道岔扣件与区间扣件相同； 道岔木枕碎石道床、道岔无枕式整体道床、道岔枕式整体道床； 地面线和车场线的道岔木枕碎石道床、道岔混凝土预应力混凝土枕碎石道床
4	轨道伸缩调节器	单向钢轨伸缩调节器、双向钢轨伸缩调节器
5	减振轨道结构	中等减振轨道结构； 轨道减振器扣件、弹性短枕式整体道床、弹性长枕式整体道床、引进的洛德扣件等； 高等减振轨道结构； 梯形轨枕、先锋扣件、减振垫整体道床等； 特殊减振轨枕结构； 橡胶浮置道床、引进的钢弹簧浮置道床、自主研究的钢弹簧浮置道床

续 表

序号	类别	主要产品
6	无缝线路	无缝线路,最初长度不超过 1 000 m,目前已发展为跨区间无缝线路,地面线开通前铺设无缝线路; 钢轨焊接方法:铝热焊、工厂气压焊、移动式气压焊、工厂接触焊、移动接触焊
7	安全设备	护轮设备:防脱护轨、护轮矮墙; 车挡:1967 年正线安装沙滩弯轨式车挡、固定式车挡、缓冲滑动式挡车器、液压缓动式挡车器、液压固定式挡车器;车场线安装框架固定式车挡、月牙式车挡、摩擦式车轮挡

1.2.3 轨道结构养护维修

线路养护维修是指为确保铁路线路设备实现所期望的功能,在设备的寿命周期内保持、恢复和改善设备状态而采取的技术和管理活动。

传统意义上,线路设备主要采用"故障修"+"周期修"的维修模式,即当设备各项技术指标超过相应管理标准,或者设备使用年限达到相关修理规则规定的维修周期时进行相应的修理。

无砟轨道的运营实践表明,无砟轨道整体性好、结构稳定的特点使其几何状态变化较有砟轨道明显小;在列车荷载、外部环境及线下基础变形等因素作用下产生的结构病害成为无砟轨道养护维修的主要内容。

无砟轨道不同于有砟轨道的特点,决定了它不能简单复制有砟轨道既有的养护维修模式,而应在总结借鉴传统铁路养护维修模式的基础上,分析国内外城市轨道交通在设备养护维修理论上的最新进展,提出适合我国城市轨道交通特点的无砟轨道养护维修模式。

设备维修基本分为事后故障修和事前预防修两大类,其中事前预防修又可细分为基于时间的维修和基于状态的维修。

(1)事后故障修。事后故障修是指系统中设备故障或性能降低到管理标准以下时,恢复或更新设备以保障系统正常运行而采取的非计划维修。被动性、事后性是其两大特征。

(2)事前预防修。事前预防修是指根据设备运转周期和使用频率,有计划地安排系统性的检查和维修,从而降低设备失效概率,减缓设备劣化过程。有组织、有计划是其主要特点。

根据无砟轨道结构病害呈现随机性的特点,同时由于无砟轨道结构病害生成机理的基础理论研究相对滞后,人们对其状态变化规律尚未完全掌握,因而事后故障修的模式还将长期存在。

根据无砟轨道养护维修工作的实际需要,对其应采取更加积极主动的"状态修"模式,即在"预防为主、防治结合、严检慎修"的原则下,采用科学先进的监测、检测手段,在设备状态劣化前实施有效的养护维修措施,即依据线路设备实时状态及其变化规律,分等级地进行养护维修,其手段是进行线路质量等级管理。

对城市轨道交通而言,轨道设施养护维修工程包括日常养护维修、中修工程、大修工程等三类。日常养护维修是根据设施状态评定结果,对轨道设施进行的日常性维护保养和轻微损坏的一般性修复作业。中修工程是根据设施状态评定结果或维修周期要求，对轨道设施进行一般规模的专项维修工程，以恢复轨道设施原有技术状况。大修工程是根据设施状态评定结果或维修周期要求，对轨道设施进行较大规模的专项或综合性维修工程，以全面恢复或提高轨道设施技术状况。

轨道养护维修需要结合工务管理的任务和重点，建立完备的养修管理规章、规程以及配套的作业(指导书)和验收标准。

城市轨道交通的工务管理通过轨道状态检测、评价、计划、维修四个阶段来确保其正常的工作状态，管理业务流程如图 1-8 所示。

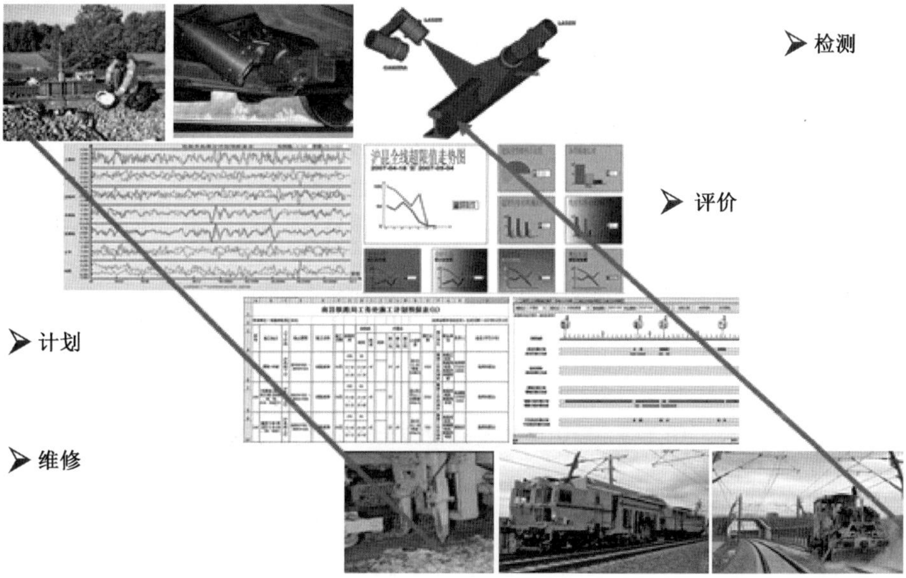

图 1-8　轨道管理业务流程

轨道养护维修应注重以下若干领域的研讨及实践总结，主要包括：

(1) 轨道管理的修制和修程；

(2) 运用现代化的检测手段，评定轨道的状态；

(3) 轨道在不同运营条件下变形发展的规律及预测理论；

(4) 轨道病害的成因分析及预防措施；

(5) 大型养路机械施工条件下的轨道状态研究；

(6) 轨道养护计划决策支持系统。

在轨道养护管理现代化方面，需逐步实现三个转变：①从定性和传统经验向定量化、科学化管理转变；②对轨道状态和质量的检测从静态向动态和综合检测转变；③工务管理从分散、单独的系统向覆盖全路的综合化、网络化、智能化系统转变。例如，美国利用现代信息技术实现轨道的高效管理，CSX 运输公司和 Conrail 公司采用 Plasser 美国分公司的轨迹约束检测系统(GRMS),BNSF公司采用霍兰公司的轨道强度试验分析和记录车。未来的检测系统包括钢轨试验车、道床雷达检测系统和轨枕状态检测系统,同时将全球定位系统(GPS)和地理信息系统(GIS)的数据应用于轨道数据库和线路维修计划系统。

根据设备全寿命管理的需要,应逐步建立覆盖线路全寿命的管理体系,包括建设期及运营期轨道状态管理,涉及的关键技术简要汇总如图1-9所示。

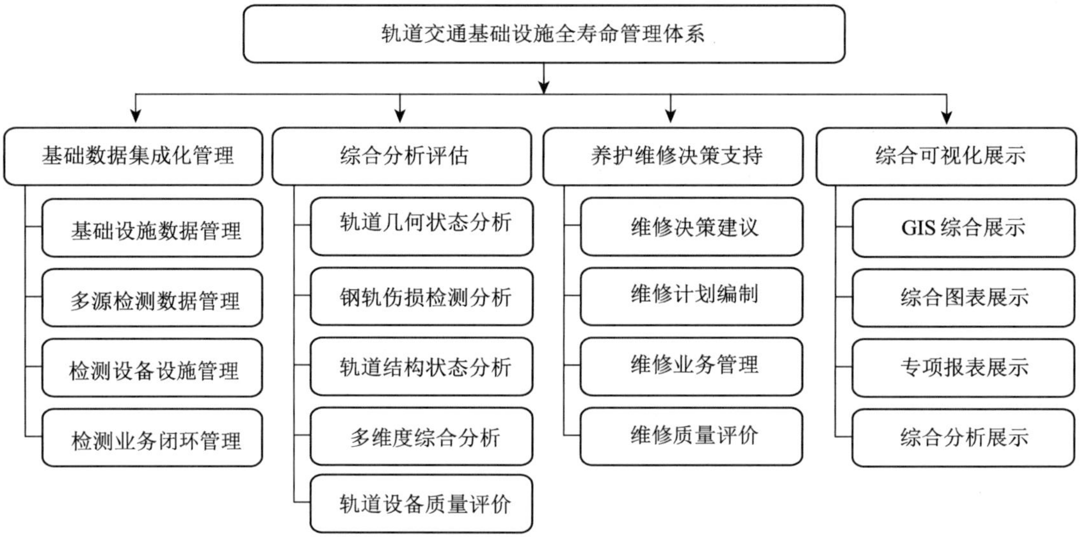

图1-9 轨道交通基础设施全寿命管理体系

2　城市轨道交通轨道结构

城市轨道交通呈现多种多样的制式，按轨道的支承与导向制式可分为钢轮钢轨、跨坐式单轨、磁浮、齿轨等系统，其中钢轮钢轨系统是目前世界上应用最为广泛也最成熟的城市轨道交通制式。

2.1 轨道构成

2.1.1 概述

轨道是城市轨道交通系统的一个重要组成部分，它的作用是引导列车运行，直接承受列车荷载作用，并把荷载分布传递给其下部的隧道、桥梁或路基。城市轨道交通行车密度大、运营时间长、维修时间短且在夜间进行，城市景观和环境保护要求高。轨道系统作为轨道交通运营的基础设备，在确保列车运营安全、舒适、快速、环保等方面起着十分重要的作用。因此，城市轨道交通对轨道结构有如下要求：

(1) 轨道是行车的基础，列车作用于轨道上的力有垂直压力、横向水平力、纵向水平力以及因温度变化所产生的温度附加力等。所以，要求轨道结构有足够的强度和稳定性，各组成部分的结构要合理，尺寸及材质要相互配合、等强配套，以保证列车按规定的速度安全、平稳、不间断地运行。

(2) 轨道结构应保证列车在规定的最大载重和最高速度运行时，具有足够的强度、刚度、稳定性和平顺性，符合质量均衡、弹性连续、结构等强、合理匹配的原则。

(3) 轨道部件应在满足使用功能的前提下，实现少维修、标准化、系列化，以方便施工、建设管理和运营维护，并且降低成本。

(4) 轨道应根据工程环境影响评价的要求，与车辆等系统综合协调，采用分级减振设计，将地铁列车运行产生的噪声、振动对环境的影响控制在国家环保标准允许的范围内，体现“以人为本”的理念。

(5) 轨道应具有良好的电气绝缘性，满足轨道信号传输及杂散电流防护要求。

(6) 考虑城市轨道交通网络化运营的设备资源共享，最大程度地实现轨道系统的设备、大型维护设备及机具共享，使管理最方便，成本最低。

2.1.2 轨道类型

城市轨道交通轨道结构可分为有砟轨道碎石道床和无砟轨道整体道床两大类，也可按运营条件分为正线轨道和场段轨道。

1. 有砟轨道

有砟轨道是一种传统的轨道结构形式，主要由钢轨、扣件、混凝土轨枕及碎石道床组成(图2-1)。

有砟轨道的优点：建设费用低、弹性良好、建设周期短、易于修复、对下部基础沉降适应性较强等。

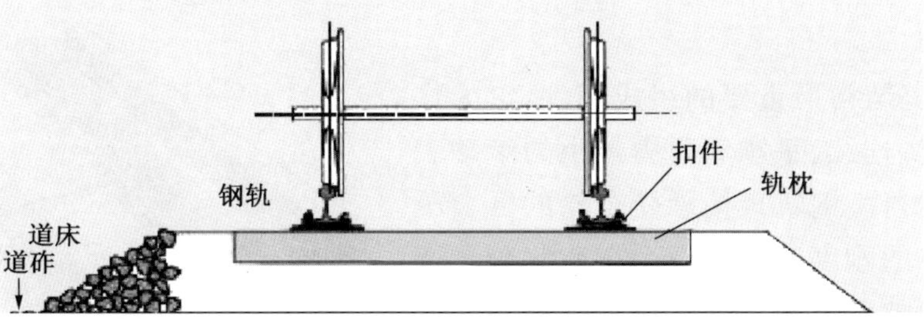

图 2-1　有砟轨道结构

有砟轨道的缺点：在运营过程中线路几何形位较难长期保持，维修工作量大。此外，有砟轨道碎石道砟自重较大，增加桥梁地段二期恒载；轨道结构高度及宽度均较大，增大桥隧建筑限界。

2. **无砟轨道**

无砟轨道是一种应用广泛的轨道结构形式，主要由钢轨、弹性扣件、轨枕、现浇或预制混凝土道床等结构组成（图 2-2），无砟轨道使用塑性变形小、耐久性好的混凝土代替有砟轨道中易磨耗、粉化和破碎的道砟散粒材料。

图 2-2　无砟轨道结构

无砟轨道的优点：良好的稳定性、平顺性、耐久性；结构高度低、自重轻，可减少桥梁二期恒载；道床整洁美观、轨道养护维修工作量小。

无砟轨道的缺点：初期投资费用高，刚度较大，轨道弹性差，对减振降噪有要求的地段需采用减振扣件或减振道床。此外，无砟轨道对于路基地段的工后沉降须严格控制。

城市轨道交通发车间隔小（世界各国城市轨道交通行车间隔时间不超过 4 min 的线路占 90%以上）、运营时间长（每天运营时间在 18 h 左右），养护维修时间少。在城区内其敷设方式以隧道和高架形式为主，养护维修作业在空间上受到很大限制且隧道内工作环境恶劣。同时，在高架线上若采用有砟道床，其轨下基础单线自重 1.9 t/m，会增大桥梁上的二期恒载。此外，有砟轨道道床清筛粉尘也会给城市环境造成污染。因此，现代城市轨道交通领域普遍采用无砟轨道（整体道床）。而场段轨道由于空载低速运行，多在库外线采用有砟轨道，库内线则根据工艺要求采用各类型的检查坑及整体道床。

2.1.3 轨道主要部件的作用

城市轨道交通钢轮钢轨系统的轨道一般由钢轨、连接零件、轨枕、道床、道岔及轨道附属设备等部分组成(图 2-3)。

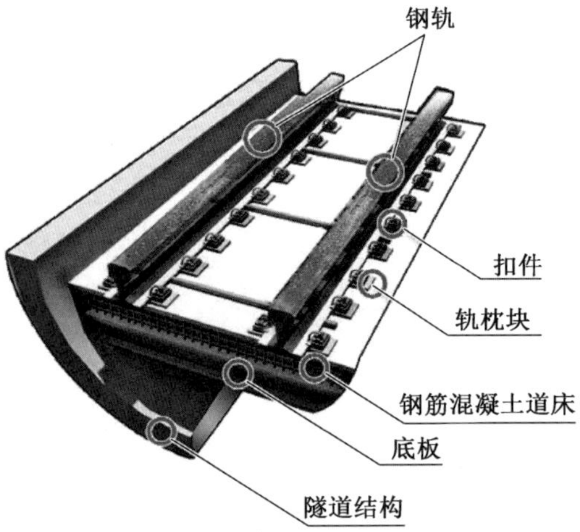

图 2-3　城市轨道交通隧道内轨道结构

1. 钢轨

钢轨是轨道结构最重要的组成部件,它的作用是为车轮提供连续、平顺和阻力最小的滚动表面,引导列车运行。钢轨直接承受车轮的巨大压力,依靠它本身的刚度和弹性把列车荷载分布开来,并传递到轨枕和道床。钢轨也是城市轨道交通列车牵引用电回流电路的通道。

2. 连接零件

连接零件分接头连接零件和中间连接零件。接头连接零件为钢轨夹板和螺栓等,用于钢轨和钢轨、钢轨和道岔之间的可靠连接,保持钢轨的连续性与整体性。对于接头连接零件而言,要求其有足够的强度,以承受车轮通过钢轨接头处时所产生的巨大冲击力、纵向力、横向水平力以及因温度变化钢轨所产生的温度附加应力等。

中间连接零件主要指扣件,作用是固定钢轨的位置,阻止钢轨的纵、横向位移,防止钢轨翻转,并将钢轨所受的力传递给轨枕。扣件应具有足够的强度、耐久性及适量的扣压力和弹性,以保证轨道结构的安全性、稳定性并使其具有一定的减振降噪能力。扣件应具有适宜的调整轨距和水平的能力并满足轨道电气绝缘的要求。

3. 轨枕

轨枕的作用是一方面承受来自钢轨的各向压力,并将其弹性地传布于道床;另一方面有效地保持轨道的几何形位,特别是轨距和方向。轨枕应具有必要的坚固性、弹性和耐久性,并能便于固定钢轨,有抵抗纵向位移和横向位移的能力。

4. 道床

道床是轨枕的基础,道床的作用是固定轨枕的位置,防止轨枕纵、横向位移并把所承受的压力传递给下部的隧道、桥梁或路基。道床是轨道的重要组成部分,是轨道框架的基础,具有以下功能:

(1) 承受来自轨枕的压力并均匀地传递到路基面上;

(2) 提供轨道的纵横向阻力,保持轨道的稳定;

(3) 提供轨道弹性,减缓和吸收轮轨的冲击和振动;

(4) 提供良好的排水性能,以减少基床病害;

(5) 减少轨道养护维修作业。

5. 轨道附属设备

轨道附属设备主要有车挡、防脱护轨、线路及有关信号标志、钢轨涂油器等。这些部件和设备对于轨道交通安全运营及养护维修是十分必要的。

6. 道岔

道岔是列车从一股轨道转入或越过另一股轨道时必不可少的轨道设备，在轨道交通配线布置中应用极为广泛，是轨道结构的一个重要组成部分。

2.1.4 轨道几何尺寸

1. 直线轨道几何尺寸

1）轨距

轨距为线路上钢轨头部顶面下 16 mm 范围内两股钢轨作用边之间的最小距离，如图 2-4 所示。目前，世界上铁路轨距分为标准轨距、宽轨距和窄轨距三种。标准轨距尺寸为 1 435 mm，我国城市轨道交通均为标准轨距。轨距宽于1 435 mm的称为宽轨距，常用的尺寸有1 524 mm、1 600 mm 和 1 670 mm，主要用于苏联、印度及澳大利亚。轨距窄于 1 435 mm 的称为窄轨距，常用的尺寸有 1067 mm、1 000 mm 和 762 mm。除少数国家采用 1 067 mm 和 1 000 mm 作为干线轨距标准外，窄轨距主要用于工矿企业铁路。

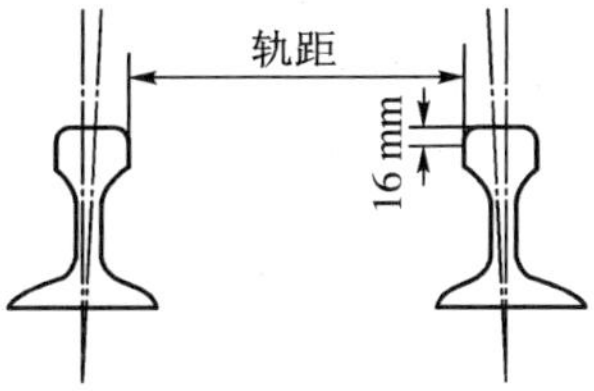

图 2-4 轨距

轨距用道尺或其他工具（如轨道检查车）进行测量。其容许误差根据验收标准的不同而不同。

2）水平

水平指的是线路左、右两股钢轨顶面的相对高差，它必须满足规定的均匀和平顺要求。轨道上两股钢轨的顶面，在直线地段应保持同一水平，在曲线地段应满足内、外轨均匀和平顺超高的要求。这是为了使两股钢轨负担均匀，保证车辆平稳行驶。

3）方向

方向亦称轨向，是指轨道中心线在水平面上的平顺性，即轨道的中线位置，应和它的设计位置一致。但在列车运行过程中，直线地段的轨道往往不再是一条理想的直线，而是一条由许多波浪形“曲线”组合而成的线段。每段曲线的长度一般在 10～20 m，肉眼不易看出。曲线轨道的受力状况比直线轨道更为复杂。曲线轨道由于行车速度与实设超高不相适应，也由于车轮转向时作用于钢轨上的附加横向力，以及车轮进入或驶离缓和曲线时对钢轨的横向和竖向冲击作用，使轨道变形进一步发展。

为了确保行车的平稳和安全，有必要定期检查轨道方向并及时整正。

4）高低

高低是指线路纵向一股钢轨顶面上的高低状态，轨道沿线路方向的竖向平顺性称前后高低。新铺的轨道即使轨面平顺，但经过一段时间列车运行后，由于下部基础状态、扣件松紧、轨枕状态和钢轨磨耗程度等的不同，可能会产生不均匀沉降，造成轨面高低不平。

5）轨底坡

车轮踏面和钢轨顶面主要接触部分是 1∶20 的斜坡，为了使钢轨轴心受力，钢轨不应竖直铺设，而要适当地向内倾斜。如果钢轨保持竖直，车轮的压力将离开钢轨的中心线而偏向道心一侧，且略向外斜，其结果将使钢轨头部磨耗不均、腰部弯曲，在轨头与轨腰连接处发生纵裂，甚至折损。

钢轨底面对轨枕顶面的倾斜度称为钢轨的轨底坡(也叫内倾度)。设置轨底坡的目的是为了使车轮压力更集中于钢轨的中轴线，减少荷载的偏心距，降低轨腰应力。与此同时，通过设置轨底坡还可减少钢轨头部由于接触应力而产生的塑性变形，因为在轨头中部塑性变形的积累要较两侧部分缓慢得多。

轨底坡一般与车轮踏面主要部分的斜度相同。城市轨道交通的钢轨轨底坡规定为 1∶40～1∶30，我国的轨底坡一般按 1∶40 设置。轨底坡是否正确，可从钢轨顶面上的光带位置判定。如果光带偏向内侧，说明轨底坡不足；如果光带偏向外侧，则说明轨底坡过大。

2. 曲线轨道几何尺寸

1）曲线轨距加宽

行驶中的列车进入曲线轨道时，由于惯性作用仍然力图保持其原来的行驶方向，只有受到外轨的导向作用后才会沿曲线轨道行驶。为使列车能顺利通过曲线，并使轮轨间的横向作用力最小，减少轮轨磨耗，在半径很小的曲线轨道上，轨距要适当加宽。加宽轨距是将曲线轨道内轨向曲线中心方向移动，曲线外轨的位置则保持不变。

曲线轨道轨距不应小于直线轨道轨距，对曲线半径小于 250 m 的曲线地段应进行轨距加宽。表 2-1 为我国轨道交通现行曲线轨道轨距加宽标准。

表 2-1　　我国轨道交通现行曲线轨道轨距加宽标准

曲线半径 R/m	加宽值/mm	
	A 型车	B 型车
250>R≥200	5	—
200>R≥150	10	5
150>R≥100	15	10

注：A 型车和 B 型车参见本书表 1-1 城市轨道交通分类。

轨距加宽值应在缓和曲线范围内递减，无缓和曲线或其长度不足时，应在直线地段递减，其递减率不宜大于 2‰。

2）曲线超高

列车在曲线上行驶时，由于惯性离心力作用，将列车推向外股钢轨，加大了外股钢轨的压力，使旅客产生不适，以及造成车内物体移位等。因此，需要把曲线外轨适当抬高，使列车的自身重力产生一个向心的水平分力，以抵消惯性离心力，达到内外两股钢轨受力均匀和垂直磨耗均等，满足旅客舒适感，提高线路的稳定性和安全性。

超高是指曲线外轨顶面与内轨顶面的水平高度之差。在设置超高时，主要有外轨提高法和线路中心高度不变法这两种方法。外轨提高法是保持内轨标高不变而只抬高外轨的方法。

线路中心高度不变法是将内、外轨分别降低和抬高超高值的1/2而保证线路中心标高不变的方法。前者适用于高架线及地面线，后者适用于在建筑限界受到限制的隧道内及U形结构。

当抬高外轨使车体倾斜时，轨道对车辆的反力和车体重力的合力形成向心力，如图2-5所示。

由图2-5可见，$\triangle ABC \sim \triangle EDO'$。由于轨道倾斜角度很小，从工程实际出发，可取 $CB \approx AB = S_1$，则

$$\frac{F_n}{P} = \frac{h}{S_1} \tag{2-1}$$

而车体作曲线运动产生的离心力为

$$J = \frac{Pv^2}{gR} \tag{2-2}$$

式中 g——重力加速度，取 $g=9.81\ \mathrm{m/s^2}$；

v——行车速度，单位为m/s时用 v，取km/h时用 V；

R——曲线半径，m。

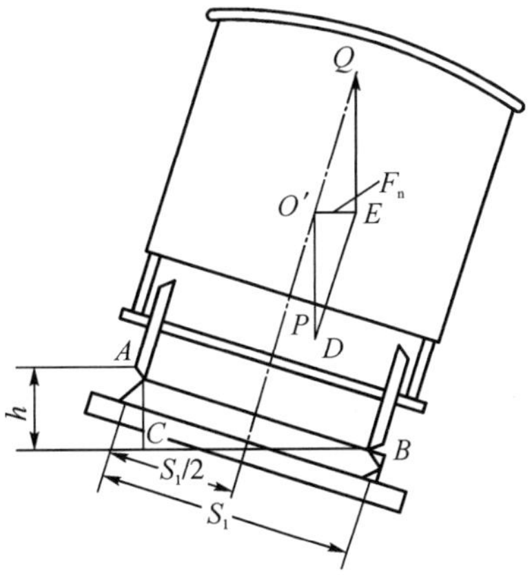

P—车体的重力；
Q—轨道反力；
F_n—向心力；
S_1—两轨头中心线距离；
h—所需的外轨超高

图2-5 曲线外轨超高计算

为使外轨超高度与行车速度相适应，保证内、外轨两股钢轨受力相等，由式(2-1)和式(2-2)得

$$h = \frac{S_1 v^2}{gR} \tag{2 3}$$

取 $S_1=1\,500\ \mathrm{mm}$，$g=9.81\ \mathrm{m/s^2}$，代入式(2-3)并变换量纲单位，得

$$h = 11.8\frac{V^2}{R}(\mathrm{mm}) \tag{2-4}$$

城市轨道交通设置的最大超高值一般为120 mm，未被平衡超高允许值不宜大于61 mm，困难时不应大于75 mm。车站站台有效长度范围内曲线超高不应大于15 mm。

超高顺坡率不宜大于2‰，困难地段不应大于2.5‰。曲线超高值应在缓和曲线范围内递减。无缓和曲线或其长度不足时，应在直线段递减。

2.2 钢轨

2.2.1 概述

钢轨是轨道结构重要部件之一，它用于引导列车车轮前进，直接承受列车荷载并通过扣件、轨枕、道床传递至结构底板，这就要求钢轨能为车轮提供安全、连续、平顺和最小阻力的滚

动表面。在列车动荷载作用下，钢轨会产生纵向弹性挠曲和横向弹性变形，这又要求钢轨应有足够的承载能力、抗弯强度、断裂韧性、稳定性、耐磨性及耐腐蚀性等。同时，钢轨也是产生振动和噪声的源头之一，因此钢轨类型的选择应保证轨道具有良好的动力响应特性和较好的稳定性，在长期运营中保持良好的平顺性，减少养护维修工作量，并延长其使用寿命。此外，为了满足电力牵引和轨道信号电路的要求，钢轨还应具备直流回路的功能，并与地面保持一定的绝缘。

2.2.2 钢轨的类型

(1) 按钢轨单重分。钢轨按单重，即每米长度钢轨的质量，可分为重轨和轻型。目前，我国铁路将 50 kg/m 及以上的钢轨称之为重型钢轨(简称重轨)，将 38～45 kg/m 的钢轨称之为轻型钢轨(简称轻轨)。目前，城市轨道交通正线主要采用 60 kg/m 钢轨(图 2-6)，场段线主要采用 50 kg/m钢轨。

图 2-6　60 kg/m 钢轨

(2) 按钢轨断面分。钢轨按断面可分为对称断面钢轨和非对称断面钢轨。非对称断面钢轨主要用于制作道岔尖轨或翼轨。例如，我国铁路标准规定的 50AT，60AT，60D40，60TY 等。

(3) 按钢轨的钢材化学成分分。钢轨按钢材的化学成分可分为碳素钢轨(钢中无合金元素加入，又称普通钢轨)、微合金钢轨(钢中加入微量合金元素如 V，Nb，Ti 等)、低合金钢轨(如钢中加入 0.80%～1.20%Cr的 EN320Cr)。

(4) 按交货状态分。钢轨按交货状态可分为热轧钢轨和热处理钢轨。钢轨不论强度多少，凡是以热轧状态交货，均称之为热轧钢轨。热处理钢轨按化学成分的不同，又可分为碳素热处理钢轨、微合金热处理钢轨和低合金热处理钢轨。

(5) 按钢轨强度分。钢轨按最低抗拉强度，可分为 780 MPa 级、880 MPa 级、980 MPa 级、1 080 MPa 级、1 180 MPa 级和 1 280 MPa 级钢轨。目前，我国轨道交通常用的钢轨有 U75V、U71Mn 及其热处理钢轨。其中，U75V 热轧钢轨的最低抗拉强度为 980 MPa，热处理后可达到 1 230 MPa；U71Mn 热轧钢轨的最低抗拉强度为 880 MPa。

2.2.3 钢轨的参数

1. 钢轨的断面尺寸和定尺长度

1865 年，美国首先用轧制方法生产工字形断面的钢轨，其单重为 22.6 kg/m。从那时起直到现在经历了 150 余年钢轨断面形状几经修改变化，但基本上保持了当时所设计的工字形断面。随着铁路运行速度和轴重的增加，钢轨断面形状不断得到改进，尺寸也随之不断增大。如图 2-7 所示为典型钢轨横截面。

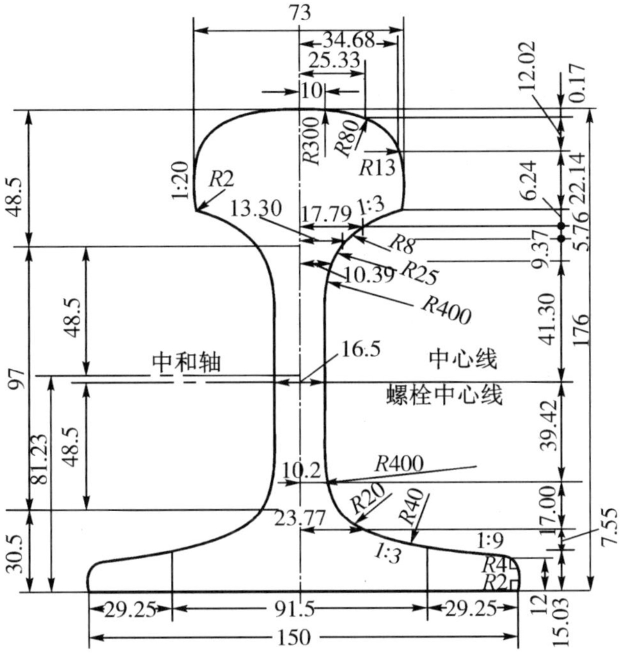

图 2-7 典型钢轨横截面(单位:mm)

表 2-2 为美国、俄罗斯、日本、法国、德国、中国等国目前投入使用的主要钢轨断面单重及钢轨长度。世界上大多数国家钢轨的定尺长度为 12.5～36 m。中国城市轨道交通常用钢轨的定尺长一般为 25 m。

表 2-2 钢轨断面单重和钢轨长度

国家	钢轨断面单重/(kg·m^{-1})	钢轨长度/m
美国	AREA115(57 kg/m), AREA119(60 kg/m), AREA132(65 kg/m), AREA133(66 kg/m), AREA136(68 kg/m), AREA147(73 kg/m)	12m(39ft), 24m(78ft), 25m(82ft)
俄罗斯	50, 65, 75	12.5, 25
日本	30, 37, 40, 50, 60	25, 50
法国	54, 60	36, 75(76)
德国	54, 60	36, 120
中国	38, 43, 50, 60, 75	12.5, 25, (50), 100

2. 钢轨的计算数据

钢轨的主要计算数据见表 2-3 和表 2-4。

表 2-3　　钢轨计算数据

钢轨类型/(kg·m⁻¹)	横断面积/cm²	重心离轨底距离/cm	重心离轨头距离/cm	对水平轴线的惯性力距/(N·m)	对垂直轴线的惯性力距/(N·m)	下部断面系数	上部断面系数	底侧边断面系数
50	65.8	7.10	8.10	2037.0	377.0	287.2	251.3	57.1
60	77.45	8.12	9.48	3217	524	369.0	339.4	69.9

表 2-4　　密度按 7.83 g/cm³ 计算的钢轨理论质量及金属分配

钢轨类型/(kg·m⁻¹)		50	60
理论质量/kg	每米质量	51.51	60.64
	12.5m 长的质量	643.93	758.04
	25.0m 长的质量	1 287.85	1 516.08
	50.0m 长的质量	2 575.70	3 032.15
	100.0m 长的质量	5 154.40	6 064.30
钢轨的金属分配（各部分占总面积的百分比）	轨头	38.68%	37.47%
	轨腰	23.77%	25.29%
	轨底	37.55%	37.24%

在进行无缝线路钢轨检算时，我国常见钢轨的屈服强度见表 2-5。

表 2-5　　我国常见钢轨屈服强度取值

钢种	状态	强度等级/(N·mm⁻²)	屈服强度取值/(N·mm⁻²)
U74	热轧态	780	410
U71Mn		880	460
U75V		980	510
U76NbRE		980	510
U71Mn(c) U75V 或 U76NbRE	热处理	1 180	800
U75V 或 U76NbRE		1 230	820

2.2.4　钢轨的选型

1. 钢轨类型的选择

目前，城市轨道交通钢轨类型主要使用 50 kg/m 钢轨与 60 kg/m 钢轨。正线采用 50 kg/m钢轨虽然可以降低轨道的初期投资，但强度、稳定性、耐磨性、运行平顺性以及使用寿命等诸方面的性能均低于 60 kg/m 钢轨。50 kg/m 钢轨与 60 kg/m 钢轨的技术性能比较如表 2-6 所列。

表 2-6　60 kg/m 钢轨与 50 kg/m 钢轨性能比较

序号	项　目	60 kg/m 钢轨相对 50 kg/m 钢轨的性能比较	备　注
1	轨道强度	钢轨抗弯截面模量增加 37%，弯曲应力减少 28%，枕上压力减少 30%～40%	
2	稳定性	稳定性提高	
3	安全疲劳寿命	可延长 60%～75%	
4	减振降噪	质量增加 17.5%，可降低钢轨 10%振动	
5	直流供电	电阻降低 7%～9%，可降低能耗	
6	杂散电流	减少杂散电流约 20%，有利于防止结构的电腐蚀	
7	养护维修量	减少 30%～40%	同等条件下
8	初期投资	约增加 20%	材料费、运费、人工费等

由表 2-6 可知，60 kg/m 钢轨各项性能均优于 50 kg/m 钢轨。近几年，北京、上海、广州、深圳、西安、重庆等城市建设的轨道交通正线均采用 60 kg/m 钢轨；出入线和试车线采用同正线轨型一致的 60 kg/m 钢轨。场段线因车辆空载运行且行车速度较低，一般采用 50 kg/m 钢轨。

2. 钢轨材质的选择

钢轨材质选择需综合考虑线路条件、运营荷载状况、与车轮硬度的匹配、钢轨受力及磨耗特性、养护维修等诸多因素。我国城市轨道交通普遍使用的钢轨材质主要包括 U71Mn 和 U75V，两种钢轨的化学成分和机械性能比较分别见表 2-7 和表 2-8。

表 2-7　钢轨化学成分比较

钢种	化学成分/%					
	C	Si	Mn	S	P	V
U71Mn	0.65～0.77	0.15～0.35	1.00～1.40	≤0.03	≤0.03	
U75V	0.71～0.80	0.50～0.70	0.70～1.05	≤0.03	≤0.03	0.04～0.12

表 2-8　钢轨机械性能比较

钢种	机械性能			
	抗拉强度 σ_b/MPa	屈服强度 σ_s/MPa	伸长率/%	布氏硬度 HB
U71Mn	≥880	≥457	≥10	260～300
U75V	≥980	≥472	≥9	280～320

在表 2-7 钢轨化学成分比较表中,U75V 钢轨的硅(Si)及钒(V)含量大于 U71Mn 钢轨,硅及钒能提高钢的耐磨性能。表 2-8 所示钢轨主要机械性能表明,U75V 钢轨硬度大于 U71Mn 钢轨。无论是物理性能还是化学成分指标,U75V 钢轨的耐磨性能均优于 U71Mn 钢轨。工程实践证明,地铁线路最小曲线半径为 300 m,若设计铺设 U71Mn 钢轨,使用寿命仅 6 个月左右;若铺设 U75V 钢轨,使用寿命延长至 2 年以上。U75V 钢轨的抗拉强度、屈服强度和拉伸性能均高于 U71Mn 钢轨。U75V 钢轨具有良好的焊接性能,现场施工方便,综合经济效益好。目前,U71Mn 和 U75V 两种钢轨的价格已基本相当,U75V 钢轨较 U71Mn 钢轨价格仅高出 6%～10%,故 U71Mn 钢轨在价格上无明显优势。因此,综合考虑钢轨的强度、韧性、耐磨性、使用寿命、养护维修等性能,正线轨道多采用 U75V 钢轨,场段线轨道多采用 U71Mn 钢轨。

2.2.5 钢轨接头

2.2.5.1 接头

钢轨接头为两根钢轨相连接的部分,简称接头。

钢轨接头按其在左右两股钢轨上的相对位置,可分为相对式接头和相错式接头。相对式接头是指轨道左右两股钢轨相对排列的接头布置方式,简称对接。它可减少列车的冲击次数,减轻列车左右晃动,提高列车运行平稳性,因此我国规定采用对接。相错式接头是指轨道左右两股钢轨错开排列的接头布置方式,简称错接。我国规定配线和车场线半径不大于 200 m 的曲线地段钢轨接头应采用错接,错接距离不应小于 3 m。

另外,钢轨接头按其性质和用途可分为普通接头、普通绝缘接头、胶接绝缘接头、冻结接头、导电接头、焊接接头等。

1. 普通接头

普通接头指采用相同类型的两块夹板以及接头螺栓等将两根同类型钢轨连接的接头。接头由钢轨、夹板、接头螺栓等组成,接头结构如图 2-8 所示。夹板采用我国标准钢轨用双头式接头夹板,接头夹板应满足《43～75 kg/m钢轨用接头夹板供货技术要求》(TB/T 2345—1993)中的相关规定。接头螺栓应满足《钢轨用高强度接头螺栓与螺母》(TB/T 2347—1993)中的相关规定。

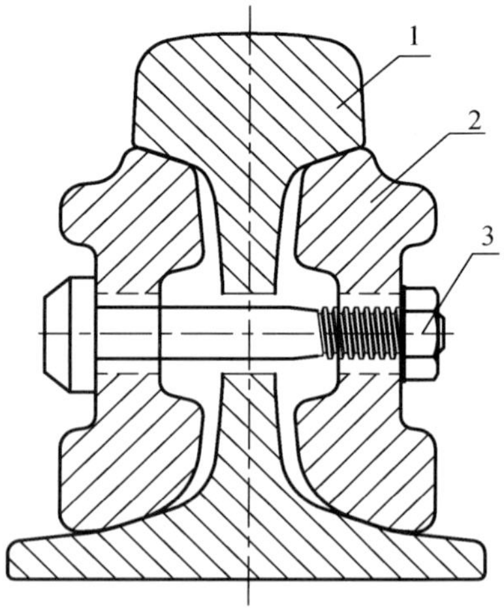

1—钢轨;2—夹板;3—接头螺栓

图 2-8 普通接头结构图

2. 普通绝缘接头

普通绝缘接头指钢轨绝缘处的不导电接头,由钢轨、夹板、高强度螺栓、槽型绝缘、绝缘套管、绝缘垫圈、绝缘端板(轨端)等组成,如图 2-9 所示。普通钢轨绝缘接头用的槽型、轨端和管垫绝缘件(简称钢轨绝缘)应满足《高分子材料钢轨绝缘件》(TB/T 2927—2015)中的相关规定。普通绝缘接头因不能承受无缝线路的纵向力，故一般不能应用于无缝线路的固定区。在钢轨绝缘接头处应推广采用钢轨胶接绝缘接头，因为钢轨胶接绝缘接头能承受无缝线路的纵向力，整体性强，能提高列车运行平稳性，可有效延长接头的使用寿命。

钢轨绝缘材料为热塑性高分子材料及热固性高分子材料，热塑性高分子材料钢轨绝缘的工作环境温度为－30～60℃，热固性高分子材料钢轨绝缘的工作环境温度为－50～60℃。槽型绝缘规格如表 2-9 所列，60 kg/m 钢轨用槽型绝缘如图 2-9 中的“5”所示。绝缘接头采用宽腰轨端绝缘，在轨腰对应的范围内加宽了轨端，宽腰轨端绝缘分为带自锁腰型和不带自锁腰型两种。带自锁腰型轨端在轨腰位置增加了左右两个突出部分，突出部分可插入夹板凹槽内，改善了整个轨端的受力状态。

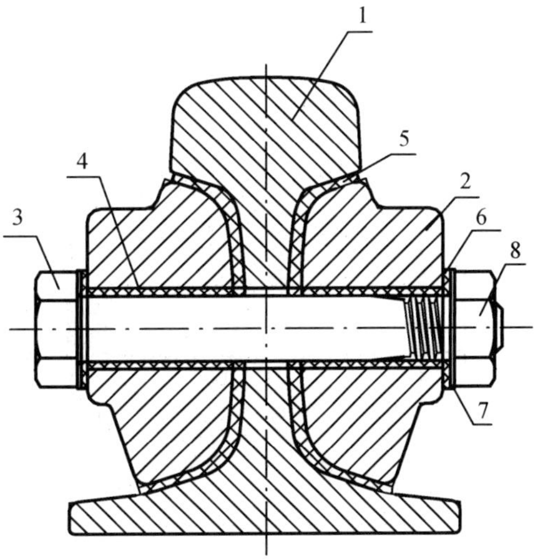

1—钢轨；2—夹板；3—高强度螺栓；
4—绝缘套管；5—槽型绝缘；6—绝缘垫圈；
7—高强度垫圈；8—高强度螺母

图 2-9 绝缘接头结构图

表 2-9 **槽型绝缘规格**

名 称	轨 型	规 格	备 注
槽型绝缘(二段式)	50 kg/m、60 kg/m	分段长 415 mm，厚 5 mm	每侧两段，两侧四段通用
槽型绝缘(三段式)	50 kg/m、60 kg/m	分段长 280 mm，厚 5 mm	每侧三段组成

钢轨绝缘表面应光洁、平整，无目测可见的皱纹、裂纹、分层、凹陷、翘曲和变形等缺陷。受力部位无明显熔结痕。钢轨绝缘不允许有直径大于 2 mm 的气泡，直径 1～2 mm 的气泡数也不得超过 5 个，受力部位不得有气泡。在螺栓扭矩达 900 N·m 时，钢轨绝缘应无裂纹、分层及断裂。

3. 胶接绝缘接头

目前，我国的胶接绝缘接头主要分为工厂胶接和现场胶接两种结构形式。

工厂胶接绝缘接头指在工厂内采用加温(或常温)、加压的胶接工艺，将两根钢轨与夹板、绝缘槽板(或绝缘布与胶黏剂)、绝缘端板、绝缘套管、高强度螺栓黏结并紧固而成的绝缘接头，由钢轨、夹板、绝缘材料、端板、螺栓等组成，工厂胶接绝缘接头结构如图 2-10 所示。

现场胶接绝缘接头指在施工现场用胶黏剂将胶接绝缘夹板与钢轨黏结，并采用高强度螺栓紧固的钢轨接头。现场胶接绝缘接头结构如图 2-11 所示。

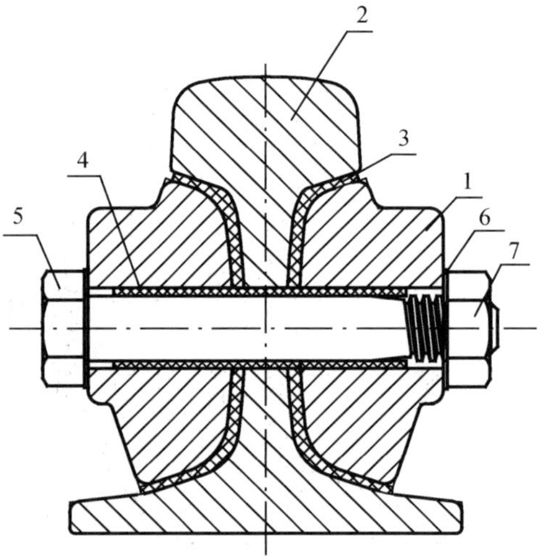

1—夹板；2—钢轨；3—绝缘层；4—绝缘套管；
5—高强度螺栓；6—垫圈；7—高强度螺母

图 2-10　工厂胶接绝缘接头结构图

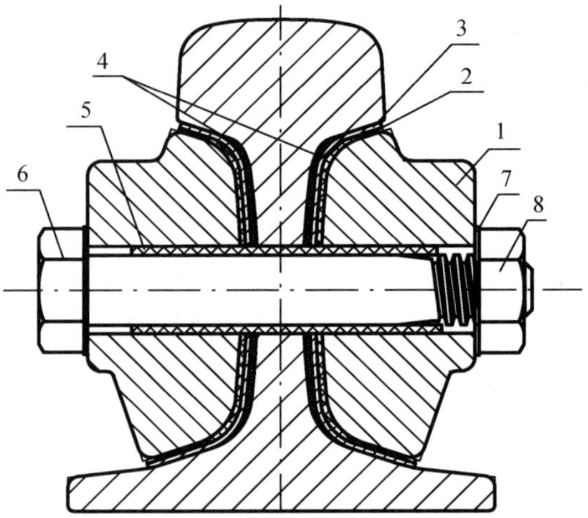

1—夹板；2—绝缘层；3—槽形钢板(或无)；4—胶黏剂；
5—绝缘套管；6—高强度螺栓；7—垫圈；8—高强度螺母

图 2-11　现场胶接绝缘接头结构图

4. 冻结接头

冻结接头是指轨缝不发生变化的接头。与普通接头相比，采用冻结接头可减轻列车对轨道的冲击，提高轨道的平顺性，减小钢轨接头部位的伤损。

冻结接头一般采用特制 6 孔夹板和直径为 27 mm 的高强度螺栓，拧紧扭力矩为 1 200～1 400 N・m。冻结接头铺设锁定轨温一般可在钢轨无缝线路锁定温度范围内。也可根据要求，在钢轨孔与螺栓间的空隙里塞入特制的月牙形垫片，以阻止钢轨的伸缩。

5. 导电接头

导电接头指在接头处安装导电装置(钢轨接续线)的钢轨接头。钢轨接续线用于轨道电路接缝处的连接，以减小接触电阻。钢轨接续线分塞钉式和焊接式两种。

1) 塞钉式钢轨接续线

JS 型塞钉式钢轨接续线的外形及安装图如图 2-12 所示。它由两根直径5 mm 的镀锌钢线与梁端的圆锥形塞钉焊接而成，钢线的两端绕成螺旋形。钢轨接续线一般装在钢轨外侧，并与夹板密贴，高度不得超过轨头底部。安装时，塞钉孔内不得有锈。安装后，塞钉与塞钉孔应涂漆密

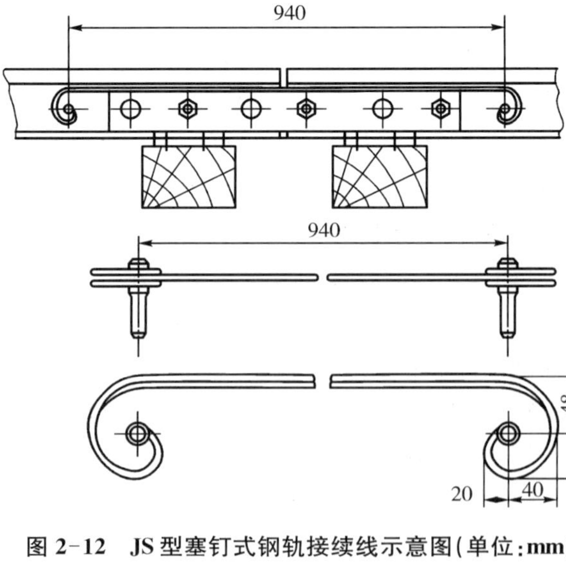

图 2-12　JS 型塞钉式钢轨接续线示意图(单位:mm)

封。为减小塞钉与钢轨间的接触电阻，塞钉打入塞钉孔应保持最大的接触面，塞钉打紧后露出钢轨 2～3 mm 为宜。

接续线的直流电阻值，当温度在＋20℃时，双线不得大于 0.004 5 Ω。接续线的塞钉和钢丝连接处应能承受不小于 500 kgf①的拉力，钢丝不得由焊接处拉出或松动。接续线焊接处应牢固、光滑。钢丝与塞钉焊接后应进行镀锌钝化表面处理(或两端 40 mm 范围内热浸锡)，钢丝上不得出现镀层脱落或腐蚀现象。

JS 型塞钉式钢轨接续线的缺点是接触电阻较大且不稳定。

2）焊接式钢轨接续线

焊接式钢轨接续线大多采用多股镀锌钢绞线，截面面积不小于 25 mm^2，长 200 mm，接头间的距离为 110 mm，用铝热剂法或电弧焊钎焊、冷挤压焊接等方法，将其焊在钢轨接头两端，如图 2-13 所示。两焊头中间距离应控制在 70～150 mm，焊头低于钢轨面 11 mm。焊头外观应光滑饱满，焊接牢固，焊位正确。导线无损伤，无漏焊、假焊。焊接后焊接线应涂防锈涂料，油润无锈，断根不超过 1/5。

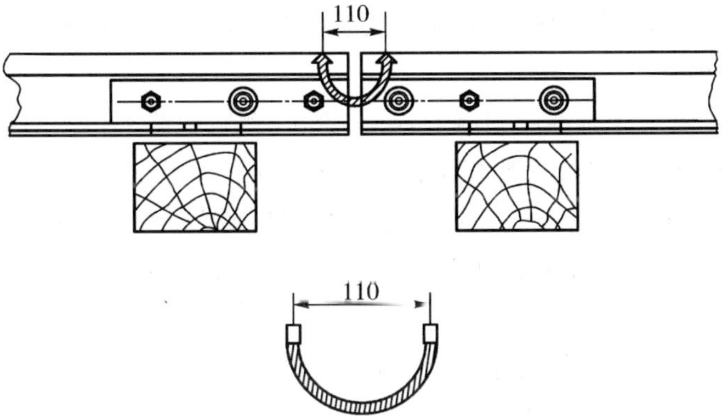

图 2-13　焊接式钢轨接续线示意图(单位:mm)

6. 轨缝设置的规定和要求

1）轨缝设置

为适应钢轨伸缩的需要，普通线路钢轨接头应根据钢轨长度与钢轨温度预留轨缝。轨缝的标准尺寸按下列公式计算：

$$a_0 = \alpha L(t_z - t_0) + \frac{1}{2}a_g \tag{2-5}$$

式中　a_0——更换钢轨或调整轨缝时的预留轨缝，mm；

α——钢轨线膨胀系数，为 0.011 8 mm/(m·℃)；

① 1 kgf≈9.8 N。

L——钢轨长度，m；

t_z——更换钢轨或调整轨缝地区的中间轨温，℃，

$$t_z = \frac{1}{2}(T_{max} + T_{min}) \tag{2-6}$$

其中　T_{max}，T_{min}——当地历史最高、最低轨温，℃；

t_0——更换钢轨或调整轨缝时的轨温，℃；

a_g——构造轨缝，50 kg/m，60 kg/m 钢轨均采用18 mm。

对于最高、最低轨温差不大于 85℃地区，在按上式计算以后，可根据具体情况将轨缝值减小 1～2 mm。另外，在当地历史最高、最低轨温差大于 100℃的地区铺设 25 m 钢轨时，应个别设计。

对于 12.5 m 钢轨地段，更换钢轨或调整轨缝时的轨温不受限制。对于 25 m 钢轨地段，更换钢轨或调整轨缝时的轨温限制范围为(t_z－30℃)～(t_z＋30℃)。对于最高、最低轨温差不大于 85℃地区，如将轨缝值减小 1～2 mm，轨温限制范围相应地降低 3～7℃。特殊情况下，在轨温限制范围以外更换的 25m 钢轨，必须在轨温限制范围以内时调整轨缝。

2）轨缝检查与调整

轨缝应设置均匀。每千米线路轨缝总误差，25 m 钢轨地段不得超过 80 mm，12.5 m 钢轨地段不得超过 160 mm。绝缘接头轨缝不得小于 6 mm。

应于更换钢轨或调整轨缝时检查成段轨缝尺寸是否符合以上规定。日常可根据更换钢轨或调整轨缝时的轨温、采用的钢轨接头阻力和道床阻力限制钢轨自由伸缩值和其后的轨温变化情况进行检算。

轨缝应保持均匀。有下列情况之一者，应进行调整：

(1) 原设置的轨缝不符合上述规定；

(2) 轨缝严重不均匀；

(3) 线路爬行量超过 20 mm；

(4) 轨温在规定的调整轨缝轨温限制范围以内时，出现连续 3 个及以上瞎缝或轨缝大于构造轨缝。

对于最高、最低轨温差大于 85℃地区的 25 m 钢轨地段，应在春、秋季节调整轨缝，通过放散钢轨温度应力，将轨缝调整均匀，从而避免在炎热季节过早地出现瞎缝，在严寒季节过早地出现大轨缝。

2.2.5.2 钢轨连接零件

1. 夹板

1）夹板类型及外形尺寸

50 kg/m 钢轨用夹板形式、尺寸如图 2-14 所示；60 kg/m 钢轨用夹板形式、尺寸如图 2-15

所示;50 kg/m 钢轨用接头夹板计算数据见表 2-10;60 kg/m 钢轨用接头夹板计算数据见表 2-11。

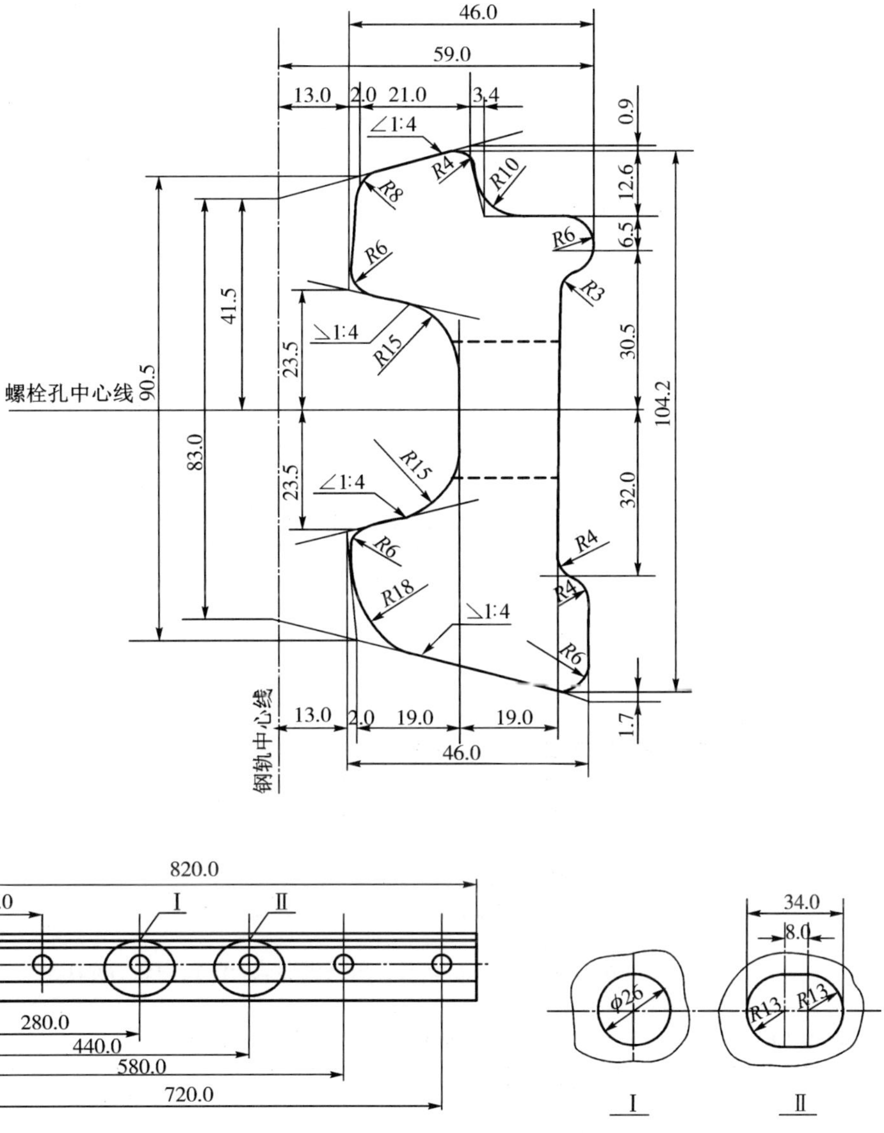

图 2-14　50 kg/m 钢轨用夹板形式、尺寸(单位:mm)

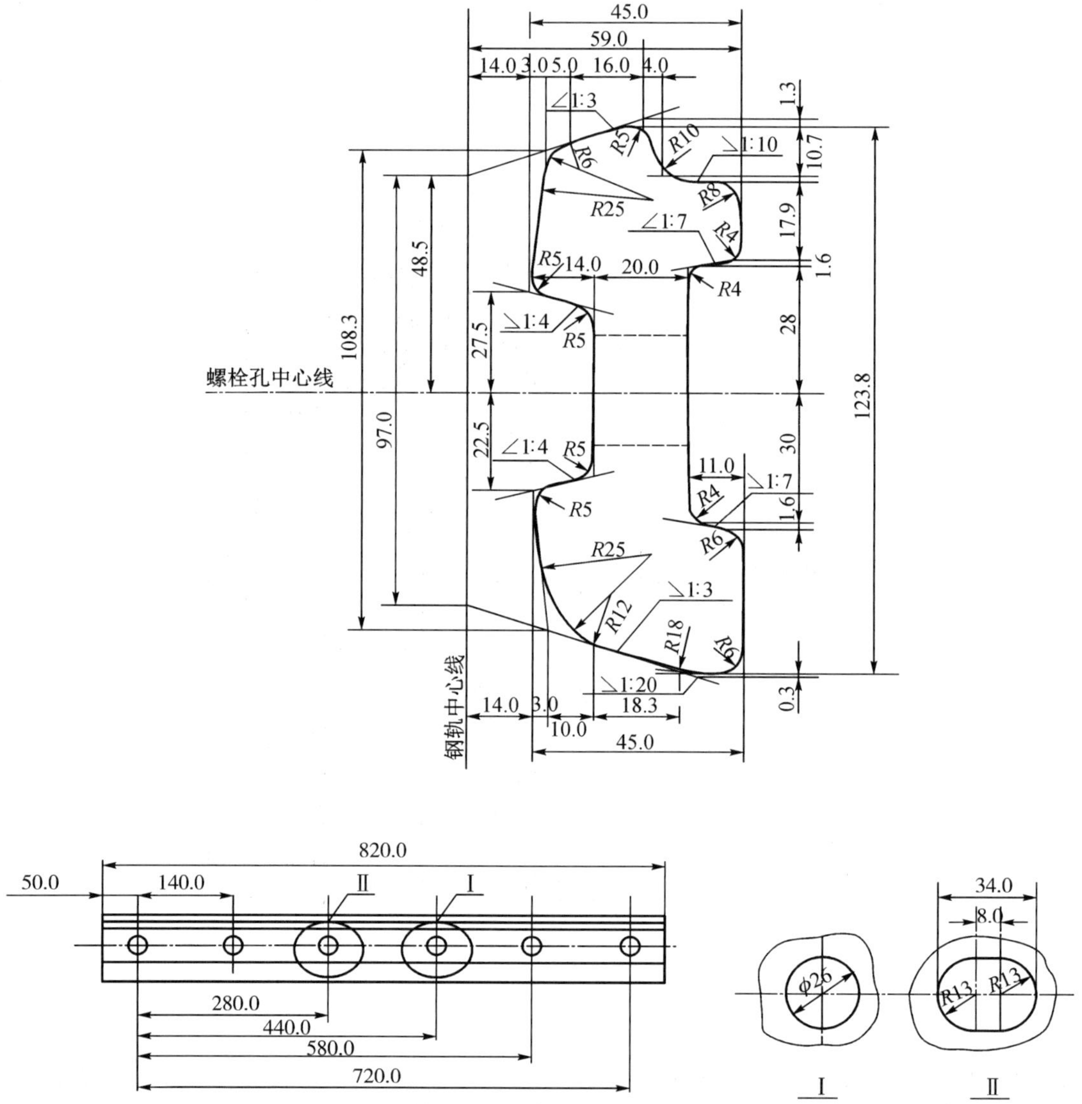

图 2-15　60 kg/m 钢轨用夹板形式、尺寸(单位:mm)

表 2-10　　50 kg/m 钢轨用接头夹板计算数据

项目			单位	数值
接头夹板长度			mm	820
横断面面积			cm^2	30.05
理论质量	每米长度的质量		kg	23.53
	每块质量	未扣除螺栓孔	kg	19.29
		扣除螺栓孔	kg	18.72

续 表

<table>
<tr><th colspan="3">项目</th><th>单位</th><th>数值</th></tr>
<tr><td colspan="2" rowspan="4">重心至各处的距离</td><td>至顶部的距离 Y_1</td><td>cm</td><td>5.37</td></tr>
<tr><td>至下部的距离 Y_2</td><td>cm</td><td>5.05</td></tr>
<tr><td>至内侧的距离 X_3</td><td>cm</td><td>2.38</td></tr>
<tr><td>至外侧的距离 X_4</td><td>cm</td><td>2.18</td></tr>
<tr><td colspan="2" rowspan="2">轴心线的倾斜角度</td><td>Z_0 轴与水平轴夹角 φ</td><td>(°)</td><td>4.65</td></tr>
<tr><td>中和轴与 Z_0 轴的夹角 β</td><td>(°)</td><td>30.25</td></tr>
<tr><td rowspan="4">惯性矩</td><td colspan="2">对 X_0 轴 I_x</td><td>cm^4</td><td>281.0</td></tr>
<tr><td colspan="2">对 Y_0 轴 I_y</td><td>cm^4</td><td>40.9</td></tr>
<tr><td rowspan="2">对主轴</td><td>I_z</td><td>cm^4</td><td>282.6</td></tr>
<tr><td>I_y</td><td>cm^4</td><td>39.3</td></tr>
<tr><td colspan="3">离心力惯性矩 I_{xy}</td><td>cm^4</td><td>−19.7</td></tr>
<tr><td rowspan="4">断面系数</td><td colspan="2">对顶部边缘 W_1</td><td>cm^3</td><td>52.2</td></tr>
<tr><td colspan="2">对下部边缘 W_2</td><td>cm^3</td><td>55.4</td></tr>
<tr><td colspan="2">对内侧边缘 W_3</td><td>cm^3</td><td>17.2</td></tr>
<tr><td colspan="2">对外侧边缘 W_4</td><td>cm^3</td><td>18.8</td></tr>
</table>

注：接头夹板的理论质量，按钢的密度 7.83 g/cm^3 计算。

表 2-11　　60 kg/m 钢轨用接头夹板计算数据

<table>
<tr><th colspan="3">项目</th><th>单位</th><th>数值</th></tr>
<tr><td colspan="3">接头夹板长度</td><td>mm</td><td>820</td></tr>
<tr><td colspan="3">横断面面积</td><td>cm^2</td><td>37.26</td></tr>
<tr><td rowspan="3">理论质量</td><td colspan="2">每米长度的质量</td><td>kg</td><td>29.17</td></tr>
<tr><td rowspan="2">每块质量</td><td>未扣除螺栓孔</td><td>kg</td><td>23.92</td></tr>
<tr><td>扣除螺栓孔</td><td>kg</td><td>23.32</td></tr>
<tr><td colspan="2" rowspan="4">重心至各处的距离</td><td>至顶部的距离 Y_1</td><td>cm</td><td>6.37</td></tr>
<tr><td>至下部的距离 Y_2</td><td>cm</td><td>6.01</td></tr>
<tr><td>至内侧的距离 X_3</td><td>cm</td><td>2.22</td></tr>
<tr><td>至外侧的距离 X_4</td><td>cm</td><td>2.24</td></tr>
<tr><td colspan="2" rowspan="2">轴心线的倾斜角度</td><td>Z_0 轴与水平轴夹角 φ</td><td>(°)</td><td>2.8122</td></tr>
<tr><td>中和轴与 Z_0 轴的夹角 β</td><td>(°)</td><td>30.9028</td></tr>
</table>

续　表

项目			单位	数值
惯性矩	对 X_0 轴 I_x		cm^4	496.3
	对 Y_0 轴 I_y		cm^4	41.9
	对主轴	I_z	cm^4	497.4
		I_y	cm^4	40.8
离心力惯性矩 I_{xy}			cm^4	−22.4
断面系数	对顶部边缘 W_1		cm^3	77.9
	对下部边缘 W_2		cm^3	82.6
	对内侧边缘 W_3		cm^3	18.9
	对外侧边缘 W_4		cm^3	18.7

注：接头夹板的理论质量，按钢的密度 7.83 g/cm^3 计算。

2）接头夹板技术要求

（1）允许偏差

接头夹板各部尺寸允许偏差见表 2-12。

表 2-12　　接头夹板各部尺寸允许偏差

项目	尺寸允许偏差
冲头方向的螺栓孔尺寸	±0.5
每个螺栓孔到第一螺栓孔的距离及在高度方向的位置	±1.0
高度	±0.5
腰部厚度	±0.5
长度	±3.5
工作面凹凸	±0.5

注：1. 未规定允许偏差的尺寸在成品（接头夹板）中不作检查，但应由工艺保证精确到±1 mm。
　　2. 接头夹板高度用样板检查。

（2）钢材牌号和化学成分

接头夹板的钢材牌号和化学成分见表 2-13。

表 2-13　　钢材化学成分

钢号	化学成分/%					
	C	Mn	Si	P	S	Nb
B7	0.50～0.62	0.50～0.80	0.15～0.35	≤0.045	≤0.050	
56Nb	0.50～0.62	0.50～0.80	0.20～0.40	≤0.040	≤0.045	0.015～0.050

注：B7 钢中的 Cr，Ni，Cu 的含量应不大于 0.3%（经供需双方协议 Cu 的含量不大于 0.2%）。

（3）表面质量

① 接头夹板表面不应有裂纹、折叠、气泡、夹杂和结疤。

② 接头夹板头部靠近钢轨一侧不得有突出部分，在接头夹板两端面上不应有分层和缩孔的痕迹。

③ 缺陷不得进行填充和焊补。

④ 接头夹板两端上、下工作面，靠轨腰凸出部分及螺栓孔边缘不允许有毛刺。接头夹板不应扭曲，如有扭曲必须矫直后交货，矫直可在冷状态下进行。

（4）力学性能。

接头夹板力学性能应符合表 2-14 所示的规定。

表 2-14　　接头夹板力学性能

钢号	抗拉强度 σ_b /MPa	屈服强度 σ_s /MPa	伸长率 δ_s /%	断面收缩率 ψ/%	布氏硬度 HB	冷弯角 ($d=3a$) /(°)
B7	≥785	≥520	≥9	≥20	227～388	30，完好
56Nb	≥845	≥530	≥10	≥30	235～388	30，完好

2. 接头螺栓

1）接头螺栓类型和尺寸

10. 9S 高强度接头螺栓形式、尺寸如图 2-16 所示；10. 9S 高强度绝缘接头螺栓形式、尺寸如图 2-17 所示；8. 8 级高强度接头螺栓形式、尺寸如图 2-18 所示；10S 高强度螺母形式、尺寸如图 2-19 所示。

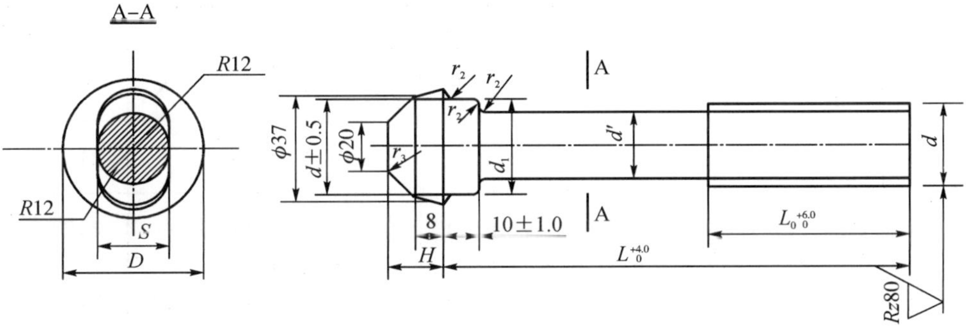

图 2-16　10. 9S 高强度接头螺栓形式、尺寸（单位：mm）

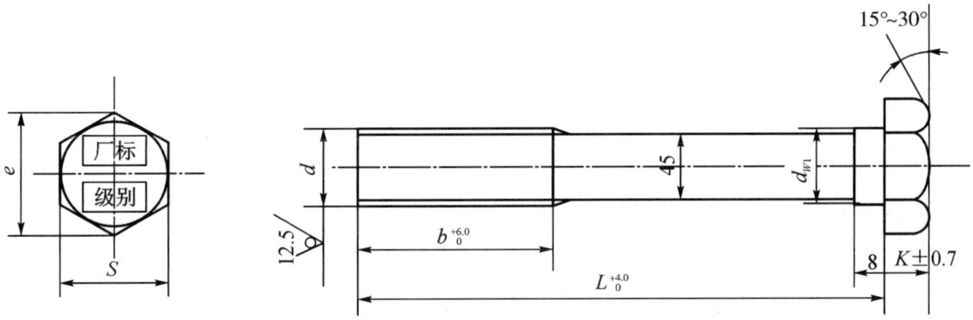

图 2-17　10. 9S 高强度绝缘接头螺栓形式、尺寸（单位：mm）

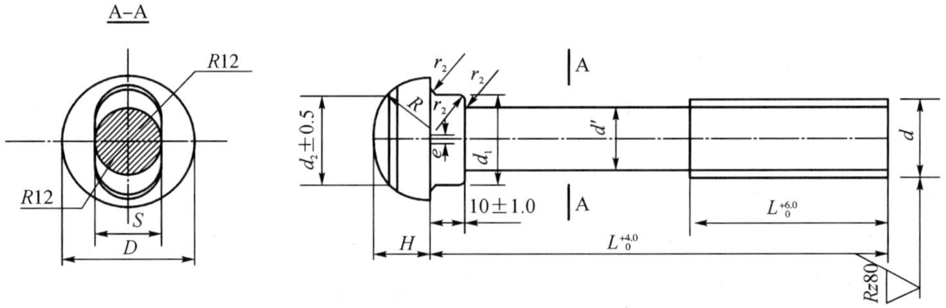

图 2-18　8.8S 高强度接头螺栓形式、尺寸(单位:mm)

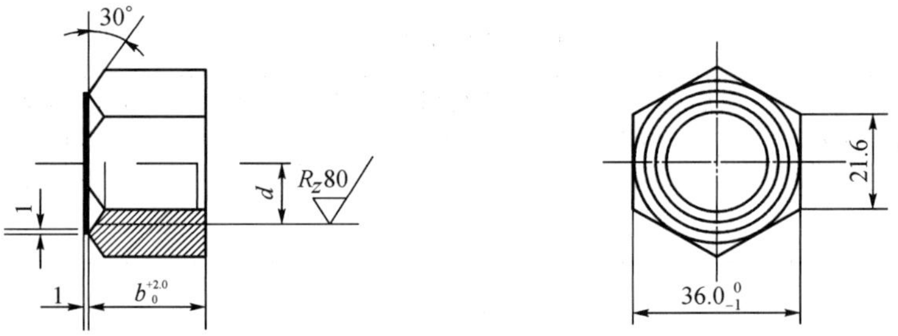

图 2-19　10S 高强度螺母形式、尺寸(单位:mm)

螺栓与螺母各部尺寸如表 2-15 所列。

表 2-15　螺栓与螺母各部尺寸

螺栓性能等级	主要尺寸/mm												适用范围
	d	d' (ds)	d_1 (d_{W1})	d_2	D	e	S	H (K)	L_0	L	R	b	
10.9S	24	22.051	32	33	40	—	24	16	60	135	—	24	60 kg/m 钢轨接头
	24	22.051	32	33	40	—	24	16	60	145	—	24	50 kg/m 钢轨接头
8.8S	24	22.051	32	33	40	8	24	16	60	145	16	24	50 kg/m 钢轨接头
10.9S	24	22.051	24	—	—	39.55	36	15	—	150	—	—	60 kg/m 钢轨绝缘接头
10H	24	—	—	—	—	19.55	36	—	—	—	—	—	接头螺栓与绝缘接头螺栓用螺母

注:e 表示螺母及绝缘接头螺栓头部对角尺寸。

2) 接头螺栓技术要求

(1) 精度及公差

接头螺栓、栓母的螺纹基本尺寸应符合《普通螺纹基本尺寸》(GB/T 196—2003)的规定,螺纹公差应符合《普通螺纹 公差》(GB/T 197—2003)中的螺母精度 7H,螺栓精度 8 g 的规定。

(2) 表面质量

接头螺栓、螺母表面质量要求如下:

① 接头螺栓、螺母上的螺纹表面不允许有裂纹,不允许有妨碍螺纹量规自由旋入的碰伤和毛刺,不允许有影响使用的双牙尖、划痕和丝扣不完整。

② 接头螺栓、螺母表面不允许有影响使用的凹痕、毛刺、浮锈圆钝、飞边、烧伤和氧化皮;在螺母 30°倒角处,不允许有影响使用的裂纹。均应按《紧固件表面缺陷 螺栓、螺钉和螺柱》(GB 5779.1—2000)及《紧固件表面缺陷 螺母》(GB 5779.2—2000)规定执行。

③ 接头螺栓对螺杆轴心线的同轴度公差为 ϕ1.40 mm;螺母孔对内切圆轴心线的同轴度公差为 ϕ1.68 mm。

④ 螺栓支承面对螺杆轴心线垂直度公差按《紧固件公差 螺栓、螺钉、螺柱和螺母》(GB 3103.1—2002)中粗制螺栓 C 级公差的规定;螺母支承面对螺纹轴心线垂直度公差按《紧固件公差 螺栓、螺钉、螺柱和螺母》(GB 3103.1—2002)中粗制螺母的 C 级公差的规定。

3) 材料及机械性能

接头螺栓、螺母的性能等级和材料见表 2-16。接头螺栓的机械性能应符合表 2-17 的规定。10 级螺母的机械性能应符合表 2-18 的规定。

表 2-16　　接头螺栓、螺母的性能等级及材料

类别	性能等级	推荐材料	标准编号
螺栓	10.9S	20MnSi 化学成分	GB/T 1499.2—2007
	8.8S	Q275	GB/T 700—2006
螺母	10H	Q275	GB/T 700—2006
		35	GB/T 699—1999

表 2-17　　接头螺栓的机械性能

机械性能	性能等级	
	8.8S	10.9S
抗拉强度 $\sigma_{b\,min}$/MPa	830	1040
屈服强度 $\sigma_{0.2\,min}$/MPa	660	940
洛氏硬度 HRC(min/max)	25/35	34/41
伸长率 $\delta_{s\,min}$/%	12	9

表 2-18　　10 级螺母的机械性能

机械性能	公称直径/mm	
	22	24
保证载荷应力 $S_{P\,min}$/MPa	1 060	1060
保证载荷($A_s \times S_P$)/N	321 200	374 200
洛氏硬度 HRC(min/max)	28/38	28/38

注:A_s 表示公称应力截面积。

2.2.6 异型钢轨

制造异型钢轨的原料应是铁路用钢轨，并符合《43 kg/m～75 kg/m 钢轨订货技术条件》(TB/T 2344—2012)的规定。异型钢轨的长度一般分为 6.25 m 和 12.5 m 两种，也可按需制造，但应不大于 25m。其长度 $L<12.5$ m 时，$L\pm3$ mm；长度 $L\geqslant12.5$ m 时，$L\pm6$ mm。

异型钢轨的成形段的断面尺寸、孔加工尺寸公差应符合《43 kg/m～75 kg/m 热轧钢轨订货技术条件》(TB/T 2344—2012)的规定。60～50 kg/m 异型钢轨的异型部位外部结构尺寸如图 2-20 及表 2-19 所示。

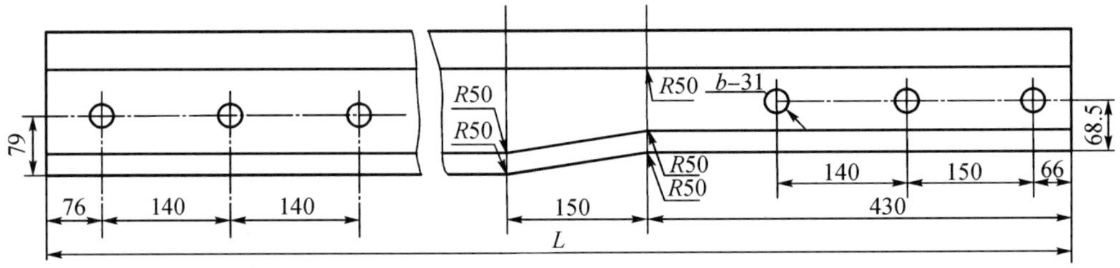

图 2-20　60～50 kg/m 异型钢轨结构(单位:mm)

表 2-19　异形钢轨外形尺寸

检查项目		执行标准	60～50 kg/m 异型钢轨技术要求	检查工具及检查方法	备注
锻造表面检查		TB/T 3066—2002 第 3.8 款	圆滑、平顺，不得有氧化皮、裂纹、过烧、局部凹坑等锻造缺陷	目测	
轨底过渡面弧轨底角及轨头下鄂圆角检查		TB/T 3066—2002 第 3.4～3.8 款及图样	符合图样要求	R 规或圆弧样板	
断面尺寸	轨头宽度	TB/T 2341—1993	70 mm±0.5 mm	游标卡尺	轨距线处测量
	轨腰厚度	TB/T 2341—1993	$15.5^{+1}_{-0.5}$ mm	游标卡尺	
	钢轨高度	TB/T 2341—1993	152 mm±0.5 mm	游标卡尺	
	轨底宽度	TB/T 2341—1993	132^{+1}_{-2} mm	游标卡尺	
	轨头端面对称度	TB/T 2341—1993	0.5 mm	样板、直角尺	
	轨底端面对称度	TB/T 2341—1993	1.0 mm	样板、直角尺	
	夹板安装面高度	TB/T 2341—1993	±0.5 mm	轨腰样板	
	端面垂直度	TB/T 2341—1993	1.0 mm	直角尺、塞尺	
轨顶面及轨头侧面平直度检查		图样、TB/T 3066—2002 第 3.9 款	0.5/1000 mm	平尺、塞尺	
锻造端长度		TB/T 3066—2002 第 3.4 款	450 mm±6 mm	钢板尺	

续 表

检查项目	执行标准	60～50 kg/m 异型钢轨技术要求	检查工具及检查方法	备注
异型钢轨全长	TB/T 3066—2002 第 3.3 款	$L<12.5$ m 时 $L\pm3$ mm $L\geqslant12.5$ m 时 $L\pm6$ mm	钢卷尺	
螺栓孔端距 1	TB/T 2341—1993	66 mm±1.0 mm	游标卡尺	
螺栓孔端距 2	TB/T 2341—1993	216 mm±1.0 mm	游标卡尺	
螺栓孔端距 3	TB/T 2341—1993	356 mm±1.0 mm	游标卡尺	
螺栓孔中心高	TB/T 2341—1993	68.5 mm±1.0 mm	游标卡尺	
螺栓孔径直径	TB/T 2341—1993	ϕ31 mm±1 mm	游标卡尺	
螺栓孔两面倒角	TB/T 2341—1993	(0.8～1.5)×45°	角度尺、直尺	

2.3 扣件

2.3.1 概述

扣件是轨道结构的重要组成部分，其主要功能及技术要求如下。

1. 保持和调整轨距、轨向

保持和调整轨距、轨向是扣件最重要的功能，它关乎列车的安全运行。每个国家对于扣件组装承受横向力的能力都有相关的规定，在小半径曲线上轮轨横向力大，作用于单个扣件组装的横向力也大，扣件保持组装的能力通常用扣件组装疲劳试验来检验，因扣件使用的条件不同，所使用的试验参数也不同。在有砟轨道上，可通过拨道来调整轨向。在无砟轨道上，轨向只能通过扣件来进行调整，因此要求扣件具有较大且精细的轨向调整能力。

2. 有一定的钢轨高低位置调整能力

在有砟轨道上，可通过起道捣固来调整钢轨的高低位置；在无砟轨道上，由于桥梁的徐变上拱、路基的不均匀沉降和施工误差造成的钢轨高低不平顺都只能通过扣件来进行调整。

3. 提供纵向阻力，防止钢轨爬行

为满足钢轨纵向阻力要求，扣压件应有足够的扣压力和弹程，使扣件在使用过程中扣压力衰减小，在铺设无缝线路地段尤为重要。对于有砟混凝土轨枕轨道，一般要求扣件的纵向阻力大于轨枕沿道床的纵向阻力，一组扣件(单根钢轨)的纵向阻力一般不小于 9 kN，在特殊地段，如长大桥梁铺设无缝线路，甚至要求钢轨扣件有更大的纵向阻力。

4. 增大轨道框架刚度

扣件的节点阻矩可使轨道在弯曲时使整个轨道的框架刚度大于两根钢轨的横向弯曲刚度，虽然在我国无缝线路稳定性计算中没有计及扣件节点阻矩的影响，但其在对轨道结构抵抗横向失稳中起相当大的作用。

5. 提供弹性，减少噪声和振动

有砟轨道的弹性相当一部分由道床提供，而无砟轨道的弹性只能靠扣件来提供，因此用于无砟轨道的扣件应具有更好的弹性，以改善轨下基础的工作条件并减少振动和噪声。

6. 提供轨道绝缘

城市轨道交通一般均利用走行轨作为回流轨，这就要求扣件必须具备良好的绝缘性能，防止电流通过扣件泄漏，造成结构钢筋和市政管线的电腐蚀。

7. 具备足够的强度和耐久性

城市轨道交通运营时间长、行车密度高、维修条件差，要求钢轨扣件必须具有足够的强度和耐久性，以确保行车安全。

8. 有一定的通用互换性

城市轨道交通扣件结构应力求简单，零部件少，具有一定的通用互换性，造价合理，施工和维修方便。

2.3.2 扣件的分类

城市轨道交通扣件分类包括连接方式、扣件的弹性特征、扣压件的形式、扣件承受横向力的方式、扣压件的紧固方式及适用范围等。

1. 按轨下基础与钢轨的连接方式分

(1) 不分开式扣件：直接把钢轨固定于支承结构上的扣件；

(2) 分开式扣件：钢轨被单独地固定于铁垫板上，而铁垫板被固定于支承结构上的扣件。

2. 按扣件的弹性特征分

(1) 刚性扣件：扣压件是刚性的扣件；

(2) 弹性扣件：扣压件是弹性的扣件。

3. 按扣压件的形式分

(1) 弹片扣件：扣压件用弹簧钢板材制造的扣件；

(2) 弹条扣件：扣压件用弹簧钢条材制造的扣件。

4. 按扣件承受横向力的方式分

(1) 有(混凝土)挡肩扣件：由钢轨传来的横向力由挡肩承受；

(2) 无(混凝土)挡肩扣件：由钢轨传来的横向力由扣件部件承受。

5. 按扣压件的紧固方式分

(1) 有螺栓扣件：用螺栓或螺旋道钉紧固扣压件的扣件；

(2) 无螺栓扣件：不需用螺栓或螺旋道钉紧固扣压件的扣件。

6. 按扣件适用的范围分

(1) 正线扣件；

(2) 场段扣件；

(3) 减振扣件。

目前，城市轨道交通轨道结构中，带铁垫板的弹性分开式扣件多用于无砟整体道床；不带铁垫板的弹性不分开式扣件多用于地面线有砟混凝土枕碎石道床。

有螺栓的弹条扣件多用于高架线的无砟整体道床，可以根据无缝线路对扣件扣压力的要求适时调整；无螺栓的弹条扣件多用于地下线无砟整体道床。

2.3.3 正线扣件

城市轨道交通正线扣件主要分为地下线扣件、地面线扣件及高架线扣件，其中常用的扣件包括 DT 系列扣件、单趾弹簧扣件及 WJ 系列扣件（WJ 即“无挡肩”的意思）等，均为弹性分开式扣件。

DT 即“地铁”的意思。DT 系列扣件类型主要有 DT Ⅰ 型、DT Ⅱ 型、DT Ⅲ 型、DT Ⅲ 2 型、DT Ⅵ 2 型及 DT Ⅶ 2 型扣件等。该类型扣件在北京、深圳及西安等城市的轨道线路中大量应用。

弹簧系列扣件有单趾弹簧扣件和双趾弹簧扣件两种，主要用于广州、深圳、成都等城市的轨道线路中。

WJ 系列扣件主要有 WJ-1 型、WJ-2 型等。该类扣件在上海地铁高架线已有应用。

1. DT Ⅰ 型扣件

DT Ⅰ 型扣件是我国最早期的城轨线路扣件，如图 2-21 所示，该扣件为全弹性分开式，性能较好，扣压件为弹性扣件。

组成扣件的零部件分为两个部分，第一部分扣紧铁垫板与钢轨，第二部分扣紧铁垫板与轨枕。第一部分的零件有：T 形螺栓、螺母、弹性扣板、弹簧垫圈、轨距垫和轨下胶垫。第二部分的零部件有：螺纹道钉、弹簧垫圈、玻璃钢套管、螺旋钢箍、铁垫板和板下槽型橡胶垫板。

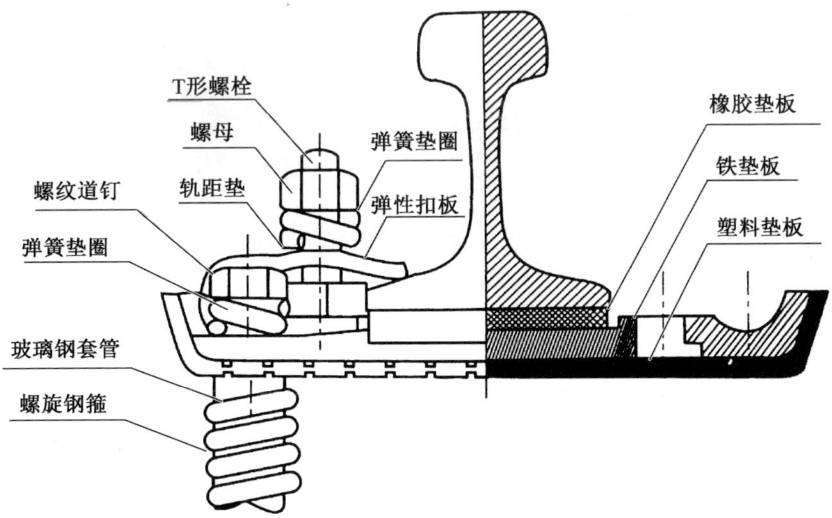

图 2-21 DT Ⅰ 型扣件

该扣件轨距调整量为−12～+8 mm，调高量为+10 mm。轨下设一层 10 mm 厚的橡胶垫板，铁垫板下设一层 8 mm 厚的塑料垫板，不仅起弹性作用，还起绝缘作用，扣件弹性一般。扣件与轨枕的连接，采取在轨内预埋套管、用螺纹道钉拧紧的方式。

2. DTⅢ2 型扣件

DTⅢ2 型扣件是在 DTⅢ型扣件的基础上改进而来的，该扣件为无挡肩弹性分开式，适用于 60 kg/m 钢轨隧道内一般减振地段的枕式点支撑混凝土整体道床。轨距调整量为−12～+8 mm。调高量一般为 10 mm。DTⅢ2 型扣件及其组装图如图 2-22 所示。DTⅢ2 型扣件在北京地铁复八线复西段、地铁 5 号线以及上海各地铁线路均有应用。DTⅢ2 型扣件主要技术指标如下：

(1) 弹条扣压力：>18 kN/组；

(2) 扣件节点垂向静刚度：20～40 kN/mm；

(3) 调高量：0～40 mm；

(4) 轨距调整量：−12～+8 mm；

(5) 抗横向力：40 kN；

(6) 防爬阻力：≥11 kN。

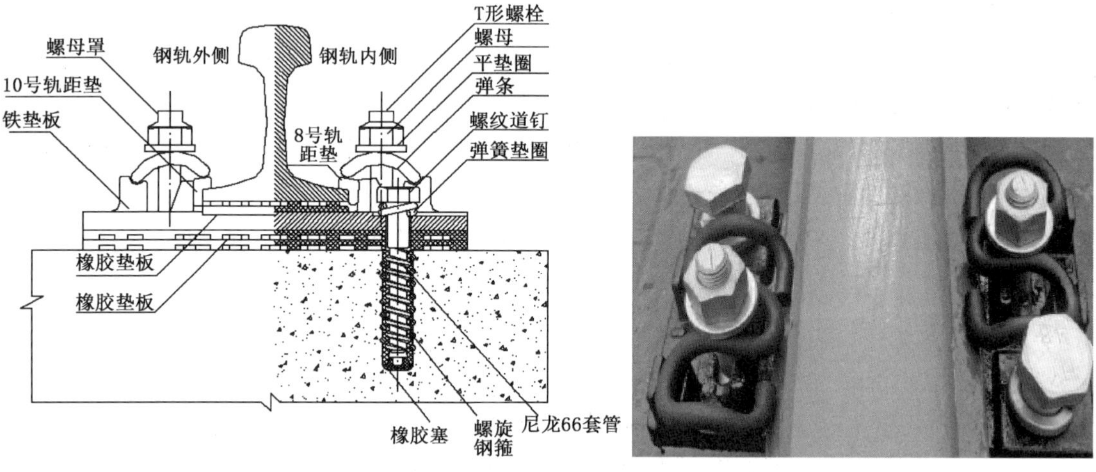

图 2-22　DTⅢ2 型扣件及其组装图

3. DTⅥ2 型扣件

DTⅥ2 型扣件广泛用于城市轨道交通等地下线一般整体道床地段，轨下和板下均采用弹性垫板。如图 2-23 所示，DTⅥ2 型扣件为弹性分开式，扣压件为 DI 弹条(ϕ18)，分中间和接头两种，轨距垫亦分中间和接头轨距垫，各有 6 号，8 号，10 号，12 号共 4 个型号，6 号和 12 号为调整轨距备用。DTⅣ 2 型扣件在北京、苏州、杭州、南京、西安、重庆等城市得到应用。此外，在 DTⅥ2 原型的基础上根据不同工况又开发了 DTⅥ2-1～DTⅥ2-4 等不同扣件，其主要区别在于钉孔布置及弹条的形式。其中 DTⅥ2-1 为小阻力扣件，通过减小弹条的弹程来降低扣压力。

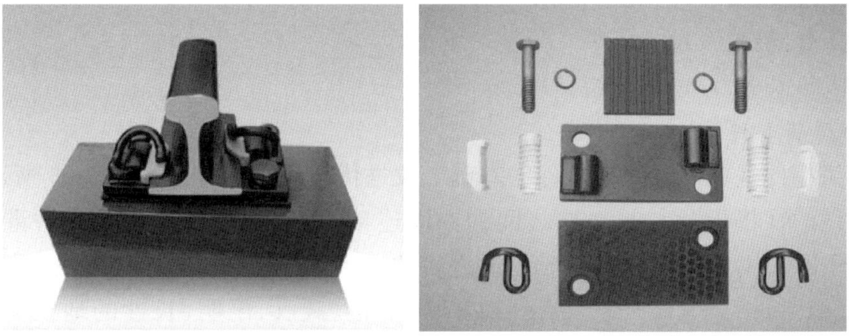

图 2-23　DTⅥ2 型扣件

DTⅥ2 型扣件的主要技术指标如下：

(1) 中间单个弹条扣压力为 8.25 kN，弹程为 10.5 mm；

(2) 接头单个弹条扣压力为 8.5 kN，弹程为 9.5 mm；

(3) 扣件节点的垂直静刚度为 20～40 kN/mm；

(4) 扣件抗横向疲劳荷载为 35 kN，荷载循环 3×10^6 次；

(5) 防爬阻力：≥11.5 kN；

(6) 预埋尼龙套管抗拔力大于 60 kN；

(7) 扣件绝缘部件的电阻值均大于 10^8 Ω；

(8) 轨距调整量为－12～＋8 mm；调高量一般为 30 mm。

4. DTⅦ2 型扣件

DTⅦ2 型扣件采用弹性分开式无挡肩结构，常用于高架线道床，配套无挡肩短轨枕，如图 2-24 所示。该扣件的扣压件为小扣压力弹条(φ13)，单个弹条扣压力为 4 kN。钢轨接头和非接头部位采用同一种弹条，减少了弹条类型。轨下设橡胶垫板和轨距垫。为减小梁轨间的纵向力，根据桥上无缝线路的要求，一般在梁端部轨下采用小阻力垫板。铁垫板下设橡胶垫板以增加弹性。通过更换不同号码轨距垫和铁垫板调边的方法调整轨距，双重绝缘。该种扣件在北京、南京、西安、重庆等城市的地铁线路中得到应用。DTⅦ2 型扣件的主要技术指标如下：

图 2-24　DTⅦ2 型扣件

(1) 弹条扣压力：8 kN/组；

(2) 防爬阻力：≥6 kN/组或 4 kN/组(采用小阻力轨下垫板时)；

(3) 节点垂向静刚度：20～40 kN/mm；

（4）绝缘电阻：≥10^8 Ω；

（5）轨距调整量：−16～+8 mm；

（6）调高量：最大+40 mm；

（7）抗横向水平力：40 kN/组。

5. 单趾弹簧扣件

单趾弹簧扣件是在单趾弹条扣件的基础上改进优化后的产品，如图 2-25 所示，其优化主要体现在扣件的铁垫板及其与轨枕之间的锚固连接，而单趾弹条扣件是在香港地铁应用的 Pandrol 公司 PR401 型弹条扣件基础上改进后的一种弹性分开式扣件。目前，单趾弹簧扣件在广州、香港、武汉、昆明、长沙的地铁工程得到了应用。单趾弹簧扣件为无挡肩、无螺栓、二阶弹性分开式扣件，扣压件采用 PR 型弹条（φ20），其主要技术指标如下：

图 2-25　单趾弹簧扣件

（1）设计最大垂向荷载为 45 kN，最大横向荷载为 35 kN，弹簧扣压程为 14.1 mm；

（2）单个弹条平均扣压力：6.5～7.5 kN；

（3）调高量：0～+20 mm；

（4）轨距调整量：−18～+14 mm；

（5）电气化绝缘性能：≥10^8 Ω；

（6）防爬阻力：≥8 kN；

（7）节点垂向静刚度：30～40 kN/mm。

通过试验和运营实践证明该扣件具有足够的强度和耐久性、稳定适中的扣压力、良好的弹性和电气绝缘性。但由于 PR 弹条为第一代产品，制造工艺较复杂，弹条插孔起弯处直接受弯，受力条件较差。因此，目前多改为配合Ⅲ型弹条使用。

6. 弹条Ⅲ型分开式扣件

弹条Ⅲ型分开式扣件与单趾弹条扣件形式基本相同，同属于 e 型弹条无挡肩、无螺栓、二阶弹性分开式扣件，仅扣压件采用国铁通用的Ⅲ型弹条（φ20 弹条）代替单趾弹条，其余零部件与单趾弹条扣件通用，如图 2-26 所示。广州地铁 3 号、4 号线及后续的线路均采用了该种扣件。弹条Ⅲ型分开式扣件的主要技术指标如下：

图 2-26　弹条Ⅲ型分开式扣件

（1）弹条扣压力：≥22 kN/组；

（2）扣件节点垂向静刚度：25～40 kN/mm；

（3）调高量：0～20 mm；

（4）轨距调整量：−18～+14 mm；

（5）防爬阻力：≥12 kN/组；

(6) 绝缘电阻：≥10^8 Ω；

(7) 抵抗横向水平力能力：35 kN(300 万次疲劳循环)。

7. 弹性连接 e 型弹条扣件

弹性连接 e 型弹条扣件是在吸取了国内大量地铁扣件优点的基础上，针对目前国内分开式扣件普遍存在的简单连接、弹性性能较差等问题而设计的新型弹性连接扣件，可安装 PR 弹条或 e 型弹条。这种扣件能保持轨距、水平能力强、扣压力稳定，有较大的调整量及良好的减振性能。设置定位扣板的弹性连接 e 型弹条扣件可使扣件铁垫板下沉量不受锚固螺栓的预压作用，从而保持铁垫板下胶垫弹性静刚度少受损失。该类扣件的扣件组合静刚度由现场实测的其他扣件的 100 kN/mm 降低为 25～30 kN/mm，从而显著改善轨道的受力状态和减振水平。弹性连接 e 型弹条扣件(PR 弹条动静刚度试验)如图 2-27 所示。该种扣件在广州地铁 3 号线北延段得到应用。弹性连接 e 型弹条扣件的主要特点如下：

图 2-27　弹性连接 e 型弹条扣件(PR 弹条动静刚度试验)

(1) 设计最大垂向荷载为 60 kN，最大横向荷载为 35～45 kN；

(2) 初始扣压力：单个弹条扣压力为 8.25～8.5 kN；

(3) 轨距调整量：−18～+14 mm；

(4) 调高量：0～+30 mm；

(5) 扣件节点垂向静刚度：25～30 kN/mm；

(6) 绝缘电阻≥10^8 Ω；

(7) 防爬阻力：≥11.5 kN。

8. ZX-2 型扣件

ZX-2 型扣件为有螺栓、弹性分开式扣件，扣压件采用国铁Ⅱ型弹条(ϕ13)，扣件扣压力 20 kN/组。铁垫板上设置 T 形螺栓座，通过 T 形螺栓和螺母拧紧力紧固弹条，可通过螺栓紧固的方法调整弹条的扣压力，轨下与铁垫板下可同时设调高垫板，调高量较大。该种扣件在上海、深圳、天津地铁等采用。ZX-2 型扣件如图 2-28 所示，其主要技术指标如下：

图 2-28　ZX-2 型扣件

(1) 弹条扣压力：≥20 kN/组；

(2) 扣件节点垂向静刚度：25～40 kN/mm；

(3) 调高量：0～30 mm；

(4) 轨距调整量：−12～+8 mm；

（5）防爬阻力：≥12 kN/组；

（6）绝缘电阻：≥10^8 Ω。

9. WJ－1 型扣件

WJ-1 型扣件为带铁垫板的弹性分开式扣件，如图 2-29 所示。由预埋于混凝土短轨枕的塑料套管和锚固螺栓配合紧固铁垫板，铁垫板上设有 T 形螺栓座，扣压件采用弹片形式，由 T 形螺栓紧固弹片扣压钢轨，轨下使用粘贴不锈钢板的复合胶垫以降低摩擦系数，铁垫板与承轨台间设置 5 mm 厚的绝缘缓冲垫板。扣件钢轨调高量为 40 mm，通过在铁垫板下和轨下垫入调高垫板来实现。单股钢轨左右位置调整量为±10 mm，通过移动带有长圆孔的铁垫板来实现，为连续无级调整。弹片设计扣压力为 4 kN，前端弹程为 7 mm，T 形螺栓螺母扭矩为 80 N·m。

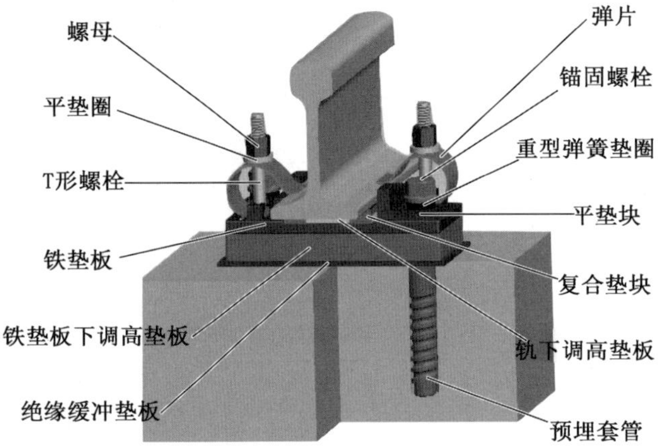

图 2-29 WJ-1 型扣件

弹片扣压件工作时，主要利用材料的弯曲变形性能，加工相对简易，造价也往往较低，但由于为使螺栓紧固而开孔，在该部位容易出现应力集中现象，而且弯矩最大处恰恰是截面削弱最大处。由于存在着各种缺陷，没有被广泛推广应用。

10. WJ-2A 型扣件

WJ-2A 型扣件为无挡肩、有螺栓、弹性分开式扣件，该扣件结构与 WJ-1 型扣件相似，只是将弹片扣压件改用弹条扣压件，扣压件采用 ω 弹条，该弹条设计扣压力为 4 kN。弹条尾部弯成竖向平直段，使螺栓作用点后移，减小了扣件的扣压力，从而减小了梁轨间的相互作用力，较适用于高架线路。根据无缝线路设计要求，轨下可铺设橡胶垫板和复合胶垫以减小摩擦阻力，铁垫板下设绝缘缓冲垫板，轨下及铁垫板下均可通过铺设调高垫板以实现轨面调整。上海、武汉、深圳等城市的桥上均采用了该种扣件，运营实践表明其使用状况良好。WJ-2A 型扣件如图 2-30 所示，其主要技术指标如下：

图 2-30 WJ-2A 型扣件

（1）弹条扣压力：≥8～9 kN/组；

（2）扣件节点垂向静刚度：40～60 kN/mm；

（3）调高量：0～40 mm；

（4）轨距调整量：－22～＋16 mm；

（5）防爬阻力：≥5～6 kN/组；

（6）绝缘电阻：≥10^8 Ω。

2.3.4 场段扣件

1. 木枕扣件

木枕扣件过去通常用于场段 50 kg/m 钢轨木枕碎石道床地段，目前已较少采用。木枕扣件包括道钉、扣板、垫板及弹性垫层，扣件方式主要有分开式和混合式两种，如图 2-31 和图 2-32 所示。分开式木枕扣件又称“K”形扣件，即将钢轨与扣板、垫板与木枕分别单独扣紧，由于零件多，更换钢轨非常麻烦，这类扣件较少使用。混合式木枕扣件是木枕轨道上使用最广泛的一种扣紧方式，用道钉将钢轨、铁垫板与木枕一起扣紧，零件少，安装方便，但容易受振动影响，道钉浮起，降低扣压力。

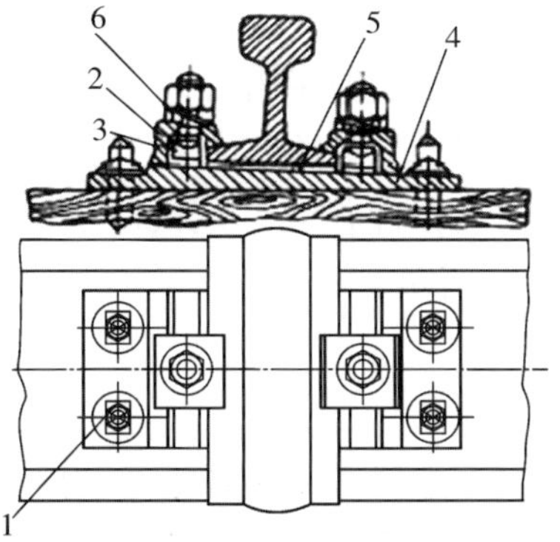

1—螺纹道钉； 2—扣轨夹板；
3—底脚螺栓； 4—垫板；
5—本片； 6—弹簧垫圈

图 2-31 分开式木枕扣件

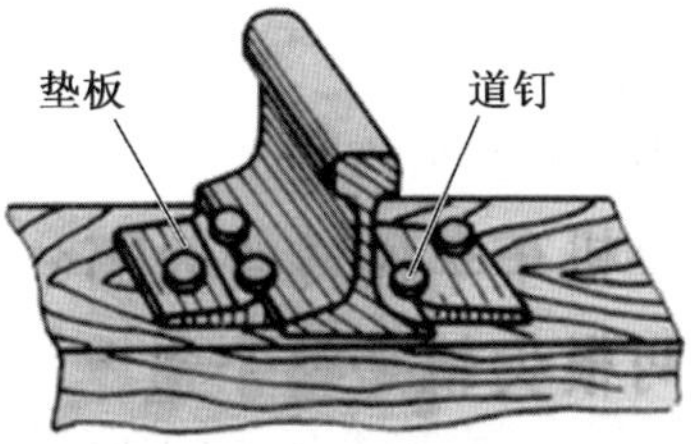

图 2-32 混合式木枕扣件

2. 混凝土枕扣件

目前，我国城市轨道交通场段库外线和干线普速铁路常用的碎石道床混凝土枕扣件主要有弹条Ⅰ型扣件及弹条Ⅱ型扣件，二者结构类似。

弹条Ⅰ型扣件(图 2-33)由螺纹道钉、螺母、平垫圈、轨距挡板、挡板座和橡胶垫板组成，弹

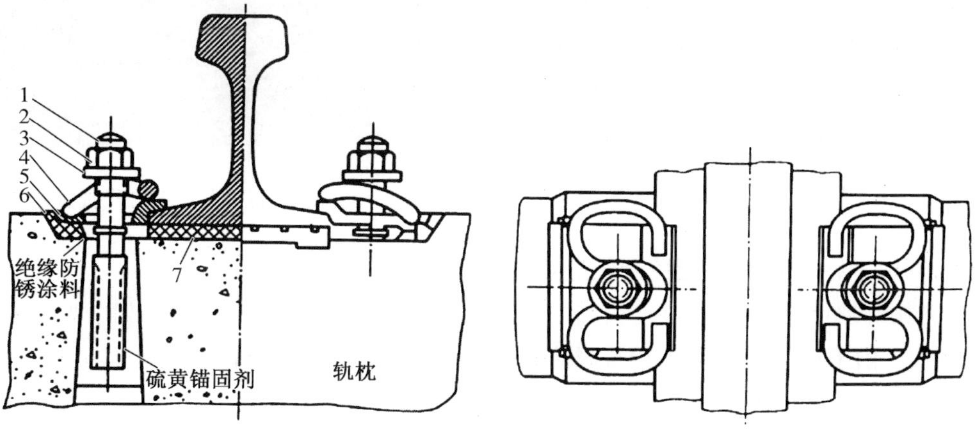

1—螺纹道钉；2—螺母；3—平垫圈；4—弹条；5—轨距挡板；6—挡板座；7—橡胶垫板

图 2-33 弹条Ⅰ型扣件

条分 A 型弹条和 B 型弹条。其中,轨距挡板用型钢制造,分 20 号、14 号(用于 50 kg/m 钢轨)和 10 号、20 号(用于 60 kg/m 钢轨)共 4 个型号。而 20 号、14 号轨距挡板又分普通轨距挡板和接头轨距挡板。挡板座分 2~4 号和 0~6 号。

弹条Ⅰ型扣件可与 50 kg/m 钢轨、60 kg/m 钢轨配合使用,由螺纹道钉、螺母、平垫圈弹条、轨距挡板、挡板座和橡胶垫板等部件组成。

图 2-34 检查坑扣件

3. 检查坑扣件

目前,我国城市轨道交通场段库内线检查坑扣件主要有弹条Ⅰ型分开式扣件及 DJK5-1 型扣件,均为有螺栓 ω 弹条弹性分开式扣件,这种扣件外形短小,能灵活地适用于各种库内线的需要,调高量较大,调整方便,其中弹条Ⅰ型分开式扣件在广州地铁使用广泛,DJK5-1 型扣件在北京地铁使用广泛。检查坑扣件如图 2-34 所示。

2.3.5 减振系列扣件

根据国内地铁减振轨道结构的使用情况,中等减振地段多采用各类型减振扣件。

1. 减振器扣件(俗称科隆蛋扣件)

科隆蛋减振扣件由澳大利亚 DELKOR 公司设计生产,在我国首先是在香港和台湾采用,随后在北京地铁 5 号线、4 号线,上海地铁 10 号线、2 号线东西延伸段,深圳地铁 3 号线及延伸线等也有采用。

轨道减振器减振扣件是一种高弹性扣件,该扣件为弹性分开式、无挡肩减振扣件。轨道减振器是将承轨板、底座与橡胶硫化为一椭圆形的整体结构,其减振是通过橡胶的剪切弹性变形来实现的。早期上海和广州地铁经 3~5 年运营使用国产第一代减振器扣件后,发现因橡胶配方、制造工艺等原因,该扣件减振性能有较大衰减。目前,国内第二代双刚度减振器材料及橡胶的配方改进较大,其节点静刚度为 8~12 kN/mm,动刚度为 10~15 kN/mm,动静刚度比不大于 1.3,可比一般分开式扣件减振 5 dB 左右。图 2-35 为国产第二代减振器扣件。

图 2-35 国产第二代减振器扣件

减振器扣件优点:减振性能控制较好,铺设和养护也方便。

减振器扣件缺点:扣件节点高度较高(约 87 mm),维修性差,一旦弹性失效需要整体维修更换,代价较大。由于扣件刚度过低,钢轨振动加剧,是造成小曲线半径地段钢轨异常波磨诱因之一。

2. GJ-Ⅲ型减振扣件

GJ-Ⅲ型减振扣件是一种城市轨道交通用弹性分开式减振扣件,它基于底板型扣件系统设计，自锁机构设置在扣件上部。扣件由轨下橡胶垫、预组装件及耦合垫板三部分组成。其中，预组装件由上铁垫板、中间橡胶垫、下铁垫板和自锁机构等组成，由于它在工厂内已预装为一体，故可直接运往现场铺轨。若需更换零部件，预装体可拆开，简单方便。它主要通过弹性垫板的压缩提供弹性，并通过设计双层非线性弹性垫板系统以降低系统刚度和提高结构阻尼来控制二次噪声与振动，可比一般分开式扣件减振 5～8 dB。这种扣件已在上海、重庆、成都等城市的地铁线路中广泛应用。图 2-36 为 GJ-Ⅲ型减振扣件。

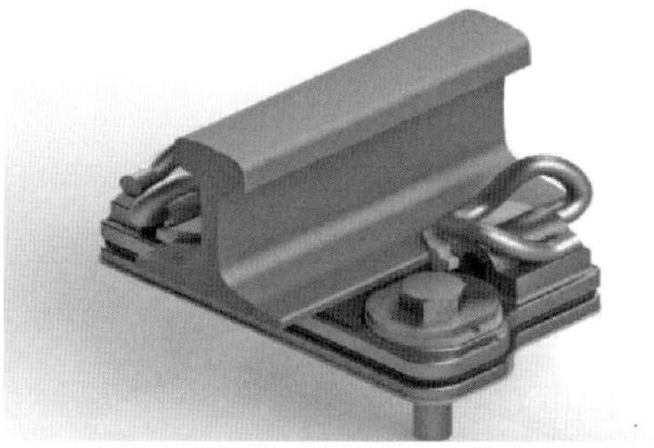

图 2-36　GJ-Ⅲ型减振扣件

GJ-Ⅲ型减振扣件优点：扣件减振性能较稳定，安装和维护方便，应用较为广泛。

GJ-Ⅲ型减振扣件缺点：零部件较多，造价相对较高。

3. 洛德（LORD）扣件

LORD 减振扣件是由美国 LORD 公司研制的一种压缩型减振扣件（图 2-37），我国在上海及广州地铁线路中曾采用。

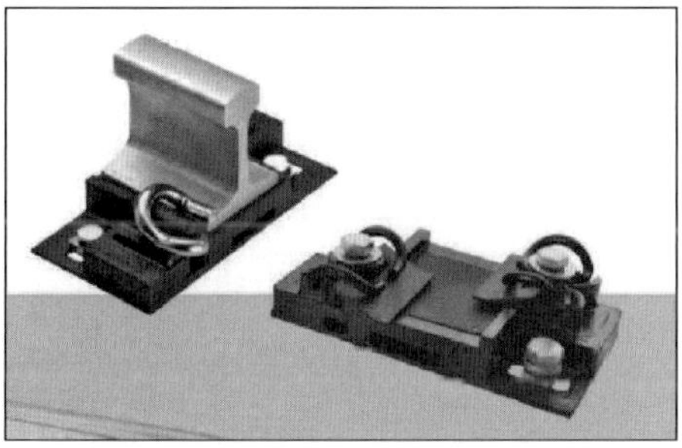

图 2-37　LORD 扣件

LORD 扣件的主要特点是将承轨板、橡胶弹性体和底板硫化为整体，利用橡胶的压缩变形进行减振。LORD 扣件直接支承钢轨，下面设置调高垫板，扣件调距通过调距扣板的齿牙移动铁垫板，利用铁垫板的长圆孔来实现“无级”调距。LORD 扣件的垂直静刚度为 15～22.5 kN/mm，动静刚度比小于 1.3，经广州地铁测试可比一般分开式扣件减振 6 dB 左右。

LORD 减振扣件优点：弹性和整体性好，扣件表面具有橡胶覆盖层，耐腐蚀性强，扣件尺寸紧凑。

LORD 减振扣件缺点：减振效果稍有欠缺，一旦硫化橡胶与上下铁垫板脱开，则扣件失效，需整体更换，且造价较高。

4. 先锋扣件

先锋扣件是由英国 Pandrol 公司开发的高性能减振扣件（图 2-38），通过采用弹性楔形支承块承载钢轨轨头下颚，从而使轨道轨底离开轨座，而楔形支承块由固定在轨下基础的侧板托架支承定位，该扣件系统既可用于有砟轨道，也可用于无砟轨道。该扣件的特点是弹性支承于轨头下的轨腰部，依靠降低支承静刚度实现减振，但轨头不会偏移，轨距保持良好。该扣件的减振原理是降低钢轨的支承刚度，静刚度可以达

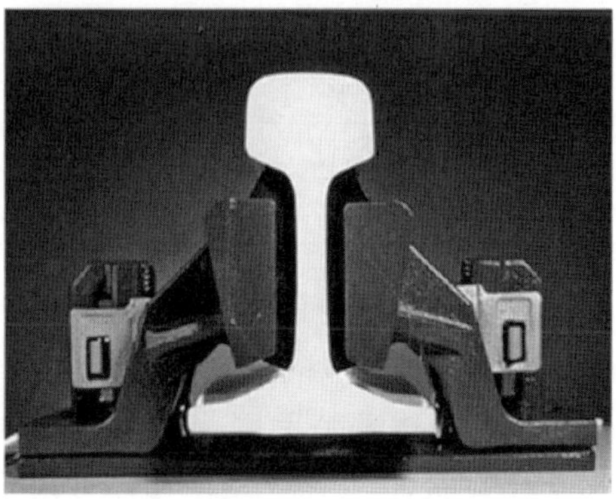

图 2-38　先锋扣件

到9 kN/mm以下，列车通过时钢轨下沉量达到3 mm，可比一般分开式扣件减振8～10 dB。广州地铁4号线、北京地铁5号线减振改造、沈阳地铁1号线及上海地铁减振改造等工程均铺设了这种扣件。

先锋扣件优点：相比其他同等级减振产品，该扣件具有安装简便、施工方便、减振性能好等特点。

先锋扣件缺点：钢轨高频振动引起的隧道及车内噪声有所增加，造价较贵。

2.3.6 扣件防锈

城市轨道交通扣件的防锈尤为重要，一方面是可以延长其使用寿命，另一方面是符合整洁、美观的要求。目前，扣件金属件的防锈措施一般有涂防锈漆、锌镍渗层、镀锌、达克罗、静电喷涂、气体多元共渗等几种方法。各种防锈措施的技术经济比较如表2-20所列。

表2-20　各类防锈措施技术经济比较

	防锈措施	电镀锌	热浸锌	达克罗	气体多元共渗	锌镍渗层
处理过程	环境污染	有	有	有	无	无
	加热温度	常温	≥600℃	≤300℃	≤600℃	≤400℃
	能耗	低	高	较低	较高	较低
	加工成本	低	高	较高	较高	较低
	氢脆	有	有	无	无	无
	机械性能	不变	影响	不变	不变	不变
成品检测	盐雾试验	≤100 h	≤480 h	≥1 000 h	≥500 h	≥6 000 h
	抗 SO_2	差	差	差	好	好
	耐湿热	差	较差	好	好	好
	附着力	较好	较好	差	好	好
	硬度(HV)/($N\cdot mm^{-2}$)	180～200	70～80	2H	400～600	300～400
	耐磨性	较差	较好	差	好	最好
	配合影响	较小	大	较小	较小	较小
	外观均匀性	好	差	好	好	最好
价格/(元·kg^{-1})		0.5～2	1.5～4	1.5～4	4.8～5.3	2.5～4

涂防锈漆防锈和镀锌防锈均操作简单，但处理后的扣件表面耐磨性差，在运输和施工过程中，表面涂层易损坏。

达克罗技术是美国为防盐雾锈蚀汽车底盘而发明的，防盐雾能力强，盐雾试验可达1 000 h左右，但在我国实际使用效果不理想，广州地铁道钉、重庆轻轨指形板系统都采用过该技术，该技术表面防腐层的硬度太低，较难抵御施工作业时的磕碰划伤。

静电喷涂胶涂防锈漆防锈、镀锌防锈技术处理后的扣件表面性能强，不易损坏，在运输过程中加装保护膜，能更有效地防止表面涂层损坏，但不适用于道钉等带螺旋的部件。

气体多元共渗技术处理后的扣件表面耐磨性强，使用周期长，但该技术费用较高，其加工工艺可引起弹条性能指标的变化。

锌镍渗层是一种通过低温化学置换原理，即渗层金属在一定温度和活化剂的作用下向待渗钢铁基材表面内扩散而达到冶金结合的表面处理技术。该技术实现了钢铁制件表面合金化，达到了高耐蚀、高耐磨的应用需求，且不改变钢铁制件自身的机械性能，保证了在钢铁制件自身允许的使用周期内全寿命防锈。图 2-39 为采用锌镍渗层防锈与未采用的对比情况。

图 2-39　采用锌镍渗层防锈与未采用对比

综上所述，城市轨道交通所采用扣件的组件如铁垫板、调距扣板等铸铁件多采用静电喷涂防锈技术，其余组件如弹条、螺母、垫圈、锚固螺栓等金属零部件多采用达克罗技术或锌镍渗层工艺进行防锈蚀处理。以上表面强化防锈措施的实施过程，都不得降低产品的物理机械性能。通过防锈耐腐处理后，扣件铁件经过 240 h 中性盐雾试验(NSS 试验)，保护级不应低于 9 级。

2.4　轨枕

2.4.1　概述

轨枕承受来自钢轨的各向压力，并将其弹性地传布于道床。同时，轨枕可有效地保持轨道的几何形位，特别是轨距和方向。轨枕应具有必要的坚固性、弹性和耐久性，并能便于固定钢轨，有抵抗纵向位移和横向位移的能力。

轨枕依据构造及铺设位置分类如下：

(1) 横向轨枕：与钢轨垂直、等间隔铺设，是常用的铺设方法；

(2) 纵向轨枕：与钢轨同向铺设，是特殊的铺设方法，轨距需用其他方法保持；

(3) 梯子形轨枕：在纵向轨枕的基础上，等间隔加设横梁，组成梯子形结构，起到框架作用；

(4) Y 形轨枕：一般用型钢制造，可提高轨道抗弯扭刚度，增加轨道稳定性。

轨枕按其材质分类可分为混凝土枕、木枕、合成轨枕、钢枕和减振弹性轨枕等。

(1) 混凝土枕：一般可分为短轨枕、长轨枕和双块式轨枕；

(2) 木枕：铁路最早采用而且到目前为止依然被采用的一种轨枕。制作木枕的树种要求坚韧而富有弹性，并且具有较高的抗腐蚀能力。

(3) 合成轨枕:由玻璃长纤维加硬质弹性聚氨酯泡沫塑料制成,通过压缩黏结成型。

(4) 钢枕:曾在木枕容易被白蚁和腐蚀菌类侵蚀的热带铁路上被广泛采用。

(5) 减振弹性轨枕:一般可分为弹性短轨枕和弹性长轨枕。

2.4.2 混凝土枕

1. 无砟整体道床混凝土轨枕

目前,整体道床地段混凝土轨枕主要有预应力混凝土长枕、双块式(连块式)钢筋混凝土轨枕、钢筋混凝土短枕三种,如表 2-21 所示。

表 2-21　　整体道床轨枕的对比

类型	预应力混凝土长枕	双块式(连块式)钢筋混凝土轨枕	钢筋混凝土短枕
优缺点	1. 精调工作量小,轨底坡、轨距等精度易保证。 2. 作业效率较高(75～100 m/d)。 3. 轨枕中设有穿孔钢筋,道床整体性强。 4. 仅能设置两侧沟	1. 配筋较多、中间桁架影响道床钢筋绑扎。 2. 水沟布置不灵活。 3. 尺寸偏大,性价比低。 4. 运输过程中,中间的桁架易变形,影响施工精度	1. 结构简单轻巧,制造、堆放、安装和运输均方便。 2. 采用轨排架法施工,技术成熟,作业灵活。 3. 施工时需同时控制两根轨枕的轨底坡、超高等参数,调整作业量大,施工精度较差。 4. 铺轨进度 50～75 m/d。 5. 水沟布置灵活,中心沟、两侧沟均可
应用情况	上海、广州、深圳、苏州、无锡、东莞、南京等城市的地铁	深圳地铁	北京、深圳、南京、武汉、广州、南昌等城市的地铁

1) 预应力混凝土长枕

如图 2-40 所示,预应力混凝土长枕的长度为 2.1m,轨枕中部预留 5 个穿筋孔,满足道床双层钢筋布置要求,稳定性好;该类轨枕采用轨排法施工,进度快、精度易保证。上海地铁、广州地铁和德黑兰地铁均铺设了这种轨枕,已经多年运营使用,状况良好。

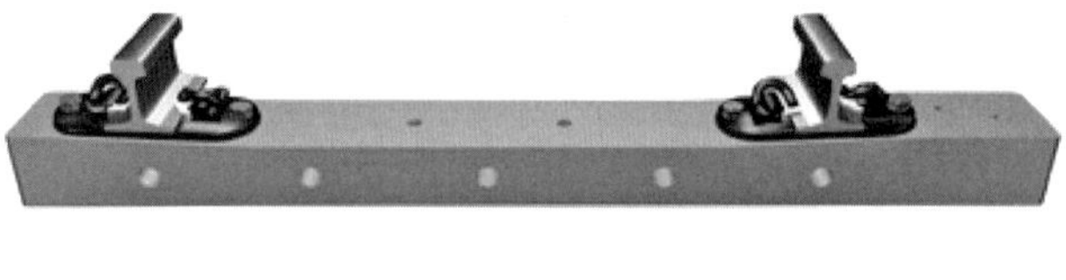

图 2-40　预应力混凝土长枕

2) 钢筋混凝土短枕

如图 2-41 所示,钢筋混凝土短枕结构简单,横断面为梯形,底部伸出钢筋钩以增加其与道床的连接。该类轨枕也可采用轨排法施工,进度快,精度易保证,目前多用于高架线承轨台道床地段。北京、天津、南京和广州等众多城市的地铁均铺设了这种轨枕,经过几十年运营使用,状况良好。

图 2-41　钢筋混凝土短枕

3）双块式（连块式）钢筋混凝土轨枕

如图 2-42 所示，双块式（连块式）钢筋混凝土轨枕由两块短轨枕及中部连接钢桁架组成，采用短轨枕有利于减少轨枕重量，中部采用钢桁架结构在道床浇筑时有利于轨枕和道床之间的连接。这种轨枕最早源自德国雷达 2000 轨道，在国内高速铁路 CRTS Ⅰ型双块式无砟轨道中被广泛采用。

图 2-42　双块式（连块式）钢筋混凝土轨枕

近年来地铁领域也开始试点采用双块式钢筋混凝土轨枕。深圳地铁 7 号、9 号、11 号线均采用双块式（连块式）混凝土轨枕，其中单组桁架式轨枕用于减振扣件地段，双组桁架式轨枕用于DT-Ⅲ型常阻力扣件地段，其轨枕结构如图 2-43 所示，现场施工如图 2-44 所示。

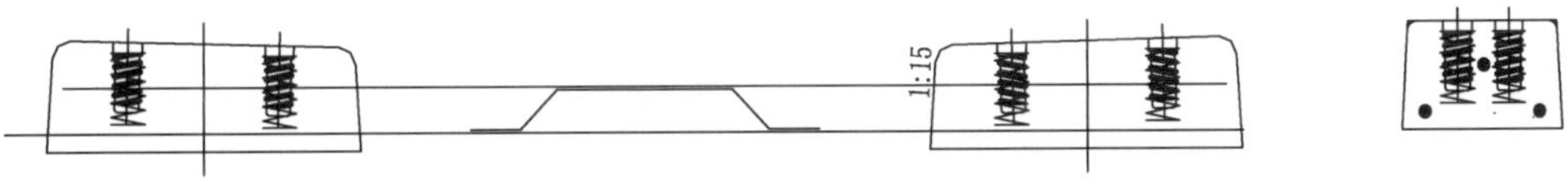

图 2-43　深圳地铁双块式混凝土轨枕结构图

图 2-44　深圳地铁双块式轨枕现场施工图

2. 碎石道床混凝土轨枕

目前，场段库外线碎石道床地段主要采用新Ⅱ型预应力混凝土长轨枕。新Ⅱ型混凝土轨枕结构外形如图 2-45 所示。最初的新Ⅱ型枕采用与 YⅡ-F 型和 TKG-Ⅱ型枕相同的配筋，8 根ϕ7 mm 螺旋肋钢丝分上、下两排布置，每排 4 根。目前研线 0322 通用图中采用 10 根ϕ6.25 mm螺旋肋钢丝。图 2-46 为新Ⅱ型混凝土轨枕碎石道床。

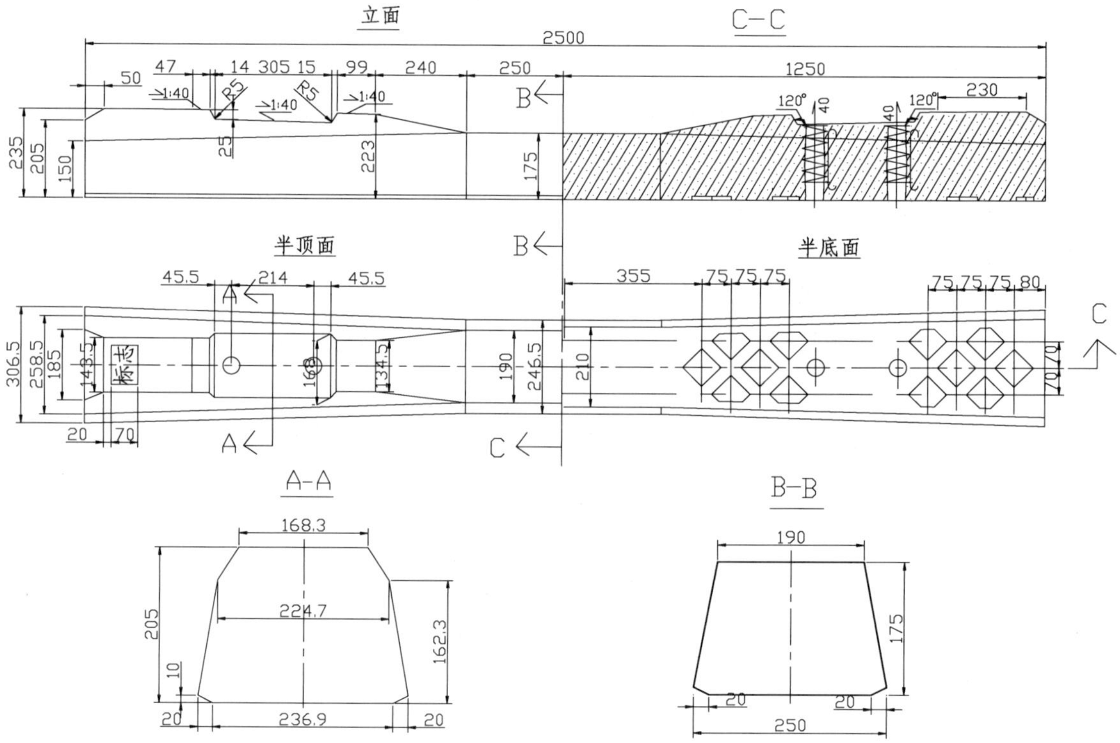

图 2-45　新Ⅱ型混凝土轨枕(单位:mm)

图 2-46　新Ⅱ型混凝土轨枕碎石道床

2.4.3 木枕

木枕是铁路最早采用的一种轨枕(图2-47)。广州等城市的场段道岔广泛采用过木岔枕。

图 2-47 木枕

木枕的主要优点是弹性好,可缓和列车的冲击作用;易加工,运输、铺设、养护维修方便;与钢轨连接比较简单;有较好的绝缘性能等。但木枕要消耗大量优质木材,由于资源有限,因而其价格较贵。

木枕的主要缺点是易腐朽、磨损,使用寿命短,这也有来自生产工艺水平的原因。其次是木材种类和取用部位的不同,导致木枕强度、弹性不完全一致,在列车作用下会造成轨道不平顺,增大轮轨动力作用。

2.4.4 合成轨枕

合成轨枕由硬质弹性聚氨酯泡沫塑料制成,如图2-48所示,具有以下特点:

图 2-48 合成轨枕

(1) 质量轻,强度高,不透水,不吸湿,绝缘,吸音,耐油,耐化学腐蚀等。

(2) 尺寸稳定,现场打孔、定位方便,便于加工(能进行与木材同样的加工,如开槽、钻孔、磨削、打钉、黏结、涂漆等);道钉、螺钉的拉拔强度大,反复钉入时的保持率也高;耐疲劳性能好,使用寿命长。

(3) 弹性好,拥有其他枕木材料无法比拟的减振性能;同时,还能通过开孔型的硬泡结构起到较好的吸音、消声作用。

目前,广州地铁5号线、3号线,南京地铁2号线等多条地铁线路均使用了合成轨枕,性能稳定,效果良好,缺点是造价比较高。

2.4.5 钢枕

从铁路发展的最早时期起,钢枕曾在木枕容易被白蚁和腐蚀菌类侵蚀的热带铁路线上被广泛采用。其具有生产过程简单、承受荷载大、可提供较大的纵/横向阻力、牢固地保持轨距、可通过电焊进行破损修补等优点。但钢枕较其他轨枕造价高,在有绝缘需要的线路上不能使用,容易被酸性土壤、工业气体、潮湿和有盐分的空气侵蚀,并且在列车通过时产生的噪声较大。目前,钢枕的使用数量较少,在1949年以前,我国曾在窄轨铁路、东北地区钢铁企业专用线上铺设过,在提速道岔特殊部位也曾使用过。城市轨道交通仅在大跨桥梁缝处等特殊地段使用过钢枕(图 2-49)。

图 2-49 钢枕(大跨桥梁缝处)

2.4.6 减振弹性轨枕

根据国内地铁减振轨道结构的使用情况,中等减振地段采用的减振弹性轨枕可分为弹性短轨枕和弹性长轨枕。由于减振弹性轨枕的减振效果对施工质量的依赖度较高,若施工中未能将弹性套靴及枕下垫板绑扎密贴,或套靴中夹入杂物,减振性能将会受到影响,且易产生松动、轨距异常等病害,因此目前的城市轨道交通基本已不再采用减振弹性轨枕。

1. 弹性短轨枕

弹性短轨枕即在轨枕外包一个橡胶套,橡胶套内轨枕下设一层橡胶垫板。这种结构的轨道垂直弹性由轨下、铁垫板下、轨枕下三层橡胶垫板共同提供,提高了轨道结构的弹性,短轨枕为钢筋混凝土结构,可在工厂高精度预制,具有较大的惯性质量,可减振 8～12dB。天津滨海线、天津地铁 1 号线、北京机场线均采用了这种减振弹性短轨枕结构,如图 2-50(a)所示。

2. 弹性长轨枕

弹性长轨枕在传统弹性短轨枕的基础上进行设计,在轨枕底部设置刚度较低的三元乙丙橡胶微孔发泡弹性垫层,并通过弹性套靴将弹性垫层及长轨枕与道床隔离,使弹性长轨枕在列车通过时在垂直方向能被自由压缩一定的行程,从而实现减振;在水平纵向及横向基本无弹性,以确保其水平方向的稳定性,如图 2-50(b)所示。

(a) 弹性短轨枕

(b) 弹性长轨枕

图 2-50 弹性轨枕

2.5 道床

2.5.1 概述

道床铺设于路桥隧基础之上、轨枕之下,起承受并传布荷载、稳定轨道结构的作用。城市轨道交通轨道结构分为有砟轨道碎石道床和无砟轨道整体道床两大类。道床是轨道的重要组成部分，是轨道框架的基础，城市轨道交通道床应满足以下标准：

(1) 应能将钢轨、扣件及轨枕承受的列车荷载均匀分散传递至下部结构；

(2) 提供轨道的纵、横向阻力，以保持轨道的稳定；

(3) 通过扣件或减振道床提供轨道弹性，减缓和吸收轮轨的冲击和振动；

(4) 提供良好的排水性能，以减少基床病害；

(5) 应能满足轨旁相关设备的连接、安装等要求；

(6) 便于轨道养护维修作业。

2.5.2 正线无砟整体道床

现代城市轨道交通领域普遍采用无砟轨道整体道床。无砟整体道床是一种在坚实基底上直接浇筑混凝土以替代传统道砟层的轨下基础。目前，城市轨道交通地下线、高架线以及较短的地面线均采用钢筋混凝土整体道床。

整体道床的整体性强，稳定性好，轨道几何形位易于保持，有利于铺设无缝线路及高速行车。其轨道变形很小且发展较慢，从而可减少养护维修工作量。根据其采用轨枕的不同，可进一步细分为短枕式整体道床、长枕式整体道床、短枕承轨台式整体道床、预制板式轨道整体道床及无枕式整体道床等。

1. 短枕式整体道床

短枕式整体道床是将短轨枕埋在整体道床内，该道床由 C50 短轨枕和钢筋混凝土道床等组成。钢筋混凝土短轨枕结构简单，横断面为梯形，底部伸出钢筋钩以加强短轨枕与道床的连接。

短枕式整体道床具有以下特点：

(1) 结构简单，技术成熟。

(2) 短轨枕采用非预应力钢筋混凝土结构，可在工厂或基地预制，价格较低；短轨枕底部外露钢筋，便于加强与道床的连接。

(3) 道床可采用中心或两侧排水沟，排水沟设置的灵活性对道床排水布置十分有利，便于轨道系统设计。

(4) 短轨枕便于道岔区轨道结构设计和施工，有利于全线轨道结构形式的统一。

(5) 短轨枕轻巧，便于灵活采用轨排法或架轨法施工，技术成熟，简单、方便。

短枕式整体道床在北京、天津、广州、深圳、南京、重庆等城市的地铁中应用广泛。图 2-51 和图 2-52 分别是地下线和地面线短枕式整体道床。

2. 长枕式整体道床

长枕式整体道床是把预制的混凝土枕与道床浇筑成整体，道床纵向钢筋贯穿轨枕，形成整体，结构坚固稳定、整洁美观。预应力混凝土长轨枕的长度为 2.1 m，轨枕混凝土强度等级为 C60，道床混凝土强度等级为 C35 或 C40，纵向排水沟设在两侧。

图 2-51　地下线短枕式整体道床

图 2-52　地面线短枕式整体道床

长枕式整体道床具有以下特点：

(1) 利用轨枕预留的圆孔设纵向钢筋，增加了道床的稳定性，整体性强、刚度大；

(2) 用轨排法施工，便于轨道几何尺寸的调整和铺设精度的提高，施工进度快；

(3) 施工精度高，可降低运营后的养护维修工作量；

(4) 一般只能设断面较小的两侧水沟，在圆形隧道小半径曲线地段道床面较窄处，水沟布置比较困难。

长枕式整体道床在上海、广州、深圳、苏州、无锡、东莞、南京等城市的地铁中广泛应用。图 2-53 为地下线长枕式整体道床。

3. 短枕承轨台式整体道床

承轨台是一种沿纵向铺设在每股钢轨下面的条形块状钢筋混凝土结构。轨道中部无道床混凝土，以减轻道床重量。支承块即短轨枕，支承钢轨及其连接部件，并埋置于承轨台道床中。短枕承轨台式整体道床由于自重较轻，多用于高架线地段，为使承轨台与桥梁连接成一个整体，制作梁体时，梁面应留有竖向钢筋钩。短枕承轨台式整体道床在上海、北京、深圳、重庆、西安、成都等城市的地铁中广泛应用。图 2-54 为高架线短枕承轨台式整体道床。

图 2-53　地下线长枕式整体道床

图 2-54　高架线短枕承轨台式整体道床

4. 预制板式轨道整体道床

预制板式轨道整体道床由道床板、板下 ZH 砂浆填充层组成(图 2-55)。轨道板采用普通钢筋混凝土,由工厂预制,板内预埋扣件连接螺栓,道床基础由现场浇筑,轨道板所受的纵、横向力由轨道板与基础之间的抗剪销承担。广州地铁 4 号、5 号、6 号线高架线均采用这种板式轨道。

预制板式轨道整体道床造价昂贵,板下 ZH 砂浆填充层技术要求高,造价也较高。轨道超高需在板上设置,特别在缓和曲线内,板的预制种类(长、高)较多,制造困难。道岔、钢轨伸缩调节器区也难于应用。

5. 无枕式整体道床

目前,上海、天津、深圳等城市将我国高速铁路广泛应用的 CRTS I 型和 CRTS Ⅲ型板式轨道引入城市轨道交通,并在外形尺寸、基础连接方面改进以适应城市轨道交通限界空间小的特点,通过工厂化预制、标准化生产,更易于保证质量和精度,该种装配式轨道结构在城市轨道交通领域应用前景广阔。国外轨道交通采用过无枕式整体道床,国内大连有轨电车轨道上也曾采用过。无枕式整体道床也称整体灌注式道床,其结构简单,轨道结构高度低(图 2-56)。道床采用混凝土现场直接浇筑,自下而上施工,轨底坡设在道床表面,轨道高度低。要保证轨道精度就需要做大量的轨道调整作业工作,因此轨道施工很不方便且进度较慢。另外,施工误差容易集中在道床顶面,道床顶面抹面精度和施工进度都不易保证,同时还可能留下扣件易松动和空、吊板等病害隐患。现在国内地铁轨道基本不采用这种结构,仅在隧道侵限地段调线调坡后难以满足轨枕布置地段少量采用。

图 2-55 预制板式轨道整体道床

图 2-56 无枕式整体道床

2.5.3 场段道床

场段轨道由于车辆空载低速运行,多在库外线采用有砟碎石轨道,库内线则根据工艺要求采用各类型的检查坑整体道床。

1. **碎石道床**

出入段线、试车线碎石道床地段采用国铁新Ⅱ型混凝土枕碎石道床。无缝线路地段道床顶面宽 3.3 m，道床肩宽 400 mm，砟肩堆高 150 mm；普通线路地段道床顶面宽 3.1 m，道床肩宽 300 mm；曲线地段道床加宽 100 mm；道床边坡均为 1∶1.75。碎石道砟采用一级道砟。

库外线主要铺设国铁新Ⅱ型混凝土枕碎石道床，道床顶面宽 2.9 m；曲线地段道床肩宽加宽 100 mm；道床边坡为 1∶1.5。碎石道砟采用一级道砟。图 2-57 为库外线碎石道床。

2. **库内线道床**

库内线采用整体道床，根据检修工艺要求，库内一般地段和一般检查坑地段均为短枕式整体道床，轮对存放区采用钢轨直埋式整体道床。

停车列检库内一般设有立柱式检查坑整体道床（图 2-58）。立柱式检查坑整体道床地段，按设计要求及尺寸准确将尼龙套管埋入立柱内。立柱纵向间距一般为 1.2 m。图 2-59 为库内壁式检查坑，图 2-60 为库内一般整体道床。

图 2-57　库外线碎石道床

图 2-58　库内柱式检查坑

图 2-59　库内壁式检查坑

图 2-60　库内一般整体道床

2.5.4　减振道床

城市轨道交通与城市其他客运交通方式相比，具有运量大、速度快、占地少、污染小的特点，但其在运营过程中所产生的振动和噪声会对周围环境造成不利影响。因此，应根据沿线各区段的环保要求，对地铁列车运行引起的振动和噪声进行综合治理，针对振动源、振动路径采取分级减振、降噪及隔振处理，当线路下穿或通过重要文物、居民区、疗养区、学校、医院和有精密仪器的科研单位时，大多采用各类减振道床进行减振处理。

1. 梯形轨枕减振道床

梯形轨枕是将板式轨道的双向预应力结构改进成由预应力混凝土纵梁和横向连接（钢管或一体化混凝土横梁）并弹性支撑于混凝土整体道床之上，理论上实现轻量级的质量-弹簧系统，固有频率为 30～35 Hz，预计减振效果达 8～12 dB（图 2-61）。梯形轨枕减振道床在北京、上海、广州等城市的地铁线路中有较多的应用。

图 2-61　梯形轨枕减振道床

图 2-62　纵向轨枕减振道床

2. 纵向轨枕减振道床

纵向轨枕减振轨道结构由钢轨、扣件、纵向轨枕、枕下弹性材料、高度调整垫层（或支座，支压板）组成。改用大预应力混凝土纵梁连续支撑和固定钢轨，即具有纵向刚度的轨下基础，改变了传统的横向轨枕间隔放置来支承钢轨的特征及特性，形成了复合轨道结构。在左右的纵梁之间采用混凝土系梁进行横向刚性连接，组成"框架形"一体化轨枕结构而构成纵向弹性轨枕系统。纵向轨枕减振道床在北京、上海、广州、深圳地铁中均有应用。图 2-62 为纵向轨枕减振道床。

3. 减振垫道床

减振垫道床是将整体道床与基础分离，做成具有足够刚度和质量的道床板，并浮置于弹性道床垫上，即构成"质量-弹簧"系统；其减振原理是在轨道上部结构和基础之间插入一个固有频率很低的弹性减振垫，防止由钢轨传来的振动传入基础。弹性道床垫采用高质量的橡胶或聚氨酯高分子材料（图 2-63、图 2-64），整体铺设在整体道床或碎石道床下方及侧面作为弹性面支撑，将道床整体包裹，在列车荷载作用下，道床的动下沉变形一般不超过 3 mm。该系统减振效果达 12～18 dB。

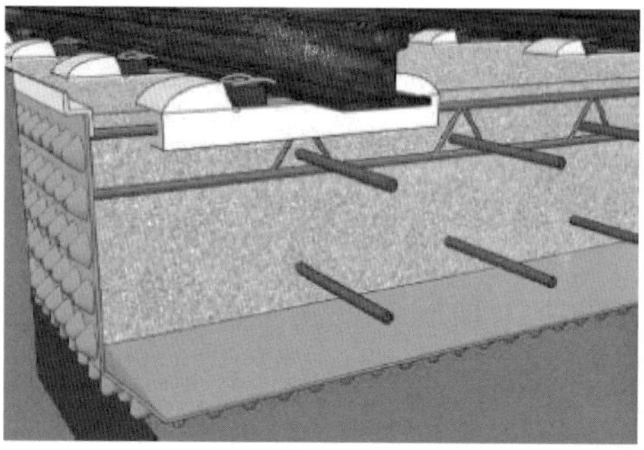

图 2-63　橡胶减振垫道床

图 2-64　聚氨酯减振垫道床

4. 橡胶浮置板道床

最早采用浮置板轨道结构的是德国，此后在欧美也均有铺设。在我国，香港地铁、广州地铁 1 号线和 2 号线也曾采用。它是将整体道床与基础分离，做成具有足够刚度和重量的道床板，再浮置于弹性元件上，即构成了浮置板道床。其减振原理是在轨道上部建筑和基础之间插入一个固有频率很低的线性谐振器，防止由钢轨传来的振动传入基础。其固有频率通常只能采用增加浮置板厚度和重级配混凝土的办法来降低。浮置板轨道的减振效果一般可达 10～18 dB。由于橡胶浮置板横向刚度较低、阻尼较小，容易导致钢轨内侧磨损加剧，目前已较少采用。图 2-65 为橡胶浮置板道床示意图。

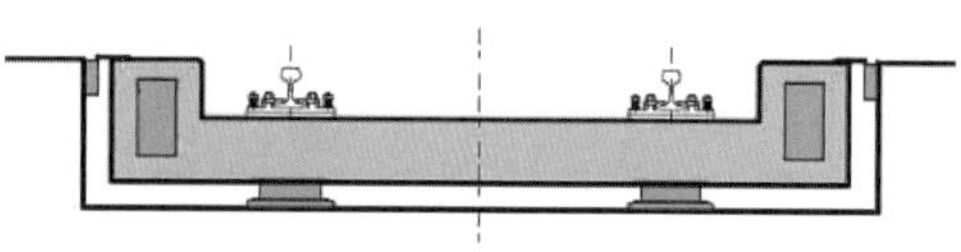

图 2-65　橡胶浮置板道床示意图

5. 钢弹簧浮置板道床

钢弹簧浮置板道床源自德国隔而固(GERB)公司，由道床板、钢弹簧隔振器、剪力铰、密封条、水平限位装置、钢轨与扣件等组成(图 2-66)。这种道床结构是将轨道固定在钢筋混凝土质量平台上，平台再放在由柔性弹簧等组成的隔振器上。这个质量平台可以提供足够的惯性质量来抵消列车产生的动荷载，只有静载和少量残余动荷载通过弹簧传到基础结构上。另外，根据钢弹簧隔振阻尼器的不同又可分为液体阻尼钢弹簧浮置板减振道床和固体阻尼钢弹簧浮置板减振道床。

液体阻尼钢弹簧浮置板减振道床是将浮置板置于螺旋钢弹簧隔振阻尼器(液体阻尼)上，减振原理与橡胶浮置板道床基本相同，钢弹簧隔振器的承载能力比传统点式支撑的橡胶垫好，可将浮置板的质量设计得更大以便更有效地降低系统固有频率，系统设计自振频率可降到8 Hz以下，减振性能更好，最大可减振 20 dB 以上，同时可消除固体声。钢弹簧浮置板减振

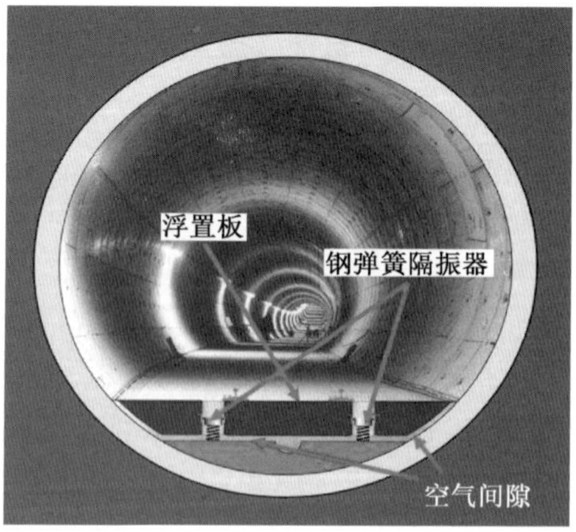

图 2-66　钢弹簧浮置板道床

道床施工工艺经过改进，浮置板既可以预制，也可以现场直接浇筑，施工技术成熟，精度易保证。钢弹簧疲劳寿命长，减振性能持久稳定，容易更换，是隔振系统中技术先进、成熟的设备，这种结构已在国内地铁特殊减振地段大量采用，效果很好。图 2-67 为钢弹簧浮置板道床减振套筒。

图 2-67 钢弹簧浮置板道床减振套筒

图 2-68 固体阻尼隔振器

固体阻尼钢弹簧浮置板减振道床的减振原理和结构形式与现在已经使用在特殊减振地段的液体阻尼钢弹簧浮置板减振道床相同，同属于“质量-弹簧”体系，主要区别是隔振器采用固体阻尼隔振器（图 2-68），从而使得隔振器材造价有了大幅度降低，其减振效果达到 15～20 dB，适合高等减振地段采用。

2.5.5 道床排水

1. 隧道内道床排水

地下线整体道床排水因要汇集隧道内渗漏水、消防水、道床冲洗水及其他废水，故宜采用排水沟形式对其进行排除。道床排水以防、截、排、堵相结合为设计原则。

地下线整体道床排水沟主要有两种设置方式：双侧排水沟和中心排水沟。

双侧排水沟即将道床排水沟设于轨道外侧（图 2-69），优点是道床中心可形成一个较宽的行走平台，方便养护维修人员的行走及紧急情况下的乘客疏散，轨道结构的整体性比较好。其缺点是圆形隧道地段水沟受隧道断面、线路坡度、曲线超高、施工质量的影响较大，当施工误差增大时，会导致局部地段排水不畅，水沟下部的混凝土厚度较薄，易剥离。

中心排水沟即将道床排水沟设于两股钢轨之间的道床中心（图 2-70），仅短枕式整体道床有条件采用此类排水沟，它较双侧排水沟可节省混凝土量约 10%。其优点是水沟排水顺畅，道床混凝土与隧道管片不易开裂，有利于轨枕与道床之间的连接；方便铺轨基标的设置。其缺点是道床整体性稍差，紧急情况下的乘客疏散稍有不便。

图 2-69 双侧排水沟

图 2-70 中心排水沟

2. 高架线排水

高架线一般地段及道岔短枕式整体道床地段排水利用桥面排水系统，即道床板表面的水自然排到桥面，桥面水横向流动通过道床板之间的间隙，纵向沿着线路坡度方向流入排水系统。

地下线与地面线及高架过渡段在线路中心设置排水沟，在隧道洞口设置集水井截断地面水流，用雨水泵排入地面沟渠。

3. 地面线排水

对于地面线整体道床，在道床板设置人字坡，从而实现向两侧排水，道床底部埋入排水管将线间积水引入路基排水沟。

2.5.6 道床耐久性

地铁建设是百年大计，按《地铁设计规范》(GB 50157—2013)的规定，整体道床使用寿命按不小于 100 年考虑，作为地铁运营基础性构筑物，一旦出现破坏，将直接影响地铁的安全运营。因此，整体道床必须按照国家有关规范的规定进行耐久性设计。

混凝土的耐久性设计主要包括以下几个方面：

(1) 确定结构使用的环境类别以及设计使用年限。根据整体道床结构的特点，设计年限按 100 年考虑。

(2) 根据环境类别及使用年限提出道床混凝土技术要求。

首先，混凝土的强度等级、最大水灰比以及最小水泥用量应满足耐久性设计的相关要求。地下线现浇整体道床混凝土强度等级为 C35，地面线及高架线现浇整体道床混凝土强度等级为 C40。

其次，混凝土耐久性对施工也有要求，应结合工程和环境特点，对施工全过程和各个施工环节进行质量控制，通过严格控制混凝土原材料质量及配合比、合理的浇筑顺序及养护方法，减少混凝土硬化收缩过程中的拉应力和开裂等。

(3) 提高耐久性的设计措施。在道床设计中应采取严格措施控制钢筋的保护层厚度，合理选择钢筋直径，从而确定最优的道床板板长、伸缩缝的设置方式、轨枕的埋设深度及方式，从而提高混凝土止裂性能。

2.6 道岔及伸缩调节器

2.6.1 道岔

1. 概述

列车从一股道进入或越过另一条线路，均依靠道岔和交叉设备来实现。道岔是把一条轨道分支为两条或以上的线路连接设备，交叉设备是两条轨道在同一平面相互交叉的线路设备。线路连接设备和交叉设备总称为道岔和交叉，包括各种道岔、交叉及道岔和交叉的组合。

2. 道岔分类

根据道岔的构造特点、用途和平面的形状，主要的道岔类型有普通单开道岔、单式对称道岔(又称双开道岔)、复式对称道岔(又称三开道岔)、交分道岔、交叉渡线等。我国城市轨道交通铺设的道岔种类一般有单开道岔及交叉渡线。

1）单开道岔

这种道岔保持主线为直线，侧线在主线的左侧或右侧岔出(面对道岔尖端而言)。侧线向右侧岔出的，称为右向单开道岔，简称“右开道岔”。侧线向左侧岔出的，称为左向单开道岔，简称“左开道岔”。

在各种类型的道岔中，普通单开道岔使用最广泛，大约占总数的90%以上，如图2-71所示。

2）交叉渡线

交叉渡线指在两条相邻线路上互相交叉过渡的道岔设备。交叉渡线由四组单开道岔、一组菱形交叉及连接轨道组成，如图2-72所示。

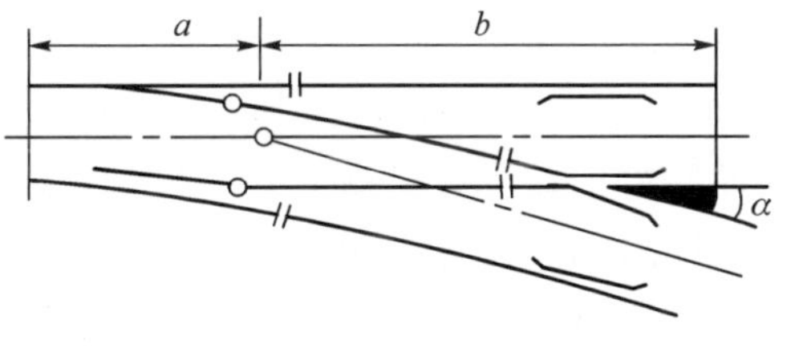

a—道岔前长；b—道岔后长；α—转辙角

图 2-71 普通单开道岔

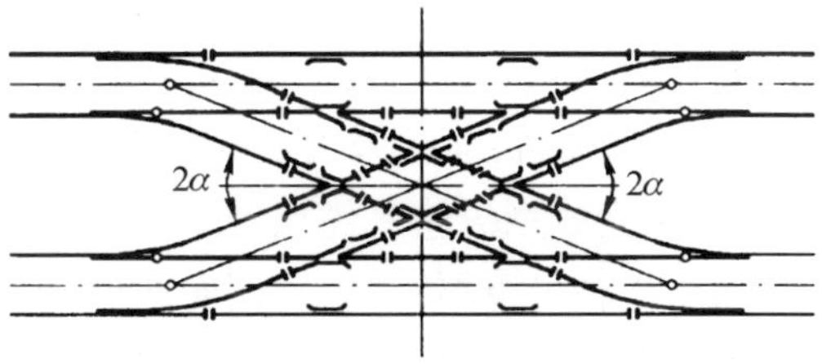

α—转辙角

图 2-72 交叉渡线

3. 道岔号数

道岔一般均以辙叉号数表示道岔号数。我国铁路道岔号数是两心轨工作边(曲线辙叉为由叉跟端两切线方向)夹角的余切函数。城市轨道交通各种道岔均以钢轨类型和辙叉号数区分其规格及标准类型。

道岔宜以列车计算通过速度为依据来选用。当列车直向通过道岔速度低于100 km/h或侧向通过道岔速度不大于35 km/h时，宜采用9号道岔；当列车直向通过道岔速度为100～

120 km/h或侧向通过道岔速度大于 35 km/h 时，宜选用 12 号道岔；当列车侧向通过道岔速度大于 50 km/h 时，宜选用 18 号道岔。

我国城市轨道交通常用的道岔类型主要为正线 60 kg/m 钢轨 9 号道岔(图 2-73)、正线 60 kg/m钢轨 12 号道岔及车场 50 kg/m 钢轨 7 号道岔(图 2-74)。

图 2-73 60 kg/m 钢轨 9 号道岔

图 2-74 50 kg/m 钢轨 7 号道岔

4. 道岔主要平面及结构设计

1）道岔尖轨

目前，我国城市轨道交通铺设的道岔结构一般采用 AT 藏尖式尖轨，按尖轨跟端构造可细分为间隔铁式和可弯式。尖轨的平面线型分为直线型和曲线型，各有优缺点，道岔设计时可根据不同情况选用。

(1) 直线型尖轨：直线型尖轨的工作边为一直线，它与基本轨工作边所成的交角称为转辙角，转辙角与尖端角相等，也与车轮轮缘冲击尖轨工作边的角相等。这种尖轨可用于左开或右开的单开道岔。优点是加工制造简单，便于修换；缺点是尖轨尖端轨距较宽大，影响列车沿正线运行的平稳，当列车逆向进入侧线时，轮缘对尖轨的冲击较大，列车会摇晃，尖轨也易磨损。

(2) 曲线型尖轨：曲线型尖轨的工作边除尖端前部有一小段直线外，其余均为圆曲线，一般冲击角小于直线型尖轨。优点是这种尖轨与导曲线的衔接比较圆顺，与同号码直线型尖轨比较，导曲线半径可以增大，车辆侧向通过速度可以提高，道岔全长可以缩短。缺点是左、右开道岔不能通用，加工较复杂。曲线尖轨根据平面线型的不同又可细分为切线型、半切线型、割线型、半割线型，其中半切线型、割线型、半割线型在我国铁路应用较为广泛。

2）辙叉类型

辙叉是使车轮由一股钢轨通过另一股钢轨的轨线平面交叉设备，主要由翼轨、心轨及连接零件组成。我国现行辙叉结构主要是固定型辙叉和可动心轨辙叉两种。目前，国内城市轨道交通均采用固定型辙叉。

5. 我国城市轨道交通用道岔

我国已建和在建城市轨道交通铺设的道岔种类较多，同一类型、同一号数的道岔因其结构形式及使用扣件不同而派生出多种道岔，如表 2-22 和表 2-23 所列。

表 2-22　　城市轨道交通用道岔一览表(单开道岔)

序号	轨型	道岔号数	铺设地点	道岔全长 L_q/mm	道岔前部长度 a/mm	道岔后部长度 b/mm	导曲线半径 R_w/mm	尖轨特征	尖轨冲击角 β_c	尖轨长度 l_o/mm	尖轨前基本轨长度 q/mm	$V_{直}$/(km·h^{-1})	$V_{侧}$/(km·h^{-1})	扣件	轨枕	备注
1	60	12	深圳地铁	37 907	16 853	21 054	350 717.5	60AT 弹曲	0°51′55.27″	11 300	2850	80	50	弹条Ⅱ型分开式	短混凝土枕	地下整体道床
2	60	12	广州地铁3号线	37 800	16 592	21 208	350 717.5	60AT 弹曲	—	13 000	2595	120	50	弹条Ⅲ型分开式	短混凝土枕	地下整体道床
3	60	12	天津津滨轻轨	37 617	16 563	21 054	350 717.5	60AT 弹曲	0°51′55.27″	11 300	2560	100	45	弹条Ⅰ型分开式	短混凝土枕	高架整体道床
4	60	9	深圳地铁	29 569	13 839	15 730	180 717.5	60AT 直尖	1°21′56″	6 450	2 560	80	30	弹条Ⅱ型分开式	短混凝土枕	地下整体道床
5	60	9	广州地铁	29 569	13 839	15 730	180 717.5	60AT 直尖	1°21′56″	6 450	2 650	80	30	弹条Ⅰ型分开式	短混凝土枕	地下整体道床
6	60	9	上海明珠轻轨	27 040	10 973	16 067	180 717.5	60AT 弹曲	1°04′00″	10 586	2 650	80	30	弹条Ⅱ型分开式	短混凝土枕	高架整体道床
7	60	9	上海明珠轻轨	27 040	10 973	16 067	180 717.5	60AT 弹曲	1°04′00″	10 586	2 650	80	30	弹条Ⅱ型分开式	木岔枕	碎石道床
8	60	9	西安地铁	29 054	13 011	16 043	200 717.5	60AT 弹曲	1°04′00″	10 684	2 620	120	35	DTⅥ2	短混凝土枕	地下整体道床
9	60	9	北京地铁	29 329	13 599	15 730	180 717.5	60AT 直尖	1°21′56″	6 450	2 410	80	30	DTⅥ2	短混凝土枕	地下整体道床
10	60	9	南京地铁	29 329	13 599	15 730	180 717.5	60AT 直尖	1°21′56″	6 450	2 410	80	30	DTⅥ2	木岔枕	碎石道床
11	60	9	上海地铁	27 773	12 403	15 730	200 717.5	60AT 弹曲	0°59′26.2″	10 600	2 700	80	35	DTⅢ	短混凝土枕	地下整体道床
12	50	7	上海轻轨	23 627	11 194	12 433	150 717.5	50AT 曲尖	1°21′10″	4 990	2 540	80	25	弹条Ⅰ型分开式	木岔枕	碎石道床
13	50	7	深圳地铁	23 627	11 194	12 433	150 717.5	50AT 曲尖	1°21′10″	5 120	2 540	80	25	DTⅥ1	木岔枕	碎石道床
14	50	7	重庆地铁	23 627	11 194	12 433	150 717.5	50AT 曲尖	1°21′10″	5 200	2 540	80	25	弹条Ⅰ型分开式	长混凝土枕	碎石道床
15	50	7	成都地铁	23 627	11 194	12 433	150 717.5	50AT 曲尖	1°21′10″	5 200	2 540	80	25	弹条Ⅰ型分开式	长混凝土枕	碎石道床

表 2-23 城市轨道交通用道岔一览表(交叉渡线)

序号	轨型	道岔号数	线间距 D/mm	铺设地点	交叉渡线全长 L_q/mm	线路中心交叉点间距离 L_D/mm	道岔前部长度 a/mm	道岔中心至辙叉尖端距离 b_0/mm	导曲线半径 R_w/mm	菱形长轴长度 A/mm	$V_{直}$/(km·h^{-1})	$V_{侧}$/(km·h^{-1})	扣件	轨枕	备注
1	60	12	5 000	深圳地铁	93 706	60 000	16 853	17 250	350 717.5	17 280	80	50	弹条Ⅱ型分开式	短混凝土枕	地下整体道床
2	60	12	4 600	天津津滨轻轨	88 266	55 200	16 533	17 280	350 717.5	17 340	100	45	弹条Ⅰ型分开式	短混凝土枕	高架整体道床
3	60	9	5 000	深圳地铁	72 678	45 000	13 839	12 955	180 717.5	12 994	80	30	弹条Ⅱ型分开式	短混凝土枕	地下整体道床
4	60	9	5 000	广州地铁	72 678	45 000	13 839	12 955	180 717.5	12 994	80	30	弹性可调	短混凝土枕	地下整体道床
5	60	9	4 600	上海明珠轻轨	63 300	41 400	10 950	12 977	180 717.5	13 040	80	30	弹条Ⅱ型分开式	短混凝土枕	高架整体道床
6	60	9	4 600	上海明珠轻轨	63 300	41 400	10 950	12 977	180 717.5	13 040	80	30	弹条Ⅱ型分开式	木岔枕	碎石道床
7	60	9	5 000	重庆地铁	72 678	45 000	13 839	12 955	200 717.5	12 994	100	35	弹条Ⅲ型分开式	短混凝土枕	地下整体道床
8	60	9	5 000	西安地铁	71 022	45 000	13 011	12 955	200 717.5	12 994	120	35	DTⅥ2	短混凝土枕	地下整体道床
9	50	7	5 000	北京地铁复八线	57 388	35 000	11 194	10 131	150 717.5	10 182	80	25	DTⅥ1	木岔枕	碎石道床
10	50	7	4 500	南京地铁	53 888	31 500	11 194	10 131	150 717.5	10 182	80	25	DTⅥ1	木岔枕	碎石道床
11	50	7	5 000	成都地铁	57 388	35 000	11 194	10 131	150 717.5	10 182	80	25	弹条Ⅰ型分开式	长混凝土枕	碎石道床

6. 道岔岔枕及道床

1) 正线道岔岔枕及道床

目前,正线道岔区均采用无砟整体道床,采用的岔枕有混凝土长枕、混凝土短枕及合成树脂枕三种,如图 2-75 所示。

(a)混凝土长岔枕　(b) 混凝土短岔枕　(c)合成树脂岔枕

图 2-75　各类岔枕道床铺设图

(1) 合成树脂岔枕具有现场打孔、定位方便,便于加工(能进行与木材同样的加工,如开槽、钻孔、磨削、打钉、黏结、涂漆等),使用寿命长等优点,但其价格昂贵,一组单开道岔岔枕的费用约是短岔枕费用的 3.5 倍,约是混凝土长岔枕费用的 1.5 倍。此类岔枕目前应用不多,仅被广州和上海地铁采用。

(2) 混凝土短岔枕整体道床在国内地铁工程中被大量采用,北京、上海、武汉、郑州地铁 1 号线等地铁线路的正线道岔区均采用的是钢筋混凝土短岔枕。短岔枕采用 C50 混凝土预制,工艺成熟。岔枕采用短轨枕,对道岔道床施工中短轨枕的平整性提出了较高要求,若在施工过程中遗留短轨枕倾斜等病害,后期运营过程中,短轨枕的不平整将会对道岔转辙增加附加阻力,尖轨磨耗较快。

(3) 预应力混凝土长枕在国铁建设中被广泛应用于道岔区,采用预应力钢筋混凝土长岔枕可消除支承块倾斜及空吊等施工病害,使尖轨侧面受力减缓。另外,还能形成轨道框架,较好地保持道岔的几何形位,减少尖轨不密贴和空吊板现象的发生,避免产生岔枕外倾,减少道岔钢轨件的磨耗,有利于保证道岔施工质量。上海和杭州地铁采用了钢桁架的长岔枕。

2) 场段道岔岔枕

试车线道岔采用碎石道床、双层道砟,轨枕采用预应力混凝土岔枕。除试车线外,其余库外线道岔均采用单层碎石道床,岔枕采用预应力混凝土长岔枕。

7. 道岔减振

目前,国内外对于道岔区采取的减振技术措施主要有以下几种方式:

1) 高弹性减振垫板

这种方式是采用高弹性聚酯弹性体垫板替换道岔扣件所采用的普通橡胶垫板。高弹性减振垫板的减振效果约 5 dB,在北京地铁 1 号线、2 号线改造,天津地铁既有线改造以及上海地铁等工程中采用,效果良好。

2）减振扣件

原理与非道岔区减振一样，即通过降低道岔扣件的支承刚度，实现减振的目的。由于道岔区钢轨件尺寸变化较频繁，一组道岔需采用5～6种规格的减振扣件类型。减振扣件直接改变道岔钢轨件下部支承刚度，广州地铁采用了这种道岔减振扣件技术。

3）减振垫浮置板

与正线减振垫浮置板轨道相同，将道岔区现浇道床板置于弹性减振垫上，岔枕埋设于现浇道床板内，道岔区采取单元结构一般分为转辙器、导曲线、辙叉三段。优点是技术成熟，施工方便。深圳地铁2号线、杭州地铁1号线、北京地铁9号线的道岔区均有使用这种减振垫浮置板。

4）钢弹簧浮置板

道岔区钢弹簧浮置板结构基本与区间钢弹簧浮置板相同，采取纵向分段结构。广州地铁3号线有钢弹簧浮置板轨道在道岔区的应用。

2.6.2 伸缩调节器

1. 概述

由于无缝线路长轨条受到扣件阻力和道床阻力的约束，当轨温发生变化时，在长钢轨中就会产生轴向温度力，轨温上升，长轨条中产生轴向压力；轨温下降，长轨条中产生轴向拉力。桥上的无缝线路其钢轨除受温度力作用之外，还受桥上附加纵向力作用。梁因温度变化而产生伸缩，在列车荷载作用下梁因挠曲而产生位移。梁上翼缘的这种纵向变形，将通过梁、轨间的连接约束，使钢轨受到纵向力的作用。因梁伸缩而引起的钢轨纵向附加力为伸缩力；因梁挠曲而引起的钢轨纵向附加力为挠曲力。这些附加纵向力同时又反作用于梁跨或固定支座，使墩台产生弹性变形，墩顶发生纵向位移。此外，如果在桥上发生断轨，或是无缝线路的伸缩区设在桥上，钢轨的伸缩也会通过梁、轨间的约束使墩台和固定支座受到断轨力或温度力的作用。因此，桥上无缝线路设计需要根据线路、运营及轨道类型等因素对钢轨强度、稳定性和断缝安全性进行检算，在检算的基础上考虑设置钢轨伸缩调节器，释放轨条内的温度应力，缓解剧烈的梁轨相互作用。

钢轨伸缩调节器(Expansion Joint, EJ)，用于无缝线路长轨条两端的伸缩，结构与道岔类似。城市轨道交通调节器主要用于大跨度桥梁的无缝线路轨道或高架线道岔前后，由于钢轨伸缩调节器是线路的一个薄弱环节，在桥上无缝线路设计中应尽量不用或少用。

2. 钢轨伸缩调节器类型

钢轨伸缩调节器的类型主要按尖轨与基本轨平面形式不同来划分，有直线型、折线型和曲线型三种。目前，我国均采用曲线型，如图2-76所示。

曲线型钢轨伸缩调节器的特征：尖轨与基本轨的贴合面为曲线，尖轨固定，基本轨相对伸缩。因此，尖轨尖端轨距固定不变，允许伸缩动程大，与基本轨伸缩量大小无关，对行车和维修都很有利。钢轨伸缩调节器基本轨一般都用普通断面钢轨制造，尖轨可以用特种断面钢轨或普通断面钢轨制造。

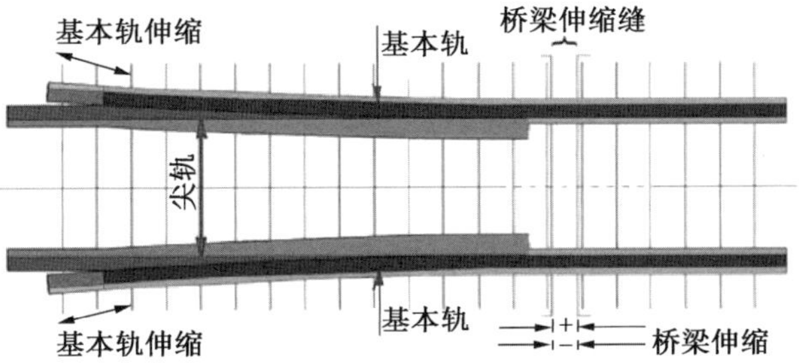

图 2-76　曲线型钢轨伸缩调节器

钢轨伸缩调节器由基本轨、尖轨、大垫板、轨撑、导向卡(或导向轨撑)及连接零件构成。图 2-77 为 60 kg/m 钢轨单向伸缩调节器。图 2-78 为高架车站道岔后部伸缩调节器。

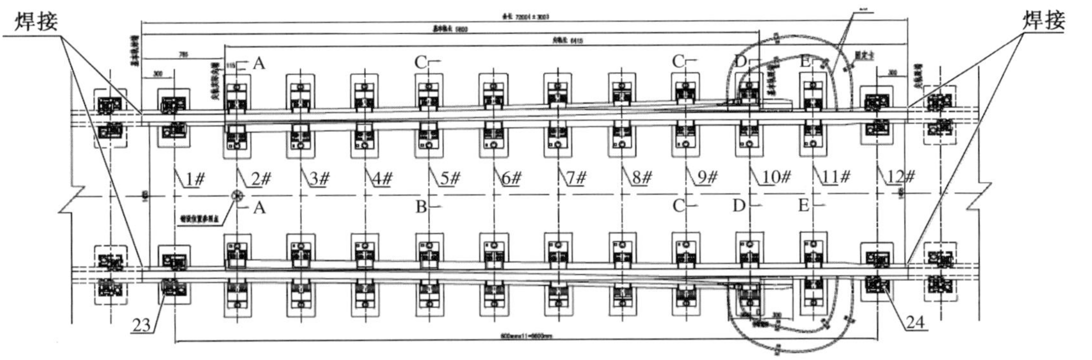

图 2-77　60 kg/m 钢轨单向伸缩调节器

图 2-78　高架车站道岔后部伸缩调节器

3　轨道几何不平顺检测与修理

轨道是一种特殊的结构物，工作条件十分复杂，承受随机列车动荷载的反复作用，其结构的几何形状、位置、尺寸经常发生变化。轨道除需满足强度条件外，还必须严格满足平顺性的要求，即使各部件的应力和弹性变形都在允许范围内，只要其不平顺超过一定限度，便不能正常使用。因此，轨道几何不平顺的检测与修理便尤为重要。

本章围绕轨道几何不平顺，首先从认识的角度对其基本概念进行概述；其次在检测方面分别对弦测法、惯性基准法的检测原理和动态检测设备进行介绍；然后在分析评价上对其波长特征、分析预测方法以及管理标准进行说明；最后从修理的角度对其修理方法及检养修一体化进行介绍。

3.1　概述

由钢轨、轨枕、道砟、路基组成的轨道结构在“钢轮钢轨”系统中起着承上启下的重要作用，它具有以下功能：①能提供高品质的列车行驶路线；②把列车荷载均匀地分散到路基上；③对产生的不可避免的各种变形较容易修复；④适应各种环境。

而由钢轨、轨枕、道砟组成的轨道结构是一个不完整的、易变形的结构，这种结构的变形即轨道不平顺，轨道不平顺是导致列车和轨道产生振动和破坏的原因。为实现轨道系统功能，不可避免地要投入大量人力和财力对其进行养护和维修，来消除这种轨道结构的不平顺。如图 3-1 所示，轨道不平顺的种类很多，可按其对列车激扰作用的方向、不平顺的波长、形状特征、显现记录时有无轮载作用等进行分类。

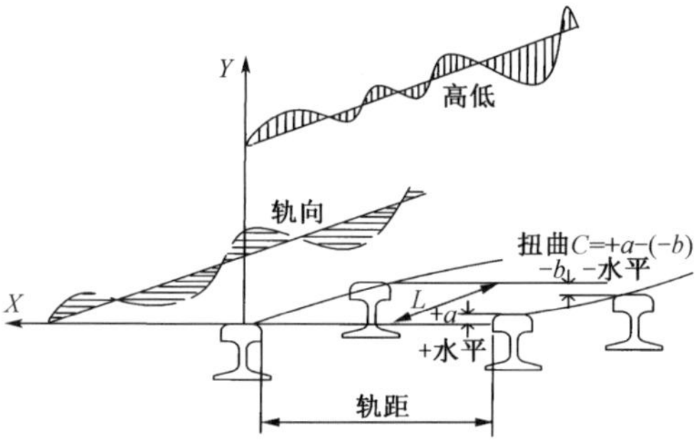

图 3-1　轨道不平顺示意图

（1）高低不平顺，即沿钢轨长度在垂向的凹凸不平，如图 3-2 所示。它是由线路施工和大修作业的高程偏差、桥梁挠曲变形、轨道垂向刚度不一致、道床和路基的不均匀残余变形或沉降不均匀、轨道各部件之间的间隙不相等、存在暗坑吊板等造成的。由轨检车检测的高低不平顺是动轮载作用下车轮与钢轨顶面接触点相对于惯性基准线的偏差。

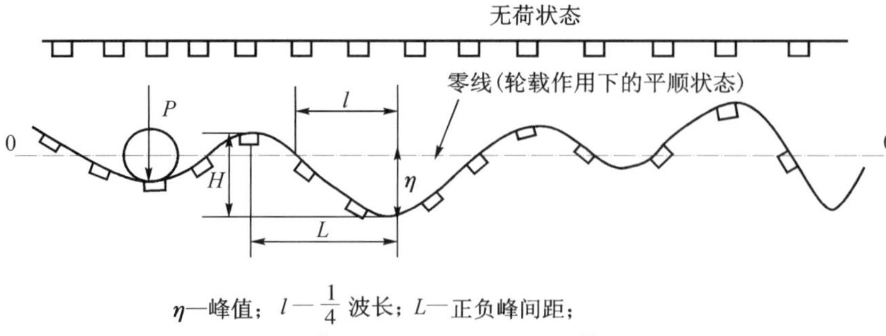

η—峰值；l—$\frac{1}{4}$波长；L—正负峰间距；

H—峰-峰值；$\frac{\eta}{l}$—$\frac{1}{4}$波长平均变化率；$\frac{H}{L}$—峰-峰值平均变化率

图 3-2　轨道的高低不平顺

(2) 水平不平顺,即轨道同一横截面上左、右两轨顶面的高低差,如图 3-3 所示。

(3) 平面扭曲不平顺(亦称三角坑),即左、右两轨顶面相对于轨道平面的扭曲,用相隔一定距离的水平不平顺幅值的代数差来度量,如图 3-4 所示。

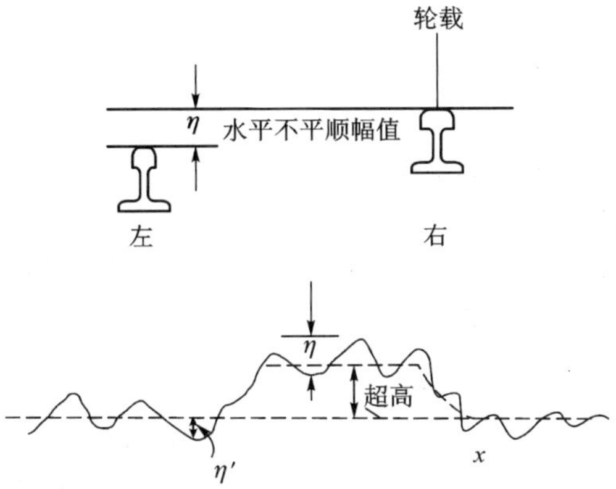

图 3-3 轨道的水平不平顺

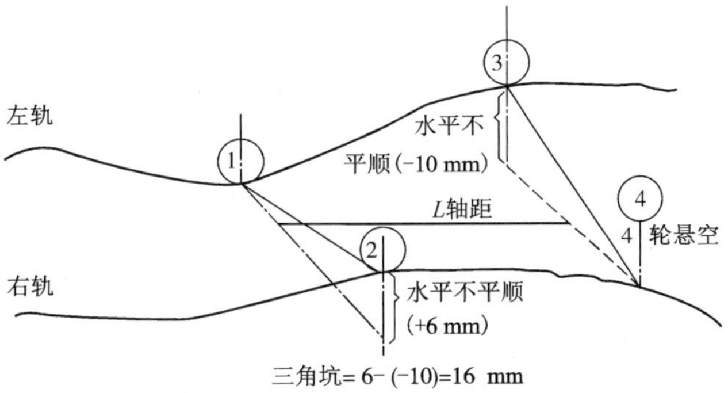

图 3-4 轨道的平面扭曲不平顺

(4) 方向不平顺,即轨顶内侧面沿长度方向的横向凹凸不平顺,如图 3-5 所示。它是由铺轨施工和大修作业的轨道中心线定位偏差、轨排横向残余变形累积和轨头侧面磨耗不均匀、扣件失效、轨道横向弹性不一致等原因造成的。

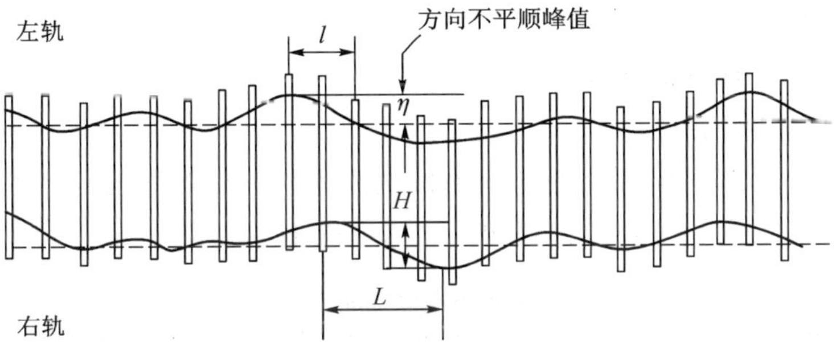

图 3-5 轨道的方向不平顺

(5) 轨距偏差,即在钢轨顶面以下 16 mm 处量得的两轨内侧距离相对于标准轨距值(1 435 mm)的偏差,如图 3-6 所示。轨距偏差通常是由于扣件不良、轨枕挡肩失效、轨头侧面磨耗等原因造成的。

(6) 复合不平顺,即在轨道线形的同一位置上同时出现垂向和横向不平顺,如图 3-7 所示。水平和轨向不平顺逆相位组合的存在(轨向与水平不平顺反相位且连续存在),对行车的安全性、舒适性影响最大。

根据相关文献介绍,最早提出轨道复合不平顺控制的是日本国铁。1963 年 11 月,东海道既有线鹤见车站发生了货车脱轨事故(称"鹤见事故"),脱轨货车倒向邻线,与对面来的客车

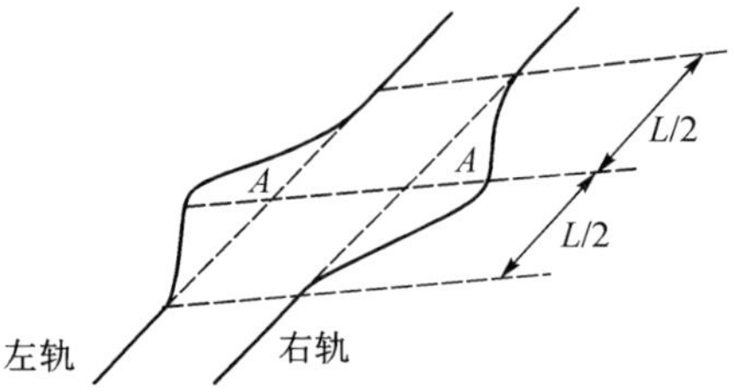

图 3-6 轨道的轨距偏差

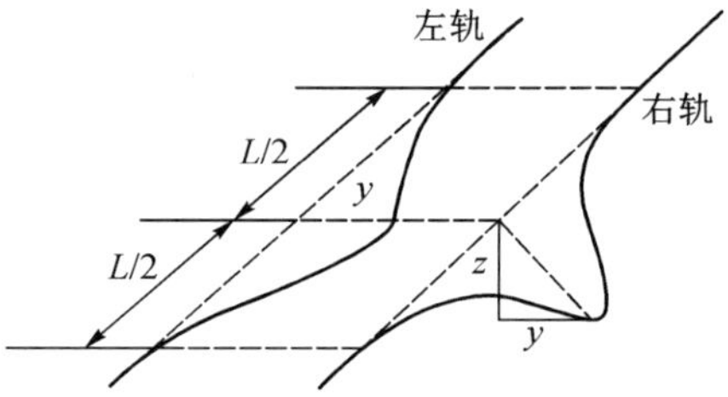

图 3-7 轨道的复合不平顺

发生冲撞，造成严重的人员伤亡。这次事故发生的原因被认定为是“复合脱轨”。日本国铁以“鹤见事故”为契机，成立了包括非铁路技术专家在内的“东海道既有线鹤见事故技术调查委员会”，对复合脱轨事故的原因及对策进行了正式的调查研究，随后制订了防止复合脱轨的具体对策。根据复合脱轨事故现场的高速轨检车记录以及 1968 年、1969 年的详细研究成果，认为轨道不平顺大小及不平顺的波形对脱轨都有一定的影响。日本国铁除了对这些不平顺的组合状态进行理论分析外，还在北海道狩胜线的废弃区段建立了专用试验线，1967—1971 年使用实际运营车辆进行了为期 5 年的运行试验，并且于 1979 年再一次以这些实际运营车辆的参数为基础进行了动力学仿真计算，最后提出了必须管理的复合不平顺的计算公式。

$$\Delta x = | x_g - 1.5x_s | \tag{3-1}$$

式中 Δx——复合不平顺幅值，mm；

x_g——轨向不平顺幅值，mm；

x_s——水平不平顺幅值，mm。

为了实现这项复合不平顺的管理，在既有线的高速轨检车上安装了能够检查这个新项目的检查设备，表 3-1 是适应于这种轨检车的复合不平顺标准值。

表 3-1　复合不平顺标准值

不平顺类型	不平顺的连续长度/m	不平顺幅值及出现次数	
		不平顺幅值/mm	不平顺处所数量/处
第Ⅰ种	80	18	4
第Ⅱ种	60	21	3
第Ⅲ种	30	25	2
第Ⅳ种	—	35	1

日本复合不平顺管理中，权重系数是轨向为 1，水平为 1.5，评价指标为列车减载率。

轨道的复合不平顺管理要解决两个问题：一个是确定权重系数，另一个是确定复合不平顺管理限值的大小。轨道复合不平顺限值求解流程图如图 3-8 所示。

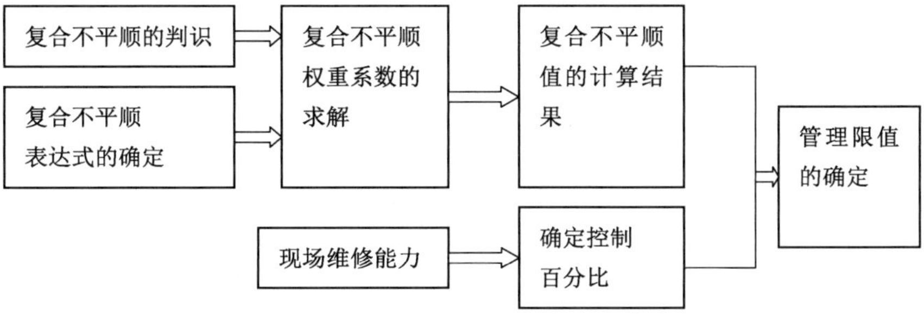

图 3-8　轨道复合不平顺限值求解流程图

3.2　轨道几何不平顺检测

保障安全、指导维修、评定质量、科学管理的基础都是必须先对轨道状态进行检测，轮轨作用下的轨道状态才真正影响列车运行的安全平稳。因此，轨道动态检测车检测的数据最能够反映轨道的真实状态，动态检测所依据的主要测定原理有弦测法和惯性基准法两种。

3.2.1　弦测法检测原理

弦测法(Chord principle)的检测装置主要由 3 个传感器组成，根据安装位置是否处于正中间，又可将三点弦测法细分为三点中弦法和三点偏弦法两种，以三点偏弦法为例，其检测原理如图 3-9 所示。

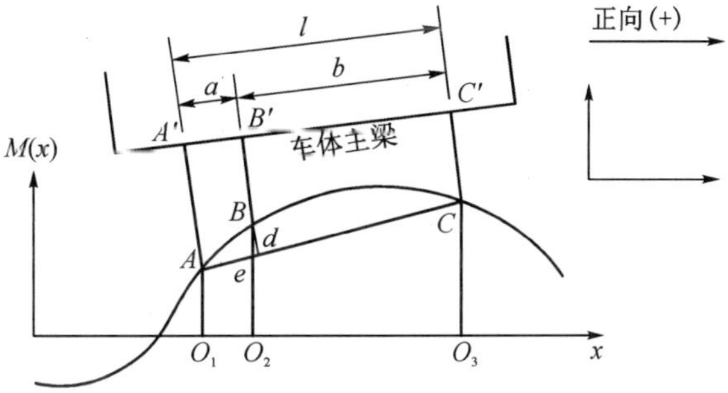

图 3-9　三点偏弦法示意图

将 A'，C'两激光传感器在轨道表面的照射点连线 AC 作为测量的“基准线”，将传感器 B'在轨道表面的照射点 B 偏离这一弦线的数值 Bd 作为轨道不平顺的测量值，弦测值 Bd 可按照式(3-2)计算求得。

$$Bd = B'd - B'B = \frac{b}{l}A'A + \frac{a}{l}C'C - B'B \tag{3-2}$$

以理想状态下轨道完全平顺的状态为“实际基准线”(x 轴，列车前进方向为正向)，激光照射点 B 偏离实际基准线的数值 BO_2，即是轨道不平顺的实际值，用 $M(x)$ 来表示。A'，C' 两激光传感器间距 $A'C' = l$(弦长)，A'，B' 两激光传感器间距 $A'B' = a$，B'，C' 两激光传感器间距 $B'C' = b$，则 $l = a + b$，设 a/l 为弦比，且 $a < b$，将弦测值 Bd 用 $y(x)$ 来表示。由于 $M(x) \ll l$，所以可认为

$$O_1O_2 \approx Ad \approx A'B' = a,\ O_2O_3 \approx Cd \approx B'C' = b,\ Be \approx Bd$$

于是

$$Bd = Be = BO_2 - eO_2 = BO_2 - \frac{b}{l}AO_1 - \frac{a}{l}CO_3 \tag{3-3}$$

则弦测值 $y(x)$ 与实际值 $M(x)$ 之间的关系可用式(3-4)表示。

$$y(x) = M(x) - \frac{b}{l} \cdot M(x-a) - \frac{a}{l} \cdot M(x+b) \tag{3-4}$$

式(3-4)说明弦测值 $y(x)$ 与实际值 $M(x)$ 之间的关系与弦长 a 和 b 有关。

当轨道不平顺为正弦波时，即

$$M(x) = F_0 \sin\frac{2\pi}{\lambda}x \tag{3-5}$$

式中，F_0 为最大幅值；λ 为正弦波波长。

式(3-4)变为

$$y(x) = F_0 \sin\frac{2\pi}{\lambda}x - \frac{b}{l}F_0 \sin\frac{2\pi}{\lambda}(x-a) - \frac{a}{l}F_0 \sin\frac{2\pi}{\lambda}(x+b)$$

化简得

$$\begin{aligned} y(x) = &\left[1 - \frac{a}{a+b}\cos\left(\frac{2\pi}{\lambda} \cdot b\right) - \frac{b}{a+b}\cos\left(\frac{2\pi}{\lambda} \cdot a\right)\right] \cdot F_0 \sin\frac{2\pi}{\lambda}x \\ &+ \left[\frac{b}{a+b}\sin\left(\frac{2\pi}{\lambda} \cdot a\right) - \frac{a}{a+b}\sin\left(\frac{2\pi}{\lambda} \cdot b\right)\right] \cdot F_0 \cos\frac{2\pi}{\lambda}x \end{aligned} \tag{3-6}$$

令

$$m = 1 - \frac{a}{a+b}\cos\left(\frac{2\pi}{\lambda} \cdot b\right) - \frac{b}{a+b}\cos\left(\frac{2\pi}{\lambda} \cdot a\right)$$

$$n = \frac{b}{a+b}\sin\left(\frac{2\pi}{\lambda} \cdot a\right) - \frac{a}{a+b}\sin\left(\frac{2\pi}{\lambda} \cdot b\right)$$

则

$$y(x) = \sqrt{m^2 + n^2} \cdot F_0 \sin\frac{2\pi}{\lambda}(x+\varphi) = \sqrt{m^2 + n^2} \cdot M(x+\varphi) \tag{3-7}$$

式中，φ 为 $y(x)$ 与 $M(x)$ 的相位差，$\tan\varphi = \dfrac{n}{m}$。

因此，利用复数的物理含义，可令

$$y(x) = H(\omega)M(x) \tag{3-8}$$

式中，$H(\omega)$ 为传递函数(复数形式)，ω 为角频率，$\omega = \dfrac{2\pi}{\lambda}$；幅值 $|H(\omega)| = \sqrt{m^2 + n^2}$，

相位 $\theta(\omega) = \varphi = \arctan\dfrac{n}{m}$

即 $H(\omega)=m+n\mathrm{i}$ (3-9)

将上述 m, n 以及欧拉公式 $\mathrm{e}^{\mathrm{i}\omega}=\cos\omega+\mathrm{i}\sin\omega$ 代入，可得

传递函数 $$H(\omega)=1-\frac{a}{a+b}\mathrm{e}^{\mathrm{i}\omega b}-\frac{b}{a+b}\mathrm{e}^{-\mathrm{i}\omega a} \tag{3-10}$$

由式(3-8)变换为

$$M(x)=y(\omega)/H(x) \tag{3-11}$$

由式(3-11)即可求得轨道实际不平顺值 $M(x)$。需要指出的是，由于弦测法的固有缺陷，在检测开始时，图 3-9 中 B 点以前的部分以及检测结束时 B 点以后的部分是没有弦测值的。

由式(3-10)可知，三点弦测法的传递函数与 3 个检测传感器的安装间距 a, b 有关，同时与检测弦长 l 有关。根据弦比定义 $l=a+b$，在确定弦长 l 与弦比 a/l 后，式(3-10)即被确定。此时若想通过弦测值 $y(x)$ 的波形推导得到轨道不平顺 $M(x)$ 的波形，可通过以下 3 个过程实现复原：

(1) 对弦测值 $y(x)$ 进行傅立叶变换，实现时域到频域的转换，得到其频谱 $y(\omega)$；

(2) 在确定弦长 l 与弦比 a/l 后，此时 $H(\omega)$ 已确定，通过 $y(\omega)/H(\omega)$ 除法运算得到轨道不平顺 $M(x)$ 的频谱 $M(\omega)$；

(3) 对轨道不平顺频谱 $M(\omega)$ 进行傅立叶逆变换，实现频域到时域的转换，得到轨道不平顺的时域波形 $M(x)$。

因而，从弦测值 $y(x)$的波形复原得到轨道不平顺 $M(x)$的波形的关键就在于推导得到两者频谱的定量关系，即传递函数 $H(\omega)$。所谓传递函数是指弦测值 $y(x)$波形中的某一波长成分与轨道不平顺 $M(x)$波形中对应波长成分的一种特定关系，且轨道不平顺 $M(x)$的频谱 $M(\omega)$是通过 $y(\omega)/H(\omega)$除法运算得到的，因此当 $H(\omega)$幅值过小、非常接近于零时，微小的偏差将会引起较大的复原失真。此外，由式(3-10)可知，不同的检测弦长、弦比会影响三点弦测法的传递函数特性，因此也会影响三点弦测法的检测精度。特别地，当 $a=b$ 时，利用欧拉公式，可由式(3-10)推导得到三点中弦法的传递函数：

$$H(\omega)=1-\cos\frac{\omega l}{2}=1-\cos\pi\frac{l}{\lambda} \tag{3-12}$$

相同弦长、不同弦比下的三点弦测传递函数振幅增益如图 3-10 所示。

由图 3-10 可以看出，三点弦测法传递函数的振幅增益在 0～2 之间波动。当传递函数振幅增益在 0～1 之间时，说明对应波长处的测量值小于轨道真实的不平顺值；当传递函数振幅增益在 1～2 之间时，说明对应波长处的测量值又大于轨道真实的不平顺值。造成这种既有放大波长成分存在又有缩小波长成分存在的原因在于弦测法是以前后两个激光传感器在轨道上的照射点 AC 作为测量基准线的，该基准线会随着轨面不平顺而起伏变化，同时又受到弦长 l 具体取值的影响。

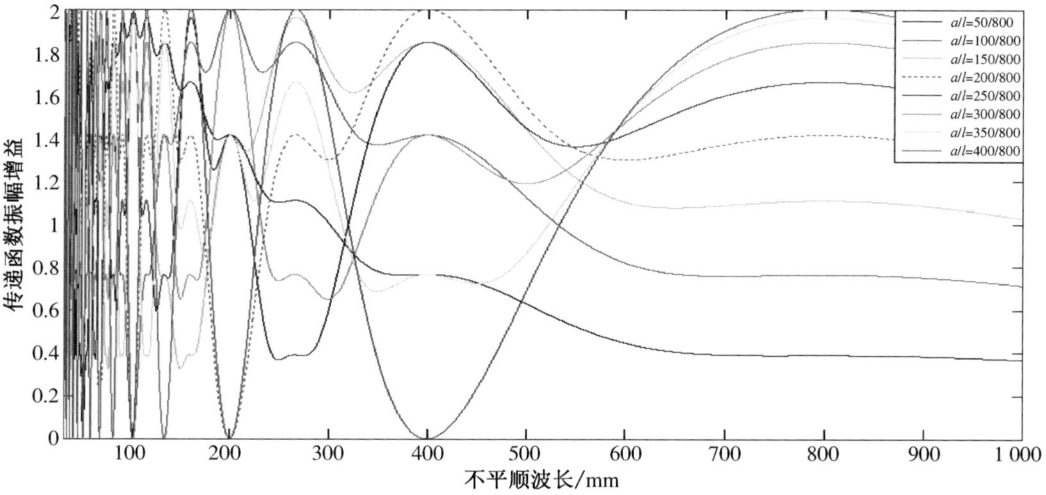

图 3-10　相同弦长、不同弦比下三点弦测传递函数振幅增益

此外，从图 3-10 中还可以看出，在相同弦长 $l=800$ mm 时，不同弦比使得传递函数具有不同的零点。当 $a=50$ mm 时，传递函数只在小波长范围内有一个零点；而随着 a 的进一步增加，零点数量增多，与此同时传递函数振荡也更加剧烈，据前面分析得到由于除法运算特点，零点以及这种振荡的不稳定性会给复原带来一定误差，使得由此检测得到的轨道不平顺精度降低。特别地，当 $a=400$ mm 时，$a=l/2$ 为三点中弦法，此时的传递函数振幅增益零点数最多。由三点中弦法的传递函数表达式(3-12)可以推导得到

$$\pi \frac{l}{\lambda} = 2k\pi (k = 1,\ 2,\ 3,\ \cdots) \tag{3-13}$$

即

$$\lambda = l/2k (k = 1,\ 2,\ 3,\ \cdots) \tag{3-14}$$

在这些与弦长 l 成特定倍数关系的波长 λ 处，三点中弦法的传递函数振幅增益取值为零。因而对于这些特定波长的不平顺，三点中弦法是无法实现检测数据的复原，这是三点中弦法复原误差的根本原因。针对三点中弦法的这一弊病，可通过增加传感器数量或不等间隔放置传感器，来改善弦测法的传递函数特性，从而提高复原的准确性。这也是三点偏弦法产生的原因和必要性，因为它从传递函数角度改善了三点中弦法零点数量多、振荡剧烈的特性。

3.2.2　惯性基准法检测原理

惯性基准就是当轴箱（车体）的上下运动很快时（即底座振动频率远远高于系统的自振频率），质量块（车体）M 不能追随而保持静止的位置。这个静止位置即为质量-弹簧系统的“惯性基准”，或称“惯性零位”。

惯性基准法(Inertial principle)建立测量基准线,是由质量-弹簧系统中质量块的运动轨迹给出的。以轨道高低为例,惯性基准原理如图 3-11 所示。图中 M 为车体质量,K,C 分别表示其弹簧和阻尼。轨道高低不平顺 y 为

$$y(x) = Z - W - R \tag{3-15}$$

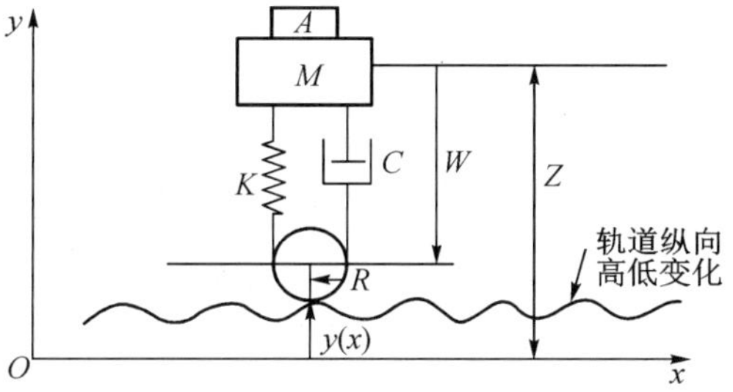

图 3-11　惯性基准法建立测量基准线

质量块的运动轨迹,是通过安装在质量块上的加速度计,将测量到的质量块 M 的加速度经两次积分得到的。这样,利用在行进列车上安装的加速度计,就可以建立高低测量的基准线。加速度计感受的加速度,是相对于惯性空间二重积分得到的。基准线亦是相对于惯性空间的。

设 a 为在某位置时质量块 M 的垂直加速度。该值由加速度传感器测得,加速度计输出 a 值,随后 a 值经过二次积分,便得到质量块 M 对于质量-弹簧系统惯性基准线的位移 Z,即

$$Z = \iint a \mathrm{d}t \mathrm{d}t \tag{3-16}$$

质量块 M 与轴箱间的相对位移 W 由位移传感器测得,所以惯性基准法测得的轨道高低不平顺 y 的表达式为

$$y(x) = Z - W - R = \iint a \mathrm{d}t \mathrm{d}t - W - R \tag{3-17}$$

式中,R 为常量。

采用这一方法的特点是,质量块 M 上的加速度传感器主要反映频率较低的长波,位移传感器主要反映频率较高的短波,两者之和即为整个需测波长范围的轨道不平顺。

水平基准的建立不同于高低和方向。虽然同是利用加速度测量,但水平基准的建立是通过敏感重力得到当地水平面形成的。重力本身与行车速度无关,但重力测量要受到列车行进中复杂运动的影响。因此,水平测量无车速限制,即使是车辆静止时亦可进行测量。

采用惯性基准法,在为高低、方向、水平三个参数建立测量基准线的过程中,利用加速度计或车辆加速度,都要受到列车各种运动产生的干扰加速度的影响。消除的方法是进行修正。这种修正必须引入摇头角速度及侧滚角速度。其测量是利用惯性技术中最基本的部件——速率陀螺来完成。除此之外,摇头角速度还被用来测量曲线的曲率及曲线半径。

陀螺仪是轨检仪测角系统的核心元件，在轨道几何检测系统中采用的是光纤陀螺仪。

光纤陀螺仪是以光导纤维线圈为基础的敏感元件，由激光二极管发射出的光线朝两个方向沿光导纤维传播。光传播路径的变化，决定了敏感元件的角位移。光纤陀螺仪与传统的机械陀螺仪相比，优点是全固态，没有旋转部件和摩擦部件，寿命长，动态范围大，瞬时启动，结构简单，尺寸小，质量轻。与激光陀螺仪相比，光纤陀螺仪没有闭锁问题，也不用在石英块上精密加工出光路，成本低。

3.2.3 动态检测设备

轨道动态检测的设备主要是轨检车，世界各国主要的轨检车概况如表 3-2 所列。

表 3-2　各国主要轨道检测车概况

国家	日本	英国	法国	荷兰	德国
名称	黄色医生	Lab5	莫赞车	BMS	OMWE
拥有台数	4	1	4	1	1
开始使用年份	1974	1976	1980	1983	1994
测定原理	差分法(正矢)	惯性基准法	差分法(高低、多重偏心)方向：正矢法	惯性基准法	惯性基准法(无相位滞后)
测定频率	1 次/10 d	不定期	1 次/3 个月	2 次/年	6 次/年
测定最高速度/($km \cdot h^{-1}$)	210	200	160	140	200
测定项目	高低、方向、水平、轨距、三角坑、地面噪声	高低、方向、水平、轨距、三角坑、轴箱加速度	高低、方向、水平、轨距、三角坑、轴箱加速度	高低、方向、水平、轨距、三角坑	高低、方向、水平、轨距、三角坑
采样间隔/m	0.31	0.25	0.5	—	0.16
轨道不平顺评价指标	*P* 值	标准偏差	平均偏差	标准偏差	区间最大值标准偏差
数据处理	主要在地面上	主要在车上	主要在车上	BINCO 系统	柏林有数据库和各地用 Network 连接

我国铁路轨检车的发展也非常迅速。1953 年第一代轨检车面世，1969 年第二代轨检车试制成功，1986 年第三代轨检车试制成功，1993 年第四代轨检车(又称准高速轨道检查车)从国外引进(美国：Ensco)。1999 年第五代轨检车投入使用，检查功能有所增加，如增加了轨道结构的检查(钢轨全断面检查)等性能。现役轨检车按检测系统类型划分为四类：GJ-3 型、GJ-4 型、GJ-4G 型、GJ-5 型；按车速度等级划分为：120 km/h 等级、140 km/h 等级和 160 km/h 等级。轨检车对轨道几何形位的检测结果示意图如图 3-12 所示。

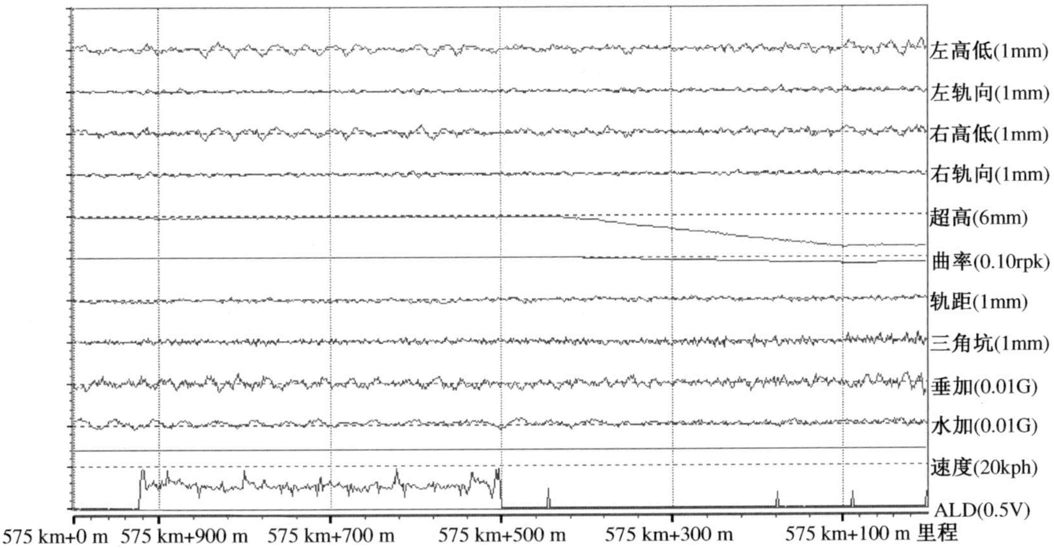

图 3-12　轨道几何形位的检测结果示意图

3.3　轨道几何不平顺状态分析与评价

3.3.1　轨道几何不平顺波长特征

1. 不同波长不平顺的影响

轨道上存在着各种波长的不平顺，从几十毫米至数十米，甚至超过上百米的波长都存在。不同波长的不平顺划分标准，如表 3-3 所列。

表 3-3　　不同波长的不平顺划分标准

短波	中波	长波
数十毫米至数米	数米至 30 m	30～80 m

图 3-13 为车辆振动频率 f、轨道不平顺波长 λ 和列车速度 v 之间的关系图。由于 $\lambda=v/f$，当车辆固有振动频率在 1.0～1.5 Hz 时，车辆在轨道不平顺激扰下产生振动，而使旅客舒适度降低。如果速度为 220～300 km/h，需测波长为 40～83 m，若用 10 m 弦测量这种波长的轨道不平顺，其检测值和实际值会有差异，无法准确检测长波长的不平顺。

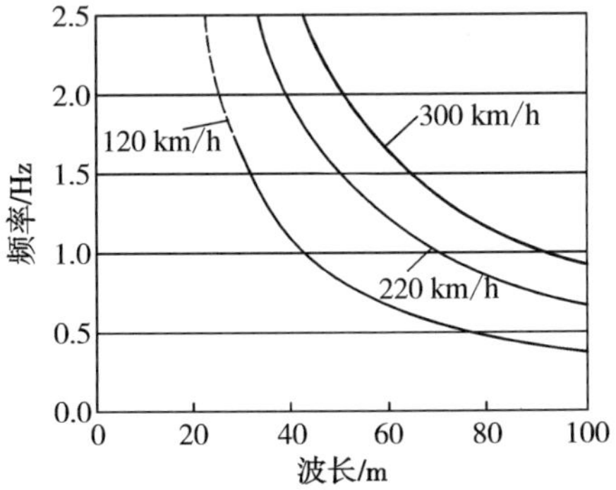

图 3-13　车辆振动频率、轨道不平顺波长和列车速度的关系图

短波长不平顺会使振动、噪声和对轨道冲击荷载增大，对行车安全不利，因此，国外十分重视对短波长不平顺的检测与管理。表 3-4 为日本轨道短波不平顺波长、

幅值、噪声、冲击荷载及产生位置的统计表。

表 3-4　　各种短波产生的现象

现象	发生位置	波长	幅值/mm
冲击荷载	焊接接头	数厘米至数米	0.1
冲击噪声	焊接接头	数厘米至数十厘米	0.1
滚动噪声	钢轨中间	数厘米至数十厘米	0.1

由以上分析可知，加强长波长和短波长不平顺的检测与管理，研制相应的检测装置和制定各自的不平顺标准，是亟待解决的问题。

2. 轨道不平顺的“记忆”特性

轨道具有所谓的“记忆”特性，即轨道能够把初期已经形成的轨道不平顺“记忆”下来，无论用大型机械还是人工作业，轨道捣固等维修作业，均只能暂时整平来去除不平顺，但不能消除对初始不平顺的“记忆”，经维修整平的轨道，经过一定数量的列车滚压之后，原来的不平顺又会在原地点重新出现，而且波形与原不平顺十分相似。如图 3-14 所示为轨道初始平顺状态对长期轨道平顺状态及维修工作量的影响。

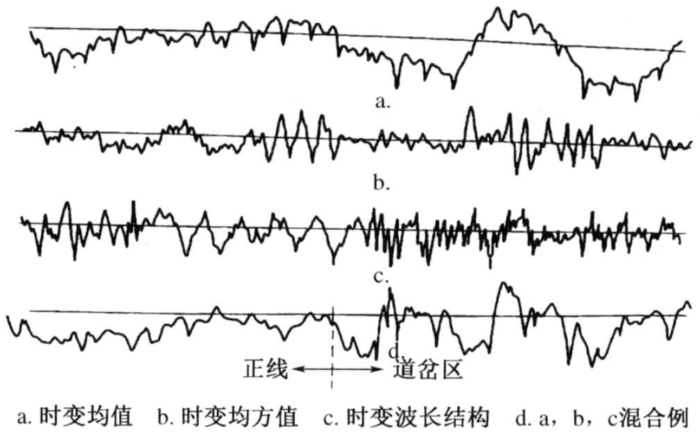

（a）轨道不平顺样本

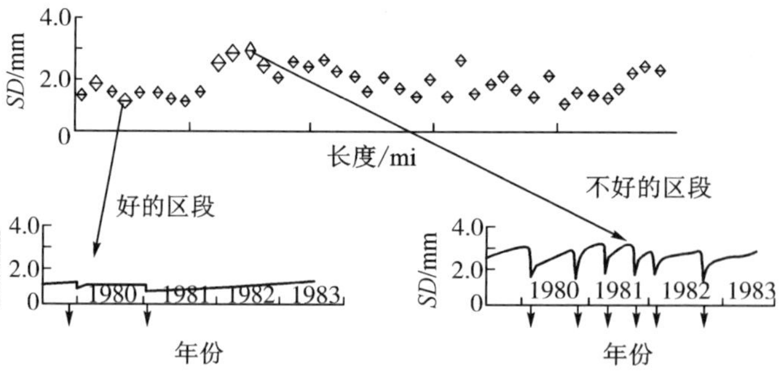

(b) 轨道不平顺维修工作量和维修周期的影响

图 3-14　轨道初始平顺状态对长期轨道平顺状态及维修工作量的影响

3. 轨道不平顺的随机性

图 3-15 所示为随机性轨道不平顺不规则波形图。

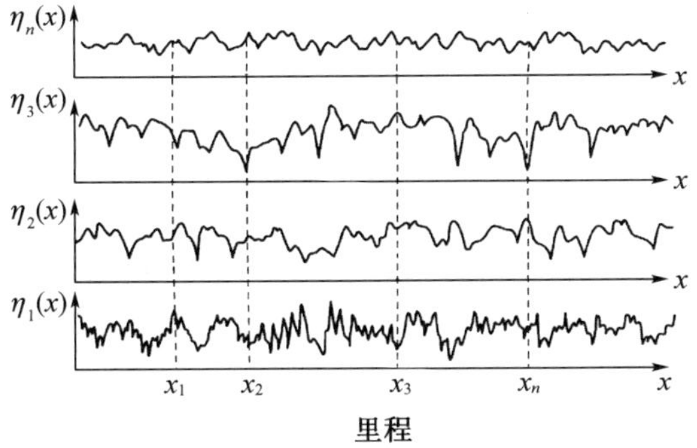

图 3-15 随机性轨道不平顺不规则波形图

3.3.2 轨道几何不平顺分析方法

实际存在的轨道不平顺都是经常变化且很不规则的，不同位置轨道不平顺的幅值和波长都各不相同。轨道不平顺波形大多不是单一规则的简谐波、三角波或抛物线形波，而是由许多无法预知的不同幅值、不同波长、不同相角的简谐波叠加而成的杂乱无章的随机波。

随着科学技术的不断发展，学者对轨道不平顺的分析研究越来越深入，研究大致可划分为如下三个阶段：第一阶段，空间域（轨道不平顺数据是在空间域上采样获得的）分析阶段，即以一定的线路长度为计算单位，直接对不平顺数据的幅值大小进行统计分析，给出评价结果。主要采用的评价方法包括局部不平顺幅值超限评分法（即峰值扣分法）和轨道质量指数法两种；第二阶段，功率谱密度分析阶段，即假定轨道不平顺数据是平稳的、各态历经的，采用经典周期图和最大熵谱分析方法获得其功率谱密度，据此对轨道平顺状态进行评价；第三阶段，时频域分析阶段，即考虑信号分析的两个基本量（时间和频率）来分析轨道不平顺数据，常用的方法有小波分析法和局域波分析法等。其中，空间域分析方法现在已经比较成熟，在我国的轨道管理中得到了广泛应用；轨道功率谱分析方法获得了极大的发展和重视，但距离实际应用还尚需时日；时频域分析方法尚处于初期发展阶段，但有广阔的发展前景。

1. 空间域分析方法

1）局部不平顺幅值超限评分法

局部不平顺幅值超限评分法从轨道几何尺寸指标、动力学指标的角度出发，根据轨道局部不平顺超限等级，以一公里为单位计算总扣分的方式来评价轨道的质量。检查评定项目包括轨距、水平、高低、轨向、三角坑、车体垂向振动加速度和横向振动加速度共 7 项。局部不平顺幅值超限评分法把轨道动态几何尺寸允许偏差管理值按线路允许速度分为四级：Ⅰ级为保养标准，每处扣 1 分；Ⅱ级为舒适度标准，每处扣 5 分；Ⅲ级为临时补修标准，每处扣 100 分；Ⅳ级为限速标准，每处扣 301 分。每公里扣分总数 S 按式(3-18)计算：

$$S = \sum \sum K_i T_j C_{ij} \tag{3-18}$$

式中 S——每公里扣分总数；

K_i——各级扣分数，$K_1=1$，$K_2=5$，$K_3=100$，$K_4=301$，即Ⅰ级、Ⅱ级、Ⅲ级、Ⅳ级扣分分别为 1 分、5 分、100 分和 301 分；

T_i——各项的权系数，目前 $T_1 \sim T_7$ 均取值为 1；

C_{ij}——各项不平顺各级偏差的个数，$i=1 \sim 4$，$j=1 \sim 7$。

根据式(3-18)计算结果，按每公里总扣分数的多少，把轨道质量状态分为如下三等：

(1) 优良：$S \leqslant 50$ 分；

(2) 合格：51 分$< S \leqslant 300$ 分；

(3) 失格：$S > 300$ 分。

2) 轨道质量指数法

轨道质量指数(TQI)是指以 200m 的轨道区段作为单元区段，分别计算单元区段上的左/右高低、左/右轨向、轨距、水平、三角坑等 7 项几何不平顺幅值的标准差，各单项几何不平顺幅值的标准差称为单项指数，将 7 个单项指数之和作为评价该单元区段轨道平顺性综合质量状态的轨道质量指数，其计算公式如下：

$$TQI = \sum_{i=1}^{7} \sigma_i \tag{3-19}$$

$$\sigma_i = \sqrt{\frac{1}{n} \sum (x_{ij} - \overline{X}_i)^2} \tag{3-20}$$

$$\overline{X}_i = \frac{1}{n} \sum_{j=1}^{n} x_{ij} \tag{3-21}$$

式中 σ_i——单项指数，即单项几何不平顺采样值的标准差($i=1, 2, \cdots, 7$)；

$\overline{X}_i$——单元区段中各项几何不平顺采样值 x_{ij} 的平均值；

n——采样点个数。

2. 轨道功率谱分析方法

轨道不平顺是里程的随机函数，其幅值和波长都是随机变量。对于随机过程可以用统计函数来加以描述，而功率谱密度函数 PSD 是最为常用的统计函数。轨道谱密度即为单位频宽内的不平顺的均方值。工程中常用功率谱图来描述谱密度对频率的函数变化，轨道不平顺的功率谱图是以谱密度为纵坐标，以频率或波长为横坐标的连续变化曲线，它清楚地表明了不平顺的大小随频率的变化关系。在实际计算分析中，常用周期图法和最大熵法分析处理轨道不平顺数据。

1999 年 7 月铁道科学院完成的铁道部重点课题“我国干线轨道不平顺功率谱”，对轨道谱的数据采集、处理、计算、分析进行了较全面深入的研究，提出了我国主要干线和不同轨道结构、质量状态以及曲线、桥梁、焊缝等特殊地段的轨道谱，轨道高低、水平、轨向不平顺功率谱密度采用系数不同的同一解析式表达：

$$S(f)=\frac{A(f^2+Bf+C)}{f^4+Df^3+Ef^2+Ff+G} \tag{3-22}$$

式中，$S(f)$为轨道不平顺功率谱；f 为空间频率；$A\sim G$ 为轨道不平顺功率谱密度的特征系数，对不同线路和不同类型的轨道不平顺有不同的数值。表 3-5 和表 3-6 分别给出了我国京哈、京广、京沪三大提速干线和轨道中心线轨道谱拟合曲线的特征参数。

表 3-5　提速干线轨道谱的拟合曲线特征参数

参数	A	B	C	D	E	F	G
左高低	1.102 9	−1.470 9	0.594 1	0.848 0	3.801 6	−0.250 0	0.011 2
右高低	0.858 1	−1.460 7	0.584 8	0.040 7	2.842 8	−0.198 9	0.009 4
左轨向	0.224 4	−1.574 6	0.668 3	−2.146 6	1.766 5	−0.150 6	0.005 2
右轨向	0.374 3	−1.589 4	0.726 5	0.435 3	0.910 1	−0.027 0	0.003 1
水平	0.121 4	−2.160 3	2.021 4	4.508 9	2.222 7	−0.039 6	0.007 3

表 3-6　轨道中心线轨道谱的拟合曲线特征参数

参数	A	B	C	D	E	F	G
高低	0.665 0	−1.435 7	0.573 7	0.813 8	1.912 3	−0.123 4	0.006 3
轨向	0.705 2	−1.625 3	0.715 1	−2.597 7	3.712 8	−0.269 1	0.011 2

3. 时频域分析方法

1）小波变换

小波变换是把某一基本小波 $\Psi(t)$ 的函数做位移后，再在不同尺度 a 下与待分析的信号 $x(t)$ 做内积：

$$WT_x(a,\tau)=\frac{l}{\sqrt{a}}\int_{-\infty}^{\infty}x(t)\Psi\left(\frac{t-\tau}{a}\right)\mathrm{d}t,\ a>0 \tag{3-23}$$

小波变换分为连续小波变换、离散小波变换和小波包变换。

铁路轨道的不平顺反映在轨检数据上就是检测信号的幅值和波长。如果检测值比较大，那么该处的频域比较高，而小波由于具有对信号的自适应性，所以能够很好地捕捉到该处的异常成分。应用小波分析的方法对轨检数据进行处理，可以找出波长对应峰值出现的位置，实现波长-峰值管理。

图 3-16 是对沪昆线 2008 年 1 月份里程 K510.0—K510.5 km 区段的左高低检测数据进行离散小波分析的结果，小波函数采用 db4 小波，分解深度为 6 层，其中左图为左高低原始波形，右图为反映左高低极值的细节信号。轨检车速度为 118 km/h，采样频率为每米 4 个点。

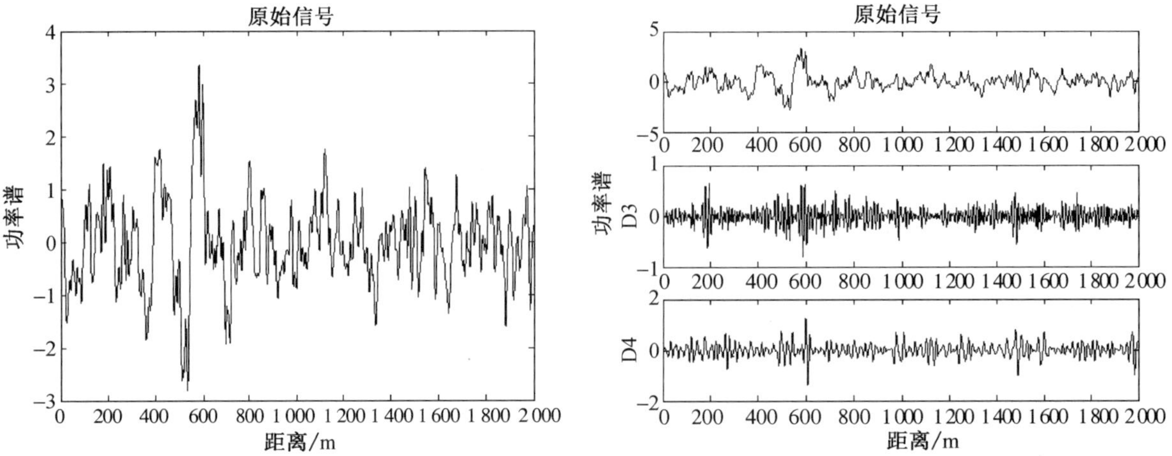

(a) 左高低原始波形　　(b) 细节信号

图 3-16　离散小波变换峰值分析

从图 3-16(a)的原始波形上看，在里程 K510+145 处，左高低出现最大值。当出现极值时，细节信号变化剧烈，见图 3-16(b)中的 D3 和 D4。

对同一段左高低数据进行连续小波变换分析，结果见图 3-17。由此图可以得到：峰值越大，对应的彩谱越亮；谷值越小，对应的彩谱越暗。

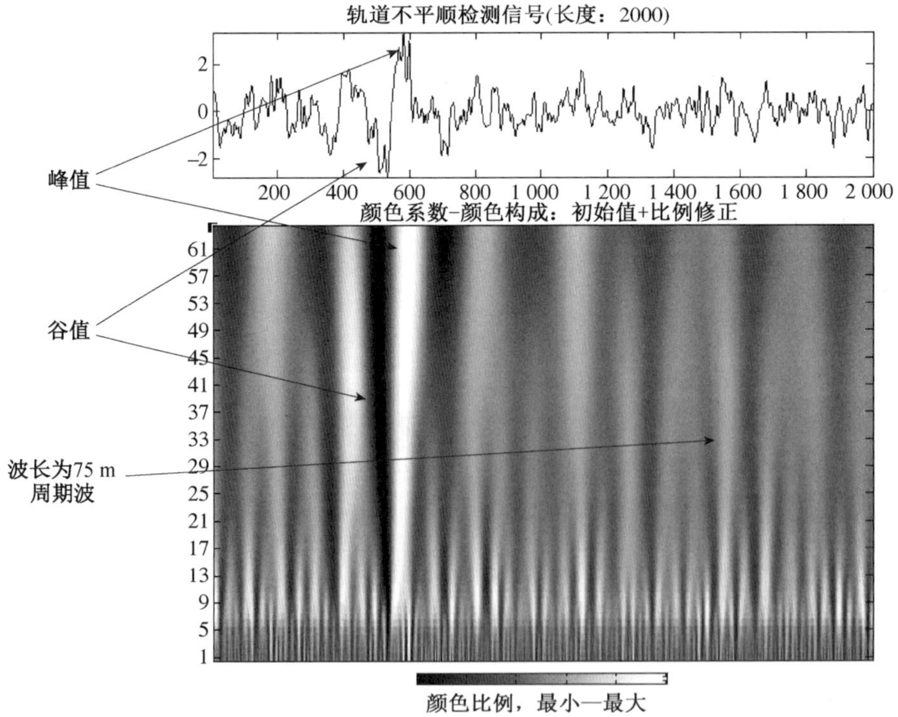

图 3-17　连续小波变换峰值分析

小波分析在轨检数据峰值分析中具有非常现实的意义。得到轨道检测数据后，对其进行连续小波变换，可以很直观地在彩谱中发现极值变化剧烈的位置，并能够精确地确定该处位置，然后查看对应的检测数据，安排工务人员到现场进行确认，如超限则对轨道加以维修，如不超限则将该处列入重点观测地段进行监控。如图3-18所示为应用小波变换指导养护维修的流程图。

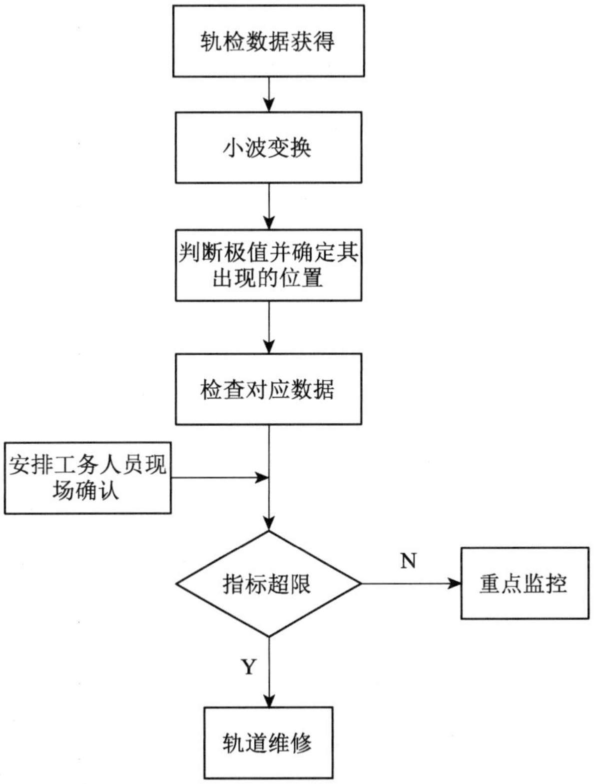

图 3-18　应用小波变换指导养护维修流程图

2）局域波分解法

对于平稳信号，常用频谱与功率谱研究其频域内展现的性质，在频域谱图上的任意一条谱线代表同一频率的周期信号，周期信号存在于全时域内，这类信号称为全域波；对于非平稳信号，其频率是时变的，仅仅在某一局部时间内存在，这类信号称为局域波。快速傅立叶变换及其相关的谱分析为解决全域波提供了良好的处理方法，但不能很好地分析局域波。为此，各类时频分析方法应运而生，如短时傅立叶变换、小波分析、局域波分解法（HHT）等，特别是小波分析法和 HHT 法，由于其良好的分析性能，已经获得了广泛的关注。

HHT 法主要的特点是基于信号局部特征的分解（局域波分解），它的引入使得瞬时频率这一概念有了实际的物理意义。在这种新的时频分析方法中，局域波分解算法是关键，它的好坏直接影响到信号分解的精度，进而影响到它的应用。

3.3.3　轨道几何不平顺的预测

轨道几何形位不平顺根据其变形表现形式分为横向不平顺（方向、轨距）、垂向不平顺（高低、水平、三角坑）和复合不平顺（垂向不平顺和横向不平顺同时存在且呈叠加状态）。在轨道管理工作中，不但要知道几何不平顺的大小，而且要知道轨道几何形位不平顺的变化规律，为确定养护维修周期提供技术支持。

日本于 1958—1960 年对全国的轨道养护作业进行了调查，发现除更换材料外，从整修轨道不平顺作业来看，绝大多数的整平和捣固是和轨道高低不平顺有关的，如图 3-19 所示。因此，有关轨道不平顺预测的研究大多以高低不平顺发展的研究为代表。

广义上讲，轨面的高低不平顺来自道床、路基及地基基础，和轨道结构本身也有一定关系，

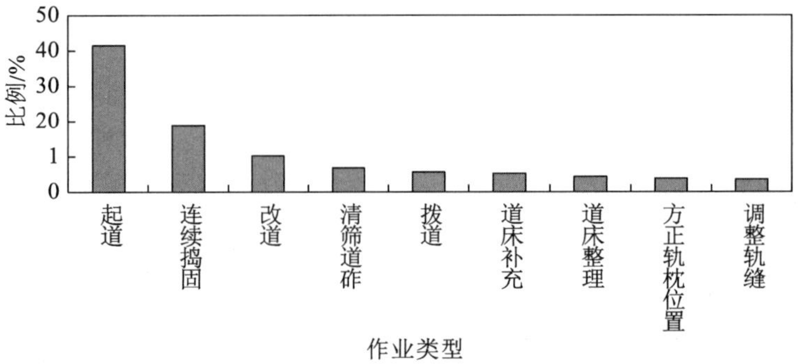

图 3-19　日本轨道养护作业分布图

但在一定条件下，可以认为轨面的残余下沉及下沉的不均匀性主要来自道床。所以，大多数国家花费大量的财力、物力，利用室内试验和现场测试研究分析道床特性，取得了一系列研究成果，但在分析影响轨道不平顺的因素及其权重时却难以量化，如路基状态就没有一个很好的指标。国外对轨道高低不平顺发展预测模型的研究方法可归纳为两类：①直接对轨检车的动态检测数据进行相关因素分析，得出预测公式；②在理论分析的基础上，通过室内试验得出计算公式后，再到现场验证。

1. 日本的预测模型

日本的轨道管理非常重视轨道不平顺预测模型和计算方法研究，在 20 世纪 80 年代左右，曾集中全国的有关力量，成立研究小组（组员包括铁道技术研究所的轨道管理、轨道机械、路基、自动控制、情报系统、运输系统等方面的专家），开展了全方位的研究，得出轨道不平顺预测公式。

1）杉山德平的高低不平顺预测公式

道床下沉的离散性非常大，无法利用一般的理论分析方法及室内试验方法来代替。为此，有的学者利用轨检车的实测资料进行数据统计分析，试图找出其规律。其中，具有代表性的是日本杉山德平提出的下列回归公式：

$$S = AT^{\beta_1}V^{\beta_2}M^{\beta_3}J^{\beta_4}O_1^{\beta_5}O_2^{\beta_6}O_3^{\beta_7} \tag{3-24}$$

式中　S——轨道不平顺发展的平均值，mm/100 d；

T——通过运量，$\times 10^6$ t/年；

V——平均速度，km/h；

M——构造系数（以 50PS 轨、PC 轨枕、44 根/25 m、道床厚 C=200 mm 为标准）；

J——说明有无接头的变量；

O_i——说明路基状态的变量（i=1，2，3）；

A，β_i——待定系数（i=1，2，…，7）。

日本经过对近两年的轨检车资料的分析，得出每 25 m 长轨道的最大高低不平顺增长为

0.16～1.08 mm/100 d，回归公式为

$$S = 2.09 \times 10^{-3} T^{0.31} V^{0.98} M^{1.10} J^{0.21} O^{0.26} \tag{3-25}$$

2）内田雅夫新的预测公式

日本的内田雅夫等人于 1995 年提出了新的预测公式。

(1) 轨道下沉量的计算公式

轨道下沉量由道床下沉量和路基下沉量两部分组成：

$$\delta_y = \delta_{by} + \delta_{sy} = \beta_{by} \cdot N + \beta_{sy} \cdot N \tag{3-26}$$

式中 δ_y——轨道下沉量，mm/年；

N——车轴通过总数，即荷载重复作用次数；

β_{by}——单次荷载作用下的道床下沉量，mm/轴，它由式(3-27)计算得到：

$$\beta_{by} = a(P_t - b)^2 \ddot{y} \tag{3-27}$$

式中 P_t——枕木下面压力。

$\ddot{y}$——道床振动加速度。

a，b——系数。系数 b 是道床初期下沉结束后，不产生塑性变形的荷载大小，它和道床厚度有关。系数 a 表示下沉趋势，不依赖道床厚度。这些系数是由实验得出，考虑到实际轨道状态(雨水和土砂混入道砟间使摩擦减少，在养护间隔车轴通过次数的顺序)对其进行必要修正。

β_{sy}——单次荷载作用下的路基下沉量，mm/轴，它由式(3-28)计算得到：

$$\beta_{sy} = aP_{s\,\mathrm{mean}}^{b} q_c^{c} \tag{3-28}$$

式中 $P_{s\,\mathrm{mean}}$——路基平均压力；

q_c——圆锥贯入阻力；

a，b，c——系数。

(2) 轨道下沉量的计算方法

在养护投入间隔内的轨道下沉量，根据该线区的轨道构造条件和每个车轴动态荷载进行计算，计算流程如图 3-20 所示。

(3) 高低不平顺发展预测的计算公式

假定轨道下沉量和高低不平顺的关系如图 3-21 所示，即以产生冲击轮重的钢轨接头和焊缝的凹凸为中心，高低不平顺在发展，而在中间部分，轨道下沉几乎没有。更进一步假设高低不平顺(单振幅)的最大值是标准偏差的 3 倍。由图 3-21 可知：

$$\delta_1 = m_1 + 3\sigma_1 = 6\sigma_1 \tag{3-29}$$

$$\delta_2 = m_2 + 3\sigma_2 = 6\sigma_2 \tag{3-30}$$

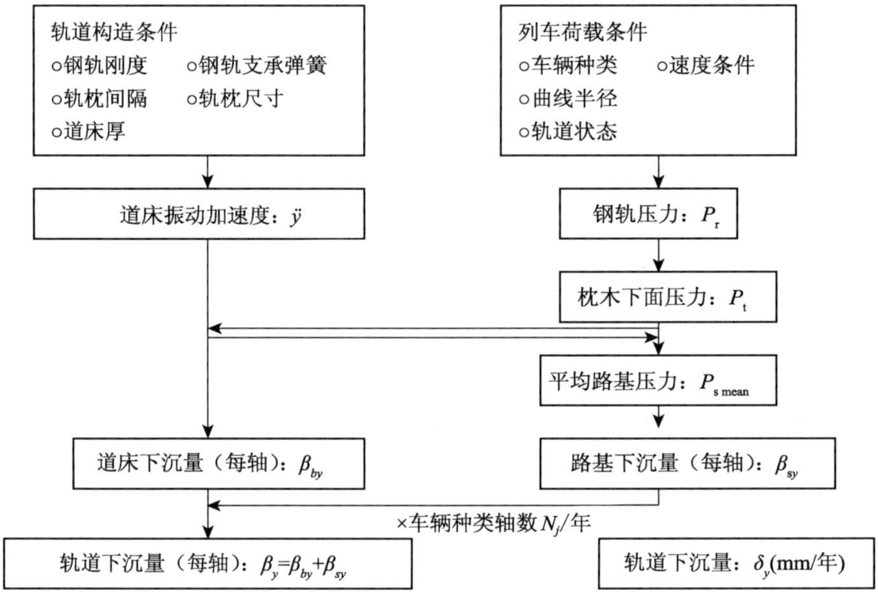

图 3-20 轨道下沉量的计算方法

而轨道下沉量为：

$$\delta_y = \delta_2 - \delta_1 = 6(\sigma_2 - \sigma_1) \tag{3-31}$$

故高低不平顺发展的预测值 $\Delta\sigma_{ycal}$ 和轨道下沉量 δ_y 有下列关系：

$$\Delta\sigma_{ycal} = \frac{\delta_y}{6} \tag{3-32}$$

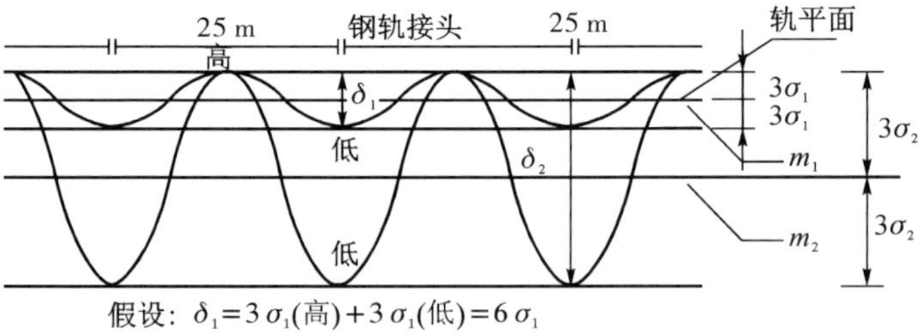

m_1—t_1 时刻的高低不平顺平均值；δ_1—t_1 时刻的轨道绝对下沉量；
σ_1—t_1 时刻的高低不平顺标准偏差；m_2—t_2 时刻的高低不平顺平均值；
δ_2—t_2 时刻的轨道绝对下沉量；σ_2—t_2 时刻的高低不平顺标准偏差

图 3-21 轨道下沉量和高低不平顺的关系图

3）指数平滑法

指数平滑法主要适用于追踪数据的变动，是利用过去数据的加权计算，预测未来数据发展的一种方法。指数平滑法容易调整数据变化的响应速度，利用较少的数据也可以进行预测。

当利用单纯指数平滑法来预测轨道高低不平顺时，提出下列预测公式：

$$\begin{aligned} x_t &= ad_t + a(1-a)d_{t-1} + \cdots + a(1-a)^k d_{t-k} + \cdots \\ &= ad_t + a(1-a)x_{t-1} \end{aligned} \tag{3-33}$$

式中 x_t——t 时刻的预测值；

a——平滑系数（$0<a\leqslant 1$）；

x_{t-1}——$t-1$ 时刻的预测值；

d_t——t 时刻的实测值。

4）概率分布特征值推移法

概率分布特征值推移法是建立在轨道不平顺服从某一特定分布的基础上，利用其参数来推求轨道不平顺的变化。如日本学者认为轨道不平顺的数据服从概率分布，为 Logistic 分布，其累积频率分布函数（CDF）和概率密度函数（PDF）用参数 α，β 表示如下：

$$CDF \quad F(x) = \frac{1}{1+\exp\left(-\dfrac{x-\alpha}{\beta}\right)} \tag{3-34}$$

$$PDF \quad f(x) = \frac{\exp\left(\dfrac{x-\alpha}{\beta}\right)}{\beta\left[1+\exp\left(\dfrac{x-\alpha}{\beta}\right)\right]^2} \tag{3-35}$$

Logistic 分布的形状是左右对称，参数 α 对应于平均值，参数 β 对应于标准偏差，因此，可用 β 作为轨道状态的区间评价指标，β 的推移公式为：

$$\bar{\beta}(t) = s\beta(t) + (1-s)\bar{\beta}(t-1) + \frac{1-s}{s}\Delta\beta_t \tag{3-36}$$

$$\Delta\beta_t = s[\bar{\beta}(t) - \bar{\beta}(t-1)] + (1-s)\Delta\beta_{t-1} \tag{3-37}$$

$$\bar{\beta}(t+L) = \bar{\beta}(t) + T_t\Delta\beta_t \tag{3-38}$$

式中 $\bar{\beta}(t)$——t 时刻参数 β 的期望值，mm；

$\beta(t)$——t 时刻参数 β 的实测值，mm；

s——平滑系数（$0<s\leqslant 1$）；

$\Delta\beta_t$——参数 β 的变化率，mm/d；

T_t——从时刻 t 开始后经历的时间。

5）功率谱预测法

一般而言，轨道不平顺发展依赖于轨道状态，其变化率随着轨道状态的变化而增加，也就是说，轨道不平顺发展和通过运量之间是非线性关系。但是短时间内，可认为轨道不平顺发展是线性的，即把轨道不平顺发展看作一种线性系统。这时，通过运量由 t 变化到 $t+\Delta t$ 时，轨道不平顺的功率谱变化如下所示：

$$PSD_{t(\omega)} \xrightarrow{H(\bar{\omega})} PSD_{t+\Delta t(\omega)} \tag{3-39}$$

式中 $PSD_{t(\omega)}$——输入轨道不平顺时对应的功率谱；

$PSD_{t+\Delta t(\omega)}$——输出轨道不平顺时对应的功率谱。

若已知系统的传递函数为 $H(\omega)$，则利用滤波器反变换计算通过运量为 t 时，输入轨道不平顺波形 $x_t(\xi)$，可推求出 $t+\Delta t$ 时轨道不平顺 $x_{t+\Delta t}(\xi)$。$H(\omega)$ 和轨道结构及行走的车辆等因素有关，要利用轨检车数据进行推求。

2. 加拿大 PWMIS 预测模型

PWMIS 轨道维修预测子系统是建立在轨道管理、数理统计和预测理论基础上的软件工程，其主要组成为：①轨道寿命预测模型；②模型所包含的数据库；③轨道质量状态；④轨道修理标准。其中，轨道寿命预测模型又由若干个轨道部件寿命分析子系统组成，这些子系统包括钢轨寿命分析子系统、道床寿命分析子系统、轨道几何状态变化周期分析子系统以及失效轨枕报告系统。下面仅对轨道寿命预测模型进行简要介绍。

轨道寿命（线路维修捣固）预测模型结构图如图 3-22 所示。

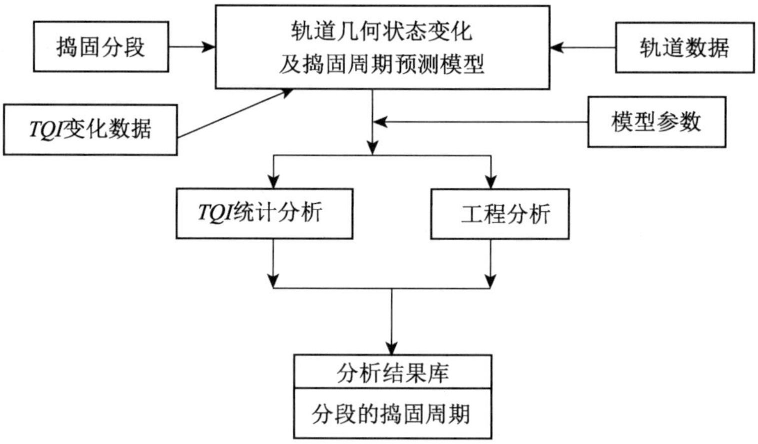

图 3-22 轨道寿命（线路维修捣固）预测模型结构图

轨道几何状态变化包括两个类型的分析：一种是利用轨道质量指数（TQI）历史数据来预测未来 TQI 变化的统计分析；另一种是立足于轨道几何状态变化模型的工程分析。

1）TQI 统计分析

TQI 统计分析采用线性回归方法，按下式进行：

$$TQI = TQI_0 + F \cdot MGT \tag{3-40}$$

式中 TQI_0——维修捣固后的单个 TQI 值；

F——轨道、运量和维修参数的函数；

MGT——累计运量。

2）工程分析

工程分析模型计算轨道几何状态变化率与运输特性、道床、地质类型、轴重、通过总重等的关系。工程分析如下：

$$GD = a \cdot f(P,\ S) \cdot k(C) \cdot R \cdot J \cdot h(T) \cdot \frac{E}{T} \tag{3-41}$$

式中 GD——轨道几何状态变化率；

a——常数；

$f(P,\ S)$——轴重和速度函数；

$k(C)$——曲率函数；

R——钢轨类型；

J——接头（夹板接头或焊接接头）函数；

E——环境函数；

$h(T)$——年通过运量函数；

T——年通过运量。

3. ORE 的研究情况

1）变量的定义

在研究轨道高低不平顺发展时，国际铁路联盟铁路技术研究所（ORE）定义了下沉的平均值、下沉标准偏差及轨道高低不平顺的标准偏差，如图 3-23 所示。

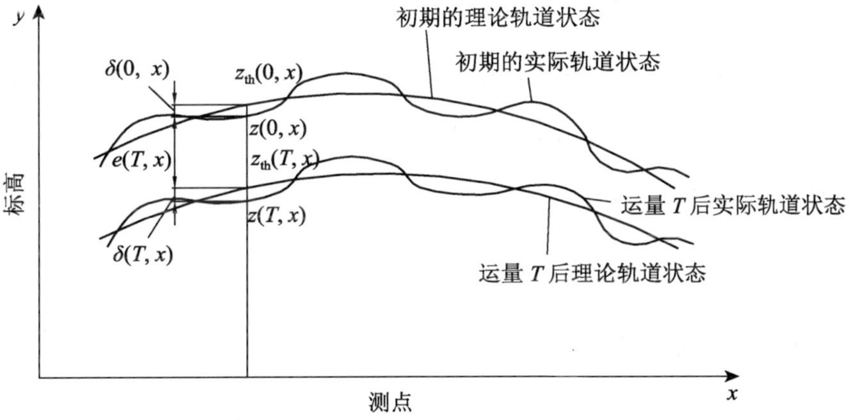

图 3-23 轨道发展不平顺示意图

（1）下沉的平均值

首先，作为轨道高低形状 $Z(T,\ x)$，定义如下：

$$Z(T,\ x) = \frac{Z_w(T,\ x) + Z_n(T,\ x)}{2} \tag{3-42}$$

式中 $Z_w(T, x)$——外轨的轨面高；

$Z_n(T, x)$——内轨的轨面高；

T——养护作业后的累计通过运量。

当通过运量为 T 时，在 x 处轨道下沉定义为

$$e(T, x) = Z(0, x) - Z(T, x) \tag{3-43}$$

因此，在长度为 L 的区间内通过运量为 T 后，下沉的平均值为

$$m_e(T) = \frac{1}{L}\int_0^L e(T, x)\mathrm{d}x \tag{3-44}$$

(2) 下沉的标准偏差

区间长为 L，通过运量为 T 后的下沉标准偏差：

$$\sigma_e(T) = \sqrt{\frac{1}{L}\int_0^L [e(T,x) - m_e(T)]^2 \mathrm{d}x} \tag{3-45}$$

(3) 轨道不平顺的标准偏差

实际的轨道形状是在理论上规定的形状 $Z_{th}(T, x)$ 周围上下摆动。因这个理论形状无法从实际数据中求得，为此，求 2λ(不平顺的波长) 长度内实际形状平均值作为 $Z_{th}(T, x)$，并定义 $Z_{th}(T, x)$ 为理论形状。

$$Z_{th}(T, x) = \frac{1}{2\lambda}\int_{x-\lambda}^{x+\lambda} Z(T, \varepsilon)\mathrm{d}\varepsilon \tag{3-46}$$

将通过运量 T 后的轨道不平顺定义为轨道实际形状和理论形状 $Z_{th}(T, x)$之差：

$$\delta(T, x) = Z(T, x) - Z_{th}(T, x) \tag{3-47}$$

区间 L 内的轨道不平顺平均值

$$m\delta(T, x) = \frac{1}{L}\int_0^L \delta(T, x)\mathrm{d}x \tag{3-48}$$

因此，轨道不平顺的标准偏差

$$\sigma_\delta(T, x) = \sqrt{\frac{1}{L}\int_0^L [\delta(T, x) - m\delta(T)]^2 \mathrm{d}x} \tag{3-49}$$

2) 通过运量对轨道高低不平顺发展特性的影响

为了研究通过运量和轨道高低不平顺发展的关系，法国铁路(SNCF)、捷克国铁(CSD)和德国联邦铁路(DB)选择不同的线路区间，进行了实际观测，表 3-7 是现场观测段的轨道结构状况，图 3-24—图 3-26 分别是 SNCF、CSD 和 DB 对 $m_e(T)$、$\sigma_e(T)$ 和 $\sigma_\delta(T)$ 的统计结果。

表 3-7 轨道结构

图例	国家(区间)	钢轨	轨枕/m	轨枕间隔/mm	道砟
━━○	法国(OP1 区间)	UIC60 CWR(60 kg)	木枕 2.60	0.50	碎石 20 cm/60 cm
——○	法国(HB1 区间)	U36 CWR (60 kg)	钢筋混凝土枕 2.30	0.58	碎石 20 cm/60 cm
- - - -×	捷克(VE1 区间)	50 kg	钢筋混凝土枕 2.42	0.50	碎石 30 cm
- - - -◉	捷克(VE3 区间)	50 kg	木枕 2.60	0.60	碎石 30 cm
—·—·—!	德国(MR1 区间)	UIC60 kg	木枕 2.60	0.60	碎石 25 cm/60 cm
—··—△	德国(BS6 区间)	54 kg	钢筋混凝土枕 2.40	0.60	碎石 25 cm/60 cm
—··—□	德国(WK3B 区间)	54 kg	木枕 2.60	0.60	碎石 42 cm

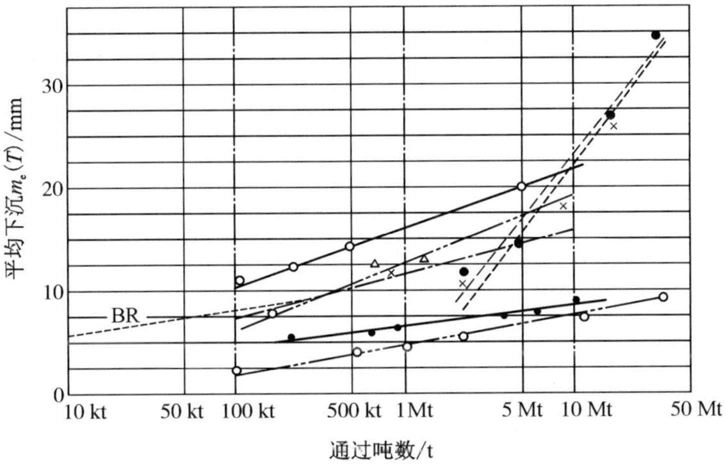

图 3-24 下沉平均值统计结果

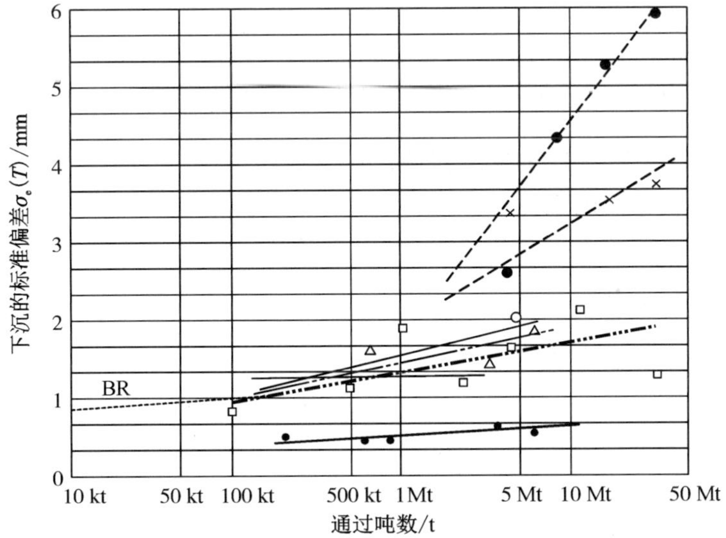

图 3-25 下沉标准偏差统计结果

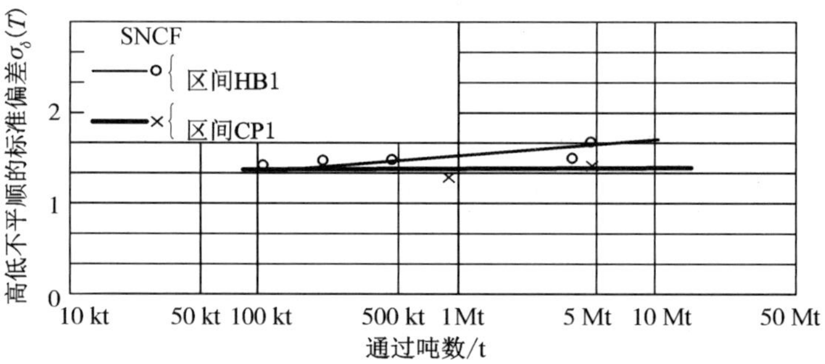

图 3-26　轨道不平顺的标准偏差统计结果

(1) 下沉平均值

由图 3-24 可知,下沉的平均值遵循半对数法则,作为近似式可采用下式:

$$m_e(T) = a_1 + a_0 \lg\left(\frac{T}{T_r}\right) \tag{3-50}$$

式中　$m_e(T)$——单位长度轨道的平均下沉,mm;

T_r——标准运量,假定 $T_r = 2\times 10^6$,t;

a_0——半对数关系的斜率;

T——运量;

a_1——标准运量时的下沉平均值。

在各个试验工点,研究了 a_0 和 a_1 之间的关系,分为下面两组:第一组是 SNCF 和 DB,a_0/a_1在 0.25～0.70 之间;第二组是 CSD,a_0/a_1 在 2～3 之间。

(2) 下沉的标准偏差

由图 3-25 可得如下近似式:

$$\sigma_e(T) = b_1 + b_0 \lg\left(\frac{T}{2}\times 10^{-6}\right) \tag{3-51}$$

式中　b_1——运量为 2×10^6 t 时的标准偏差;

b_0——半对数关系的斜率;

T——运量。

(3) 轨道不平顺的标准偏差

由图 3-26 可得如下近似式:

$$\sigma_\delta(T) = c_1 + c_0 \lg\left(\frac{T}{2}\times 10^{-6}\right) \tag{3-52}$$

式中　c_1——运量为 2×10^6 t 时的标准偏差;

c_0——半对数关系的斜率;

T——运量。

这里 c_0 几乎接近于零，c_1/c_0 的值非常大，这表明养护作业后的轨道不平顺随着运量的增大，增加率将非常大。

(4) 养护周期

将式(3-52)移项得

$$T = 2\times 10^6 \exp\left[\frac{\sigma_\delta(T) - c_1}{c_0}\right] \tag{3-53}$$

这里若假定 σ_L 为不平顺的最大值的话，养护周期(用运量表示)为

$$T_L = 2\times 10^6 \exp\left(\frac{\sigma_L - c_1}{c_0}\right) \tag{3-54}$$

4. 各国预测模型研究情况汇总

各国预测模型研究情况汇总如表 3-8 所列。

表 3-8　各国预测模型研究情况汇总

国家/机构	名称	预测模型表达式	所用指标	研究方法	模型应用情况	线性/非线性
日本	S式	$S = 2.09\times 10^{-3} T^{0.31} V^{0.98} M^{1.10} J^{0.21} O^{0.26}$	不平顺最大值	统计分析轨检车资料	应用于 EWS 系统中	非线性
日本	新S式	$\delta_y = (\beta_{by} + \beta_{sy})N$ $\Delta\delta_{ycal} = \delta_y/6$	不平顺最大值	室内试验和理论分析	用于轨道结构设计	非线性
日本	平滑指数法	$x_t = ad_t + a(1-a)x_{t-1}$	不平顺最大值	统计分析轨检车资料		非线性
日本	特征值推移方法	$\bar\beta(t) = s\beta(t) + (1-s)\bar\beta(t-1) + \frac{1-s}{s}\Delta\beta_t$ $\Delta\beta_t = s[\bar\beta(t) - \bar\beta(t-1)] + (1-s)\Delta\beta_{t-1}$	概率分布的参数值	统计分析轨检车资料	用于新建的系统中	非线性
日本	功率谱法	$PSD_{t(\omega)} \xrightarrow{H(\bar\omega)} PSD_{t+\Delta t(\omega)}$	功率谱	分析轨检车资料		非线性
加拿大	线性法	$TQI = TQI_0 + F\cdot MGT$	轨道质量指数	分析统计 TQI 的变化情况	用于 PWMIIS 系统中	非线性
ORE		$\sigma_\delta(T) = c_1 + c_0 \lg\left(\frac{T}{2}\times 10^{-6}\right)$	标准偏差	现场调查分析		非线性

3.3.4 轨道几何不平顺管理标准

轨道不平顺的管理标准分为静态管理标准和动态管理标准，静态管理标准主要用于轨道结构在静态检查时的几何形位控制值，而动态管理标准主要反映了在列车动力作用下，轨道几何形位的控制值。本节主要介绍我国轨道动态几何不平顺的管理标准。

1. 制定轨道不平顺管理标准的主要依据

轨道不平顺管理标准在制定过程中会涉及一系列的问题。首先是制定标准的依据，目前世界各国根据线路运行条件的不同，所采用的依据也不相同，但主要还是从安全和舒适度两个方面作为制定轨道不平顺标准的依据。在确定轨道不平顺标准时，一般是现场实测（车上测试和地面测试）脱轨系数、轮重减载率、轮对横向力、车体振动加速度等指标，分析轨道几何不平顺幅值和这些指标的关系，以此确定轨道几何不平顺的限值管理标准。近年来随着计算机仿真技术的发展，用于研究轮轨相互作用的车辆-轨道仿真软件也得到越来越多的应用，故也用各种车辆的仿真计算结果（脱轨系数、轮重减载率、轮对横向力、车体振动加速度等指标）来确定轨道几何不平顺的限值。

1）脱轨系数

脱轨系数用于评定列车在轮轨横向力和垂直力的综合作用下，车轮轮缘爬上钢轨的安全程度。脱轨系数是评价车辆运行安全性的一个重要指标，世界各国铁路对此指标都十分重视，也对此进行了大量的研究。德国 ICE、美国东北走廊的高速列车的运行试验，脱轨系数都采用 0.8。根据国内外的情况，目前我国铁路的脱轨系数评定指标参照标准《铁道机车动力学性能试验鉴定方法及评定标准》（TB/T 2360—1993）和《铁道车辆动力学性能评定和试验鉴定规范》（GB 5599—85），为：

$$[Q/P] \leqslant 0.8 \tag{3-55}$$

式中，Q、P 分别为同时作用在轮轨间的横向力和垂直力。

当脱轨系数超过上述限度时，需要检查超限值的持续作用时间，当持续作用时间 $t<0.05$ s时，脱轨系数按式（3-56）计算：

$$[Q/P] \leqslant 0.04/t \tag{3-56}$$

2）轮重减载率

轮重减载率用于考核车轮由于轮重减载而引起悬浮脱轨的安全程度。1998 年，美国联邦铁路管理局（Federal Railroad Administration，FRA）公布的规范中，在“轨道安全标准”条款和“车辆/轨道相互作用安全限值”条款中规定，单轮的垂向荷载应不小于静轮载的 0.1 倍，也即减载率不得大于 0.9。我国在郑武线上试验时，也考虑动态轮重减载率不得大于 0.9。对于准静态轮重减载率，认为应不大于 0.6。

秦沈客运专线分别在 2001 年 11 月，2002 年 9 月、11 月的三次现场测试中，所用的评定指标均为：

$$[\Delta P/\overline{P}] \leqslant 0.65 \tag{3-57}$$

式中，ΔP，$\overline{P}$分别为车辆同时作用的轮重减载量和左右轮的平均轮重。

3）轮对横向力

轮对横向力$|Q_1-Q_2|$，Q_1 和 Q_2 分别为两股钢轨所受的横向力（向钢轨外侧为正），用于评价轨道结构的横向强度。法国 TGV 高速铁路的轮轴力评定指标为 $|Q_1-Q_2|\leqslant 0.85(10+P_{st}/3)$（其中，$P_{st}$ 为静轴重）。我国铁路也用此式作为轮轴横向力的评定指标。

4）车辆运行平稳性评定标准

车辆的振动不仅与线路状态有关，而且与车辆本身的结构有密切关系。为了正确衡量车辆的运行品质，各国铁路都根据运送货物和输送旅客的要求来制定各种指标，我国主要用 Sperling 的平稳性指数来评价车辆的平稳性等级。同时为了保证车辆在线路上运行安全，不发生任何倾覆和脱轨等重大事故，就要采取各种措施保证轮轨之间正常接触，使车辆上所受力保持在安全范围之内，其评价指标是轮重减载率和脱轨系数。

车辆运行的平稳性直接影响旅客乘坐的舒适度，而影响车辆运行平稳性的因素又是多方面的，包括车辆的振动特性、车速、轨道平顺性、车轮的圆顺度和偏心度等。因此，对车辆运行平稳性的评价也比较复杂。国际上采用较多的有 UIC Sperling 评价方法和 ISO2631 标准。本节主要介绍 Sperling 平稳性指数。

Sperling 平稳性指数 W 由下式表示：

$$W = 0.896 \times \sqrt[10]{\frac{\alpha^3}{f}F(f)} \tag{3-58}$$

式中 α——车辆振动加速度振幅，$\mathrm{mm/s^2}$；

f——频率，Hz；

$F(f)$——频率加权系数。

对于垂向振动和横向振动，$F(f)$的取值不同，如表 3-9 所列。

表 3-9　　不同频率范围的频率加权系数

垂向振动		横向振动	
频率范围/Hz	加权系数	频率范围/Hz	加权系数
0.5～5.9	$0.325f^2$	0.5～5.4	$0.8f^2$
5.9～20	$400/f^2$	5.4～26	$400/f^2$
>20	1	>26	1

以上的平稳性指数只适用一种频率、一个振幅的单一振动，但实际上车辆在线路上运行时的振动是随机的。因此，在整理车辆平稳性指数时，把实测的车辆振动加速度记录，通常按频率分解，求出每段频率范围的振幅值，然后对每一频段计算各自的平稳性指数 W_i，再求出全部频段总的平稳性指数，其计算公式为：

$$W_{tot}=(W_1^{10}+W_2^{10}+\cdots+W_n^{10})^{0.1} \tag{3-59}$$

《铁道车辆动力学性能评定和试验鉴定规范》(GB 5599—1985)规定的客车与货车平稳性等级如表3-10所列。

表 3-10 客车与货车平稳性等级

平稳性等级	评语	平稳性指数 W	
		客车	货车
一级	优	<2.5	<3.5
二级	良好	2.5~2.75	3.5~4.0
三级	及格	2.75~3.0	4.0~4.25

车辆运行的平稳性评价指标除平稳性指数 W 外，还采用车体的垂向振动加速度和横向振动加速度评定。在秦沈客运专线的三次试验中，所用的评定指标如下。

按机车和车辆运行平稳性评定指标(良好限)：

(1) 车体垂向振动加速度：≤2.95 m/s²(客车)；≤3.63 m/s²(机车)；

(2) 车体横向振动加速度：≤1.96 m/s²(客车)；≤2.45 m/s²(机车)。

5) 制定轨道不平顺管理标准的原理图

根据前述内容制定的轨道不平顺管理标准的原理图如图 3-27 所示。

2. 我国轨道动态几何不平顺的峰值管理标准

我国《铁路线路修理规则》(铁运〔2006〕146 号)规定的 v_{max}<120 km/h 的线路轨道动态几何尺寸允许偏差管理值如表 3-11 所列。

表 3-11 轨道动态几何尺寸容许偏差管理值(v_{max}<120 km/h)

项目	正线及到发线 v_{max}<120 km/h			
	Ⅰ级	Ⅱ级	Ⅲ级	Ⅳ级
轨距/mm	+8,−6	+12,−8	+20,−10	+24,−12
水平/mm	8	12	18	22
高低/mm	8	12	20	24
轨向/mm	8	10	16	20
扭曲(三角坑)/mm	8	10	14	16
车体垂向加速度	0.10g	0.15g	0.20g	0.25g
车体横向加速度	0.06g	0.10g	0.15g	0.20g

注：1. 表中各种偏差限值为实际幅值的半峰值。
2. 高低、轨向不平顺按实际值评定。
3. 水平限值不含曲线按规定设置的超高值及超高顺坡量。
4. 三角坑限值包含缓和曲线超高顺坡造成的扭曲量，基长为 2.4 m。
5. 固定型辙叉的有害空间部分不检查轨距、轨向，其他检查项目及检查标准与线路相同。

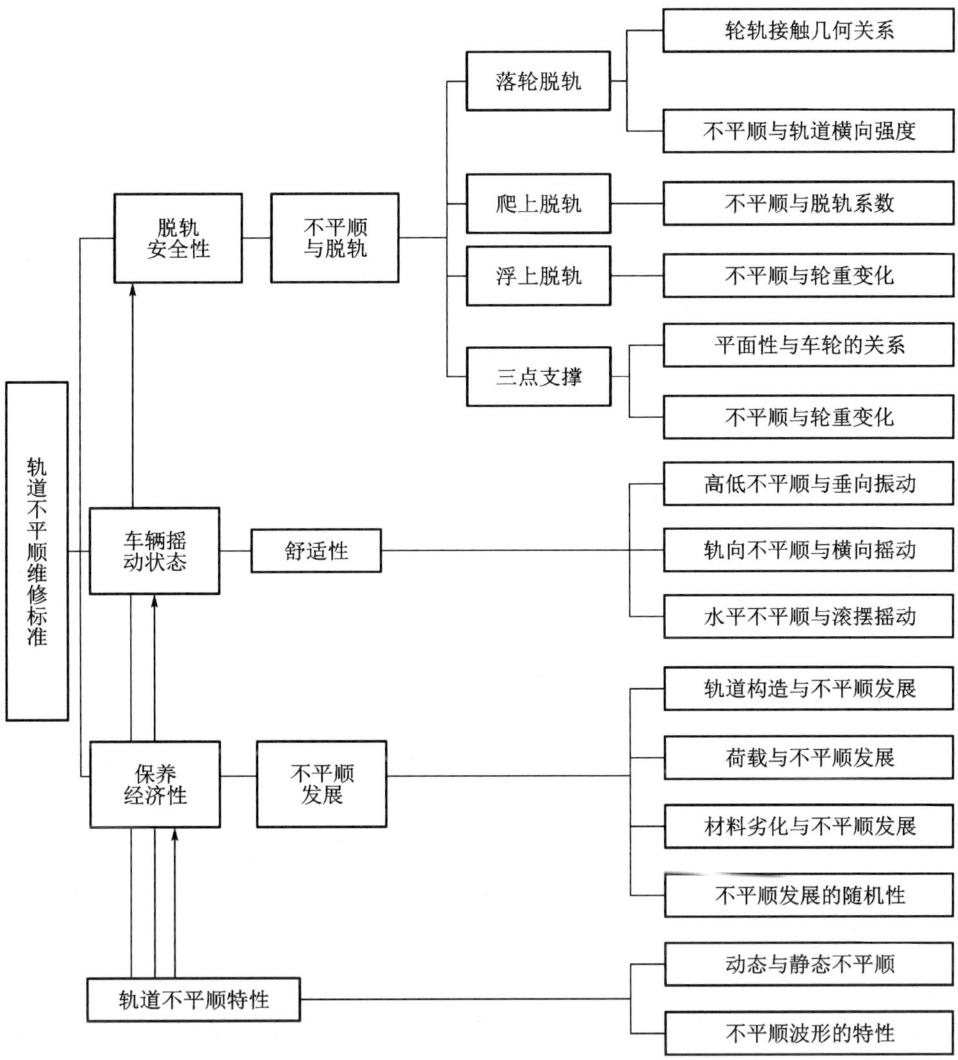

图 3-27　制定轨道不平顺管理标准的原理图

3. 我国轨道动态几何不平顺的均值管理标准

为保证列车运行的平稳性，根据目前我国铁路线路实际情况和维修能力，《铁路线路修理规则》(铁运〔2006〕146 号)制定了各项几何参数标准差 σ_i 和综合指数 TQI 的限界值，如果超出表 3-12 中所列范围就应列入维修计划。

表 3-12　《铁路线路修理规则》(铁运〔2006〕146 号)规定的 $v_{max} \leqslant 160$ km/h 线路轨道质量指数管理值

项目	高低/mm	轨向/mm	轨距/mm	水平/mm	扭曲/mm	*TQI*/mm
管理值	2.5×2	2.2×2	1.6	1.9	2.1	15.0

3.4 轨道几何不平顺修理

3.4.1 轨道几何不平顺的修理方法

轨道平顺是列车平稳、安全运行的基础。轨道不平顺分为长波不平顺和短波不平顺。长波不平顺又分为轨道结构在外力作用下的残余变形，如轨距、水平、高低、扭曲等几何状态的变化和钢轨在轧制、校直过程中产生的周期性变化。这两类长波不平顺的消除方法完全不同：前者通过整道消除；后者随着钢轨生产工艺的改进在钢厂即可消除。短波不平顺可分为周期性不平顺和非周期性不平顺：周期性不平顺即为波浪磨耗和波纹磨耗；非周期性不平顺是指擦伤、表面龟裂、剥离掉块、压溃、焊缝不平顺等。

针对不同类型的轨道几何不平顺及其特性，采取不同的针对性措施。钢轨打磨和道床捣固是常用的两种轨道几何不平顺修理方法。

1. 钢轨打磨

钢轨打磨一般是指消除钢轨周期性和非周期性短波不平顺而进行的作业。对于钢轨打磨作业，一般有以下要求：

(1) 钢轨、道岔打磨应安排在捣固作业后进行。

(2) 对于新铺设钢轨可安排预防性打磨，对于病害严重的钢轨则应安排修理性打磨。预防性打磨一般安排 3～4 遍，钢轨打磨速度一般为 8～15 km/h。修理性打磨则需根据病害情况增加打磨遍数。

(3) 由于钢轨打磨列车的打磨头的结构要求，桥梁和道口须拆除护轮轨后进行打磨作业。

(4) 道岔打磨作业速度一般为 2.5～4 km/h，直股和曲股打磨作业一般需 8 遍以上。1/12 可动心轨道岔直股各部分打磨区域示意图如图 3-28 所示。

2. 道床捣固

铁路轨道的传统结构是有砟轨道，有砟轨道的主要特点是轨下基础采用散粒体道床。自有铁路以来，对有砟轨道的修理工作就集中在道床作业上。因此，对于轨道几何不平顺，道床捣固也是一个重要的手段。随着养路机械技术的进步，目前，大型养路机械已成为我国铁路新线开通和线路修理中不可缺少的重要工具。通常采用捣固车对轨道进行拨道、起道抄平等作业，从而使轨道线路方向、左右轨水平和前后高低均达到线路设计标准或线路维修规则的要求。

1) 最小“天窗”时间的确定

大型养路机械对轨道进行养护维修一般是在“天窗”时间内完成的，“天窗”时间的长短是影响大型养路机械效率发挥的重要因素之一。

以一个维修机组为例(包括两台捣固车)，办理封锁时分 2 min，运行至作业点时分15 min，准备作业时分 9 min，结束作业时分 7 min，返回车站时分 15 min，办理开通时分 2 min，则无效时分为 2＋15＋9＋7＋15＋2＝50 min。

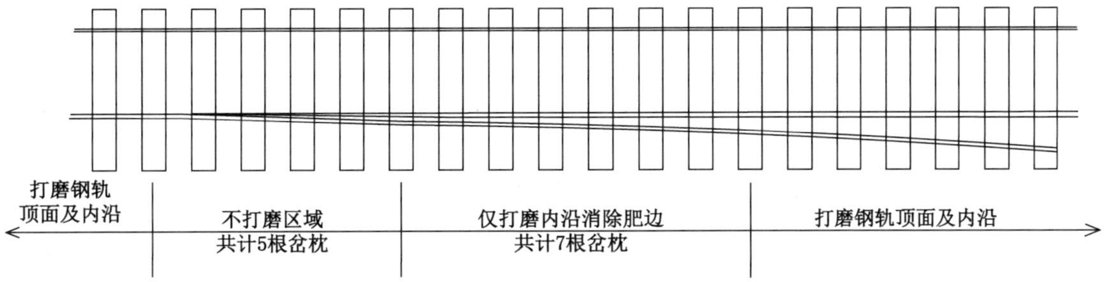

可动心轨辙叉部位(上述打磨区域仅指图中下侧直向钢轨)

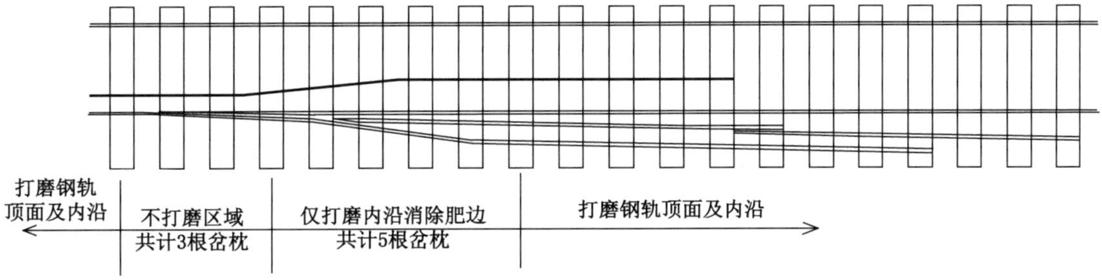

可动心轨辙叉部位(上述打磨区域仅指图中下侧直向钢轨)

图 3-28　1/12 可动心轨道岔直股部分打磨区域示意图

捣固车单台不计复捣进度为 1.2 km/h，由以上数据得出表 3-13。

表 3-13　"天窗"利用率

"天窗"时间/min	捣固车纯作业时间/min	"天窗"利用率/%	捣固长度/km
120	70	58	2.8
180	130	72	5.2
240	190	79	7.6
编组情况	配砟整形车 P ＋ 动力稳定车 ＋ 捣固车 D2 ＋ 捣固车 D1		

从表 3-13 中可以看出，"天窗"时间的增加可以大大提高维修机组的作业效率，特别是 180 min"天窗"比 120 min"天窗"效率提高 1 倍以上，可见大型养路机械维修至少须用 180 min"天窗"才能发挥一定的效率。

对大型养路机械作业质量的影响因素是多方面的，主要包括作业方法、机械功能、作业配合和封锁条件等。

2）捣固车检测线路原理

目前，我国铁路轨道捣固作业主要采用 08-32 型拨道、起道抄平捣固车及 08-475 型捣固车。捣固车检测线路基本原理都是相同的，仅因各类型捣固车尺寸和到检测小车的距离不同造成数值上有所差别。

（1）线路方向检测及拨道原理

线路出现方向偏差时，捣固车检测方式有四点式、三点式和激光矫直三种，通过检测，采取相应的拨道作业，消除方向偏差。虽然这三种方式的偏差检测原理和拨道精度不同，但其拨道原理是一样的。

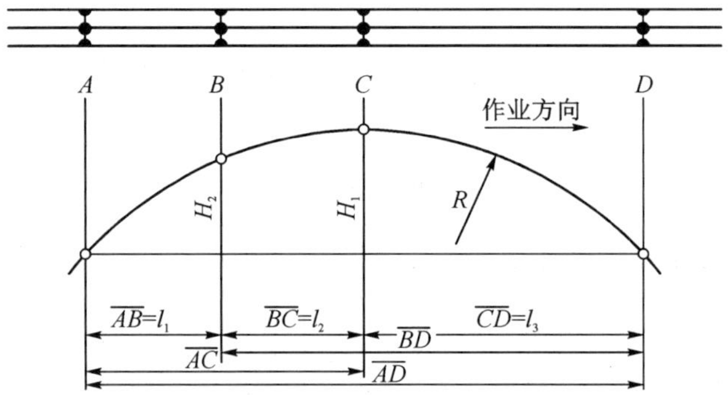

A—后部张弦底盘；*B*—测定转向架；*C*—拨道转向架；*D*—前部张弦转向架

图 3-29　捣固车四点式方向检测原理图

其中，四点式检测拨道作业时的方向残留偏差较小，曲线整正质量高，所以在一般情况下，四点式检测拨道应用比较普遍。四点式检测原理是以检测圆曲线的方法为基础，根据捣固车前后 4 个检测点检测，如图 3-29 所示，故称为四点式检测。捣固车 *A* 点，*B* 点位于作业后的线路上；*C* 点，*D* 点位于作业前的线路上。

图 3-29 中矢距 H_1 和 H_2 之间的关系为：

$$H_1 = H_2 \cdot K_B \tag{3-60}$$

式中，K_B 为 *B* 点的比例常数，$K_B = \dfrac{l_3(l_1 + l_2)}{l_1(l_2 + l_3)}$，对某型号捣固车来说 K_B 为常数。

捣固车处于正确的圆曲线上时，式(3-60)成立，线路方向偏差信号为零，说明方向良好；当方向有偏差时，式(3-60)不成立，有线路方向偏差信号输出，拨道油缸工作使轨道移动，直到公式成立，信号为零，拨道作业停止。

（2）线路纵向水平检测及起道原理

线路水平包括线路横向水平和纵向水平，即线路左右钢轨水平和前后高低水平。横、纵向水平检测装置同时进行测量，起道量考虑横向水平偏差和纵向水平偏差，使起道作业后的线路轨道的前、后、左、右都处在同一水平面内，符合线路维修规则的要求，该过程即为起道抄平作业。

线路纵向水平的检测原理是在左右两股钢轨上各有一套单弦水平测量装置，纵向高低传感器将 *M* 点检测小车处的轨道高低偏差信号输入起道电路。捣固车线路水平检测示意图如图 3-30 所示。

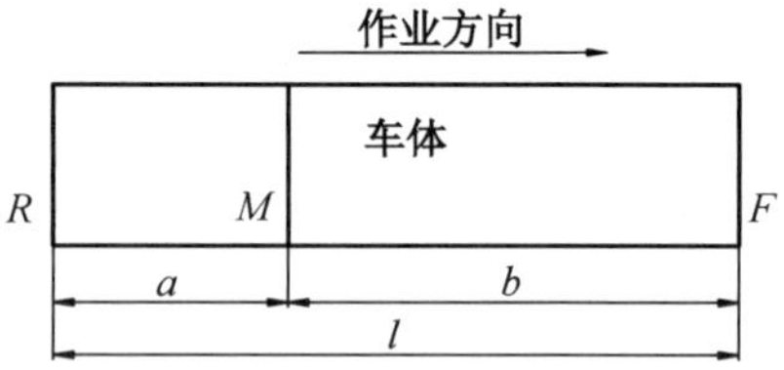

F—前测杆；*M*—中间测杆；*R*—后测杆

图 3-30　捣固车线路水平检测示意图

3）线路拨道、起道传递函数特性

从捣固车线路方向检测可以看出，由于捣固车本身的条件，其检测的基本原理只能是建立在 *A*，*B*，*D* 三点都在同一半径的圆曲线基础上，这时 *C* 点的方向偏差才会被完全检测出来，但在实际作业中，*D* 点处于未整正的轨道上，因此，*C* 点测出的方向偏差包括 *D* 点偏差的影响，整正后的线路仍有一定的方向偏差残留。同样，线路纵向水平检测也存在相同的情况。这种情况可以通过传递函数来说明。

(1) 拨道传递函数

四点式检测的坐标可以按图 3-31 方式表示。假设测点间的距离分别为 $AB = c$，$AC = a$，$AD = b$，若 C 点的横坐标为 x，则 A 点的横坐标为 $(x-a)$，B 点的横坐标为 $(x-a+c)$，D 点的横坐标为 $(x-a+b)$。假设作业前的曲线函数为 $Y_0(x)$，作业后的曲线函数为 $Y_n(x)$。A，B 点位于作业后的轨道线路上，则 A 点的纵坐标为 $Y_A = Y_n(x-a)$，B 点的纵坐标为 $Y_B = Y_n(x-a+c)$；C，D 点位于作业前的轨道线路上，C 点的纵坐标为 $Y_C = Y_0(x)$，D 点的纵坐标为 $Y_D = Y_0(x-a+b)$。

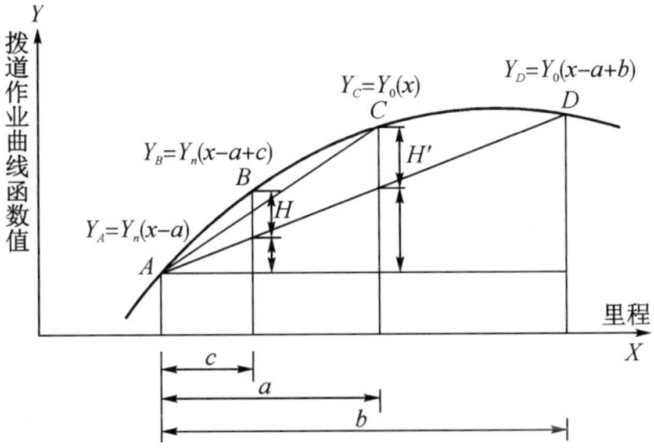

图 3-31 拨道检测模型

经过捣固车拨道作业后，C 点作业后的纵坐标 $Y_n(x)$ 可以通过几何关系表示为：

$$Y_n(x) = Y_A + \frac{a}{b}(Y_D - Y_A) + H' \tag{3-61}$$

在图 3-31 中，$H = Y_B - Y_A - \frac{c}{b}(Y_D - Y_A)$，

因此，

$$H' = \frac{c(b-c)}{2R} : \frac{a(b-a)}{2R} \Rightarrow H' = \frac{a(b-a)}{c(b-c)}H \tag{3-62}$$

令 $\frac{1}{\alpha} = \frac{a-c}{b-c}$，则式(3-62)简化为 $H' = \frac{a}{c} \cdot \frac{\alpha - 1}{\alpha} \cdot H$，代入式(3-61)得到作业后的 C 点的曲线函数为

$$Y_n(x) = \frac{(a-c)(a-b)}{bc}Y_A + \frac{a(\alpha-1)}{c\alpha}Y_B + \frac{a}{b\alpha}Y_D \tag{3-63}$$

将式(3-63)等号两边进行傅立叶变换，转换为以波长 λ 表示的函数。A 点，B 点为作业

后的函数，D 点为作业前的函数。

$$FT\{Y_n(x)\}=\frac{\frac{1}{\alpha}\cdot\frac{a}{b}\cdot\xi^{b-a}}{1-\frac{a}{c}\cdot\frac{\alpha-1}{\alpha}\cdot\xi^{-a+c}-\frac{(a-c)(a-b)}{bc}\cdot\xi^{-a}}\cdot FT\{Y_0(x)\} \tag{3-64}$$

式中 $FT\{\cdot\}$——傅立叶变换式；

$$\xi=e^{j\omega}=e^{j\frac{2\pi}{\lambda}}=\cos\frac{2\pi}{\lambda}+j\sin\frac{2\pi}{\lambda};$$

式中 λ——波长；

j——虚数单位。

令 $$H(\lambda)=\frac{\frac{1}{\alpha}\cdot\frac{a}{b}\cdot\xi^{b-a}}{1-\frac{a}{c}\cdot\frac{\alpha-1}{\alpha}\cdot\xi^{-a+c}-\frac{(a-c)(a-b)}{bc}\cdot\xi^{-a}}$$

则 $H(\lambda)$就是作业前后的不平顺关系用波长所表示的传递函数。

将 ξ 的表达式代入上述传递函数内得到公式(3-65)：

$$H(\lambda)=1/\left\{\left[\frac{b(b-c)}{a(a-c)}\right]^2+\left[\frac{b(b-a)}{c(a-c)}\right]^2+\left[\frac{(b-c)(b-a)}{ca}\right]^2-\frac{2b^2(b-c)(b-a)}{ac(a-c)^2}\cos\frac{2(c-a)\pi}{\lambda}+\frac{2b(b-c)^2(b-a)}{a^2c(a-c)}\cdot\cos\frac{2a\pi}{\lambda}-\frac{2b(b-c)(b-a)^2}{ac^2(a-c)}\cos\frac{2c\pi}{\lambda}\right\}^{1/2} \tag{3-65}$$

(2) 起道传递函数

捣固车线路纵向水平检测及起道作业如图 3-32 所示。假设检测点之间的距离为 $RM=a$，$MF=b$，$RF=l$，则 M 点的横坐标为 x，R 点的横坐标为 $(x-a)$，F 点的横坐标为 $(x+b)$。假设作业前的曲线函数为 $Z_0(x)$，作业后的曲线函数为 $Z_n(x)$。R 点位于作业后的线路上，其纵坐标为 $Z_n(x-a)$；M 点与 F 点位于作业前的线路上，M 点的纵坐标为 $Z_0(x)$，F 点的纵坐标为 $Z_0(x+b)$，则作业后 M 点的纵坐标为 $Z_n(x)$，其表达式见式(3-66)。

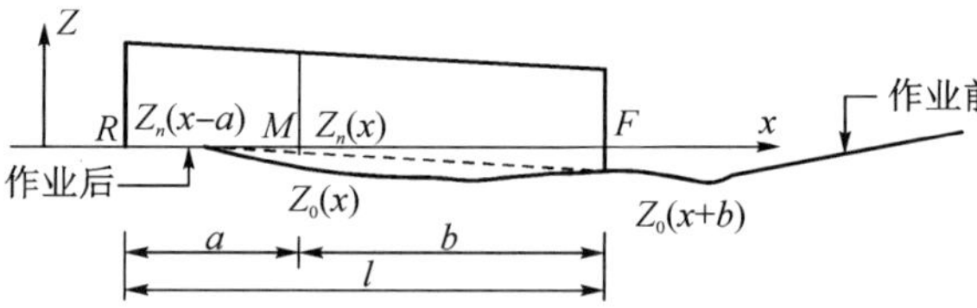

图 3-32 线路纵向水平检测模型

$$\begin{aligned}Z_n(x)&=Z_n(x-a)-\frac{a}{l}[Z_n(x-a)-Z_0(x+b)]\\&=\frac{b}{l}Z_n(x-a)+\frac{a}{l}Z_0(x+b)\end{aligned} \tag{3-66}$$

将式(3-65)进行傅立叶变换，仍用波长 λ 表示，表达式为

$$FT\{Z_n(x)\} = \frac{a\xi^b}{l - b\xi^{-a}} FT\{Z_0(x)\} = H(\lambda) FT\{Z_0(x)\} \tag{3-67}$$

式中，λ，ξ 含义同式(3-64)。

将 λ 代入传递函数式(3-67)中，得到纵向水平捣固作业前后不平顺的传递函数：

$$H(\lambda) = \frac{a}{\left(l^2 + b^2 - 2bl\cos\frac{2a\pi}{\lambda}\right)^{1/2}} \tag{3-68}$$

(3) 传递函数特性

根据上述推导得到的拨道、起道传递函数式(3-65)、式(3-68)可以看出，等式左边是捣固作业后的轨道状态，等于作业前的轨道状态乘以传递函数，传递函数的大小表示养护效果的好坏，在一定的波长下，如果传递函数越小，则捣固作业后的效果也就越好，轨道状态的恢复程度就越高，反之则轨道状态恢复较差，作业效果不明显。

拨道、起道的传递函数除了和不平顺波长有关外，也和捣固车检测点的位置和距离有关。这样，参照各类型捣固车检测点的距离数据，可以计算得到相应捣固车的作业前后的具体传递函数，从而可以分析捣固作业前后不平顺的变化情况。

各类型捣固车检测点距离的数据见表 3-14。将数据分别代入拨道传递函数式(3-65)和起道传递函数式(3-68)中，计算得到相应的传递函数。函数图形如图 3-33 和图 3-34 所示。

表 3-14　　捣固车检测点距离

捣固类型	拨道检测长度/m			起道检测长度/m		
	AB(l_1)	**BC(l_2)**	**CD(l_3)**	**RM(a)**	**MF(b)**	**RF(l)**
08-32	5.315	5.185	10.60	4.50	9.15	13.65
08-475	5.850	8.090	12.72	—	—	—

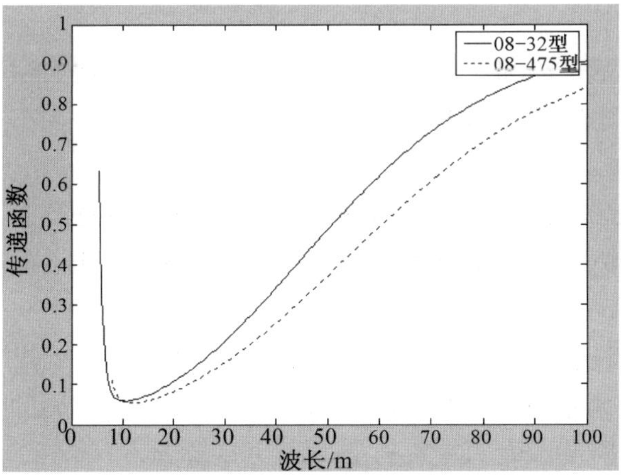

图 3-33　拨道传递函数和不平顺波长的关系

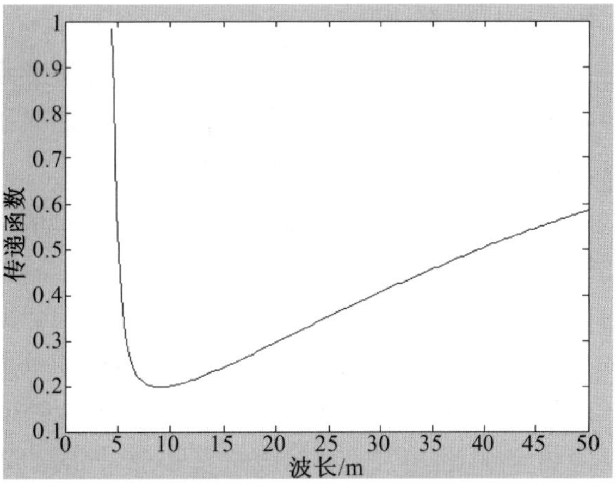

图 3-34　起道传递函数和不平顺波长的关系

图 3-33 是 08-32 型捣固车和 08-475 型捣固车的拨道传递函数与不平顺波长的关系图。图 3-34 是 08-32 型捣固车的起道传递函数与不平顺波长的关系图。从两图中都可以看出，传递函数与不平顺波长和捣固车测点距离有关，根据捣固车的测点距离，在相对标准作业时，无论不平顺波长是多少，传递函数都不可能达到最理想状态(数值为零)，最好的情况下传递函数大约为 0.05，即作业残留率约为 0.05，作业效果约为 95%。

在拨道作业方面：

① 两种型号捣固车的拨道作业对波长在 5～100 m 的不平顺都有效果，但是当波长大于 60 m 后，传递函数在数值上大于 0.6，捣固作业前后的轨道状态没有明显变化；波长位于 5～60 m，传递函数数值小于 0.6，作业效果比较明显。特别是当不平顺波长为 10 m 左右时，传递函数数值最小，这时的捣固效果也最好，说明该类型的捣固车适合整治小波长的不平顺。

② 从 08-32 型捣固车和 08-475 型捣固车的传递函数比较来看，后者的作业效果要优于前者，在 15～60 m 波长范围内，后者的传递函数数值小于前者的传递函数数值。在 10～15 m 的波长范围内，08-32 型捣固车更适合捣固较小波长的不平顺，08-475 型捣固车更适合捣固波长要大一些的不平顺。

在起道作业方面：

① 08-32 型捣固车的起道作业对波长在 5～50 m 的不平顺都有效果，说明其具有连续性的起道功能。

② 当不平顺波长为 8 m 左右时，起道传递函数数值相对最小，这时的捣固作业效果最明显。

③ 对同一类型捣固车(08-32 型)的拨道作业效果比较来看，随着波长的增加，起道传递函数增长较拨道传递函数缓，这说明起道作业的范围要求比较宽，传递函数变化缓，作业效果可以得到保障；而拨道作业要求的波长范围就相对窄，传递函数变化快，随着波长的增加，拨道作业效果越来越差。

传递函数特性反映出捣固车相对标准作业后的效果。由于在这种作业条件下，传递函数无法达到零，养护作业始终存在残留率，而且不平顺波长越大，残留率越高，因此对提高捣固车的养护作业效果有以下几点建议：

(1) 采用绝对标准作业。捣固车作业前先用水准仪等仪器对线路方向、纵向水平进行测量，作业前将偏差数据输入相应的拨道电路和起道电路，从而消除位于未整正线路上检测点的偏差量，这种作业方法即为精确拨道、起道作业。

(2) 捣固车作业自动化。将自动检测仪器设置到捣固车上，实现捣固车在作业前自动进行测量、数据整理工作，然后按照统计结果进行调整，指导捣固作业。这样可避免作业前后的检测作业，利用其检测数据进行作业，同时也不需要事先的专门测量，减少了工作量。

3.4.2 轨道几何不平顺的检养修一体化

1. 我国工务线路检养修体制的变化

铁路线路维修业务的基本环节是:设备观测与检测→设备管理与维修计划的制订→维修施工作业→竣工检查验收。

在传统的手工检查、维修时代,检查使用的工具是道尺、弦线、折尺等;检查结果的超限项目和处所就是维修作业的内容和场地;洋镐、扒子、钉锤、撬棍就是作业工具;竣工检查和验收还是使用相同的道尺、折尺和弦线。线路维修业务的所有环节可以由工长领导一个工班全部完成。这就是我国 20 世纪五六十年代线路维修业务的分段包干制。在工务段之下设若干领工区、工区,每个工区 10 多个人,分管单线长度一般不大于 10 km,由工长领导,对该段线路设备的检查、管理、制订维修计划、维修(包括综合维修,经常保养和临时补修)施工作业及竣工验收检查全面承担,全盘负责。

后来随着小型养路机械的开发和应用,原纯手工作业的养路工区被合并、扩大,一个养路领工区下设 3～4 个机械化养路工区,每个机械化养路工区管辖的营业线路长度一般单线不大于 20 km,双线不大于 15 km。尽管机械化养路工区与手工养路工区所采用的作业工具、管辖长度有所不同,但功能、职责、运作方式并没有改变,仍然是对所管辖区段内的设备检测、管理、维修计划及养护、维修作业的实施全面负责。特别是对线路的综合维修和线路的经常保养及临时补修的施工作业全盘负责,这就是养修合一的形式。

随着养路机械,特别是大型养路机械的进一步发展,为了便于对大型养路机械集中管理和统一调度使用,充分发挥机械的效能,许多铁路局成立了大型养路机械段,负责线路的大修和综合维修的大型机械作业,工务段所属领工区、工区负责大机作业施工配合及线路的经常保养和临时补修工作。随着中、小型养路机械的发展,有些工务段成立了机械化维修队,负责线路的综合维修;领工区、工区负责线路的经常保养和临时补修。另外,有的领工区下设 1 个机械化工队和 6～8 个保养工区,机械化工队负责综合维修,保养工区负责经常保养和临时补修。这种综合维修与经常保养、临时补修的施工分别由不同部门完成的形式称为养修分开。

上述三种养修分开形式,分别由路局大型机械段、工务段机械化维修队或领工区机械化工队负责线路综合维修,而线路的经常保养和临时补修都是由工务段所属工区负责。完成综合维修作业的“机械段”“机械化维修队”和“机械化工队”,其作业范围分别是路局、工务段或领工区,是流动性作业单位。作业完成后的线路交给工区,只有工区才是所管辖区的固定管理单位,它对设备的质量状态日常检查、经常养护和临时补修全面负责。与“养修合一”工区的差异,只是不再承担综合维修作业。传统意义上的“养修分开”只是把原来由工区负责完成的综合维修作业划归机械化作业单位完成,工区只负责经常养护和临时补修任务,仅仅是作业分工上的变化。

铁路线路的检查(测)手段及检查职责也在不断地发展和变化。轨道检查车、轨道检测小车、钢轨探伤车、钢轨超声波探伤仪等先进检测设备相继被采用。运用这些设备需要有专门的知识和技能，同时也为了充分发挥这些设备的效能，分别成立了专门的检测队伍，这样又把检测从维修业务中单独分离出来。另外，检测的职责，特别是竣工验收中检测的职责也和传统意义的设备检查有所不同。竣工验收中的检测要对工程进行监督、评估，并对工程质量承担一定的责任。在 2006 年颁布的《铁路线路修理规则》中明文规定："线路设备维修实行检、修分开制度。检修分开的基本原则是实行专业检查和机械化集中修理，实现检查和维修的异体监督。""工务段应按检修分开的原则，下设线路车间、检查监控车间和综合机修车间，根据需要还可设机械化维修等车间。""检查监控车间（工区）应按规定的项目和周期进行设备检查和分析，并及时传递检查信息；线路车间负责安全生产的组织实施；机械化维修车间（工区）主要负责综合维修、配合大机维修作业和经常保养；综合机修车间负责钢轨、道岔焊补，养路机械的维修保养，工具制作、修理及线路配件修理。"

2. 工务线路检养修生产的闭环管理

1）工务线路检养修业务流程的闭环管理

工务线路检养修业务流程可归纳为：动静态数据检测→（分析）现场复核→问题库→（年、月、周、日）计划→作业计划单→问题销号→计划完成→评价→动静态检测，如图 3-35 所示。

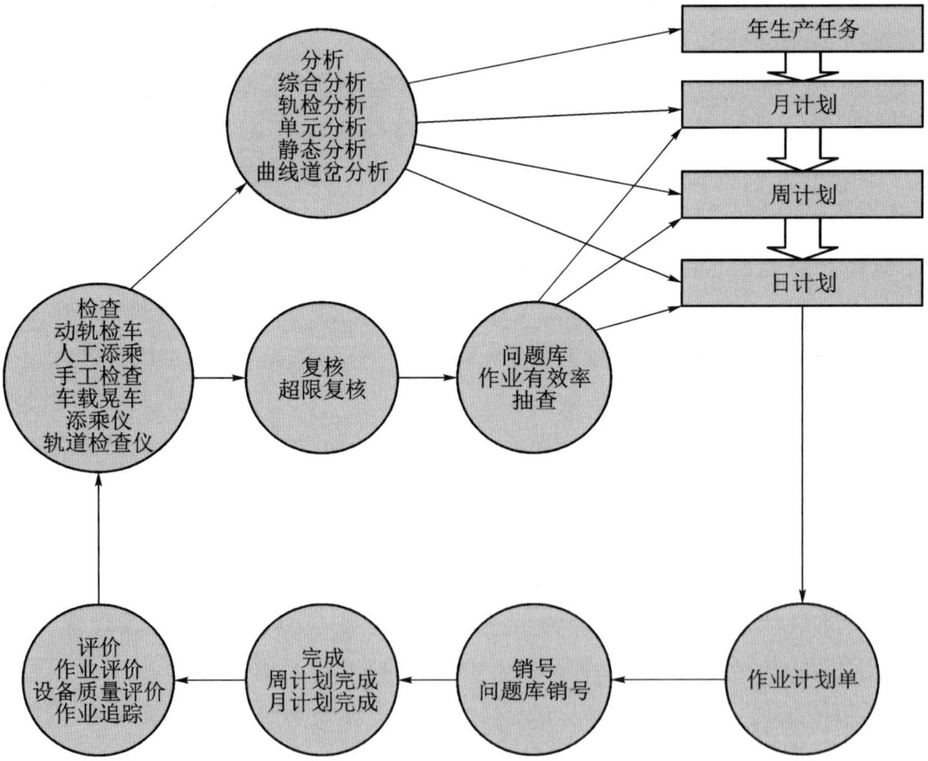

图 3-35 工务线路检养修闭环管理业务流程示意图

2）数据流管理

铁路工务线路检养修生产管理系统的数据流如图 3-36 所示。

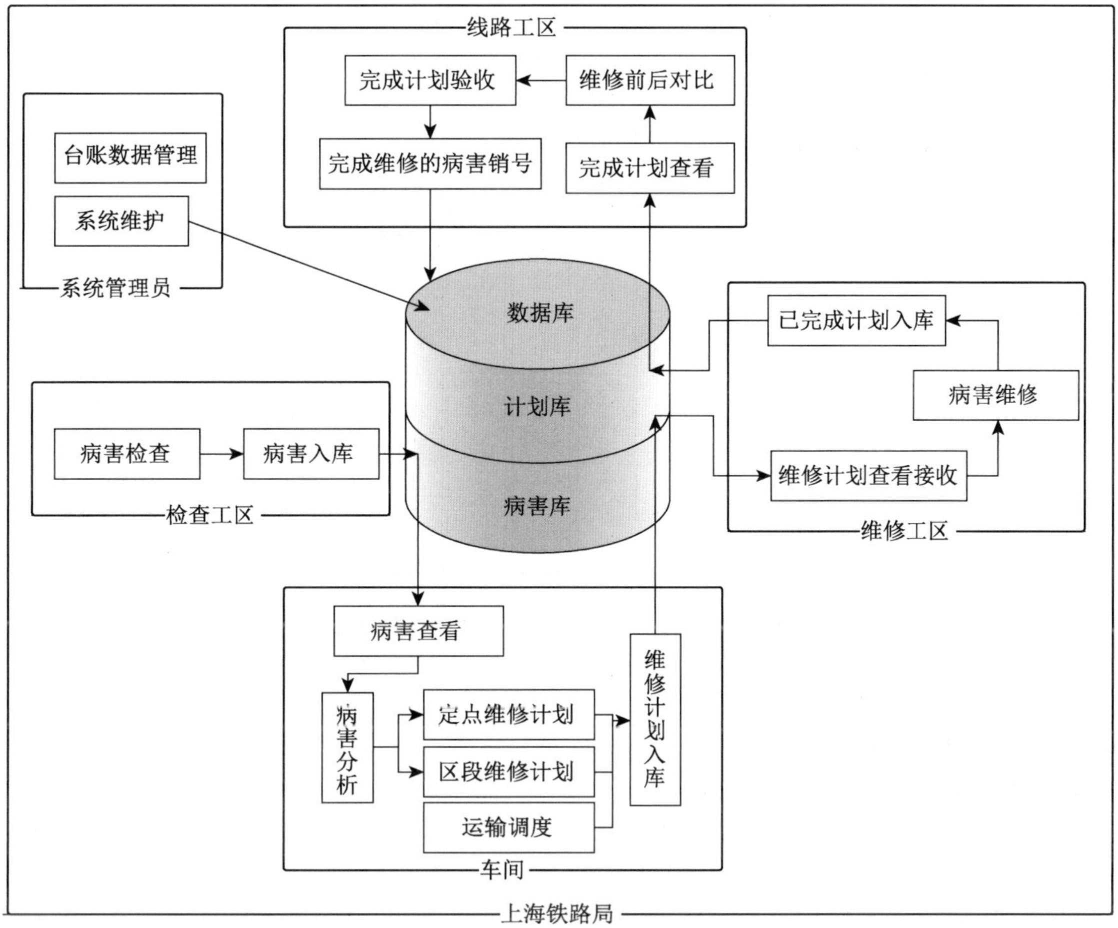

图 3-36 数据流

3）分级管理

根据实践经验，实行四级制的分级管理模式，即路局工务处及相关科室（含线路科、综合科等）、站段（含工务段、大机段、大修段等）、车间、班组（线路工区、维修工区、检查工区）等四级。铁路工务行政管辖与管理模块关系如图 3-37 所示。

分级管理主要体现在不同级别管理内容和管理方式上的差异。比如，路局工务处及相关科室为第一级，侧重宏观、全面、综合管理与协调；同时，路局工务处主要负责全局工务相关的所有业务综合监管；而下属各科室主要负责具体专业业务的宏观管理。

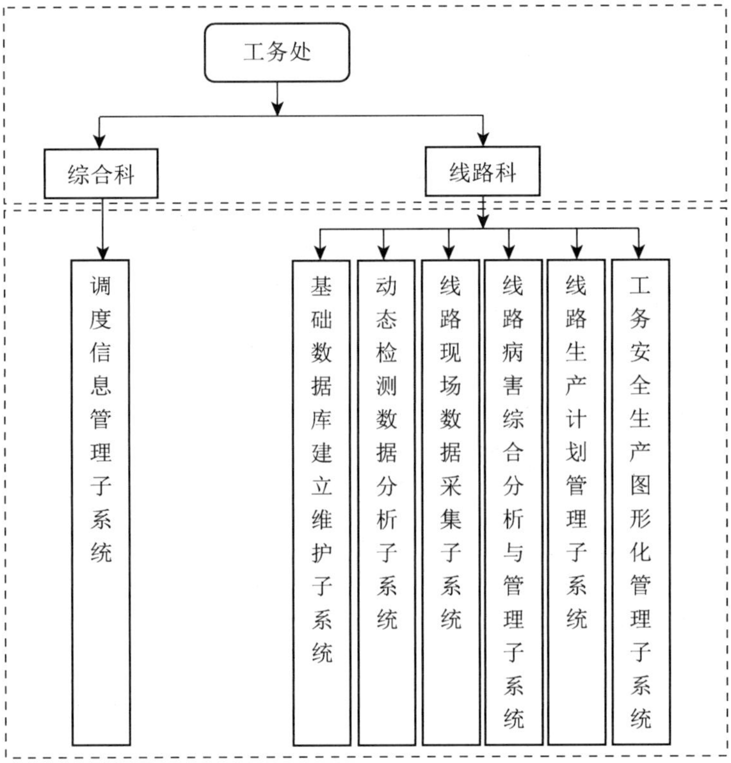

图 3-37 铁路工务行政管辖与管理模块关系

3.4.3 线路修程与修制

1. 国铁线路轨道设备状态维修

线路设备修理分为线路设备大修和维修，其中线路设备维修又细分为单项维修、保养和临时补修。

1）线路大修

线路大修主要有成段更换钢轨、清筛道床、换枕、成组更换道岔等，是以解决钢轨伤损疲劳、恢复道床弹性、恢复或提高轨道结构强度、路基基床达标等为目的的修理作业，从而有效保持钢轨和线路质量状态。

2）线路维修

线路维修是根据线路及其各部件的变化规律和特点，结合修理周期和设备单元状态评价，按周期、有计划地对线路设备进行综合性修理，以全面改善轨道弹性、调整轨道几何形位和更换、整修失效零部件为重点，从而恢复线路完好技术状态。

3）线路保养

线路保养是根据动静态检测、线路状态变化及设备单元状态评价结果，进行有计划、有重点的经常性养护，以保持线路质量处于均衡状态。

4）临时补修

临时补修是指对轨道几何尺寸超过临时补修允许偏差管理值或轨道设备伤损状态影响其正常使用的处所进行临时性修理，以保证行车安全和平稳。

线路设备维修应实行天窗修制度，并实行“检、养、修”分开的管理体制，按照线路等级管理要求，执行相应的修程及修理周期，详见表 3-15。

表 3-15　　线路修程及修理周期

等级	年总重 Q/Mt	速度/(km·h^{-1})	修程及修理周期
Ⅰ级	或 $Q>50$	$V>120$	1. 钢轨大修：600 Mt； 2. 道床清筛：300 Mt 或板结深度大于 120 mm； 3. 轨枕大修：轨枕失效率累计大于 9%； 4. 大机捣固：1 年安排一遍；原则上钢轨大修地段当年安排一遍；道床清筛地段运量达到 30 Mt 或次年安排一遍； 5. 钢轨打磨：更换新轨后，运量达 20 Mt 左右安排预打磨；运量达 100 Mt 左右，每 1.5～2 年根据廓形设计，安排预防性打磨； 6. 扣件除锈涂油：2～3 年一遍；隧道内、小半径曲线外侧等特殊地段每年一遍；每年对轨距挡板、弹条、螺帽利用混合油安排一遍蘸油
Ⅱ级	或 $Q>30$	$100\leqslant V\leqslant 120$	1. 大修：700 Mt； 2. 道床清筛：300 Mt 或板结深度大于 150 mm； 3. 轨枕大修：轨枕失效率累计大于 9%； 4. 大机捣固：1.5～2 年安排一遍；原则上钢轨大修地段当年安排一遍；道床清筛地段运量达到 30 Mt 或次年安排一遍； 5. 钢轨打磨：更换新轨后，运量达 20 Mt 左右安排预打磨；运量达 100 Mt 左右，每 1.5～2 年根据廓形设计，安排预防性打磨； 6. 扣件除锈涂油：2～3 年一遍；隧道内、小半径曲线外侧等特殊地段每年一遍；每年对轨距挡板、弹条、螺帽利用混合油安排一遍蘸油
Ⅲ级	或 $Q<30$	$V<100$	1. 大修：900 Mt，P50 轨 550 Mt； 2. 道床清筛：350 Mt 或板结深度大于 150 mm； 3. 轨枕大修：轨枕失效率累计大于 9%； 4. 大机捣固：2～3 年安排一遍； 5. 钢轨打磨：更换新轨后，运量达 20 Mt 左右安排预打磨；预防性打磨根据设备状态适时安排； 6. 扣件除锈涂油：2～3 年一遍；隧道内、小半径曲线外侧等特殊地段每年一遍；每年对轨距挡板、弹条、螺帽利用混合油安排一遍蘸油

续　表

等级	年总重 Q/Mt	速度/(km·h^{-1})	修程及修理周期
Ⅳ级	支线、到发线		1. 大修：900 Mt； 2. 道床清筛：根据设备状态适时安排； 3. 轨枕大修：根据设备状态适时安排； 4. 大机捣固：根据设备状态适时安排； 5. 钢轨打磨：根据设备状态适时安排； 6. 扣件除锈涂油：根据设备状态适时安排
Ⅴ级	其他线路		根据设备状态适时安排大维修

每年根据设备状态评定结果，合理调整年度大维修计划；重点对钢轨、轨枕和道床单项扣分较多，造成线路设备状态评定为失格的线路，优先安排设备修理计划。

2. 城市轨道交通轨道设备状态维修

根据《城市轨道交通设施养护维修技术规范》(DB11/T 718—2016)中的规定，城市轨道交通线路几何尺寸的维修分为日常养护维修、中修和大修。

1) 日常养护维修

(1) 对整体道床线路可通过起道、改道等作业矫正线路不良几何状态。

(2) 对碎石道床线路可通过起道、拨道、改道等作业矫正线路不良几何状态。

起道作业可按照以下方法进行：

① 整体道床线路可采用垫板方法；

② 混凝土枕地段可采用捣固与垫板或垫砟相结合的方法；

③ 木枕地段可采用起道捣固的方法进行。

拨道作业可按照以下方法进行：

① 线路直线地段轨向不良，可用目测方法拨正；

② 曲线地段轨向不良，可用绳正法；

③ 如需改变曲线头尾位置、缓和曲线长度与曲线半径，应用经纬仪、全站仪等仪器测量拨正。

改道作业可按照以下方法进行：

① 整体道床线路可采用铁垫板调边、调整不同号码轨距垫等方法进行；

② 碎石道床混凝土枕线路可采用调整不同号码轨距垫等方法进行；

③ 木枕线路可采用调整不同号码轨距垫、铁垫板调边、移动铁垫板等方法进行。

日常养护维修的线路轨道静态几何尺寸应符合表 3-16 和表 3-17 的规定。

表 3-16　　日常养护维修线路轨道静态几何尺寸容许偏差管理值　　单位:mm

项目		整体道床		碎石道床	
		正线	其他线	正线	其他线
轨距		6	7	7	8
		−3	−3	−4	−4
水平		6	8	7	9
高低		6	8	7	9
轨向(直线)		6	8	7	9
三角坑(扭曲)	缓和曲线	6	8	7	9
	直线和圆曲线	6	8	7	9

注:1. 轨距偏差不含曲线上规定的轨距加宽值,但最大轨距(含加宽值和偏差)不得超过 1 456 mm。
2. 轨向偏差和高低偏差为 10 m 弦测量的最大矢度值。
3. 三角坑偏差不含曲线超高顺坡造成的扭曲量,检查三角坑时静态基长为 6.25 m,但在延长上需要保证动态基长范围内无超过表列的三角坑。

表 3-17　　曲线正矢偏差

曲线半径/m	缓和曲线的正矢与计算正矢差/mm		圆曲线正矢连续差/mm		圆曲线正矢最大与最小差值/mm	
	正线	其他线	正线	其他线	正线	其他线
$R\leqslant 250$	7	8	14	16	21	24
$250<R\leqslant 350$	6	7	12	14	18	21
$350<R\leqslant 450$	5	6	10	12	15	18
$450<R\leqslant 650$	4	5	8	10	12	15
$R>650$	3	4	6	8	9	12

2）中修

(1) 参照日常养护维修的规定执行。

(2) 使用小型捣固机械对碎石道床地段进行起道时,对起道地段应进行全面捣固;对非起道地段可进行全面捣固或重点捣固。

(3) 使用大型养路机械对碎石道床进行起道捣固作业时,捣固频数每分钟应小于 20 次。对桥头、道口、钢轨接头处 4 根轨枕等薄弱处所,应增加捣固次数。

(4) 综合维修车一次起道量不宜超过 50 mm,当起道量超过 50 mm 时应捣固 2 次。

(5) 综合维修车一次拨道量不宜超过 80 mm,曲线地段上挑下压量应尽量接近。

(6) 中修线路轨道静态几何尺寸容许偏差管理值应符合表 3-18 和表 3-16 的规定。

表 3-18　中修线路轨道静态几何尺寸容许偏差管理值　单位:mm

项目		整体道床		碎石道床	
		正线	其他线	正线	其他线
轨距		4	5	5	6
		−2	−2	−2	−2
水平		4	5	4	5
高低		4	5	4	5
轨向(直线)		4	5	4	5
三角坑(扭曲)	缓和曲线	4	5	4	5
	直线和圆曲线	4	5	4	5

注:1. 轨距偏差不含曲线上规定的轨距加宽值,但最大轨距(含加宽值和偏差)不得超过 1 456 mm。
2. 轨向偏差和高低偏差为 10 m 弦测量的最大矢度值。
3. 三角坑偏差不含曲线超高顺坡造成的扭曲量,检查三角坑时静态基长为 6.25 m,但在延长上需要保证动态基长范围内无超过表列的三角坑。

3）大修

（1）线路大修应根据线路设施损耗规律和状态,有计划地、周期性地进行修理或更新,大修主要是为了恢复和提高线路功能,延长线路设施使用寿命。

（2）大修工作应整体规划、突出重点、有步骤地进行。

（3）线路的轨道和道岔达到表 3-19 规定的大修周期,应立即进行更换。

表 3-19　线路大修周期表

区段	名称	大修周期	
线路(含道岔)	60 kg/m 无缝线路	通过总重 6 亿 t	钢轨头部侧面磨耗超过 17 mm
	60 kg/m 普通线路	通过总重 5 亿 t	
	50 kg/m 无缝线路	通过总重 4.5 亿 t	钢轨头部侧面磨耗超过 15 mm
	50 kg/m 普通线路	通过总重 3.5 亿 t	
	43 kg/m 普通线路	通过总重 1.5 亿 t	钢轨头部侧面磨耗超过 13 mm

4　轨道部件状态检测与修理

4.1 概述

在城市轨道交通中，由于列车运行速度较快、行车密度高、客流量大，加上线路条件复杂，平面曲线和纵断面坡道比重大，小半径曲线、大坡度线路均不可避免。因此，主要的轨道部件受力环境恶劣，由此会引起主要部件如钢轨、扣件、整体道床、道岔等的伤损。

钢轨的主要伤损有磨耗、滚动接触疲劳、核伤、浓度和电腐蚀等。钢轨磨耗造成廓形的改变和轮轨关系的恶化，从而降低乘客的乘车舒适度、引起振动和噪声，甚至影响列车运行安全。近年来，随着抗磨耗性能好的合金钢轨，如 U71Mn、U75V 等在城市轨道交通工程中的应用，钢轨磨耗有所缓解，但是钢轨表面材料容易发生滚动接触疲劳裂纹和剥离掉块，引起轮轨振动和噪声，密集的疲劳裂纹还会干扰超声波探伤信号。钢轨核伤是由于钢轨内部有夹杂物、材质纯净度不高、内部材料疲劳、焊接接头质量不高等因素造成的，严重时甚至引起断轨，特别是在焊接接头附近概率较大。钢轨表面的波磨常常在曲线轨道的内、外轨产生，呈现一定的波长范围，国外报道的轨道交通的钢轨波磨波长在 3～8 cm，国内轨道交通现场测量得到的波磨波长有的甚至达到 20 cm 左右，这与列车运行条件、轮轨动态相互关系、钢轨材质、轨道结构刚度等有关，加剧轮轨运行的动力作用以及振动和噪声。城市轨道交通线路中有一定比例的隧道，隧道内湿度较大，在绝缘性不良的金属与金属接触位置，如扣件弹条接触轨底、轨距拉杆连接轨底、电缆线连接轨腰等位置，容易引起金属的电化学腐蚀，降低钢轨强度和金属量，严重时会引起材料断裂、掉块甚至断轨。

扣件的伤损主要是弹条扣件的断裂和刚度的失效。弹条断裂与材质、轮轨动力、弹条的施工安装位置、扣件绝缘等有关，弹条断裂会引起轨道刚度不均匀、轮轨动力恶化，散落的弹条还有可能撞击列车底部。扣件刚度失效包括橡胶垫板刚度失效、弹条断裂或扣压力失效，其与橡胶材质和弹条材质及其老化有关，会引起轨道垂向、横向、纵向位移的增大，降低轨道结构和无缝线路的稳定性。

城市轨道交通轨下基础常采用整体道床无砟轨道结构，会出现混凝土结构的裂缝、钢筋锈蚀和失效、结构沉降等，从而破坏结构的完整性，引起轨道几何不平顺。

城市轨道交通的道岔主要用于列车的换线、进库，尽管列车通过速度较慢，基本轨、尖轨和翼轨等仍容易受到材质和轮轨动力的影响而发生磨耗、断裂，造成道岔几何形位变化，影响运行安全。

上述主要轨道部件伤损的问题，有设计、材质、加工制造和施工等方面的原因，更多的是运营阶段轮轨长期作用下的结果，为了掌握其服役时期的性能状态变化，可靠且有效的方法是采用各种无损检测技术，借助电流、声波、光波、图像等信号对不同伤损特征（如位置和尺寸）的敏感性，确定轨道部件伤损与无损检测信号之间的关系，建立轨道部件状态检测和监测体系与机制，积累各种伤损的特征，统计伤损的发展规律，并结合先进的养护维修手段，实现轨道部件的“状态修”“预防修”。

针对上述主要轨道部件的伤损，需要检测钢轨的内部核伤、表面廓形、裂纹深度、锈蚀情况；扣件弹条的完整性、扣件刚度；整体道床裂缝、防水、钢筋锈蚀、结构沉降；道岔钢轨质量、道岔几何状态等。除了常规的人工和检测车进行周期性检测外，对于轨道部件长期的状态，还可以借助无损检测、数据处理、数据传输网络等技术，构建在线监测系统和网络，实现关键结构和部件的长期健康监测。

掌握各种轨道部件状态，根据其初始状态、状态评价标准、发展规律和修理能力预测其未来状态，从而结合“状态”针对性地制订修理策略和修理方法。如此，一方面可掌握轨道部件的状态、修理效果和趋势，避免养护维修资源的浪费和无效投入；另一方面，也可充分发挥轨道检测设备和修理设备的能力，控制养护维修的成本和工作量，最大程度地恢复轨道状态，延长其使用寿命。

以钢轨伤损的检测和修理为例：钢轨滚动接触疲劳裂纹伤损和磨耗伤损是由车辆-轨道的综合作用所产生，钢轨寿命受到这些伤损的发展状况及所采取的养护措施的影响，如轮轨接触关系、列车运行状况、钢轨材质、钢轨润滑、钢轨打磨等。因此，钢轨寿命管理是一项综合任务，传统的“头疼医头”即单独消除钢轨单一病害的方法已经不能实现钢轨寿命的有效管理，必须从整个轮轨系统的相互关系出发，结合车辆、轨道结构、线路条件、车辆运行条件等因素，综合钢轨检测、钢轨润滑、钢轨整形等钢轨伤损控制和减缓手段，对在役钢轨疲劳裂纹伤损和磨耗伤损进行合理的寿命管理，从而有效地延长钢轨使用寿命。

为此，结合目前的钢轨疲劳伤损和磨耗伤损的主要检测和养护手段，考虑钢轨整个服役寿命期的伤损发展情况，钢轨全寿命养护策略如图 4-1 所示。

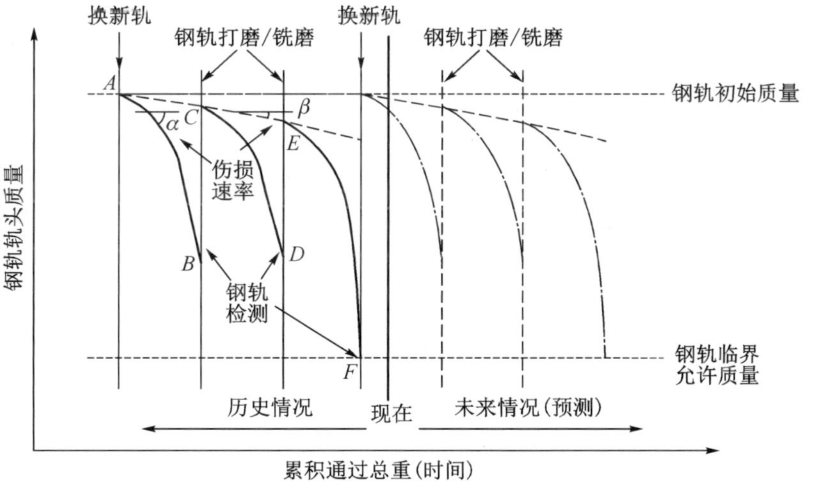

图 4-1　钢轨全寿命养护策略图

图 4-1 的钢轨全寿命养护策略是以线路的累积通过总重为时间轴，以钢轨轨头质量的变化，如轨头外形变化、钢轨轨顶面裂纹发展、钢轨磨耗等为纵坐标，描述了钢轨轨头质量随累积通过总重变化的规律，涉及钢轨从上道至更换下道全寿命阶段的所有内容，主要包括钢轨质量标

准的确定及应用、钢轨检测技术及应用、钢轨打磨作业技术及应用以及钢轨寿命预测四个方面。

(1) 钢轨质量标准是控制钢轨寿命的前提，主要包括钢轨初始质量和钢轨临界允许质量。在新轨上道后，采用钢轨打磨/铣磨设备对钢轨进行预打磨，消除钢轨生产及运输过程中产生的原始不平顺、轨头表面脱碳层、轨头表面残余应力层，尽量减小轨头表面的原始粗糙度。同时，根据轮轨接触关系理论，通过新轨预打磨作业实现与车轮外形配合良好的轨头外形。其目的是提供平顺的钢轨运行表面和良好的轮轨接触关系，修正钢轨初始不平顺，从而延长钢轨滚动接触疲劳裂纹的萌生时间及降低磨耗速率。这样，新轨经过预打磨作业后的轨头外形和表面状态就是钢轨最佳的初始质量。

在一定的累积通过总重条件下，钢轨轨头由于波磨、垂磨或侧磨，使得外形发生变化，超过磨耗允许限值；或者轨头疲劳裂纹扩展积累到一定的密度和深度，超过检测仪器量程，会引起断轨等危险；或者磨耗或裂纹积累到一定程度，使得列车运行产生的振动和噪声超过限值时，钢轨不能继续服役，必须更换下道。这些情况下的钢轨轨头质量就是钢轨临界允许质量。钢轨临界允许质量是指导钢轨打磨作业的依据。

(2) 新轨经过预打磨作业后，以钢轨初始质量投入使用(图 4-1 中 A 点)。随着线路通过总重的累积，钢轨轨头逐渐发生磨耗伤损、疲劳裂纹伤损甚至是两种伤损的结合，轨头质量逐渐下降，这时就需要采用相应的技术和设备对轨头及其内部质量进行定期检测，记录轨头磨耗变化、轨头外形变化、波磨发展或轨面疲劳裂纹扩展等信息，从而掌握轨头质量的恶化情况。

(3) 当轨头质量下降，钢轨磨耗出现但还未严重发展，或者疲劳裂纹萌生但尚未大面积扩展时(图 4-1 中 B 点)，就可以对轨头进行预防性打磨。目前，较为有效的轨头修复方式是采用钢轨打磨或铣磨。由于轨头磨耗或裂纹情况尚不严重，预防性打磨对轨头的金属磨削量较少，可快速进行作业，既可减少对线路正常运营的干扰，又可以较好地恢复轨头外形、改善轮轨接触关系，较轻易地消除轨面轻微疲劳层或波磨。经过预防性打磨作业，轨头质量恢复到接近钢轨初始质量(图 4-1 中 C 点)。

(4) 随着通过总重的累积，钢轨轨头继续经历伤损发展、检测和打磨的循环过程。直到轨头质量恶化到临界允许质量(图 4-1 中 F 点)，这时的轨头经过自然的轮轨磨耗和人工打磨或铣磨，已经没有足够的金属量保持强度和支撑车轮运行，这种情况下就要进行大修换轨作业。新轨上道后，根据原来旧轨全寿命阶段的养护维修历史数据，结合线路条件、列车运行状况、钢轨润滑条件等，就可以修正钢轨轨头质量控制标准、制订新轨的检测周期和预防性打磨的作业周期等参数，从而预测新轨寿命，进一步优化钢轨全寿命养护策略。

钢轨经过上述养护策略，轨头质量恶化曲线不再是图 4-1 所示的 AB 曲线(伤损速率为 α)，而是 $ACEF$ 曲线(伤损速率为 β)，可以看出 $\beta<\alpha$，所以钢轨寿命得到延长。这样，在轮轨接触关系理论基础上，将钢轨质量标准、检测、打磨和寿命预测有机结合，就形成了钢轨全寿命养护策略，可有效地提高钢轨寿命。掌握了既有条件下钢轨全寿命的养护策略，那么当线路重新更换钢轨后，采取同样的检测技术、检测周期、评价标准和养护维修方法，就可以预测未来在同等的运输条件下钢轨的寿命变化规律。

可以看出，轨道部件的伤损以及由此带来的检测和修理贯穿轨道部件全寿命过程。因此，合理的轨道部件全寿命策略，就需要结合城市轨道交通的具体轨道和车辆条件，采用先进的伤损检测技术设备，结合科学的伤损检测周期、分析方法和评价标准，掌握各种轨道部件全寿命周期的伤损特征和发展规律，设计合理的伤损控制和减缓等措施及养护维修方法，从而延长轨道部件使用寿命，提高城市轨道交通的运营效率。

4.2 钢轨状态检测与修理

4.2.1 钢轨伤损类型

钢轨在生产、焊接、铺设和使用过程中会出现各种不同的伤损。我国铁路《钢轨伤损分类》(TB/T 1778—2010)将钢轨伤损定义为在使用过程中发生折断、裂纹及其他影响和限制钢轨使用性能的各种状态。这些钢轨伤损是在轮轨作用力下产生的金属疲劳，如磨耗、塑形变形、裂纹，或由于金属材质缺陷造成的钢轨的破损，如钢轨内部存在非金属夹杂物。

1. 钢轨伤损类型

钢轨伤损类型是根据伤损的宏观形貌特征、伤损起始位置、伤损发展过程以及发展规律，结合伤损原因分析进行分类。《钢轨伤损分类》(TB/T 1778—2010)对钢轨伤损的分类如表4-1所列。

表4-1　钢轨伤损分类和编号

第一位数字	第二位数字	第三位数字	第四位数字	第五位数字
伤损在钢轨长度上的位置	伤损在钢轨横截面上的位置	伤损状态	伤损状态的细化	伤损程度
0—钢轨全长范围(或全长的大部分) 1—轨身的局部区域 2—夹板接头(轨端、螺栓孔和夹板长度范围的钢轨)区域 3—焊补区域 4—接续线焊接区域 5—闪光焊接头(含电报灼伤部位) 6—铝热焊接头 7—气压焊接头 8—其他形式焊接的焊缝和热影响区	0—整个钢轨截面或外表面 1—轨头表面(踏面、轨距角、轨头侧面) 2—轨头内部 3—轨头下颚 4—轨腰 5—螺栓孔 6—轨底(轨底下表面、轨底边缘或轨底角侧面)	0—弯曲变形 1—磨耗、压溃、压陷(或凹陷) 2—波浪磨耗 3—接触疲劳裂纹(剥离裂纹)及其引起的掉块和疲劳断裂 4—内部裂纹或内部缺陷(白点、夹杂物、成分偏析、淬火缺陷、焊接缺陷、焊补缺陷等)及其引起的疲劳断裂 5—表面缺陷及其引起的疲劳断裂 6—外伤(擦伤、碰伤等)及其引起的疲劳断裂 7—锈蚀及其引起的疲劳断裂 8—没有明显疲劳裂纹的脆性断裂 9—其他	0—没有细化 1—曲线上股轨头磨耗超限 2—曲线下股轨头全长压溃和辗边 3—直线钢轨交替不均匀侧面磨耗 4—轨距角处鱼鳞状剥离裂纹、掉块和疲劳断裂 5—轨头踏面处斜线状裂纹、局部凹陷和疲劳断裂 6—曲线下股轨头踏面剥离裂纹和浅层剥离掉块	1—不到轻伤 2—轻伤 3—重伤 4—折断

城市轨道交通钢轨在运营阶段的主要伤损类型和发生位置如表 4-2 所列。

表 4-2　城市轨道交通钢轨的主要伤损类型和发生位置

伤损发生位置	伤损类型							
	疲劳裂纹和剥离掉块		侧磨	波磨	塑性变形/肥边	假轮缘磨耗	接头不平顺	轮轨关系不良
	轨距角	轨顶面						
外轨/上股钢轨	✓		✓	✓			✓	✓
内轨/下股钢轨		✓		✓	✓	✓	✓	✓
直线轨							✓	✓

从表 4-2 可以看出，无论是直线还是曲线地段的钢轨，都会出现因材料疲劳而产生的裂纹、剥离掉块、肥边和因材料磨损而产生的磨耗、轮廓型面变形。同时，由于轮轨动力作用，还会出现轨面不平顺，如波磨、接头不平顺。

1）钢轨表面疲劳裂纹及剥离掉块

钢轨表面的疲劳裂纹属于滚动接触疲劳裂纹，常常发生在轨头表面轨距角一侧以及轨顶面。通常，发生在轨距角处的疲劳裂纹被称为斜裂纹、鱼鳞纹或者轨头龟裂，发生在轨顶面的疲劳裂纹被称为压陷，二者都会进一步扩展形成薄片状剥离和剥离掉块，或者引起核伤和断轨。这些现象发生的主要原因是此处的轮轨接触应力、剪切应力较大，远远超过钢材的屈服强度，使得钢轨表面及其以下几毫米处的材料发生疲劳。裂纹产生后，向下、向内部扩展容易引起核伤和断轨，向上、向横向彼此串联就引起钢轨表面剥离掉块，如图 4-2—图 4-4 所示。

初期的钢轨滚动接触疲劳裂纹对钢轨的寿命影响不大，但是由于裂纹破坏了钢轨表面的平顺性，会引起轮轨力、振动和噪声的增大，破坏轨道其他部件。同时，裂纹会给钢轨超声波探伤信号带来干扰，影响钢轨超声波探伤的精度。另外，当滚动接触疲劳裂纹发展比较严重时，向上发展会引起剥离掉块，造成轨面凹坑和不平顺，进一步增大轮轨力、轮轨振动和噪声；向下发展会引起核伤、断轨，危及行车安全和运营质量。

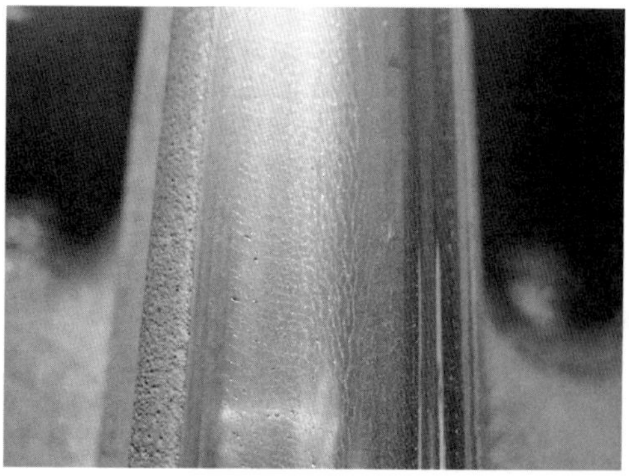

（a）曲线上股钢轨轨距角裂纹

（b）曲线下股钢轨轨顶面裂纹

图 4-2　钢轨表面滚动接触疲劳裂纹

（a）上股钢轨轨距角剥离掉块

（b）下股钢轨轨顶面剥离掉块

图 4-3　钢轨表面剥离掉块

钢轨剥离的主要原因是轮轨接触关系不良导致接触应力过大、钢轨强度不足、钢轨材质有缺陷、车轮和轨道的维修工作不良等。因此，为降低轮轨接触应力和切向力，重要的一点就是要保证轮轨之间具有良好的接触点位置和接触范围。目前，国外控制和改善轮轨接触点位置、调节轮轨接触应力，进而减缓钢轨滚动接触疲劳的手段主要是钢轨廓形设计并进行钢轨打磨或铣磨等整形作业。

图 4-4　钢轨表面压陷

2）钢轨磨耗

钢轨的磨耗主要是由于钢轮和钢轨的反复接触，造成钢轨表面材料的磨损和微小剥落，导致金属量的减少以及钢轨横向和纵向轮廓面的改变。常见的钢轨磨耗主要是钢轨垂直磨耗、钢轨侧磨和轨面波浪形磨耗。

钢轨垂直磨耗在直线、曲线地段的钢轨上都会发生，主要是由于轮轨垂向荷载较大、轮轨频繁接触导致轨头金属材料沿钢轨垂直方向发生磨损，使得钢轨高度降低、轨头金属量减少，严重时车轮轮缘有碰擦扣件弹条、影响行车安全的风险。

钢轨侧磨多发生于曲线上股钢轨的轨距角，如图 4-5 所示，主要原因是列车通过曲线时，作用在上股钢轨轨头内侧的轮缘力和轮轨冲击角。而轮缘力和轮轨冲击角的大小与列车的动力性能、转向架固定轴距的长短、曲线半径的大小、轨道的动力性能、轨道几何参数设置等诸多因素有关。钢轨侧磨会降低轨头金属量、减少轨头强度、降低钢轨使用寿命，同时还会使轮轨接触点外移，引起钢轨侧翻和扣件损坏，严重时造成列车脱轨。

图 4-5　曲线上股钢轨侧磨

工务方面控制和减缓曲线钢轨侧磨的措施，除了合理调整轨道结构参数（如轨距、轨底坡、超高等），改善轨道结构的动力性能（如改变轨道结构弹性等轨道养护作业）外，主要是钢轨侧面润滑。此外，通过钢轨整形作业，适当改变轮轨接触点的位置或者将运行轮对的位置向曲线内移，都可以减少轮轨力和轮轨冲击角，或者改善轮缘对上股钢轨侧面的贴靠，从而减少上股钢轨侧磨。

钢轨波磨一般出现在曲线地段，列车制动地段的钢轨波磨出现概率和磨耗速率都较大。据观测和统计，轨道交通曲线下股钢轨波磨多为短波波磨，波长在 3～8 cm、10～20 cm 等，如图 4-6 所示。

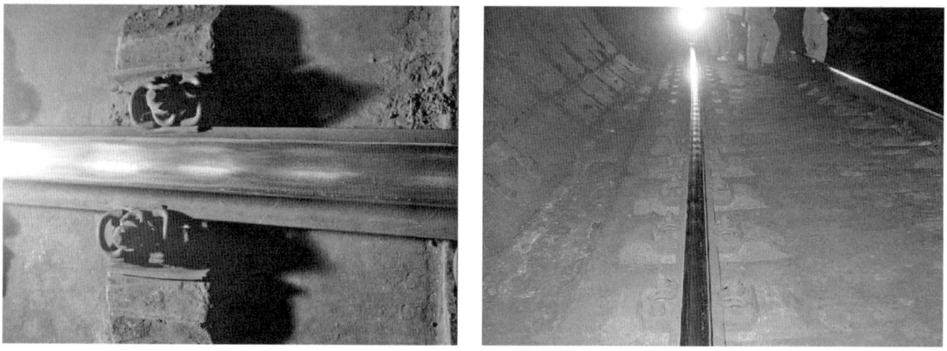

图 4-6　钢轨波磨

钢轨波磨会造成列车振动，进而影响乘客的乘车舒适度，同时，也会增加轮轨力、轮轨振动和噪声，降低钢轨寿命，并造成扣件弹条松动、弹条断裂以及轨枕和道床板混凝土松动、碎裂。

引起钢轨波磨的原因主要与轮对的扭转黏滑振动有关，而钢轨材质、列车及其走行部的动力性能、列车运行工况、轨道弹性和阻尼、曲线轨道结构参数等因素都会影响轮对的扭转黏滑振动。目前，防止钢轨波磨的措施主要是提高轨道结构弹性、合理设置曲线轨道参数；减缓钢轨波磨的措施主要是钢轨整形作业，即打磨或铣磨作业。

此外，城市轨道交通长期运营时，由于车轮过度磨耗，形成内凹形的车轮踏面，使得车轮踏面外侧形成凸起（通常称之为假轮缘）并与钢轨轨头外侧接触，造成钢轨轨头外侧过渡磨耗，如图 4-7 和图 4-8 所示，称之为假轮缘磨耗。

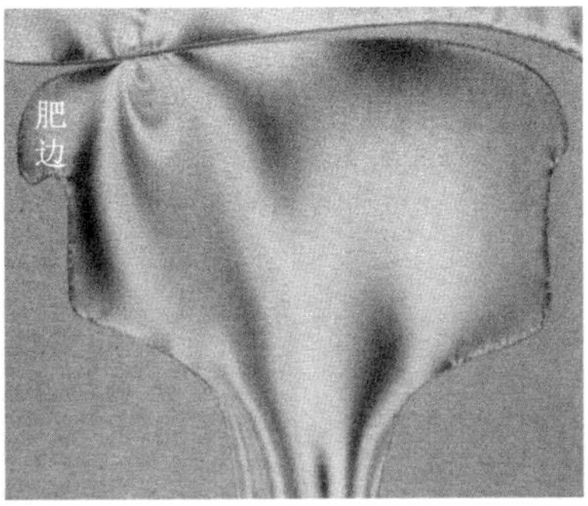

图 4-7　车轮过度内凹出现外侧假轮缘与钢轨外侧接触

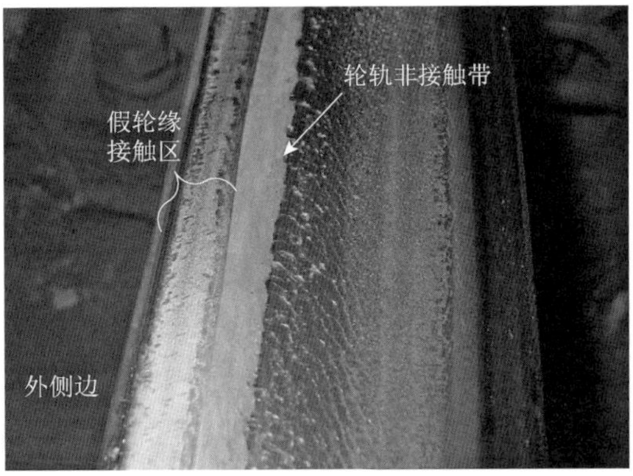

图 4-8　假轮缘过度磨耗钢轨外侧

从图 4-7 和图 4-8 可以看出，钢轨轨头外侧边过度磨耗会使得轨头外侧型面低凹、轨面接触光带过宽、外侧金属材料塑形变形和肥边（图 4-9）。

避免钢轨外侧与假轮缘接触的主要措施是改善轨道弹性、车轮镟修、钢轨整形，从而改善轮轨接触位置和钢轨受力状态。

3）钢轨核伤

当钢轨内部存在夹杂物时，在轮轨作用下，夹杂物会产生应力集中，导致周围材料发生疲劳，逐渐形成有完整边界、呈海滩状扩展的内部核伤，核伤扩展的表面光滑，当达到一定的轨头断面比例后，使钢轨瞬间断裂。近年来，随着钢轨纯净度的提高和硬度的增大，虽然在轮轨作用下钢轨廓形不容易磨损，但也会在轨头亚表面剪应力最大位置引起材料疲劳，并以此为核心，发展成纵向、横向疲劳裂纹，从而形成核伤，如图 4-10 所示。

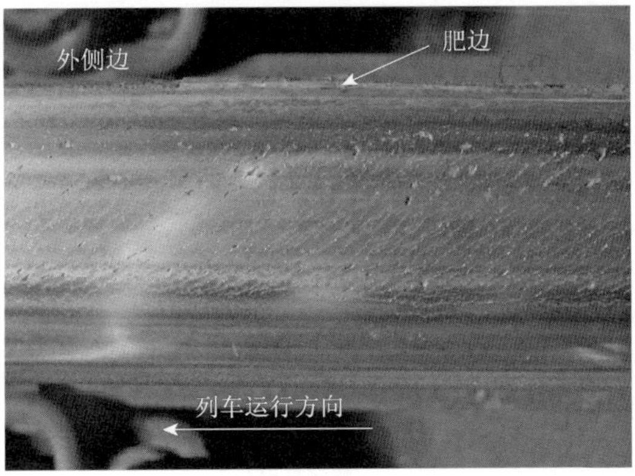

图 4-9　曲线下股钢轨外侧肥边

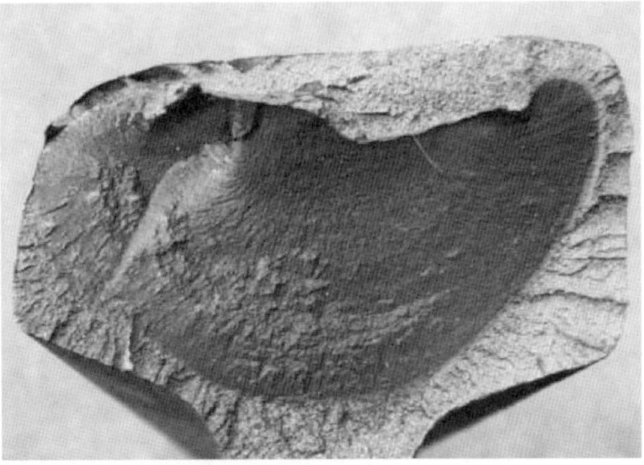

图 4-10　钢轨核伤

4）钢轨电腐蚀

钢轨的电腐蚀又称为电化学腐蚀或应力腐蚀，是金属在静载拉应力和特定腐蚀介质（如H_2O，NaCl，H_2S）及环境（如潮湿环境）共同作用下，表面的氧化膜被腐蚀而受到破坏，破坏的表面和未破坏的表面分别形成阳极和阴极，阳极处的金属成为离子而被溶解，产生电流流向阴极。由于阳极面积比阴极小得多，阳极的电流密度很大，进一步腐蚀已破坏的表面（如有杂散电流则腐蚀得更快），加上拉应力的作用，破坏处逐渐形成裂纹，裂纹随时间逐渐扩展直到断裂。

钢轨电腐蚀的特点是其破坏的作用力为静应力，远低于材料的屈服强度。这个应力可以是外加应力，如无缝线路温度力、轮轨作用产生的弯曲应力等，也可以是焊接、冷加工或热处理产生的残留拉应力；电腐蚀破坏或断裂是脆性断裂，没有明显的塑性变形，其中的裂纹扩展近似疲劳扩展，是渐进缓慢的，当这种亚临界的扩展状况一直达到某一临界尺寸，使余下的断面不能承受外载时，就发生断裂。因此，钢轨电腐蚀破坏的裂纹多起源于表面蚀坑处，特别是处于隧道潮湿环境中的钢轨，而裂纹的传播途径常垂直于拉力轴。图 4-11 是轨底与扣件弹条接触位置的锈蚀。

图 4-11　轨底与扣件弹条接触位置的锈蚀

5）钢轨焊接接头短波不平顺

钢轨焊接接头由于焊接工艺的缘故，在接头区及接头与母材连接区的硬度常常与母材硬度有差别，因而导致在轮轨作用下接头出现波长为 1～3 m 的短波不平顺，由此引起轮轨接触关系不良、接触光带紊乱，如图 4-12 所示。现场实测发现，里程相隔约 25 m，就有较大的轨面不平顺幅值，这个长度与标准轨的长度相近，说明相距 25 m 的焊接接头不平顺会引起周期性的短波不平顺，如图 4-13 所示。

图 4-12　焊接接头轨面不平顺

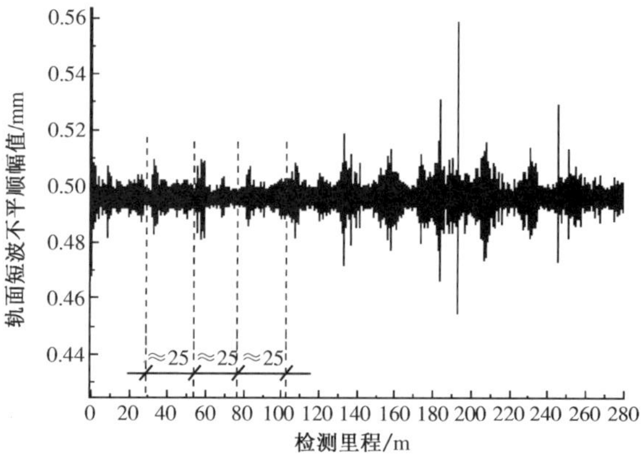

图 4-13　间距为 25 m 的接头短波不平顺

6）钢轨伤损的组合

通过对现场钢轨表面的观测还发现，上述钢轨表面的伤损往往不是独立存在的，而是同时并存，例如，曲线上股钢轨侧磨和裂纹并存，如图 4-14 所示。

一方面，由于车轮通过曲线与上股钢轨产生轮轨冲击角，轮缘与钢轨侧面频繁接触造成侧磨；另一方面，转向架前轴的外轮轮缘与外轨切线的冲击角为较大的正值冲击角，产生的表面切向力会引起较大的横向分量，在冲击角很大时，这个横向分量几乎垂直于车轮行进的方向，容易在轨头金属表层引起剪应力。而转向架后轴的外轮由于具有负值冲击角，在外轨轨头外侧产生轮轨接触，其切向力也有较大的横向力分量，作用方向指向轨道外侧，从而使轨头外侧的金属材料向外侧边方向发生塑形变形，促使与钢轨纵向垂直的裂纹形成。

图 4-15 是蜂窝状裂纹与波磨并存，其特征是钢轨表面存在短波波磨，同时在波谷处，存在密集如蜂窝状的细微疲劳裂纹和龟裂。这种伤损是在波磨伤损的基础上，轮轨力作用于波谷处的硬化后的钢轨表面上，造成表面材料龟裂，而形成疲劳裂纹。

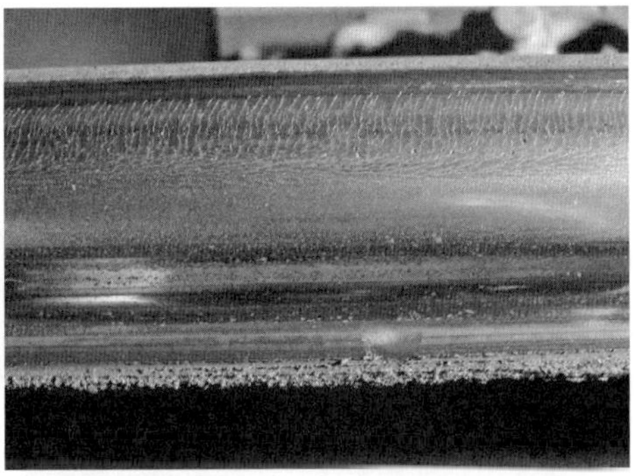

图 4-14　上股钢轨侧磨与裂纹并存

图 4-15　蜂窝状裂纹与波磨并存

图 4-16 是曲线下股钢轨波磨与假轮缘并存，其特征是下股钢轨顶面靠近外侧边，有与假轮缘接触产生的接触带，其中钢轨表面伤损（垂直磨耗与塑形变形）和肥边共存（图 4-17）。在轨顶面和靠近轨距边处，存在波磨；在二者相交的地带，轮轨接触并不频繁，所以出现宽度不均匀的两条光带，其间存在金属锈蚀。

图 4-16　曲线下股钢轨波磨与假轮缘并存

图 4-17　钢轨表面伤损与肥边并存

现场观测时发现，直线地段和曲线地段都存在轮轨接触位置不均匀波动的情况，表现在钢轨表面的接触带宽度不规则，说明轮对的运行存在左右的蛇行运动，造成接触带不是笔直光带，而是波浪状接触带，且左右股钢轨表面接触带对应，这对乘车舒适度不利，如图 4-18 和图 4-19 所示。

(a) 左股钢轨

(b) 右股钢轨

图 4-18　同一地点直线地段左右股钢轨表面接触带不均匀变化

上述钢轨表面伤损都会引起轮轨动力增大，进而减少钢轨和轨道其他部件的寿命、缩短养护维修周期、增加列车能量消耗和维修、降低乘车舒适度、增加噪声和振动。

图 4-19　曲线地段上股钢轨表面接触带不均匀

7）钢轨残余应力

钢轨残余应力不是可见的伤损，但是研究表明，残余应力已经成为影响钢轨断裂力学性能指标的重要因素。无论是使用中产生的残余应力还是在轧制、冷却和矫直过程中产生的残余应力都可能导致钢轨进入失效状态。钢轨中的残余应力对疲劳强度有重要的影响，钢轨在列车载荷的反复作用下出现交变应力，这种交变应力与原始残余应力叠加，加之轨下基础条件的不同，环境气候、温度湿度的变化，钢轨内部微观存在的裂纹就会形成疲劳源，并逐渐发展成为核伤，最终导致断裂。

例如，钢轨轨底不合理的残余应力可导致钢轨过早破坏，影响行车安全。在 2000 年以前国内外主要钢轨标准中对此均无明确要求。随着高速铁路的发展，为了确保铁路运输的安全、可靠，对钢轨轨底残余应力已有明确的规定。欧洲铁路用钢轨标准要求轨底残余应力不大于 250 MPa。而中国铁道科学研究院在时速 200 km/h 客运专线用 60 kg/m 钢轨技术条件中，明确提出钢轨轨底最大残余应力不大于 198 MPa。

钢轨中残余应力来源于两个方面：一方面是在钢轨的生产过程中形成的；另一方面是在钢轨的使用过程中形成的。

钢轨在生产过程中，要经过轧制、冷却、矫直等工艺。热轧钢轨在冷床上缓慢冷却时，由于钢轨外表面和内部的冷却速度不同所引起的温度梯度以及微观组织发生转变，会产生很大的热应力和相变应力。同时，由于钢轨断面形状复杂，在冷却时轨腰和轨底边缘冷却得最快，轨头冷却得最慢，这会使钢轨产生更大的残余应力和更大的畸变。

钢轨在轧制冷却后的矫直有三种方法：①压力矫直；②拉伸矫直；③辊式矫直。压力矫直是对钢轨局部矫直，很难达到钢轨平直度的要求，但可以在辊式矫直后对轨端矫直。拉伸矫直可使钢轨沿纵向产生均匀的残余应力，而且所产生的残余应力很小。辊式矫直是目前国内外广泛采用的矫直方法，它能使钢轨沿纵向产生均匀的残余应力分布（距轨端 0.5 m 范围内除外），即将钢轨不同断面内的纵向残余应力分布看作是相同的。辊式矫直机一般为 6～9 辊。这种矫直方法使钢轨产生残余应力的过程是：钢轨在矫直辊巨大的弯曲应力、剪切应力和接触应力的作用下产生非均匀的塑性变形，轨头和轨底横向伸长，纵向变短，而轨腰相对于矫直前变长，因此在轨头和轨底产生纵向拉伸应力，轨腰产生纵向压缩应力。

钢轨残余应力的大小还受钢轨材质、轨型的影响。在不同材质的钢轨中，钢轨矫直后轨底中心的残余应力的大小随着钢轨强度的增加而增加；同材质不同轨型的钢轨矫直后轨底中心的残余应力的大小随着钢轨截面尺寸的增加而增加。例如，同为 60 kg/m 钢轨，材质为 BNbRe 的钢轨矫直后残余应力较 U71Mn 钢轨高 36.6 MPa。材质均为 BNbRe 的 75 kg/m 钢轨矫直后轨底中心的残余应力较 60 kg/m 钢轨高 29.8 MPa。

4.2.2 钢轨状态检测

对钢轨特别是在役钢轨的各种伤损状态和发展程度的检测，最常用的是无损检测（Non-Destructive Testing，NDT）技术。无损检测指在不破坏被检钢轨完整性和功能性的前提下，借助各种物理手段，如声波、磁、电磁、光学等，对钢轨表面和内部进行缺陷检测，几何特性测量，化学成分、组织结构和力学性能变化的评定，进而就钢轨对特定应用的适用性做出评价。钢轨无损探伤是无损检测中的一个重要内容，以发现钢轨中非连续性宏观缺陷即裂纹、核伤等为主要目的。

无损探伤的方法种类很多，但在实际应用中较普遍的为超声波探伤、磁粉探伤、渗透探伤、涡流探伤和射线探伤等。根据伤损在钢轨中的位置分布，检测方法又可分为内部伤损检测和表面（亚表面，表面以下 5 mm 以内）伤损检测。主要的钢轨状态检测/探伤方法如表 4-3 所列。

表 4-3　　钢轨状态检测方法

方法	表面缺陷检测	内部缺陷检测	断面形状检测	端头平直度检测	踏面平度检测
在线检测	涡流 磁粉 超声波 肉眼	超声波	激光 摄像机 超声波		激光 波浪米尺

续 表

方法	表面缺陷检测	内部缺陷检测	断面形状检测	端头平直度检测	踏面平度检测
离线检测	磁粉 深度卡尺 肉眼	超声波 冶金检验 磁粉(半表面)		激光直尺 电子直尺	
人工检测	磁粉 肉眼	超声波	样板 千分尺	直尺	直尺

1. 钢轨内部伤损检测

1) 超声波钢轨探伤

钢轨内部伤损检测通常采用超声波探伤。超声波探伤方法按探伤原理可分为共振法、穿透法和脉冲反射法。钢轨探伤采用脉冲反射法。

当采用超声波钢轨探伤仪检测钢轨内部伤损时,探伤仪的脉冲发生器发出高频电脉冲信号并激发探头晶片,具有压电效应的探头晶片将电脉冲信号转换成机械弹性振动,产生超声波。探伤仪发射超声脉冲通过耦合介质(如水、油、耦合剂等)射入到钢轨中,当遇到钢轨核伤、内部裂纹和缺陷以及钢轨底面时,就会产生反射,探头接收到超声脉冲后转换为电信号被仪器接收放大后在示波屏上显示,就能发现钢轨内部存在的伤痕。同时,还可以根据超声波发射与反射的时间间隔及其在钢轨内的传播速度,判断伤痕的深度和位置。用于探伤的超声波频率范围为 0.2～25 MHz,其中钢轨探伤仪使用的频率为 2 MHz。

采用单一探头检测伤损的示意图如图 4-20 所示。其中,单一探头既作为发射器件,又作为接收元件,以脉冲方式间歇地向钢轨发射超声波;接受到的回波信号经功能电路放大、检波后,在探伤仪的示波屏上以脉冲信号显示出来。图 4-20 中,探伤仪示波屏上,T 为初始波、F 为反射的伤波、B 为底边反射的底波。通过 T、F、B 波的有无、大小及其在时基轴上的位置可判断钢轨内部缺陷的有无、大小和位置。

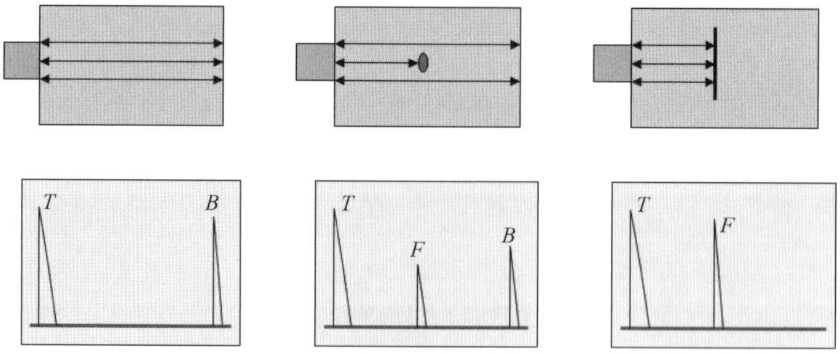

(a) 无缺陷　　(b) 小缺陷　　(c) 大缺陷

图 4-20　脉冲反射法超声波探伤

例如图 4-20(a)为无缺陷,示波屏上只有始波 T 和底波 B,而且底波较高;图 4-20(b)为有小缺陷,示波屏上不仅有始波 T 和底波 B,其间还有伤波 F,相对无缺陷的情况,底波变矮;

图4-20(c)为有大缺陷,示波屏上只有始波 T 和伤波 F,没有底波 B。相对小缺陷而言,伤波变高。

采用脉冲反射法进行超声波钢轨探伤时,根据探头与钢轨及其伤损的相对位置进行检测,又有垂直入射探伤和斜角入射探伤两种。其中,垂直入射法采用直探头将声束垂直入射钢轨,该方法利用的声波类型为纵波,故又有纵波法之称。这时以回波在时基线上的位置、脉冲大小来反映缺陷的情况。垂直入射法能够发现与探测面平行或接近平行的面积型缺陷和体积型缺陷,尤其对体积型缺陷的检出率较高。斜角入射法是采用斜探头将声束倾斜入射钢轨进行检测,该方法采用横波探伤,又称横波法。

超声波探伤的特点是:①面积型缺陷检出率较高,而体积型缺陷检出率较低,检出率与伤损的反射面大小有关;②适宜检测厚度较大工件,如钢轨;③检测成本低、速度快,仪器体积小、质量轻,现场使用较方便;④无法得到缺陷直观图像,定量精度不高;⑤对伤损在工件厚度方向上的定位较准确;⑥材质、晶粒度对探伤有影响;⑦钢轨不规则的外形和一些结构会影响检测;⑧探头扫查面的平整度和粗糙度对探伤有一定影响。

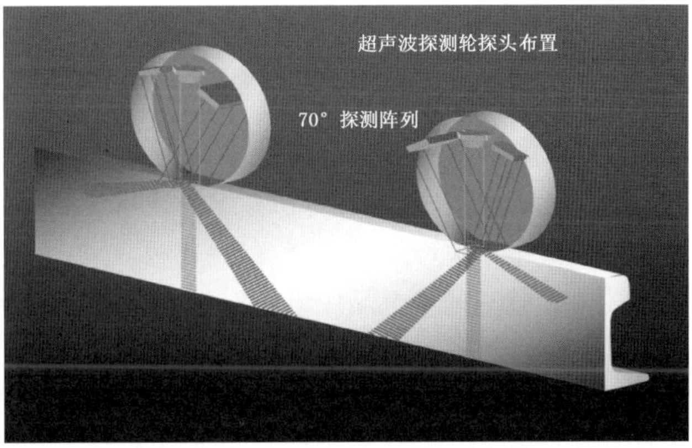

图 4-21 钢轨超声波探伤的探头检测方式

根据钢轨横断面形状、内部伤损特征和上述超声波探伤的特点,垂直入射法和斜角入射法在钢轨探伤中均会采用。典型的钢轨内部伤损的超声波探伤如图 4-21 所示。探伤装置包括探伤小车(图 4-22)和探伤列车(图 4-23)。

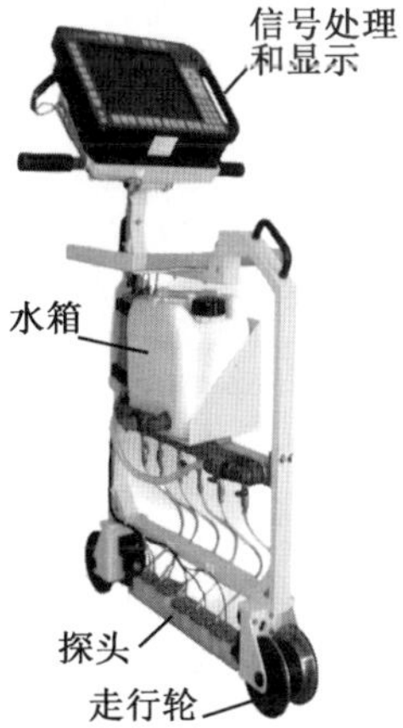

图 4-22 超声波探伤小车

图 4-23 探伤列车的探伤装置

探伤列车检测钢轨接头的情况报告如图 4-24 所示，可以看出，焊接接头焊缝、前后的夹板螺孔位置、钢轨轨头伤损的位置及严重程度都可以检测并被显示出来。

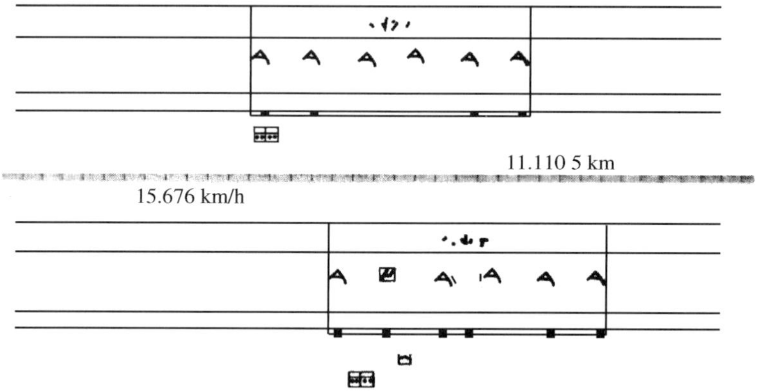

图 4-24　钢轨探伤检测情况

近年来，基于雷达电磁波相控阵技术，超声相控阵技术运用逐渐成熟，初期主要应用于医疗领域，随着电子技术和计算机技术的快速发展，超声相控阵技术逐渐应用于工业无损检测，如核废料罐电子束环焊缝的全自动检测及薄铝板摩擦焊缝热疲劳裂纹的检测。超声相控阵换能器由多个独立的压电晶片组成阵列，按一定的规则和时序用电子系统控制激发各个晶片单元，所有晶片发射的超声波形成一个整体波阵面，能有效地控制发射超声束（波阵面）的形状和方向，能实现超声波的波束扫描、偏转和聚焦，然后采用机械扫描和电子扫描相结合的方法实现图像成像，如图 4-25 所示。它在确定不连续性的形状、大小和方向方面比单个或多个探头系统拥有更强的能力。

例如用相控阵探头对焊缝进行检测时，无需像普通单探头那样在焊缝两侧频繁地前后左右来回移动，相控阵探头只需沿着焊缝长度方向平行于焊缝进行直线扫查，即可实现对焊接接头进行全体积检测。该扫查方式可借助于装有阵列探头的机械扫查器沿着精确定位的轨道滑动完成，也可采用手动方式完成，最终可实现快速检测且检测效率非常高。

2）超声导波钢轨纵向不连续检测

当超声波被局限在棒状或管状介质的边界内传播时，边界对超声波产生反复不断的反射传导，这样就形成了由纵波、横波、表面波、兰姆波等基本超声波类型以各种方式组合形成的超声导波。

钢轨属于固体声传播介质，当声源通过机械振动而产生的声波在钢轨中传播时，由于空气的声阻抗与钢轨的声阻抗相差很大，一定条件下，钢轨周围空间可以看成是无限空间，声波在空气中传播时遵循无限介质中的传播规律，而钢轨的形状和尺寸都是固定而有限的，声波在其中传播时具有“波导效应”。钢轨的边界会将在其中传播的声波约束在一个确定的几何空间之中，形成有限界面的传播介质，钢轨起“波导管”作用，固体声在其中的传播遵循波导理论的规律，如图 4-26 所示。

(a) 超声波检测

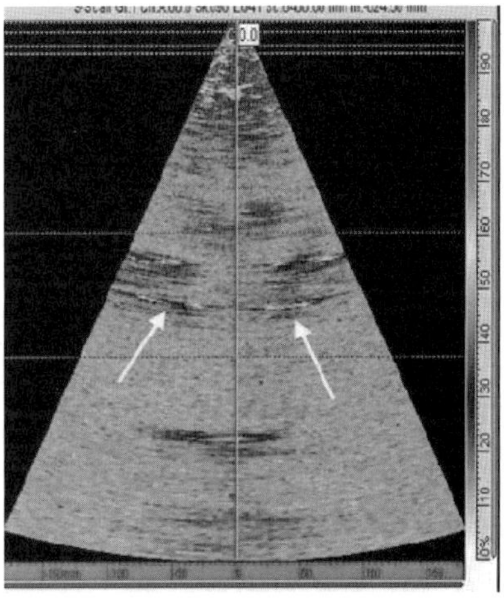

(b) 超声波检测结果

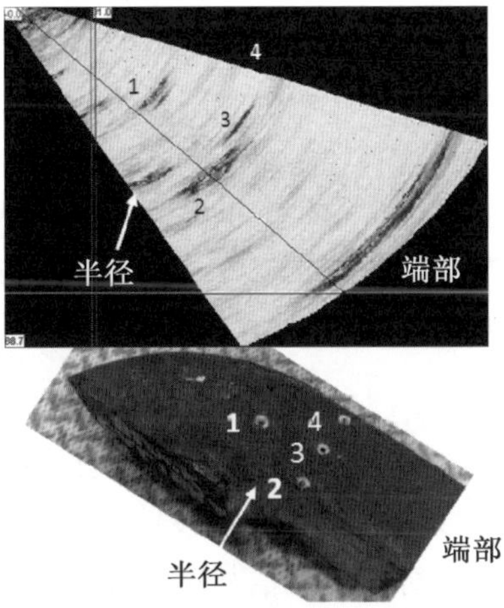

(c) 超声波检测分析结果与实物损伤对应关系

图 4-25　超声相控阵技术检测车辆车钩伤损

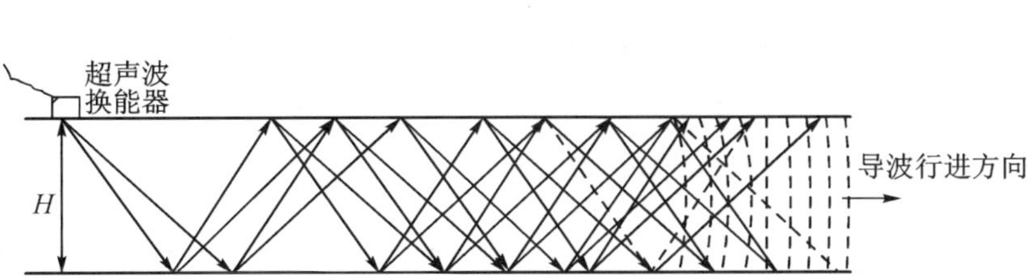

图 4-26　超声导波在钢轨中的传播原理

与传统单一波形的能量集中式超声波探伤方法相比，超声导波的特点如表 4-4 所列。

表 4-4　　传统超声波探伤与超声导波检测方法的对比

项目	传统超声波探伤	超声导波检测
频率范围	>1 000 Hz	20 000～500 000 Hz
检测距离	极短	长
检测精度	极高	低
工作原理	轨头至轨底穿透式、反射式探伤	在钢轨边界内不断向前反射传导
适用范围	常用于钢轨垂直方向内部探伤	常用于较长钢轨和钢材裂纹检测

钢轨的这种波导管特性结合超声导波，就可以检测钢轨纵向长度方向的内部伤损，如轨头核伤、轨腰裂纹、焊接接头内部伤损、轨底伤损、电腐蚀以及断轨等，这些伤损的共同特征是导致钢轨沿长度方向出现材质不连续、不均匀。

超声导波检测钢轨纵向不连续时，如图 4-27 所示，在一段轨道的中部钢轨处安装声波发射装置，左右两端相隔一定距离的钢轨上安装声波接收装置。相邻区间信号靠自然衰耗隔离。当发射装置发出声波后，声波沿着钢轨向左右传播。如果遇到裂缝或者断轨，接收装置会接收不到或者接受到的信号明显减少，据此可以判定钢轨是否折断或者破损。相邻的声波发射装置共用一个接收装置，以声波发射装置发出的声波频率相同但是发射频率不同来区分不同的发射源。

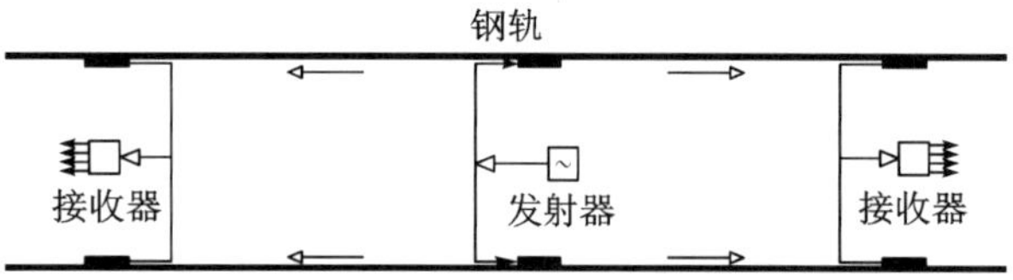

图 4-27　超声导波检测钢轨断轨示意图

在图 4-27 中，发射器向固定在钢轨轨腰上的超声波换能器发射高压脉冲电信号，换能器通过逆压电效应原理将脉冲电信号转换成超声导波信号发射到钢轨中，经钢轨传导后在接收端由超声波探头接收。通过接收端对所获得信号的幅值比较，或在给定窗口时间内能否接收到事先设定的超声信号，判定接收端与发射端之间的钢轨完整情况。

当检测区间内发生钢轨断裂时，如图 4-28 所示，如果轨 2 发生断轨，断裂处阻断了由右端发射器传来的超声导波信号，中间接收器在一定时间间隔内没有接收到事先设定的超声导波信号，并在再次向发射器 2 沿轨 2 发送信号得不到回复时，发出断轨报警，并将报警信息经由通信电缆传至列控中心，同时记录断轨时间、位置和波形数据。

该方法采用机械波作为检测信号，因此基本不受牵引回流与钢轨电气参数影响，且设备原理简单，安装和维护方便，设备功耗成本相对较低，在长大无缝线路时还可以增加中继器来延长信号传输的距离，非常适用于较长无缝钢轨断裂检测。在长大隧道、南方山区潮湿积水和采用整体道床轨道的地区，可以替代轨道电路完成断轨检测。如

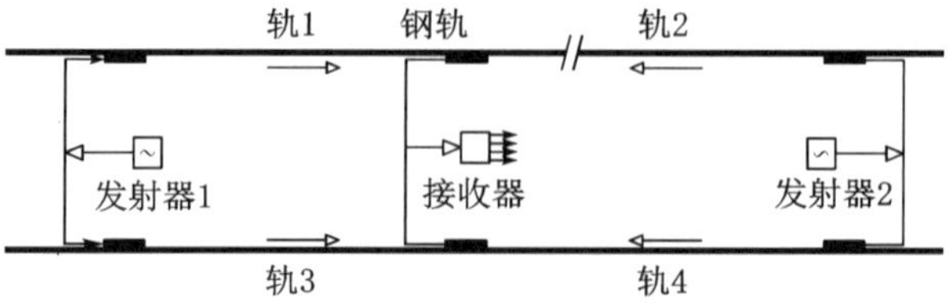

图 4-28　断轨发生时超声导波检测原理图

图 4-29 所示为南非重载铁路的超声导波检测断轨的换能器。

图 4-29 南非重载铁路的超声导波检测断轨的换能器

超声导波检测钢轨纵向的内部不连续，特别是断轨，具有以下优点：

（1）不存在电磁干扰；

（2）不仅能够检测断轨而且能够检测潜在的破损；

（3）不需要任何隔离和短接；

（4）与轨道电路参数无关。

其主要缺点是：

（1）声波遇到不同介质特别敏感，容易误报；

（2）传送的距离受限制；

（3）相邻的两个发射源以不同发射频率发射相同频率的声波，它们之间存在干扰和冲突；

（4）为保证声波在钢轨中的传播，超声导波发射器和接收器最好以焊接或其他方式固定在轨腰上；

（5）列车运行时在钢轨内部产生的振动和噪声对超声导波在钢轨中的传播的影响需要评价和大量验证。

由于线路钢轨长度较长，超声导波检测钢轨纵向材质的不连续，还可以根据脉冲回波法原理，采用同端激励、同端接收的方式，确定钢轨纵向长度上的材质不连续，即异常伤损如断裂的位置。

当检测到断轨发生时，由中间接收单元向钢轨中发射断轨定位信号，如图 4-30 所示，假定距接收端位置 x 处有一裂纹，则有下式成立：

$$x=\frac{1}{2}T\cdot C \tag{4-1}$$

式中 x——接收端与断裂处间距离；

T——从发射到接收回波信号的时间间隔；

C——钢轨中声波波速。

其中，T 可根据脉冲回波时间测定，轨中波速 C 可通过查阅钢轨相关设计资料以及钢轨物理特性研究资料获得，由此可确定断轨处距激励信号源的大概位置 x 的值。

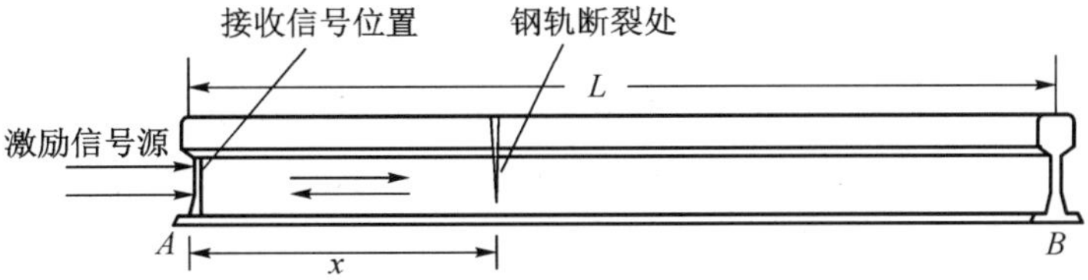

图 4-30 钢轨断裂处的定位方法

在钢轨发生断裂的地方，由于裂纹的存在而导致介质不连续性，当超声导波通过裂纹时，在裂纹处将发生透射、反射及模式转换现象，入射波将被分解为反射波与透射波，若反射波强度记为 σ_R，入射波强度为 σ_L，根据弹性动力学知识有：

$$\sigma_R = \frac{1-\alpha}{1+\alpha}\sigma_L \tag{4-2}$$

式中　α——钢轨截面减去断裂面积后与钢轨原截面面积的百分比；

σ_R——反射波强度；

σ_L——入射波强度。

若令 β 为裂纹所占钢轨截面面积的百分比，即反射面积百分比，如图 4-31 所示，则 $\beta = 1-\alpha$。

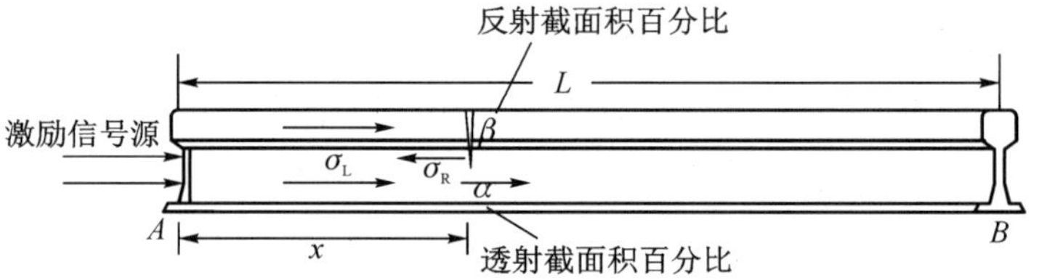

图 4-31　钢轨断轨处的声波反射与透射

令反射系数 F 为反射波强度与入射波强度的比值，则有下式成立：

$$F = \frac{\sigma_R}{\sigma_L} = \frac{1-\alpha}{1+\alpha} = \frac{\beta}{2-\beta} \tag{4-3}$$

于是可以得到反射系数与断裂截面积大小的关系曲线图。

考虑到导波频散效应及材料等因素，即使在完好的钢轨中，接收到的信号也会受频散影响，信号幅值减小而时间宽度增加。为了在检测中尽量减小频散的影响，可以引入频散修正系数 $K(0 < K < l)$：

$$F = \frac{\sigma_R}{K\sigma_L} = \frac{1-\alpha}{K(1+\alpha)} = \frac{\beta}{K(2-\beta)} \tag{4-4}$$

引入频散修正系数的目的主要是为了在确定钢轨断裂位置时尽量减小导波频散的影响。在数值模拟中可以根据完好钢轨模型的末端回波信号幅值与激励信号幅值之比来确定；在试验中也可根据完好钢轨末端回波信号幅值与初始激励信号幅值之比来确定。通常，如果寻找到的修正系数 K 在 0.8～1 之间，则认为选取的激励信号比较合理，数值模拟和试验结果受频散现象的影响在采用脉冲回波法估算钢轨断裂的位置时可以忽略。

通过以上分析，可以得出结论：通过脉冲回波法对钢轨断裂处的情况进行分析时，反射波到达的时间与裂纹的大小无关，只与裂纹位置有关；钢轨的损伤程度与裂纹截面积及其轴向宽度有关，反射系数 F 和裂纹截面积与钢轨截面积比值之间存在一定的函数关系。

2. 钢轨表面亚表面裂纹的检测

1）渗透探伤

对于钢轨表面滚动接触疲劳裂纹的检测，除了通过目测来观测其在表面的分布密度、裂纹之间的间距、裂纹分布范围和长度外，还可以通过渗透探伤的方法，定性地掌握其在钢轨表面以下的严重程度。用一种带色（常为红色）或带有荧光的、渗透性很强的液体，涂覆于有裂纹的钢轨表面。该液体将沿着裂纹渗透到其根部，然后将表面的渗透液洗去，再涂上对比度较大的显示液（常为白色）。放置片刻后，由于裂纹很窄，毛细现象作用显著，渗透到裂纹内的渗透液将上升到表面并扩散，在白色的衬底上显出较粗的红线，裂纹越深，渗透液体进入越多，则反衬出来的液体越明显。因此，渗透探伤也常称为着色探伤。若渗透液采用的是带荧光的液体，由毛细现象上升到表面的液体，则会在紫外线灯照射下发出荧光，故常常又将此时的渗透探伤直接称为荧光探伤，渗透探伤原理如图 4-32 所示。钢轨表面疲劳裂纹渗透检测如图 4-33 所示。

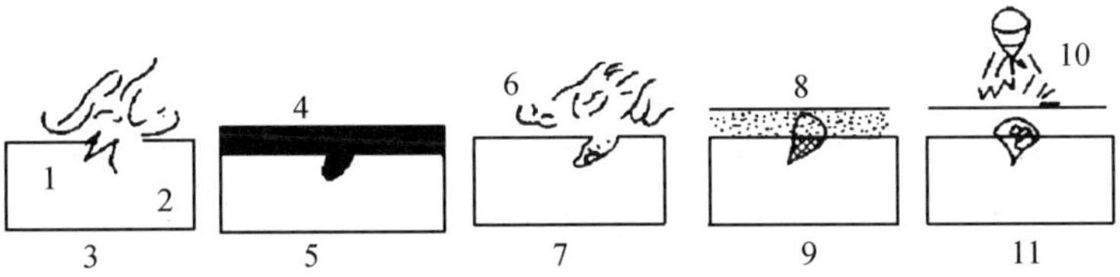

1—油污；2—缺陷；3—预清洗；4—渗透剂；5—渗透；6—清洗剂；7—清洗；8—显像剂；9—显像；10—紫外线灯；11—检查

图 4-32 渗透探伤原理

2）涡流探伤

由于超声波在不同物质的界面上会发生反射、折射等现象，尤其不能通过气体与固体的界面，这就需要在钢轨表面增加水等耦合剂使得超声波信号能进入钢轨内部。因此，超声波对钢轨表面及亚表面的伤损无法检测。

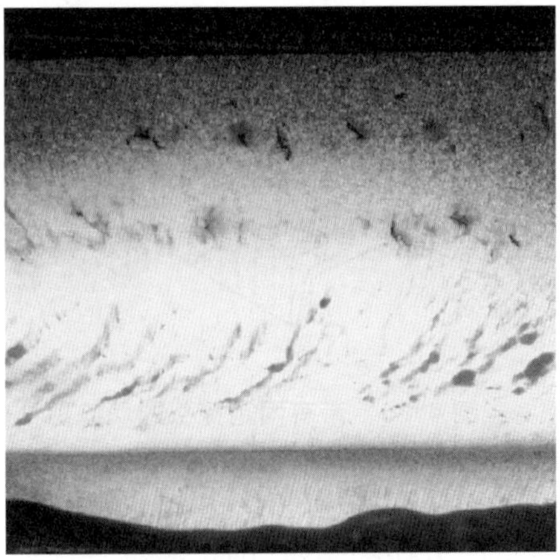

图 4-33 渗透探伤检测钢轨表面疲劳裂纹的严重程度

目前，对于钢轨表面、亚表面的钢轨滚动接触疲劳裂纹的定量检测，通常采用涡流探伤技术。涡流探伤是基于电磁感应原理开发的，当用带有正弦波电流激励线圈的探头接近钢材表面时，线圈周围的交变磁场在金属表面产生感应电涡流。电涡流产生与线圈磁场同频且反向的反磁通。当探头在金属表面移动遇到缺陷时，引起线圈阻抗的变化，检测该变化量就能检测到钢材表面是否有缺陷及缺陷的种类、大小和尺寸，由于电流只具有极小的穿透率，因此适合进行金属表面和亚表面的损伤检测，如图 4-34 所示。

涡流探伤最早运用于钢轨生产厂，其探伤速度可达 1～1.5 m/s，检测精度可达±0.1 mm，所能检测缺陷的最小深度为 0.3 mm，检测的准确率可达 99%。目前，常用的涡流探伤装置主要有两种，一种是带有固定探头的涡流探伤仪，另一种是带有扫描装置的涡流探伤仪。

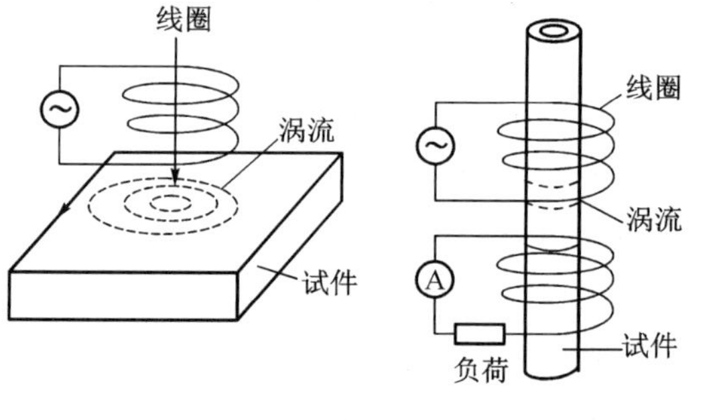

图 4-34　涡流检测原理

带有固定探头的涡流探伤仪主要用于检测钢轨头部表面缺陷，如图 4-35 所示，其探头按不同方向排列，覆盖整个轨头表面，可以检测钢轨轨头纵向及横向上的表面缺陷。

为实现针对新钢轨的全断面检测，具有 28 个固定探头的涡流检测装置也渐渐在钢轨生产厂应用，其中轨头采用 6 个探头，轨腰采用 6 个探头，轨底采用 16 个探头。探头与钢轨之间的间距为 4 mm，探伤速度为 1.5 m/s。

近年来，人们又开发了一种带有固定探头和旋转探头的新型涡流探伤仪，如图4-36所示。该涡流探伤仪是借助安装在其上的固定探头和旋转探头，对钢轨表面缺陷进行检测，旋转探头的旋转速度为 2 000 r/min，它可发现在钢轨表面深度为 0.4～1 m 的缺陷，探伤速度为 1 m/s。

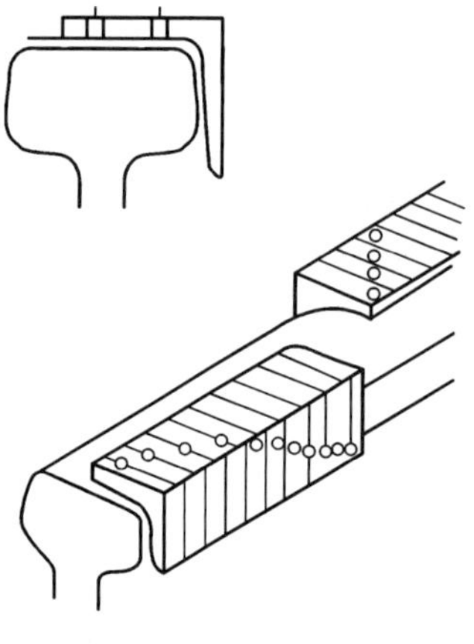
图 4-35　带有固定探头的涡流探伤仪

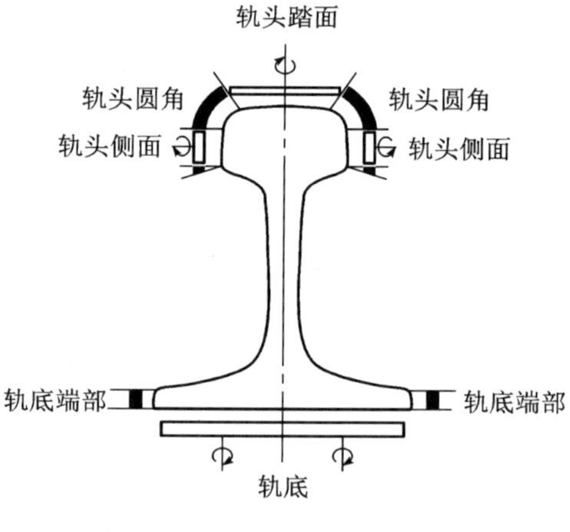

图 4-36　带有固定探头与旋转探头的涡流探伤仪

钢轨在现场使用后，由于轨距角小圆弧区域与车轮轮缘接触会产生较大的应力集中，常常过早引发疲劳裂纹，即鱼鳞纹。特别是随着硬质抗磨钢轨在现场的广泛采用，这种疲劳裂纹萌生早、发展快，不容易被磨耗掉，还会干扰超声波钢轨探伤，引起轮轨振动和噪声，因此，涡流检测技术也逐渐应用到了在役钢轨的表面裂纹检测中来，与超声波探伤相比，涡流检测技术恰好与超声波互补，形成对钢轨表面伤损、内部伤损的同时检测，如表 4-5、图 4-37 所示。

表 4-5 涡流检测和超声波检测的特点对比

涡流检测	超声波检测
可以检测表面裂纹	不能检测表面裂纹
可以检测亚表面裂纹	很难发现亚表面裂纹
不能检测亚表面以下裂纹	可以检测亚表面以下裂纹
探针对裂纹方向不敏感	信号受裂纹方向影响大
不需要耦合，结果稳定	探针和材料之间需要耦合，对结果影响大
探针可以灵活布置，覆盖整个检测面	裂纹必须在探针中心线上
检测速度快	检测速度慢

对于现场钢轨表面的疲劳裂纹，只能检测其轨头顶面轮轨接触区的疲劳裂纹情况，采用周围环绕铁线圈的磁铁连通高频电流，当电磁铁接触到轨头表面时，产生涡流环形电流，当这些电流遇到疲劳裂纹、剥离掉块等伤损时，会形成电流损失，最终通过电流损失量来量化裂纹严重程度，如图 4-38 所示。将这种多线圈的涡流检测探头安装在车辆上，就形成车载涡流探伤装置，如图 4-39 所示。

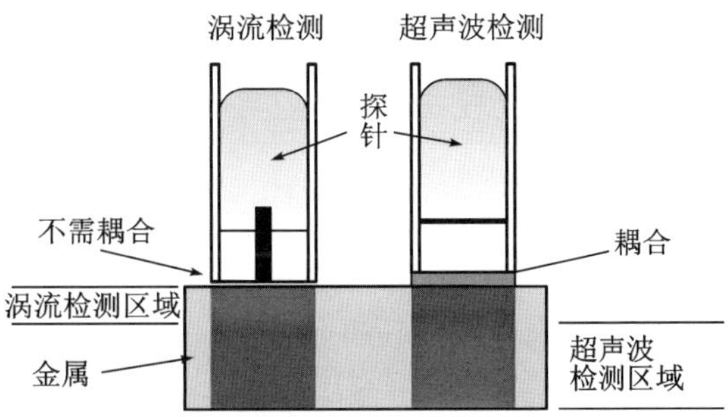

图 4-37 涡流检测和超声波检测示意图

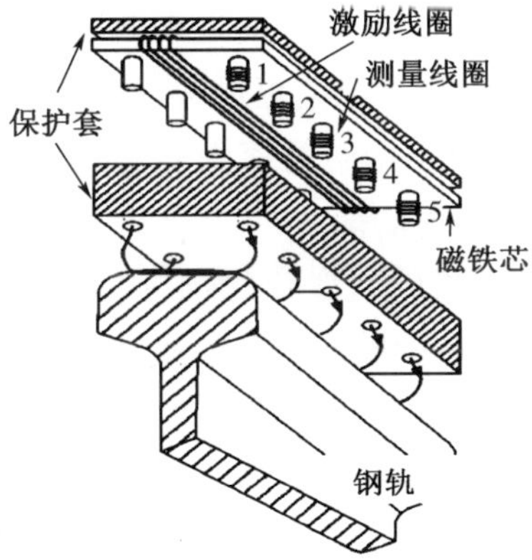

图 4-38 涡流检测钢轨表面伤损的原理

图 4-39 车载涡流探伤装置

近年来，德国铁路对钢轨探伤时，已经将超声波探头和涡流探头装到同一辆探伤列车上，实现对钢轨内部和表面伤损的同时检测，其探头布置如图 4-40 所示。

从图 4-40 可以看出，垂直入射和斜角入射的超声波探头分别覆盖轨头、轨腰和垂直方向轨底的主要区域，涡流探头呈一定的转角，覆盖轮轨的主要接触范围，实现对钢轨内部和表面伤损的全面检测。

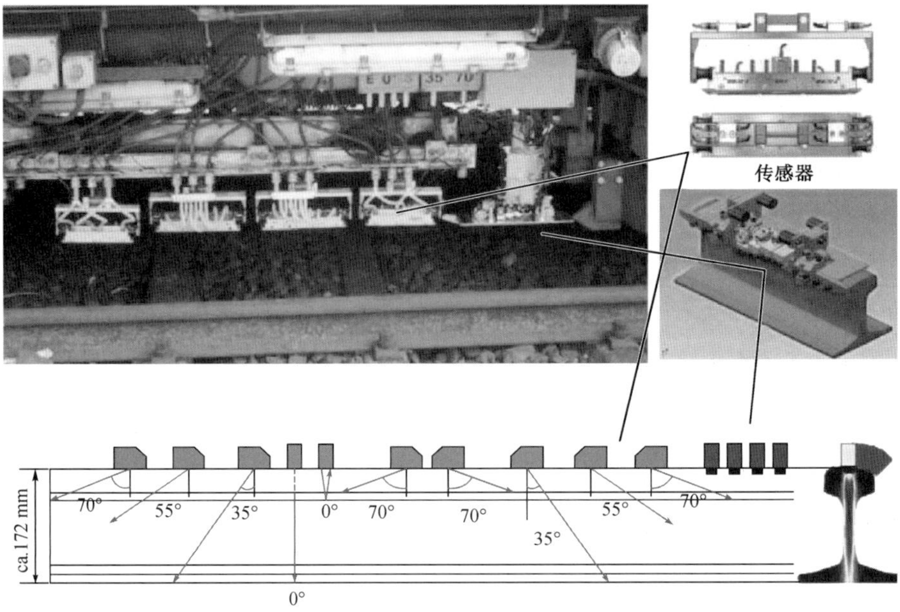

图 4-40　涡流探伤和超声波探伤探头布置

3）钢轨表面磁粉探伤

磁粉探伤是基于漏磁原理的一种磁力探伤方法。当磁力线穿过铁磁材料及其制品时，在磁性不连续处将产生漏磁场，形成磁极。此时撒上磁粉或浇上磁悬液，磁极就会吸附磁粉，产生用肉眼能直接观察的明显磁痕。磁粉探伤法可探测表面露出的、用肉眼或借助放大镜也不能直接观察到的微小缺陷，也可探测未露出表面，而是埋藏在表面下几毫米的近表面缺陷。用这种方法虽然也能探查气孔、夹杂、未焊透等体积型缺陷，但对面积型缺陷更灵敏，更适用于检查因淬火、轧制、锻造、铸造、焊接、电镀、磨削、疲劳等引起的裂纹。用磁粉探伤前需按指定的磁化方法对工件进行磁化，探伤完毕后还应对工件进行退磁及磁粉清理。

钢轨在线磁粉探伤速度可达 0.75～1 m/s。首先通过磁极将钢轨磁化，然后用喷枪将荧光磁粉喷吹到整根钢轨表面，磁粉将吸附在表面缺陷处，带有缺陷的钢轨经人工或计算机控制下的传感器识别，根据标准要求与人工缺陷样轨进行比较后，仅在那些超过标准的缺陷处留下标记，为检查员判级和修磨提供依据。这种磁粉探伤仪对深度超过 0.13 mm，0.25 mm，0.38 mm的裂纹等缺陷能做出灵敏反应。磁粉探伤的优点是设备投资少、可靠性高；缺点是操作成本较高，不能对缺陷进行准确分类。

4）钢轨表面射线探伤

射线探伤是利用射线的穿透性和直线超声波探伤仪特性来探伤的方法。这些射线可使照相底片感光，也可用特殊的接收器来接收。依物体材料、缺陷和穿透距离的不同，射线强度将产生不同程度的衰减。由此可见，射线探伤对气孔、夹渣、未焊透等体积型缺陷最敏感，对较长或较深的裂纹形成的面积型缺陷也有较好的探伤效果。

射线探伤的特点是:①缺陷投影图像,定性定量准确;②体积型缺陷检出率很高,而面积型缺陷检出率受多种因素影响;③适宜检测厚度较薄的工件而不适宜检验较厚的工件,需要根据伤损情况制备合适尺寸的工件,尚不能完全达到无损检测;④适宜检测对接焊缝;⑤有些试件结构和现场条件不适合射线照相;⑥检测成本高;⑦射线照相检测速度慢;⑧射线对人体有伤害,目前无法进行现场钢轨表面检测。

图 4-41 是 X 射线断层扫描设备,该设备包括 180 kV/15 W 纳米聚焦 X 射线管和一台解析度高达 3 072×2 400 像素的 CCD 照相机。测试时,被测试样(事先需将有裂纹的钢轨切割成合适的试块)旋转 360°使得 X 射线的光子能从各个角度入射到物体内。由于 X 射线穿过试样不同厚度时有不同的衰减,根据其衰减系数,在三维笛卡尔坐标系的三个平面内就可以分别实现试样的逐层(衰减系数分布与厚度的关系)二维投影,CCD 相机随之逐层拍摄,从而获得试样分别在三个平面内的二维投影 X 光片。将这些 X 光片根据所在厚度累加起来,就形成了被测试样的三维量化形态。

由于裂纹内的成分多为氧化铁屑、粉尘,已经与钢轨母材有所不同,因此 X 射线穿过裂纹的反射能量(衰减系数)是与穿过母材的反射能量不同的,也即所有 X 光片中的裂纹灰度值与钢轨母材的灰度值是不同的。通过设置合适的灰度阈值,可以识别出每一条裂纹及其在钢轨内部的形态(图 4-42)。

图 4-41　X 射线断层扫描设备

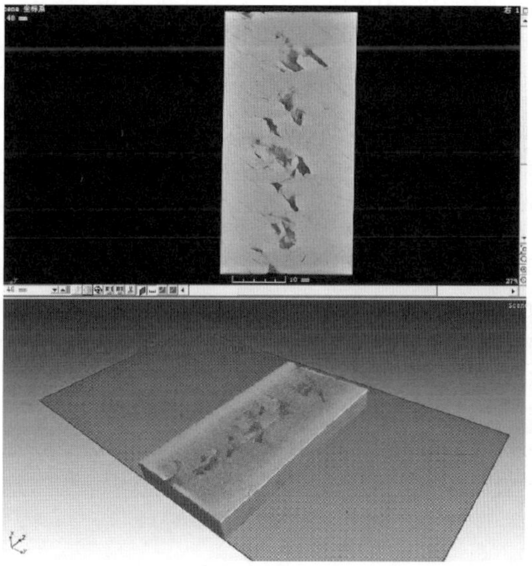

图 4-42　X 射线断层扫描得到的钢轨表面裂纹和掉块

3. 钢轨磨耗检测

钢轨的磨耗检测首先是确定轨头侧面磨耗和垂直磨耗的程度,评判钢轨是否磨耗到限,如用传统的磨耗卡尺,测量钢轨顶面宽 1/3(距标准工作边)处的垂直磨耗、在钢轨踏面(按标准型面)下 16 mm 处的侧面磨耗。

近年来，采用接触式或者非接触式的钢轨型面测量仪器，可以测量轨头整个廓形，将标准型面与之对比，来得到轨头各个角度的径向磨耗量、垂直磨耗量或者侧面磨耗量，从而用来评价钢轨轨头型面变化和磨耗情况，以及评价钢轨打磨作业对型面的恢复效果。

无论是接触式的滚轮测量型面，还是非接触式的光学测量型面，首先确定仪器测量的或者参照的基准，如接触式钢轨型面测量仪以轨头外侧下颚作为基准，激光钢轨测量仪以钢轨轨腰作为基准，如图 4-43 轨腰位置的粗线和轨底上缘的粗线和图 4-44 所示。

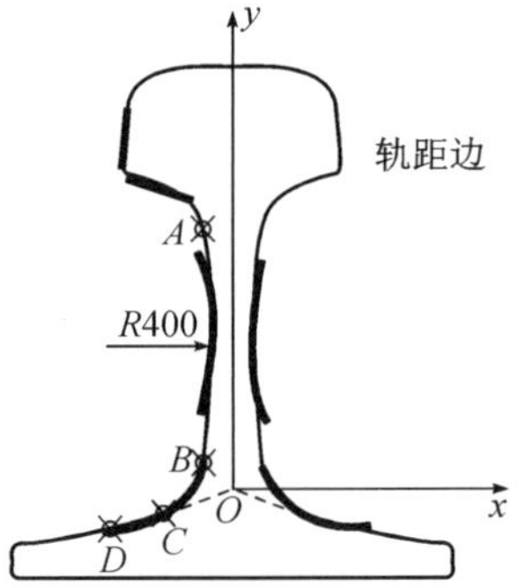

图 4-43　钢轨磨耗测量时的基准选择

图 4-44　通过激光测量钢轨型面

基准确定后，接触式测量方法采用滚轮-摆臂机构，根据基准、摆臂和滚轮之间的空间位置关系，测量得到滚轮沿钢轨横断面外轮廓（主要是轨头区域）的走行轨迹及相应的坐标，若测量道岔区域钢轨型面及其相互位置时，需增加辅助导轨或者延长摆臂长度或者旋转幅度。非接触式测量方法，如激光型面测量，则通过一个或若干个激光测距传感器测量到钢轨轨头型面和轨腰轨底的基准型面，根据二者的位置关系，组合出钢轨的横断面主要型面。

之后，将测量得到的型面与标准钢轨型面进行对比，通过将测量数据与标准数据在基准型面位置进行平移、旋转，使得二者的非磨耗区域在允许限值内重合，由此就可对比轨头磨耗位置的型面变化量和磨耗量，如图 4-45 和图 4-46 所示。

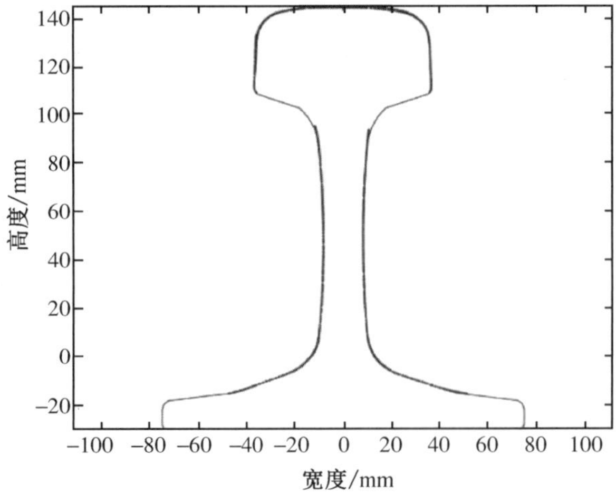

图 4-45　基准重合后的钢轨轨头数据对比

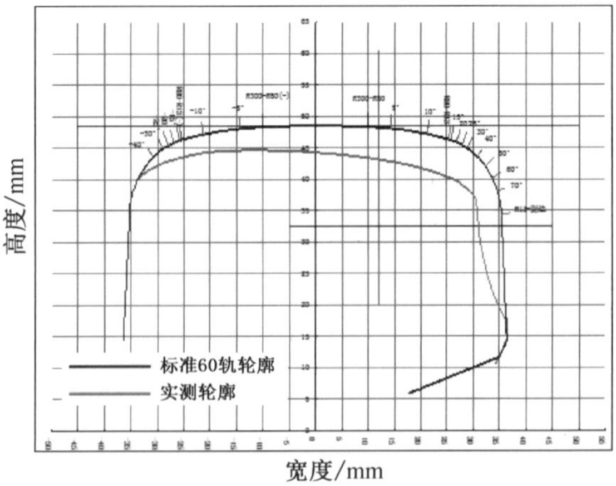

图 4-46　轨头型面对比和磨耗量计算

近年来，随着三维扫描仪的应用，采用光学测量原理，通过布置在钢轨周围的基准点，测量得到钢轨的三维形状，并输出成三维点云数据，通过确定轨头下颚、轨腰和轨底的基准型面，可以找出钢轨的横向和纵向垂直面，进而虚拟切割钢轨，获得钢轨的横断面型面和纵向廓形，就可以同时对比分析钢轨的横断面磨耗和纵向平顺程度，如图 4-47 所示。

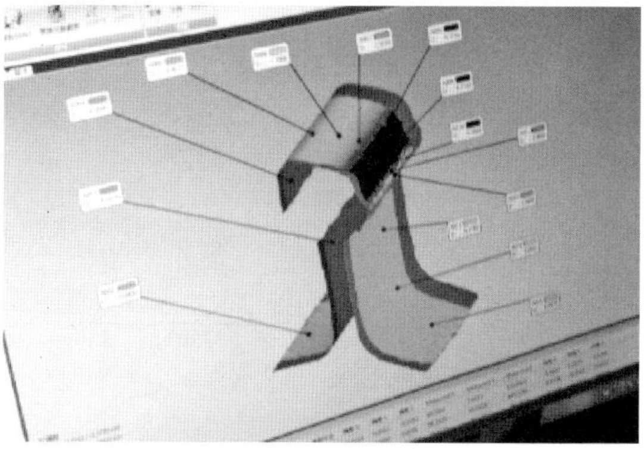

图 4-47　三维扫描仪测量得到的钢轨三维形状

4. 钢轨轨面纵向不平顺检测

钢轨轨面纵向不平顺检测包括焊接接头区的轨面纵向不平顺检测和一般钢轨母材区的轨面纵向不平顺检测。前者是评价钢轨焊接接头的轨面纵向不平顺，通常检测波长为 1～3 m；后者是评价一般钢轨轨面的纵向不平顺，如轨面粗糙度、波磨、平直度等。

1）焊接接头纵向不平顺检测

目前，主要采用电子平直尺对钢轨焊接接头纵向不平顺进行检测。平直尺长度一般为 1 000～1 200 mm，可以测量焊接接头 1 m 波长范围内的轨面纵向不平顺。测量基于电磁或激光位移传感器原理，可同时测量轨头 1～3 个断面上的轨面不平顺。其中，电磁传感器的平直尺测量精度为±0.02 mm，采样点间距 5 mm，即每米采集 200 个点。激光传感器的平直尺测量精度可达 0.1 μm，采样点间距为 0.5 mm。电子平直尺形式如图 4-48 所示。平直尺测量得到的钢轨铣磨前后焊接接头平直度情况如图 4-49 所示。从图中的波形可知，仪器将头尾两点都设置为零，中间的读数以此为基准。

(a) 电磁传感器平直尺

(b) 激光传感器平直尺

图 4-48　电子平直尺

2）母材区钢轨轨面纵向不平顺检测

一般钢轨母材区的轨面纵向不平顺是由于波长为几厘米至几十厘米的轨面纵向粗糙、波

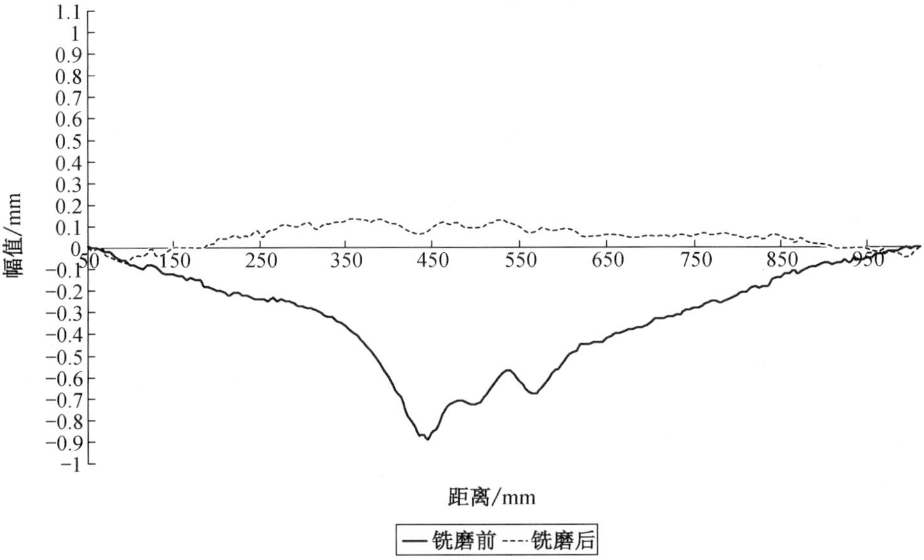

图 4-49　电子平直尺测量钢轨焊接接头不平顺在铣磨前后的改善情况

磨等造成，会引起轮轨振动和噪声。由于 1 m 左右长度的平直尺无法全面测量，通常采用测量小车沿钢轨里程方向测量一定长度而得到数据(通常也包含焊接接头不平顺在内)。各种常见轨面不平顺测量小车如图 4-50 所示。

图 4-50　各种轨面不平顺测量小车

轨面纵向不平顺测量小车一般通过支架构成一个 2 m 左右长度的测量车(测量弦长由此确定)，通过装在测量支架上的位移传感器或加速度传感器，在小车行进过程中对钢轨轨面进行测量，测量波长为 10～3 000 mm，精度可达 0.1 μm～0.01 mm。轨面不平顺测量小车得到的数据如图 4-51 所示。

近年来，国外陆续开发了车载激光位移传感器或轴箱加速度传感器等设备用来动态测量轨面纵向不平顺。检测设备可安装在检测车、公铁两用车，甚至作业车如打磨车上，通过分析传感器到轨面的位移变化，或者轴箱加速度二次积分反算位移来测量轨面的不平顺，检测速度可达 3～15 km/h(位移传感器)或 30～140 km/h(加速度传感器)，如图 4-52 所示。

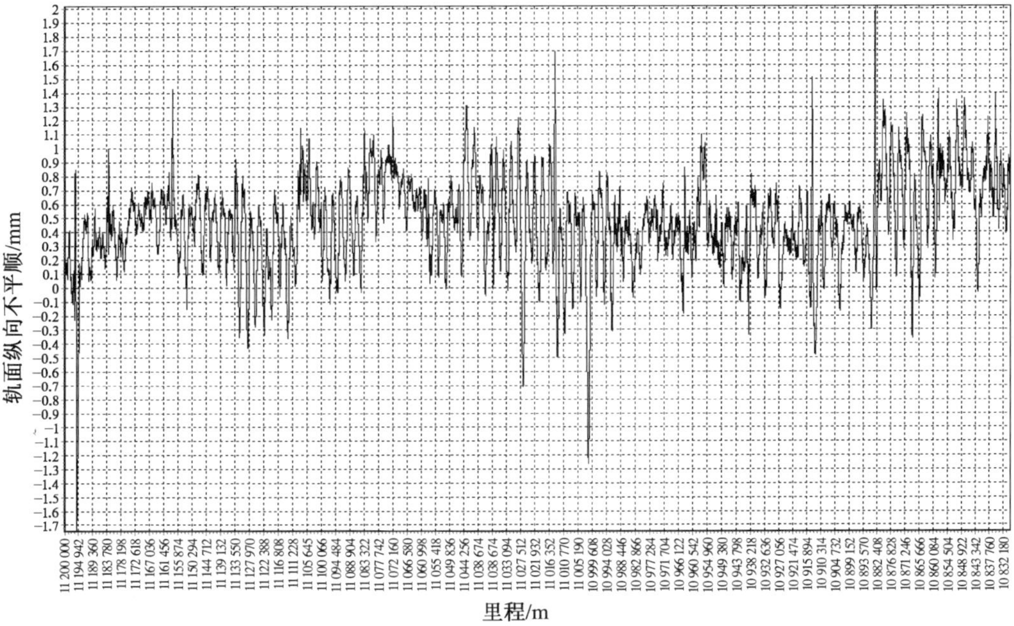

图 4-51　轨面纵向不平顺测量小车的原始数据(测量长度 630 m)

图 4-52　车载轨面纵向不平顺检测装置

5. 钢轨锈蚀检测

钢轨锈蚀检测除了目测观察外，还可以采用超声波法检测锈蚀后的金属厚度，采用探针来检测金属电阻、表面极化阻力等的变化，从而确定锈蚀的严重程度。

当钢轨金属出现锈蚀后，除了质量发生变化外，另一个显著的变化就是厚度。根据腐蚀过程中金属厚度变化就可以判断腐蚀的发生量。厚度的变化有发生在整个面积上的(均匀锈蚀)，也有只发生在局部区域上的(点蚀)。

超声波测厚仪是基于脉冲反射超声波测量原理，脉冲被反射回探头，通过精确测量超声波在材料中传播的时间来确定被测金属的厚度，同时也可以用于检测金属在使用过程中受锈蚀后的减薄程度。

检测锈蚀累积量、锈蚀速率时，可以采用锈蚀探针或极化探针的方法。锈蚀探针包括电阻探针和电池探针。电阻探针是利用金属试片随腐蚀过程的发展其截面面积减小、电阻增大的原理制成的一种腐蚀传感器，利用输出电阻变化量来反映发生的腐蚀量。该传感器主要测量金属锈蚀速度，将被测金属做成丝状或簿片状探针，插入被监测的设备中，当遭到锈蚀后，其截面面积减小，电阻增大，通过连续测定电阻的变化，推算出锈蚀深度。电池探针则是利用一种电化学电池作为测量探头(传感器)，在大气环境下，传感器将大气的锈蚀性转化成相应的电流信号，经二次仪表检出并换算成锈蚀速度值。极化探针是一种通过检测金属锈蚀过程的表面极化阻力变化来检测其锈蚀速率的方法。

此外，还可以通过检测金属的导电性能、pH、离子选择电极、化学分析等方法来分析锈蚀因素。

6. 残余应力测量

钢轨残余应力的测量按采用的方法与设备不同主要分为两类：一是破坏性测量法，包括锯切法、钻孔法、开槽法；二是非破坏性测量法(无损检测)，包括 X 射线法、超声波法、磁弹性法、中子衍射法等。前一种方法通常用于残余应力特征的研究、残余应力图的测定以及新轨的残余应力分析；后一种方法除了可进行上述研究以外，还可进行钢轨在线应力的测量。这里主要讨论残余应力的非破坏性测量方法。

残余应力影响到材料的物理性质，测量这些物理性质的变化同样能反馈残余应力的分布和大小。这些物理参数包括晶面间距、热容、磁性等。

1) X 射线法

X 射线法测量原理是利用晶体受弹性应变时，晶面间距发生改变，造成衍射线条发生位移，根据位移的大小来计算应变的数值。含有宏观残余应力的物体，在较小体积范围内(例如厘米级)的弹性应变大体上是均匀的。同时，物体的表面没有三轴应力，最多是处于平面应力状态，通过几何关系，运用胡克定律(Hooke's Law)和布拉格方程(Bragg's Law)得出：

$$\sigma_X = kM \tag{4-5}$$

式中 k——常数，与材料的弹性常数和 X 射线入射角 θ 有关；

M——关于 X 射线与试样表面法线形成的角度 φ 及衍射峰的位置 $2\theta\varphi$ 的函数。

测量方法是用几个不同的角度把 X 射线投射到试样表面，用扫描计数器测出衍射峰的位置 $2\theta\varphi$，并且以 $2\theta\varphi$ 对 $\sin 2\varphi$ 作图，得到其关系曲线，根据曲线求出其斜率 M 值。X 射线应力测定装置如图 4-53 所示。

X 射线法测量残余应力是一种微区域的应力测量方法，X 射线只能穿透物体表面很薄的一层，测量的面积也只有几平方毫米，适用于有应力梯度的物体表面，严格来讲这种方法测出的是表面层的应力。此外，X 射线测量的是弹性应变，它是根据晶面间距的变化来测定的，假若发生了塑性变形，晶面间距并不会发生变化，也就不会引起衍射线条的位移，此时这种方法就无法测出。而其他应变测量方法得到的结果是弹性应变和塑性应变之和。

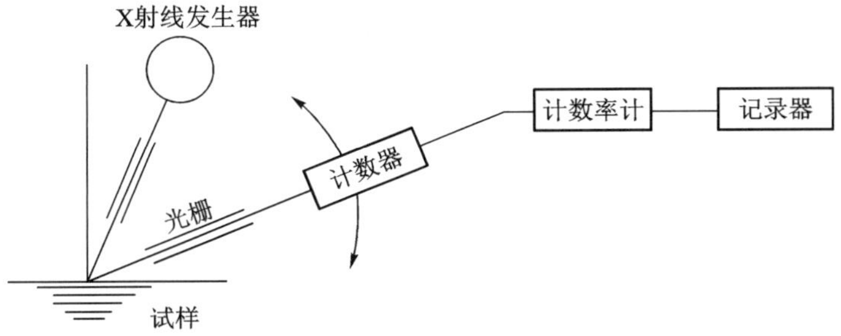

图 4-53　X 射线应力测定装置

2）超声波法

超声波测量钢轨残余应力的原理是：随着拉应力的增加，在拉应力方向声波的传播速度减小，传播时间增加；随着压应力的增加，声波的传播速度增加，传播时间减少。利用声波的传播速度与应力之间存在线性关系，得出下式：

$$\frac{V-V_0}{V_0}=\frac{t-t_0}{t_0}\beta\sigma \tag{4-6}$$

式中　V_0，V——在无残余应力与有残余应力条件下波在材料中的传播速度；

t_0，t——相应的波的传播时间；

β——材料的声弹常数，由传播方向、极化方向和应力决定；

σ——单向应力。

超声波法有以下特点：

(1) 钢轨表面需进行处理，比如除锈，以保证探头与被测表面有良好的耦合度，以便得到精确的测量结果。

(2) 试验前的设备标定受试样本身影响，因为工件应力释放得不完全，可能会出现钢的结构与弹性特征的改变。

(3) 在线测量时，钢轨运行表面产生的一个塑性变形层，会影响超声波的传播，因此被测应力也会发生变化，此时应用探头测量轨头两侧与轨腰或轨底应力变化。

(4) 与 X 射线法不同，超声波法测量出的是物体内的平均应力。

3）磁弹性法

磁弹性应力测定是建立在巴克豪森(Barkhausen)噪信强度测量基础上的一种无损检测方法。就铁磁材料而言，它是由许多不同取向的小磁畴组成的，在无外界因素作用时每个磁畴沿其易极化的晶体方向取向，其总体磁化效果为零。

各磁畴之间由一个被称为畴壁的边界分开，按磁畴壁两侧(磁畴)磁矩方向所成的角度分为 180°畴壁和 90°畴壁。实际上由于材料内部存在空隙、位错、非金属夹杂等因素，常使磁畴结构复杂化，并且阻碍磁畴壁运动。在外加交变磁场的作用下，这种阻碍在磁化的初期表现为可逆的，随着磁场的增加，磁畴壁的进一步运动就要越过缺陷等引起的势垒，这将会由一系列突变的、阶跃式的不可逆运动组成,即巴克豪森跳跃。每一巴氏跳跃在铁磁材料表面的探测线圈内感应一个电压脉冲和噪声,一个周期内磁化过程中所有的电脉冲聚集到一起就形成了巴氏噪信。

巴氏噪信来自于180°磁畴的不可逆运动、90°磁畴的不可逆运动和磁化矢量的不可逆运动。试验发现,巴氏噪信强度除与接收线圈的匝数及不可磁化过程中每一台阶的磁变化量有关以外,还强烈依赖于铁磁材料的显微组织、晶粒度、热处理状态、相含量和内应力状态等。当其他因素相对固定而且外加交变磁场与应力方向一致时,试样上的拉应力越大,则巴氏噪信的信号强度越高;若压应力越大,巴氏噪信的强度越低。利用铁磁材料的这个特性,通过测量巴氏噪信的信号强度,就可以推算试样中应力的大小。图4-54表示了不同应力状态下的磁滞回线与巴氏噪信的关系。

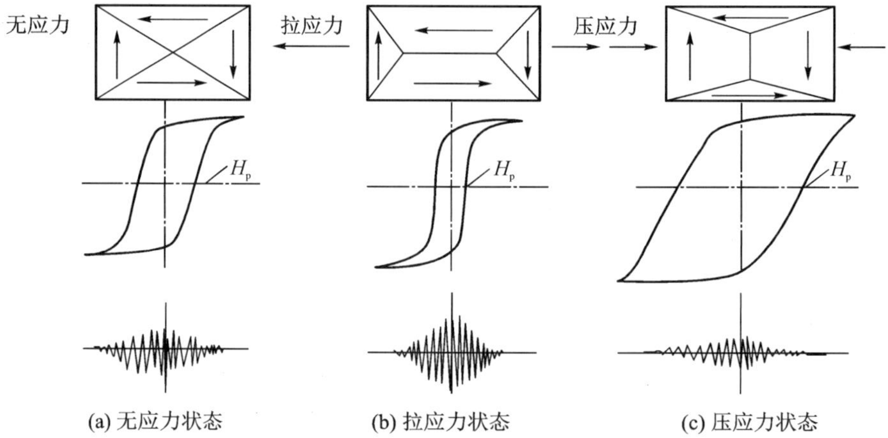

图4-54　不同应力状态F的磁滞回线与巴氏噪信的关系

注:H_p 临界磁场强度。

磁弹性测量方法快速、方便,但该技术只能测试物体的表面应力状态,且深度较浅,对金属材料微观组织中的磁畴及物体的表面处理状态比较敏感;另外,需利用与被测物体组织结构相同或近似相同的试样进行标定;再者,它只适用于铁磁体。就应力测量结果来说,同超声波法一样,测量出的也是物体内的平均应力。

4) 中子衍射法

中子衍射法是通过测量中子束的衰减而进行的无损测量方法,其原理如图4-55所示。

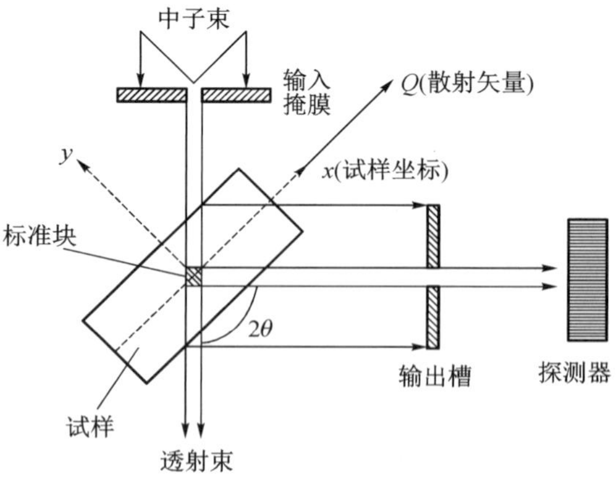

图4-55　中子衍射法无损测量原理图

理论上讲,中子衍射法无损测量可以在任意点与任意方向被重复,实际应用时则限制在薄薄的样品截面,如用来解决钢轨长度方向的在线应力测定问题。测量结果可以是三维的,可以是轨头轮廓的,也可以是截面中心线的。测量数据能够描述钢轨中残余应力的细微分布,这些都是其他方法无法获取的。

4.2.3 钢轨状态评价

1. 钢轨表面疲劳裂纹分析

钢轨表面疲劳裂纹常常发生在轨距角和轨顶面。由于轮轨切向力的作用以及曲线半径的影响,裂纹在轨面的开口与钢轨纵向呈一定的角度。裂纹之间的距离或者称单位长度里的裂纹密度,与钢轨的材质有关。因此,在观测钢轨表面疲劳裂纹时,可以观测其开口与钢轨横、纵断面的角度以及裂纹的密度,如图 4-56 所示。

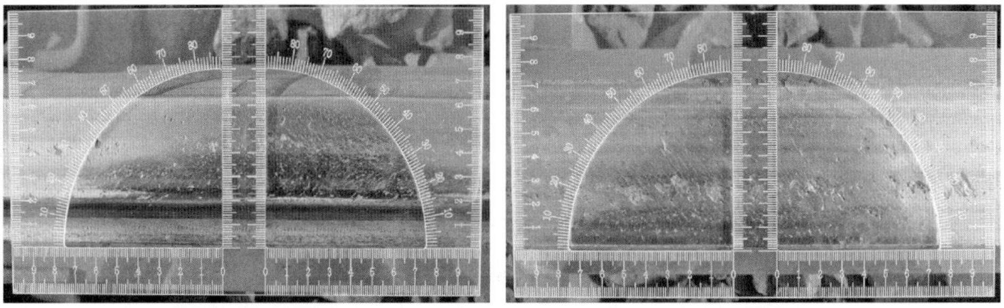

(a) 曲线外轨　　(b) 曲线内轨

图 4-56　钢轨表面疲劳裂纹观测

对于裂纹断面显微观测时,可以看到裂纹在横断面或纵断面的部分特征,即裂纹在断面位置的长度和深度,如图 4-57 所示。由此可以统计:①裂纹的长度;②距离表面的垂直深度;③距离横断面的径向深度;④裂纹向钢轨内部的扩展角度。显微照片可以进一步采用图像识别的方法,将裂纹图像数据转换为矢量数据,从而得到较为精确的结果,如图 4-58 所示。

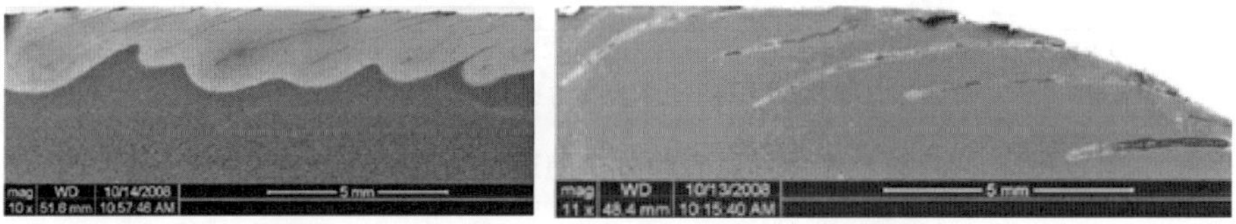

(a) 纵断面　　(b) 横断面

图 4-57　钢轨裂纹断面显微观测

对于无损检测裂纹时,如涡流探伤,可以直接记录并统计:①裂纹的深度最大值;②裂纹的深度范围。

例如,对不同通过总重下的重载铁路曲线外轨裂纹进行显微观测。钢轨为 U75V 热处理轨,对裂纹长度与深度进行统计,计算其分布百分比。取每次通过总重下裂纹深度的中位数,得到裂纹深度中位数及分布随着通过总重累积的发展趋势,如图 4-59 所示。图 4-59 中实线为裂纹深度中位数的三次多项式拟合趋势线。点线为裂纹深度上限、下限的三次多项式拟合趋势线。点划线为不同通过总重下的裂纹深度分布百分比示意曲线。

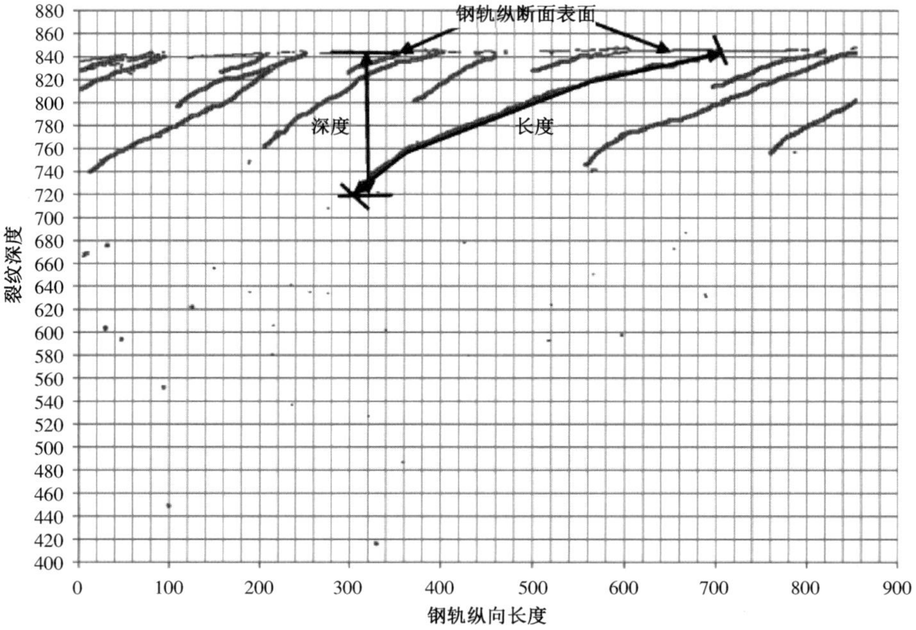

图 4-58 裂纹数字化图像处理

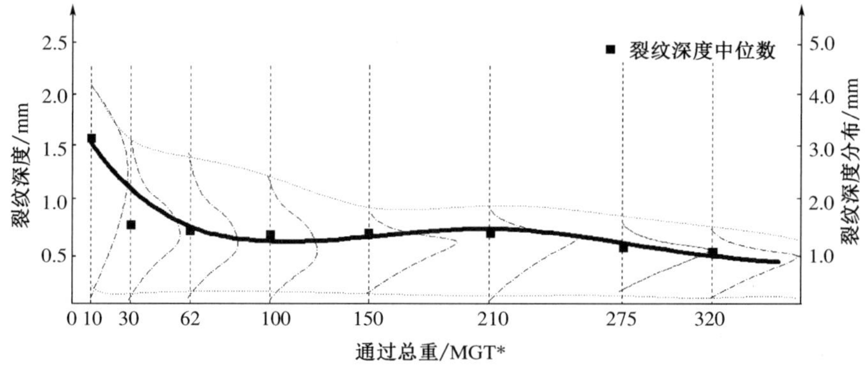

图 4-59 裂纹深度中位数和分布随通过总重累积的发展关系

从图 4-59 可以看出，钢轨疲劳裂纹深度发展有三个明显的阶段：

（1）第一阶段（新轨上道至通过总重约 10 MGT）：裂纹的分布曲线形状较宽，即此阶段多数疲劳裂纹的深度较大，其数值分布在 0.0～4.0 mm 范围内。

（2）第二阶段（通过总重 10～100 MGT）：裂纹的分布曲线向下平移且形状略变高变窄，即此阶段裂纹深度有所减小，但浅裂纹所占的百分比增加，裂纹深度分布在 0.0～3.0 mm 范围内。

（3）第三阶段（通过总重 100～320 MGT）：裂纹的分布曲线继续向下平移且形状变高变窄，即裂纹深度进一步减小，其数值分布在 2.0 mm 以下。

* MGT 表示百万吨。

裂纹长度的发展阶段与上述裂纹深度的发展阶段大致相同。不同通过总重时的裂纹长度和深度的关系如图 4-60 所示。可以看出，裂纹长度和深度基本呈线性正比关系，裂纹深长比在 0.19～0.49 之间，即轨距角的疲劳裂纹主要向钢轨内部扩展，扩展角度为 10.8°～29.4°。

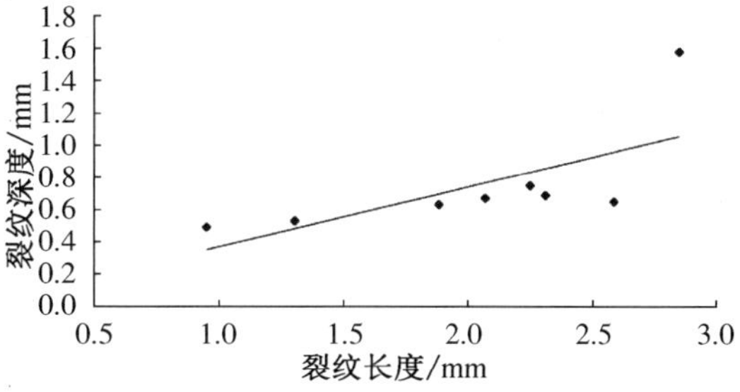

图 4-60　疲劳裂纹长度和深度的关系

2. 钢轨型面对比和磨耗计算

钢轨磨耗控制着钢轨的使用寿命。我国把钢轨磨耗分为轻伤和重伤两类，如表 4-6 和表 4-7所示。工务部门要求对轻伤钢轨须加强观测，对重伤钢轨须及时更换。

表 4-6　　钢轨头部磨耗的轻伤标准

钢轨类型/($kg \cdot m^{-1}$)	总磨耗/mm				垂直磨耗/mm				侧面磨耗/mm			
	v_{max}>160 正线	160≥v_{max}>120 正线	v_{max}≤120 正线及到发线	其他站线	v_{max}>160 正线	160≥v_{max}>120 正线	v_{max}≤120 正线及到发线	其他站线	v_{max}>160 正线	160≥v_{max}>120 正线	v_{max}≤120 正线及到发线	其他站线
75	9	12	16	18	8	9	10	11	10	17	16	18
60～75(不含)	9	12	14	16	8	9	9	10	10	12	14	16
50～60(不含)			12	14			8	9			12	14
43～50(不含)			10	12			7	8			10	12
<43			9	10			7	7			9	11

注：1. 总磨耗=垂直磨耗+1/2 侧面磨耗。
2. 垂直磨耗在钢轨顶面宽 1/3(距标准工作边)测量。
3. 侧面磨耗在钢轨踏面(按标准断面)下 16 mm 处测量。
4. 行车速度 v 的单位是 km/h。

表 4-7　　钢轨头部磨耗的重伤标准

钢轨类型/($kg \cdot m^{-1}$)	垂直磨耗/mm			侧面磨耗/mm		
	v_{max}>160 正线	160≥v_{max}>120 正线	v_{max}≤120 正线及到发线及其他站线	v_{max}>160 正线	160≥v_{max}>120 正线	v_{max}≤120 正线及到发线及其他站线
75	10	11	12	12	16	21
60～75(不含)	10	11	11	12	16	19
50～60(不含)			10			17
45～50(不含)			9			15
<43			8			13

注：行车速度 v 的单位是 km/h。

除了用垂直磨耗和侧面磨耗来控制钢轨使用寿命外，近年来，采用对比钢轨实测型面和标准型面来评价钢轨型面状态、钢轨打磨效果等。

对比实测型面和标准型面时，应将钢轨轨头不会与车轮接触，即不会发生磨耗的位置重合，重合精度应小于 0.01 mm，如轨头外侧边、轨头下颚圆角、轨头下颚边等。由此再计算轨头轮轨接触区范围内各个角度的径向磨耗量、各个点对应的垂直磨耗量和水平磨耗量，如图 4-61 所示。进一步可用上述磨耗量，结合两个型面测量之间的通过总重增量，计算磨耗发展率。

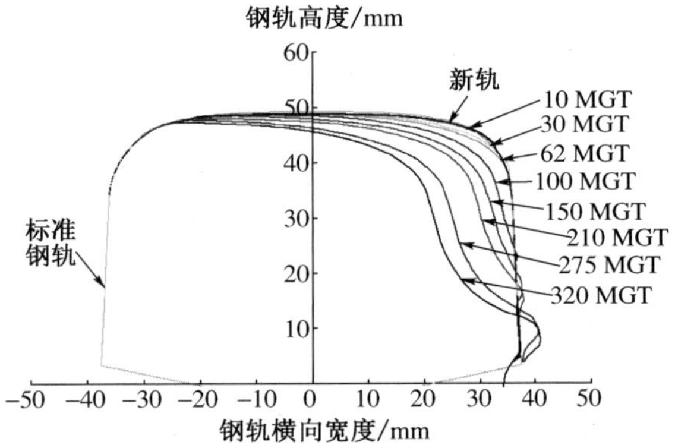

图 4-61　钢轨型面对比和磨耗量计算(MGT 为通过总重的单位:百万吨)

3. 轨面短波不平顺分析

轨面短波不平顺包括轨面粗糙度、焊接接头短波不平顺以及钢轨波磨，其特征都是轨面出现纵向连续或不连续的起伏，降低平顺程度。

由于轨面短波不平顺在里程域(时域)上具有随机性，通过频域分析能更直观地表现其特征。通常对短波不平顺里程域的数据进行水平谱(粗糙度谱)转换，并采用 1/3 倍频程来表现，计算公式如下：

$$L_r^k = 20\lg\left(\frac{\tilde{r}_k}{r_{\text{ref}}}\right) \quad (\text{dB,参考值 } 1\ \mu\text{m}) \tag{4-7}$$

式中　L_r^k——具有带宽 k 和中心波长 λ 的 1/3 倍频程上的短波不平顺水平(粗糙度)，dB；

$\tilde{r}_k$——轨面短波不平顺幅值在 1/3 倍频程带宽 k 上的均方根，μm；

r_{ref}——参考值，$r_{\text{ref}}=1\ \mu\text{m}$。

均方根$\tilde{r}_k$ 是将 N 项轨面短波不平顺幅值的平方和除以 N 后开平方的结果，一定长度内短波不平顺幅值的均方根可以直观地反映出该段轨面不平顺的粗糙程度。在测量长度 L 范围内，轨面短波不平顺的幅值均方根如图 4-62 和式(4-8)所示。在图 4-62 中，横坐标 X 轴为轨面纵向长度方向，纵坐标 Y 轴为轨面短波不平顺幅值。

$$\tilde{r} = \left(\frac{\sum_{i=1}^{n} Y_i^2}{n-1}\right)^{1/2} \tag{4-8}$$

式中，n 为测量长度 L 内的测点数量。

欧洲铁道研究所采用德国 Müller-BBM 公司开发的 mbbmRM1200 轨面不平顺度测量仪对欧洲铁路的轨面进行了不平顺度和粗糙度测量，根据欧洲铁路轨面粗糙度测量数据，按 1/3 倍频统计，得出如图 4-63 和表 4-8 所示的 ISO 3095 轨面粗糙度标准限值。

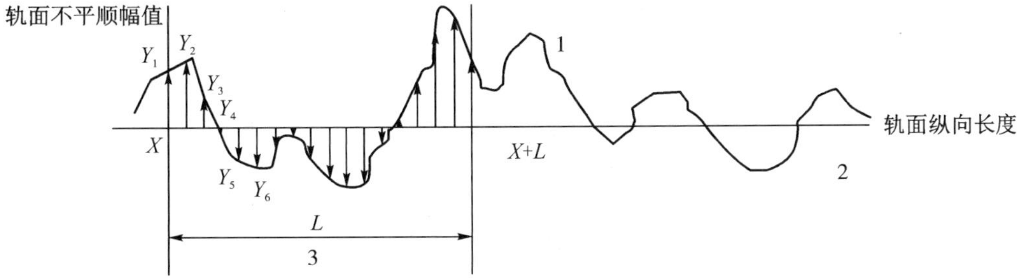

图 4-62　轨面短波不平顺的幅值均方根的计算方法

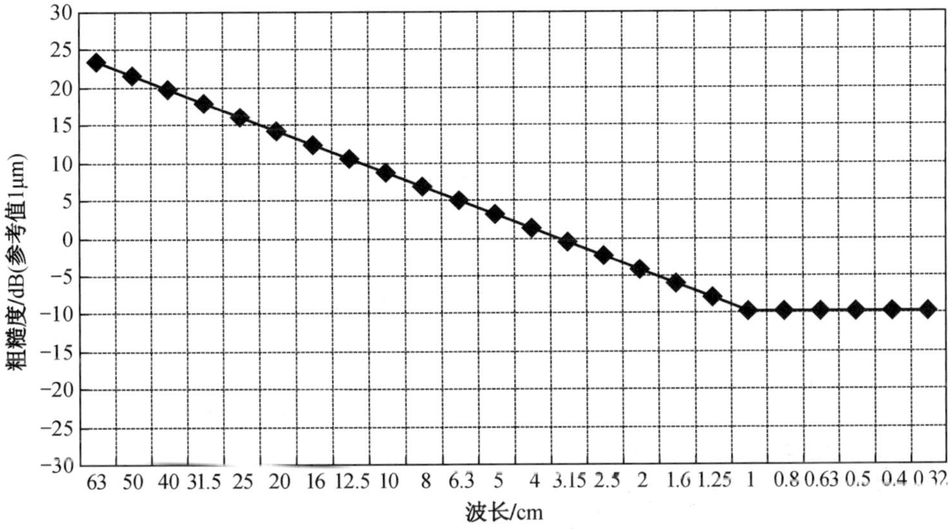

图 4-63　ISO 3095：2005(E)轨面粗糙度标准限值

表 4-8　ISO 3095:2005(E)轨面粗糙度标准限值

波长/cm	0.315	0.400	0.500	0.630	0.800	1.000	1.250	1.600	2.000	2.500	3.150
粗糙度/dB	−9.700	−9.700	−9.700	−9.700	−9.700	−9.700	−7.800	−6.000	−4.100	−2.300	−0.500
波长/cm	4.000	5.000	6.300	8.000	10.000	12.500	16.000	20.000	25.000	31.500	40.000
粗糙度/dB	1.400	3.200	5.100	6.900	8.800	10.600	12.400	14.300	16.100	18.000	19.800

荷兰铁路进一步将钢轨表面不平顺按照其粗糙度水平分为光滑、正常、粗糙和波磨四类，如图 4-64 所示。

图 4-65 是城市轨道交通某段线路中，钢轨在有、无波磨情况下的轨面短波不平顺谱对比。从图中可以看出，波磨钢轨在波磨波长范围内的轨面短波不平顺谱非常明显，波长范围15.9～31.7 cm，主要波长在 20 cm 左右。

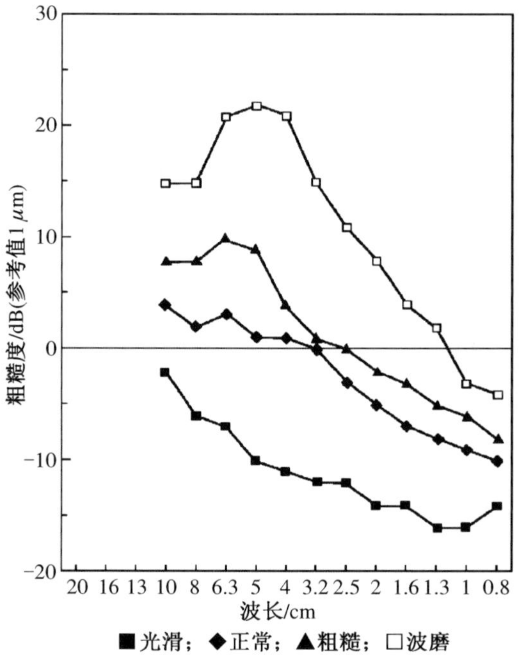

图 4-64　轨面短波不平顺谱

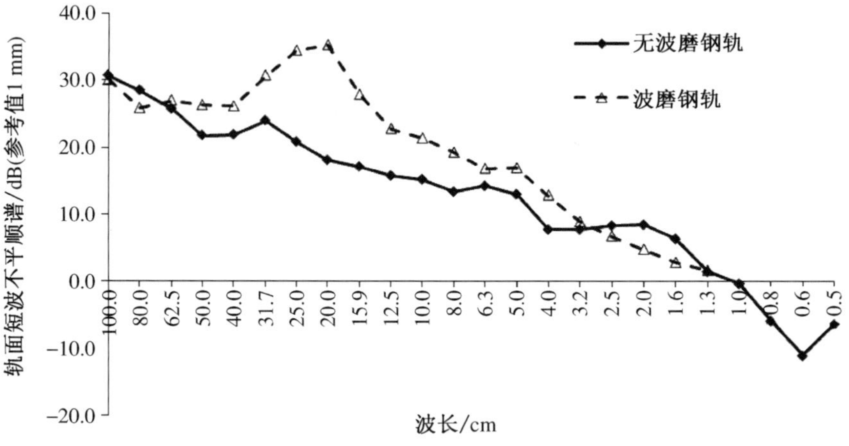

图 4-65　不同钢轨状态时的轨面短波不平顺谱对比

5. 钢轨的裂纹和磨耗关系分析

已有研究表明，钢轨疲劳裂纹和磨耗的发展是不可分离的两种损伤形式，且二者此消彼长、相互影响。通过对硬质钢轨观测发现，钢轨在上道初期很快就会出现表面疲劳裂纹，并发展成剥离掉块，随着通过总重的累积，轮轨磨耗逐渐增加，表面疲劳裂纹却不再迅速增加，而是呈一种相对“稳定”的状态，直至最后钢轨因严重侧磨而下道。这说明钢轨疲劳裂纹扩展与磨耗发展之间有相互影响的机制，当钢轨磨耗速率较大时，表面疲劳裂纹还未来得及发展成形或密布于表面就被磨耗掉，这时，钢轨寿命受磨耗控制；当磨耗速率较小时，大部分表面疲劳裂纹没有被磨掉而继续向钢轨内部发展，这时，钢轨寿命受裂纹控制。分析表明：单个裂纹扩展速率和表面磨耗率之间的关系如式(4-9)所示，可见，裂纹扩展速率依赖于应力强度因子 ΔK 和磨耗率 ω，决定裂纹增长的关键因素是裂纹长度和磨耗率。对单个裂纹而言，如果裂纹尖端扩展速率大于因表面材料磨损对裂纹根部的截断率，则疲劳裂纹能继续扩展；反之，裂纹长度将随磨耗的进行而不断缩短，直至裂纹彻底被磨耗掉，如图 4-66 所示。

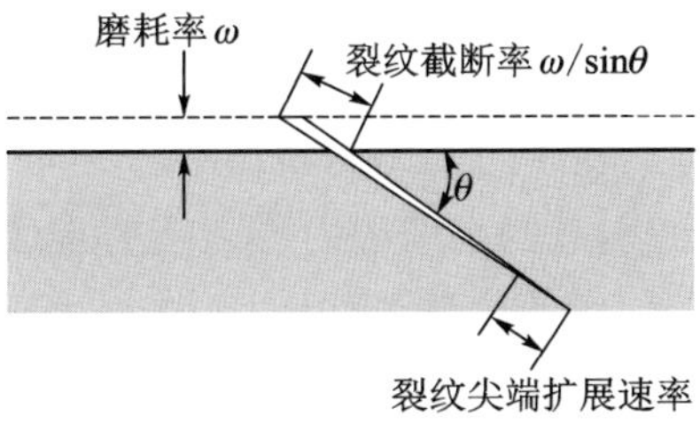

图 4-66 磨耗率与裂纹尖端扩展速率的关系

$$\frac{\mathrm{d}a_{\mathrm{net}}}{\mathrm{d}N}=\frac{\mathrm{d}a}{\mathrm{d}N}-\frac{\omega}{\sin\theta}=C(\Delta K)^m-\frac{\omega}{\sin\theta} \tag{4-9}$$

式中 C，m——常数；

ΔK——应力强度因子；

ω——单位荷载循环作用下的磨耗率；

$\frac{\mathrm{d}a_{\mathrm{net}}}{\mathrm{d}N}$——单位荷载作用下的裂纹净扩展速率；

θ——裂纹与平面的夹角。

继续以图 4-59 的裂纹深度观测数据为例。裂纹深度中位数、相同位置的垂直磨耗平均值随通过总重的发展如图 4-67 所示，其中裂纹深度和垂直磨耗的发展趋势分别采用分段线性拟合。

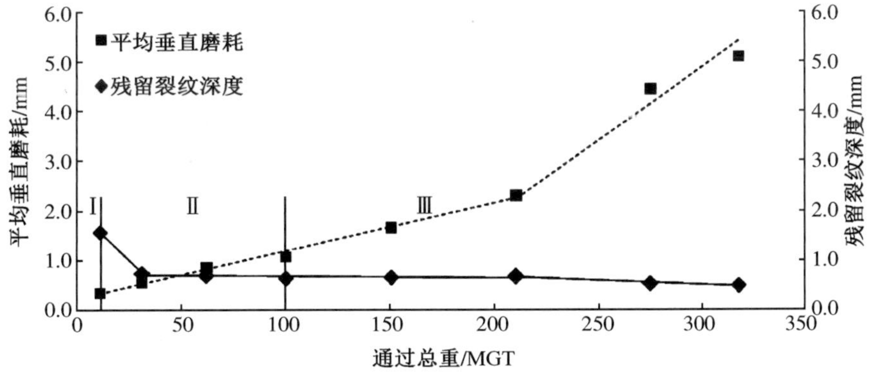

图 4-67 裂纹深度和垂直磨耗随通过总重累积的发展关系

从图 4-67 中可以看出：

(1) 从新轨上道至通过总重 10 MGT 阶段(图 4-67 中Ⅰ阶段)，疲劳裂纹萌生于10 MGT 之前，在通过总重为 10 MGT 时，残留裂纹深度达到最大值，其中位数为 1.58 mm，此时的磨耗量非常小，垂直磨耗平均值为 0.35 mm。

造成这样的原因是 U75V 热处理钢轨具有较高的抗磨耗性能和硬度，使得上道初期钢轨磨耗量较小，无法明显改变钢轨型面使之与车轮型面匹配，轮轨接触点大部分集中在轨距角附近（轨距边开始向轨顶中心方向 13～16 mm 的范围），由于轮轨曲线通过时的自旋蠕滑以及由此引起的高切向力导致疲劳裂纹会快速在此萌生。而较小的磨耗量也无法抑制或消除裂纹。这个阶段钢轨的损伤机制主要是疲劳裂纹，可以称为裂纹快速萌生和扩展阶段。

(2) 通过总重在 10～100 MGT 阶段（图 4-67 中Ⅱ阶段），钢轨磨耗开始增长，并且逐渐开始影响裂纹的扩展。通过总重在 10～30 MGT 时，残留裂纹深度有明显的降低，从 10 MGT 的 1.58 mm减小到 30 MGT 的 0.75 mm。这时的磨耗量仅为 0.57 mm，磨耗并不能完全磨损掉裂纹，造成这种情况的原因是这个时期中裂纹萌生的因素仍然存在，引起新裂纹出现，微小裂纹数量的增多导致裂纹中位数的降低。通过总重在 30～100 MGT 时，磨耗量逐渐增加到 1.08 mm，一方面通过改变钢轨型面，达到了轮轨较为良好的接触关系，另一方面逐渐磨损掉部分裂纹，使得裂纹深度呈缓慢降低的趋势，裂纹深度从 30 MGT 的 0.75 mm 减小到 100 MGT 的 0.63 mm。

但是观测发现，通过总重在 10～100 MGT 阶段，裂纹随着通过总重的累积仍然在逐渐扩展，裂纹扩展的因素如荷载的作用、液体（如水、润滑剂等）对裂纹扩展的油楔效应仍然存在。换言之，如果没有 10 MGT 之前裂纹的突然萌生与快速扩展，那么磨耗就能够在一定程度上抑制裂纹的增长。综上所述，这个阶段钢轨的损伤机制主要是疲劳裂纹和磨耗并伴随有轻微塑性变形，可以称为裂纹-磨耗共同影响阶段。

(3) 通过总重在 100～320 MGT（图 4-67 中Ⅲ阶段），钢轨磨耗呈分段线性增长的趋势，疲劳裂纹的残留深度进一步由 0.63 mm 降低到 0.49 mm，说明磨耗已经抑制住裂纹的发展，但是这时的轨面已经有较多的剥离掉块，且钢轨型面因侧磨而内凹。在这个阶段钢轨的损伤机制主要是磨耗，可以称为磨耗控制裂纹阶段。

4.2.4 钢轨状态修理

1. 钢轨打磨策略

钢轨打磨是采用机械化打磨或铣磨设备，消除钢轨表面伤损和薄弱层，恢复钢轨廓形，提高纵断面平顺程度，改善轮轨关系的一种钢轨在线修理作业。

从钢轨伤损发展的介入时机来看，钢轨打磨包括新轨预打磨、预防性钢轨打磨和修理性钢轨打磨。

(1) 新轨预打磨是在新线或新换轨后对新铺钢轨进行打磨，从而消除钢轨生产及运输过程中产生的原始不平顺、轨头表面脱碳层、轨头表面残余应力层，修正钢轨横断面标准廓形，或者实施专门设计的目标廓形，并尽量减小轨头表面的原始粗糙度。通过对钢轨初始不平顺的消除，达到延迟钢轨伤损的发生时间的目的。

(2) 预防性钢轨打磨是钢轨伤损发展尚未严重时，根据伤损发展速率、轮轨自然磨耗速率，设计打磨量和打磨周期，进行快速的、较少打磨量的钢轨表面打磨修理，同时恢复钢轨廓形，既对线路正常运营干扰较小，又能在钢轨伤损未严重时尽早消除。例如，针对轨面疲劳裂纹，根据裂纹扩展速率、钢轨磨耗发展率，设计合适的打磨周期和打磨量，在裂纹扩展的适当时机，将钢轨打磨和轮轨自然磨耗合理地结合，以最小的轨头金属损失量来达到消除轨头裂纹的目的，即设计“最佳磨耗率”，在某一时期“捕捉”到裂纹的发展，从而平衡轨头裂纹和磨耗。

(3) 修理性钢轨打磨是以消除钢轨上已经出现的伤损为目的，例如波磨、轨端压塌、焊接低塌、擦伤、剥离掉块等钢轨表面伤损。因为这时伤损已经较为严重，所以修理性打磨的打磨量较大，修理时间较长。

修理性打磨对已经变形和表面产生裂纹的轨头进行大量、多遍数的打磨，有可能磨掉金属硬化层，留下存在一些残余裂纹的软质金属层(因为最深的裂纹没被消除)，结果更容易产生塑性变形和滚动接触疲劳。此外，预防性打磨也促使轮轨接触产生的最大剪应力的深度逐渐向轨头内部深入，防止应力在轨头内部任何一点保持一定的时间。这对含有杂质的钢轨尤为重要，对于相对纯净的钢轨也同样有效。

目前，钢轨打磨已经成为延长钢轨使用寿命的重要手段。合理运用钢轨打磨可以实现以下目的：

(1) 减缓和控制轨面伤损

当轨面出现伤损时，如波磨、接头不平顺、疲劳裂纹、剥离掉块、塑形变形和肥边、磨耗等，对钢轨表面进行预防性或修复性打磨，可以延缓或控制伤损的发生时间、发展速率，或者消除伤损。同时，钢轨打磨可恢复钢轨廓形，降低这些伤损发生的影响因素。所以，钢轨打磨通常是伤损消除和廓形打磨的结合。

(2) 外形轮廓打磨

钢轨打磨的另一个目的是通过将打磨电机沿钢轨轨头轮廓布置，或者按轨头轮廓布置铣刀刀粒，来恢复钢轨标准廓形或者预期的目标廓形，从而控制轨头形状和轮轨接触区的位置、改善轮轨关系。

钢轨的目标廓形是专门设计来改善轨头某个位置轮轨接触关系的廓形，如：①降低轮轨横向力、减缓侧磨的廓形，例如图 4-68 是实施外形打磨和不实行外形打磨的钢轨对比；②减缓轨面疲劳裂纹的廓形，如图 4-69 所示；③减缓轨面波磨的廓形；④提高车轮曲线通过能力的廓形等。但是这些目标廓形并不是同时对上述目的有效的，最适合其中一方面的钢轨廓形可能对其他两个方面并不是最好的。因此，要根据实际情况来选择打磨的目标廓形。

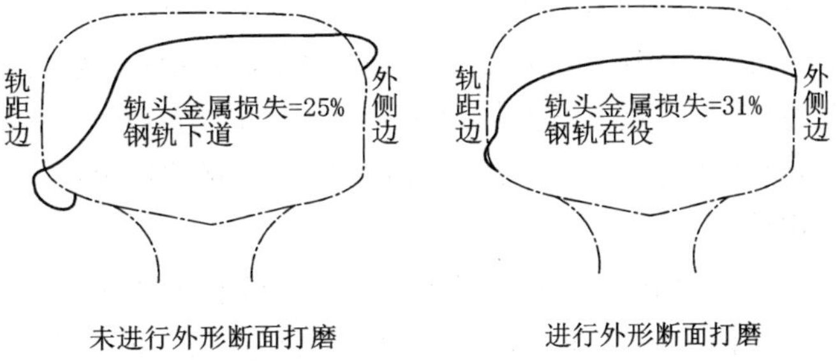

图 4-68　实施外形打磨和未实施外形打磨的磨耗钢轨断面

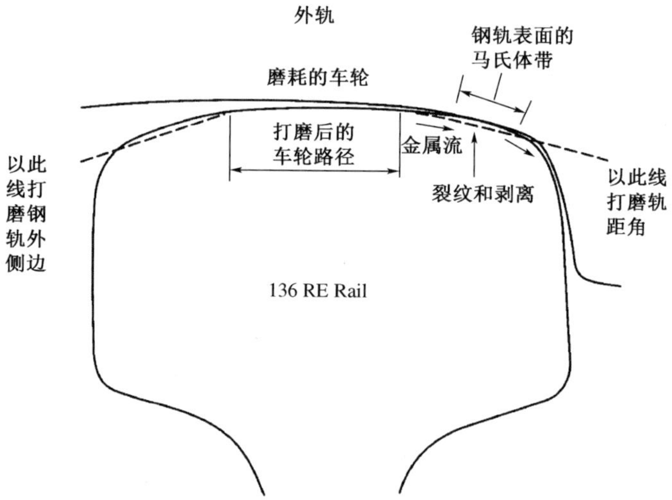

图 4-69 减少轨距角裂纹的打磨措施

此外,钢轨廓形在任何线路上都会随着通过总重的增加而破坏,钢轨廓形必须进行经常性的养护。预防性打磨就是为达到这一目的设置的。而且,钢轨廓形的变化与线路几何形位和轨道参数有关,如轨头廓形变化率随曲线半径的减少而增加,小半径曲线钢轨就要比大半径曲线和直线的钢轨经历更频繁的打磨,这样反过来也会直接影响打磨计划的性质和时间的安排。

尽管钢轨打磨会给铁路运营带来非常大的益处,但在改变轮轨接触关系的时候需要密切关注:

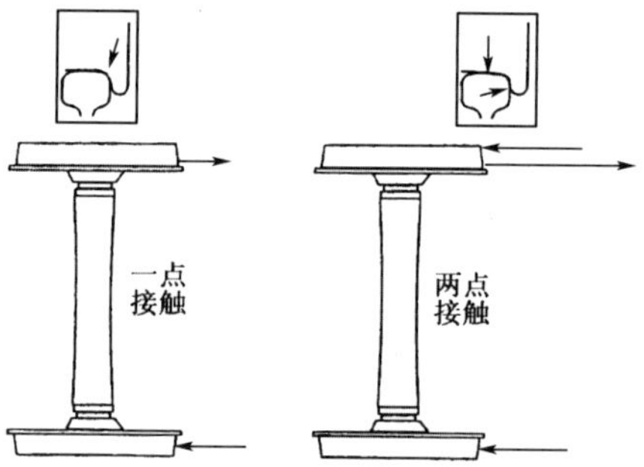

图 4-70 一点接触和两点接触的导向力的比较

首先,随着轮轨接触点位置的变化,使得导向力发生变化。当把一点接触(控制磨耗)变成两点接触(控制疲劳)时,如图 4-70 所示,就会降低转向架通过曲线的能力,并相应地增加轮缘力和相应的侧磨。当外轨接触点向轨头中间移动时,转向架转向力矩的力臂和力矩会增加,相应地就增加了轮轨横向力,从而加剧侧磨,并可能造成曲线上轨距扩大与钢轨侧翻;在内外轨都处于干燥环境(如刚打磨后)或外轨润滑而内轨干燥时要特别小心,这时产生的横向力最大。这样在轮轨廓形整体优化设计时,应该将这个横向力的增加考虑进来,从而在获得最佳导向力和车辆通过能力的同时,保证轨道关键部件最大寿命。因此,还有必要考虑主要轨道部件参数与列车参数。如果曲线段主要换轨原因是疲劳伤损(在良好润滑情况下),那么钢轨磨耗就不是限制钢轨寿命的主要因素。同样,还要平衡轨道强度与运行荷载的关系,如详细测试轨距角的强度或采用高强度弹性扣件来增加钢轨稳定性。

其次,轮轨接触点的移动使机车作用于钢轨的横向力和垂直力的作用点发生了变化,相当于给钢轨作用了一个侧翻力矩。一般钢轨侧翻力矩为作用在轨头的横向力 L 和垂直力 V 的比值,

即 L/V，如图 4-71 所示。当作用在轨头的横向力和垂直力的合力超出了轨底范围时，钢轨就不能靠自身来保持稳定，而受到一个净侧翻力的作用。这种情况下，需要靠扣件系统的约束。但如果扣件比较弱或强度不足，钢轨就可能向外侧转动(轨头横向运动)，甚至可能侧翻。

当垂直力和横向力作用点从轨距角移动到轨头中间或轨头外侧，钢轨的抗侧翻能力就会降低，如图 4-72 所示，如果横向力和垂直力作用在轨距角处，要使钢轨侧翻，L/V 比值大约为 0.6。如果这些力的作用点移动到轨头中心，即轮轨接触点从轨距角移到轨头中心，L/V 比值大约为 0.4 时钢轨就会侧翻。如果作用点移动到轨头外侧，这时钢轨侧翻的临界 L/V 比值就降低到 0.2。这种情况在车轮的假轮缘作用在内轨外侧时就会出现。

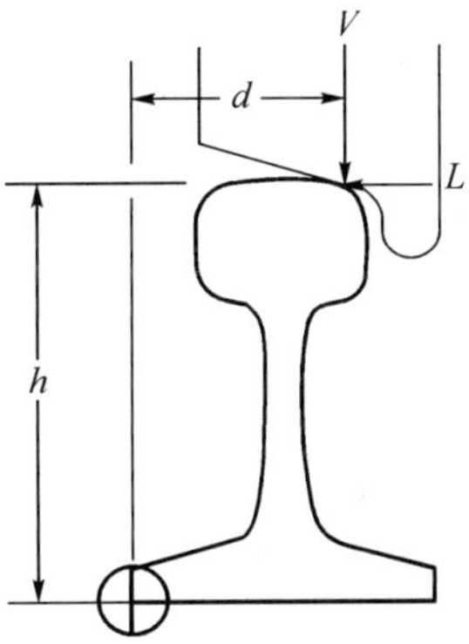

图 4-71　钢轨侧翻示意图

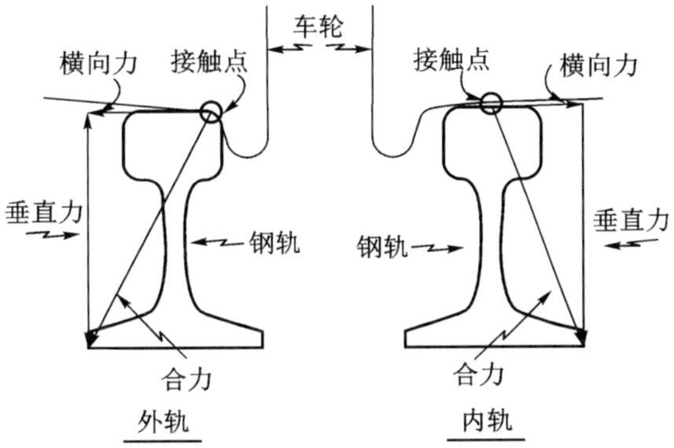

图 4-72　钢轨侧翻极限状态

对于内轨，需要通过外形轮廓打磨将作用点从轨头外侧向轨头中间移动，这样打磨后可减少假轮缘的接触，也就增加了内轨抗侧翻的稳定性(L/V 比值从小于 0.2 增大到大于 0.4)。

对于外轨，当从一点接触变成两点接触后，L/V 比值降低了，从接近 0.6(轨距角接触)降低到 0.5(控制疲劳，也就是目前采用的打磨模式)。这样必须通过采取增加钢轨稳定性的养护维修措施来应对侧翻。

在过去的几十年里，钢轨打磨技术已经从消除轨头表面伤损的相对简单的打磨，发展到控制伤损发展、控制轮轨接触位置的复杂的预防养护性打磨。控制轨头外形轮廓可以从控制钢轨伤损机理的角度延长钢轨寿命，预防性钢轨打磨结合这种外形轮廓养护技术，就可以成功实现钢轨寿命的延长。

钢轨外形轮廓打磨主要用于控制三方面的钢轨病害：磨耗、疲劳和波磨。选择合适的钢轨外形轮廓模板(或曲线内外轨采用不同外形轮廓模板)就可以减缓不同的钢轨病害及其发展速率。虽然钢轨打磨仅仅是几种用于延长钢轨寿命的养护对策之一，然而却是一个关键的对策，缺少它就会引起钢轨条件的快速恶化以及钢轨寿命的缩短。钢轨打磨和其他技术一样必须谨慎、理智地应用。善加利用可以延长钢轨寿命、减少钢轨和其他轨道部件的养护成本、改善轮轨动力荷载。反之，就有可能增加轮轨横向力、增加钢轨磨耗和倾覆的危险。因此，必须充分理解钢轨打磨的优缺点。只有有效地应用，才能使钢轨打磨成为控制钢轨病害、降低整个轨道养护成本的有价值的工具。

2. 钢轨打磨设备

钢轨打磨设备包括钢轨打磨列车和钢轨铣磨车。

1）钢轨打磨列车

钢轨打磨列车是通过控制安装在列车上沿钢轨纵向排列的电机的压力，将电机头上安装的砂轮紧按在轨面上，同时，调整各个电机的角度，使得砂轮沿着轨头横向轮廓依次分布且包络整个轮轨接触区。当打磨工作开始时，砂轮以一定压力进行水平旋转，同时列车前进，从而磨削掉钢轨表面的金属，如图 4-73 所示。

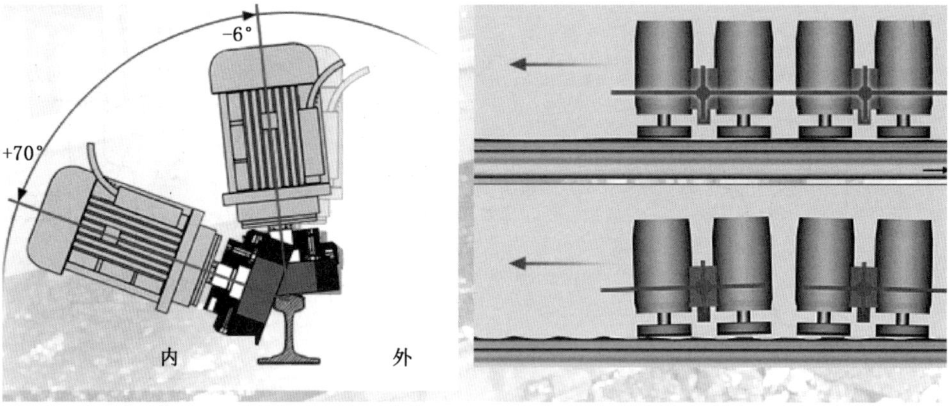

图 4-73　通过打磨砂轮沿廓形横向和纵向分布实现钢轨表面金属打磨

目前，铁路上常用的打磨列车为具有 96 个电机、一股钢轨最多可分配 48 个砂轮进行打磨的 96 头打磨列车。城市轨道交通打磨车一般为 16 头、24 头或 48 头。

打磨时，电机沿钢轨纵向分布如图 4-74 所示。可以看出，通过灵活布置打磨砂轮，可以将钢轨轨头打磨成各种需要的目标廓形。打磨后的钢轨如图 4-75 所示。

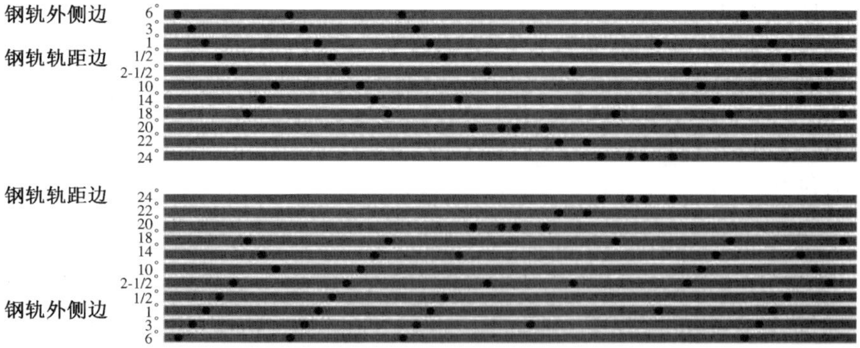

图 4-74　打磨列车的钢轨打磨形式的分布

值得注意的是，打磨车由于采用砂轮来磨削钢轨，在隧道内作业时会引起较大粉尘。另外，打磨量较大时，打磨车作业遍数较多，占用作业时间会较长。

2）钢轨铣磨车

钢轨铣磨技术包括钢轨铣削和钢轨打磨两套作业程序。钢轨铣削是利用圆周铣削技术，由镶嵌在刀盘圆周面上的铣刀对钢轨表面进行铣削加工，如图 4-76 所示。铣刀是由不同的刀粒组成一个完整的钢轨断面轮廓，采用仿形加工的方式，通过铣刀刀粒与钢轨之间的快速相对运动一次切除较大的金属量，一次加工成形，如图 4-77 所示。在对钢轨完成铣削作业后，根据线路的实际状况，铣磨车利用自身携带的打磨设备再对钢轨进行打磨作业，保持钢轨平滑的滚动表面，如图 4-78 和图 4-79 所示。

图 4-75　打磨后的钢轨

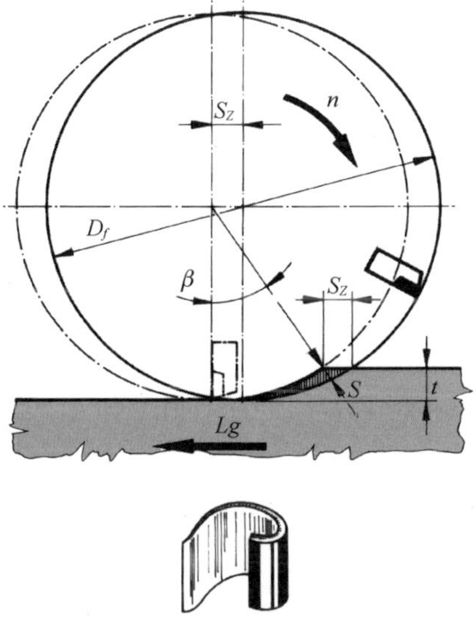

图 4-76　钢轨铣削原理

图 4-77　仿形铣刀

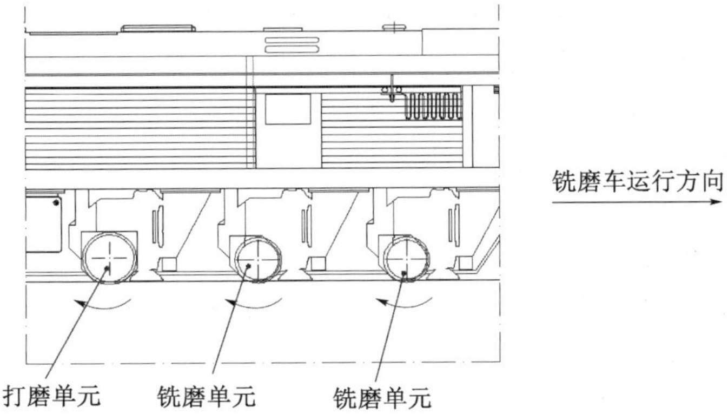

图 4-78　铣磨作业方法

铣磨车作业时不会产生火花，粉尘也较少，适合城市轨道交通隧道环境内的钢轨修理。铣磨车作业的铣磨量较大，可以一次性消除较严重的轨面伤损。但是若要在钢轨上实施非标准的目标廓形时，需要专门设计铣磨车刀盘廓形或刀粒布置，并制作特殊廓形的刀盘。

图 4-79　铣磨后的钢轨表面情况

4.3　道岔状态检测与修理

4.3.1　道岔状态检测

以提速道岔为例，简要说明其状态检测内容、方法和要求。

1. 道岔的日常巡查

道岔的日常巡查由巡道工负责，每日检查不少于 1 次，主要检查项目为：

(1) 尖轨尖端与基本轨、心轨尖端与翼轨的密贴情况。

(2) 尖轨、心轨转换部分与钢岔枕边缘或钢岔枕上滑床板、耳板间的最小距离。

(3) 各部螺栓的状态情况。

(4) 钢轨件的伤损情况。

(5) 其他影响提速道岔正常使用的病害。

2. 道岔的月度检查

提速道岔的月度检查必须由工长亲自参加，每月检查 2 次。检查项目为：

(1) 轨距、水平、方向、高低、导曲线支距各部尺寸。

(2) 尖轨、心轨转换部分与钢岔枕边缘或钢岔枕上滑床板、耳板间的最小距离。

(3) 道岔设备的其他状态。

(4) 心轨转换凸缘与接头铁连接螺栓的状态。

3. 道岔的状态评定

道岔的状态评定必须由工长和技术人员同时参加，每年检查 1 次。检查项目为：

(1) 道岔各钢轨件的磨损情况。

(2) 道岔岔枕的使用状态。

(3) 道岔其他零部件的伤损情况。

4.3.2　道岔保养与维修

道岔的养护维修按道岔的状态分为综合维修、经常保养和临时补修三部分。

1. 道岔的经常保养

道岔的经常保养是在轨道经常保养内容的基础上针对道岔进行的特殊性保养，其主要的工作内容包括：

（1）清筛不洁道床和道砟边坡，处理道床翻浆冒泥，补充、整理道床。
（2）更换、方正和修理混凝土岔枕。
（3）全面拨正道岔方向。
（4）全面起道、捣固、整平道岔道床。
（5）调整道岔各部间隔尺寸。
（6）整治道岔爬行，锁定道岔。
（7）矫正钢轨硬弯，焊补、打磨钢轨，综合整治接头病害。
（8）整修、补充、更换连接零件，有计划地涂油。
（9）整治路肩，疏通排水设施。
（10）修复、建立爬行观测桩。
（11）刷清标志。

道岔保养质量评定以组为单位，满分为 100 分，100～85 分为优良，85（不含）～60 分为合格，60 分以下为失格。评定标准见表 4-9。

表 4-9　道岔保养质量评定标准

项目	编号	扣分条件	抽查数量	单位	扣分/分	说　明
轨道几何尺寸	1	轨距、水平、轨向、支距、高低超过经常保养标准容许偏差	轨距、支距、水平全面检测，轨向、高低、全面查看，重点检测	处	4	同时检测线间距小于 5.2 m的连接曲线，用 10 m 弦测量，连续正矢差超过 4 mm，每处扣 4 分
	2	轨距、水平、轨向、支距、高低超过临时补修标准容许偏差		处	41	
	3	查照间隔、尖趾距离超过容许限度	全面检测	组	41	
钢轨	4	钢轨接头顶面或内侧面错牙超过2 mm	全面查看，重点检测	处	4	错牙大于 3 mm时，每处扣 41 分
	5	存在《铁路线路修理规则》第 3.9.7 条一、三、五、六项病害之一	全面查看，重点检测	组	41	
	6	存在《铁路线路修理规则》第 3.9.7 条二、四、七项和第 3.9.8 条病害之一	全面查看，重点检测	组	16	
	7	轨缝大于构造轨缝或有连续 3 个及以上瞎缝，普通绝缘接头轨缝小于 6 mm	全面查看，重点检测	处	4	
	8	轨端肥边大于 2 mm	全面查看，重点检测	处	4	含胶接绝缘钢轨
岔枕	9	接头岔枕失效，其他处岔枕连续失效	全面查看，重点检测	处	6	

续 表

项目	编号	扣分条件	抽查数量	单位	扣分/分	说明
连接零件	10	尖轨、可动心轨与滑床板间缝隙大于2 mm	全面检测	块	2	一组扣件的零件不全，按缺少一个扣件计算
	11	连杆、顶铁、间隔铁及护轨螺栓缺少，顶铁离缝大于 2 mm	全面检测	个、块	8	
	12	心轨凸缘螺栓缺少、松动	查看检测	个	41	
	13	长心轨与短心轨连接螺栓缺少/松动	查看检测	个	41/16	
	14	接头螺栓缺少/松动或扭矩不足	全面查看	个	8/2	
	15	其他螺栓缺少、松动	全面查看	个	1	
	16	垫板、道钉、胶垫、扣件缺少	全面查看	个、块	1	
	17	道钉浮离、扣件扭矩(扣压力)不符合规定或弹条扣件中部前端下颚离缝大于 1 mm 者，轨距挡板前、后离缝大于 2 mm，不良者超过 12%	各连续检测 50 个	个	1(每增 1%)	
轨道加强设备	18	转辙和辙叉部分轨撑离缝大于 2 mm，其他部分轨撑或轨距杆损坏、松动	全面查看、检测	个、根	1	
	19	防爬器、支撑缺损或失效	全面查看	个	2	
	20	道岔两尖轨尖端相错量大于 20 mm、无缝道岔位移超过 10 mm 或无观测记录	全面查看	组	16	
道床	21	翻浆冒泥 $v_{max}>160$ km/h	全面查看	孔	5	
		翻浆冒泥 160 km/h $\geqslant v_{max}>120$ km/h	全面查看	孔	3	
		翻浆冒泥 $v_{max}\leqslant 120$ km/h	全面查看	孔	1	
	22	肩宽不足，不饱满，有杂草	全面检测	组	4	
警冲标	23	损坏或不清晰	全面查看	组	8	缺少或位置不对，扣 41 分
标记	24	缺少、不清晰或错误	全面查看	处	1	

2. 道岔的综合维修

道岔的综合维修周期由铁路局规定，其中正线和到发线道岔的综合维修周期与线路同步但不宜超过两年。道岔综合维修的工作内容与线路综合维修内容相近。

道岔综合维修验收评分标准仍采用百分制，标准如表 4-10 所列。

表 4-10　　道岔综合维修验收评分标准

项目	内容	编号	扣分条件：正线及到发线道岔	扣分条件：其他站线道岔	抽验数量	单位	扣分/分	说明
轨道几何尺寸	轨距、水平、支距	1	超过作业验收标准容许偏差	超过作业验收标准容许偏差	全面检测	处	4	同时检测两线间距小于 5.2 m 的连接曲线轨向，用 10 m 弦测量，连续正矢差超过 2 mm，每处扣 4 分
		2	超过作业验收标准容许偏差	超过作业验收标准容许偏差		处	41	
	轨向、高低	3	超过作业验收标准容许偏差	超过作业验收标准容许偏差	全面查看重点检测	处	4	
		4	超过经常保养标准容许偏差	超过经常保养标准容许偏差		处	41	
	查照间隔	5	超过容许限度	超过容许限度	全面检测	处	41	尖趾距离指可动心轨辙叉长心轨尖端至叉趾的距离
	护背距离	6	超过容许限度	超过容许限度	全面检测	处	41	
	尖趾距离	7	超过容许限度	超过容许限度	全面检测	处	41	
钢轨	尖轨、可动心轨靠贴	8	尖轨尖端与基本轨、可动心轨尖端与翼轨不靠贴	尖轨尖端与基本轨、可动心轨尖端与翼轨不靠贴	全面检测	组	41	不靠贴指二者之间的缝隙大于 1 mm
	接头错牙	9	轨顶面或内侧面错牙对于 1 mm	轨顶面或内侧面错牙对于 1 mm	全面查看，重点检测	处	4	错牙大于 3 mm 时扣 41 分
	轨缝	10	连续瞎缝或大于构造轨缝，普通绝缘接头轨缝小于 6 mm	连续瞎缝或大于构造轨缝，普通绝缘接头轨缝小于 6 mm	全面查看，重点检测	处	8	
		11	轨端肥边大于 2 mm	轨端肥边大于 2 mm	全面查看，重点检测	处	8	含胶接绝缘钢轨
岔枕	位置	12	位置或间距偏差大于 40 mm（钢枕为 20 mm）	位置或间距偏差大于 50 mm	全面查看，重点检测	处	2	
	失效	13	接头处失效，其他处连续失效	接头处失效，其他处连续失效	全面查看，重点检测	处	8	枕上或枕下离缝大于 2 mm者为吊板，枕下暗吊板可根据道床与岔枕间状态判断，不明显者可扒开道床查看
	修理	14	应修混凝土岔枕未修，木岔枕未削平或劈裂未修	应修混凝土岔枕未修，木岔枕未削平或劈裂未修	全面查看	根	2	
	空吊率	15	大于 8%（钢枕不得有空吊）	大于 12%	连续检测 50 头	头	2（每增 1%）	

续 表

项目	内容	编号	扣分条件		抽验数量	单位	扣分/分	说明
			正线及到发线道岔	其他站线道岔				
连接零件	滑床板	16	尖轨、可动心轨与滑床板缝隙大于 2 mm	尖轨、可动心轨与滑床板缝隙大于 2 mm	连续检测 50 头	头	2	
		17	滑床板及护轨弹片上反或离缝大于 2 mm，销钉离缝大于 5 mm	滑床板及护轨弹片上反或离缝大于 2 mm，销钉离缝大于 5 mm	连续检测 50 头	头	2	
	螺栓	18	接头、连杆、顶铁、间隔铁及护轨螺栓缺少/顶铁离缝大于2 mm	接头、连杆、顶铁、间隔铁及护轨螺栓缺少/顶铁离缝大于2 mm	全面查看	个、块	16/8	
		19	接头螺栓松动或扭矩不合规定，连杆、顶铁、间隔铁及护轨的螺栓松动	接头螺栓松动或扭矩不合规定，连杆、顶铁、间隔铁及护轨的螺栓松动	查看检测	个、块	2	
		20	心轨凸缘螺栓缺少、松动	心轨凸缘螺栓缺少、松动	查看检测	个	41	
		21	长心轨与短心轨连接螺栓缺少、松动	长心轨与短心轨连接螺栓缺少、松动	查看检测	个	41	
		22	其他各种螺栓缺少、松动	其他各种螺栓缺少、松动	查看检测	个	1	
	铁垫板	23	铁垫板或橡胶垫板、橡胶垫片缺少	铁垫板或橡胶垫板、橡胶垫片缺少	连续查看 50 块	块	2	
	胶垫	24	橡胶垫板或橡胶垫片失效超过 8%	橡胶垫板或橡胶垫片失效超过 12%	连续查看检测 50 块	块	1(每增 1%)	
	道钉扣件	25	道钉、扣件缺少	道钉、扣件缺少	连续查看 50 个	个	2	一组扣件的零件不全，按缺少一个计算
		26	扣件扭矩(扣压力)不符合规定或弹条扣件中部前端下颚离缝大于 1 mm 者，超过 8%	扣件扭矩(扣压力)不符合规定或弹条扣件中部前端下颚离缝大于 1 mm 者，超过 12%	连续查看检测 50 个	个	1(每增 1%)	

续 表

项目	内容	编号	扣分条件		抽验数量	单位	扣分/分	说明
			正线及到发线道岔	其他站线道岔				
轨道加强设备	轨撑、轨距杆	27	转辙或辙叉部位轨撑离缝大于2 mm,其他部位轨撑或轨距杆缺损、松动	转辙或辙叉部位轨撑离缝大于2 mm,其他部位轨撑或轨距杆缺损、松动	查看检测	个、根	2	轨撑离缝系指轨撑与轨头下颚或轨撑与垫板挡肩之间的间隙
	防爬设备	28	防爬器缺损、松动或离缝大于2 mm,支撑缺损、失效、尺寸不符合标准	防爬器缺损、松动或离缝大于2 mm,支撑缺损、失效、尺寸不符合标准	查看检测	个	2	
	爬行	29	道岔两尖轨尖端相错量大于20 mm,无缝道岔位移无观测记录	道岔两尖轨尖端相错量大于20 mm,无缝道岔位移无观测记录	检测	组	41	
道床	脏污	30	枕盒内或边坡道床不洁/翻浆冒泥	枕盒内或边坡道床不洁/翻浆冒泥	全面查看、重点扒开检查	组/孔	6/41	
	外观	31	道床断面不符合标准、不均匀、不整齐、有杂草	道床断面不符合标准、不均匀、不整齐、有杂草	全面查看	组	4	
路基	路肩	32	不平整、有反坡、有大草	不平整、有反坡、有大草	全面查看	组	2	
	排水	33	侧沟未疏通或弃土未清理	侧沟未疏通或弃土未清理	全面查看	组	4	
标志标记	标志	34	警冲标损坏或不清晰	警冲标损坏或不清晰	查看检测	组	8	警冲标缺少或位置不对扣41分
	标记	35	钢轨上各项标记不全,位置不对,不清晰或错误	钢轨上各项标记不全,位置不对,不清晰或错误	全面查看	处	1	含钢轨编号、轨距、支距、钢轨伤损等标记

3. 道岔的临时补修

道岔的临时补修工作主要内容如下：

(1) 整修道岔几何尺寸超过临时补修容许偏差管理值的处所；

(2) 更换重伤钢轨和达到更换标准的伤损夹板,更换折断的接头螺栓和护轨螺栓；

(3) 调整严重不良轨缝；

（4）进行无缝线路地段钢轨折断、重伤钢轨和重伤焊缝处理；

（5）疏通严重淤塞的排水设备，处理严重冲刷的路肩和道床；

（6）垫入或撤出病害垫板；

（7）其他需要临时补修的工作。

5　无缝线路状态检测与修理

无缝线路是标准长度钢轨焊接而成的长钢轨线路，又称焊接长钢轨线路。实践证明，无缝线路由于消灭了钢轨接头轨缝，因而具有行车平稳、列车及轨道维修费用降低、设备使用寿命延长、适合于高速行车等优点，是铁路轨道现代化的一项重要技术措施，也是当前高速铁路和城市轨道交通应具备的必要条件。

5.1 无缝线路的特点

5.1.1 无缝线路的类型

无缝线路结构按运营模式分为两种类型：温度应力式和放散应力式，而放散应力式又可细分为定期放散应力式和自动放散应力式。

1. 温度应力式

在温度应力式无缝线路上，长轨条之间铺设 2～4 根普通轨或钢轨伸缩调节器构成缓冲区。长轨条和普通钢轨之间仍采用普通钢轨接头，但采用高强度接头螺栓以提高钢轨接头阻力。随着轨温的变化，在长钢轨两端一定长度范围内，长轨条克服钢轨接头阻力、扣件阻力和道床纵向阻力而伸缩，这一范围称为无缝线路伸缩区。每段无缝线路中间部分的自由伸缩则完全受到限制，随着轨温的变化，固定区钢轨不产生纵向伸缩而产生温度力，温度力的大小与轨温变化幅度和钢轨截面面积成正比，但与钢轨长度无关。

这种无缝线路铺设简单，养护方便，因此得到广泛应用，但由于钢轨要承受巨大的温度力，钢轨的强度和稳定性必须满足设计要求。

2. 放散应力式

定期放散应力式无缝线路的结构形式与温度应力式相同，但缓冲区的钢轨不是标准轨，而是根据年轨温变化幅度大小设计的一组一定长度的短钢轨，一般用于年轨温差很大的寒冷地区。放散温度应力时，将长轨条的所有扣件松开，使它能自由伸缩，放散其内部的温度应力，并在一定的温度条件下重新将全部钢轨扣件扣紧。每次放散应力需耗费大量劳力，作业不便。

在自动放散应力式无缝线路上，长轨条两端设置伸缩调节器自动放散长钢轨中的温度力，目的是为了消除和减小钢轨内部的温度力，允许长轨条自由伸缩。由于其结构复杂，使用很少。

5.1.2 无缝线路纵向受力分析

无缝线路纵向受力分析主要包括计算温度力、确定锁定轨温、线路纵向阻力。

1. 计算温度力

当钢轨由于轨温变化 Δt 而自由伸缩时，一根长为 l 的钢轨伸缩量为：

$$\Delta l = \alpha l \Delta t \tag{5-1}$$

式中 α——钢轨的线膨胀系数，取 0.011 8℃ · mm/m；

l——钢轨长度，m；

Δt ——轨温变化幅度，又称轨温差，℃。

如果轨温变化时，钢轨因受到外界阻力完全不能伸缩，则在长为 l 的钢轨中产生的伸缩量 Δl 转化为温度应力，由胡克定律可得钢轨的温度应力为：

$$\sigma_t = E\varepsilon_t = E \cdot \frac{\Delta l}{l} = E \cdot \frac{\alpha l \Delta t}{l} = E\alpha \Delta t \tag{5-2}$$

式中 E ——钢的弹性模量，取 2.1×10^5 MPa；

ε_t ——钢轨的温度应变。

由此可算得钢轨中温度应力和温度力为：

$$\sigma_t = 2.48\Delta t \tag{5-3}$$

$$P_t = \sigma_t F = 2.48\Delta t F \tag{5-4}$$

式中，F 为钢轨的截面面积，单位 mm^2。

由式(5-3)可知，长钢轨中的温度应力只与轨温变化幅度有关，而与长钢轨的长度无关。控制长钢轨中的温度应力大小的关键是控制轨温的变化幅度 Δt。

2. **确定锁定轨温**

锁定轨温，又称零应力轨温。设计、施工和运营阶段情况各不相同，因而运用锁定轨温的概念也不同。设计确定的锁定轨温称为设计锁定轨温，施工时确定的锁定轨温称为施工锁定轨温，无缝线路在运营过程中处于零应力状态时的轨温称为实际锁定轨温。

1）设计锁定轨温

设计锁定轨温记为 T_e，根据无缝线路的稳定性和强度求得允许温升 $[\Delta t_u]$ 和允许温降 $[\Delta t_d]$，再根据当地 30 年内的最高轨温 T_{max} 和最低轨温 T_{min}，得到如下设计锁定轨温：

$$T_e = \frac{T_{max} + T_{min}}{2} + \frac{[\Delta t_d] - [\Delta t_u]}{2} \pm \Delta t_k \tag{5-5}$$

式中，Δt_k 为中和温度修正值，取 0～5℃。

通常情况下设计锁定轨温的上、下限值为：

$$t_m = T_e + (5 \sim 6)(℃)；\ t_n = T_e - (5 \sim 6)(℃) \tag{5-6}$$

困难情况下设计锁定轨温的上、下限值为：

$$t_m = T_e + (3 \sim 4)(℃)；\ t_n = T_e - (3 \sim 4)(℃) \tag{5-7}$$

求得的 t_m，t_n 必须满足以下条件：

$$T_{max} - t_n < [\Delta t_u]；\ t_m - T_{min} < [\Delta t_d] \tag{5-8}$$

2）施工锁定轨温

以长轨条始端或终端放入钢轨承轨台上时，分别测量两次轨温的平均值作为施工锁定温度。如果不在设计锁定轨温范围内时，则必须进行应力调整或放散，并重新进行无缝线路锁定。施工锁定轨温一旦确定，应作为技术资料存入档案，绝不允许随意变更。施工锁定轨温不论在铺设还是在养护维修时，都必须保持准确可靠，并要求左、右两股长轨条中的锁定轨温之差不得超过 5℃，曲线上外股长轨条锁定轨温不得高于内轨。

3）实际锁定轨温

在实际运营过程中，长轨条中的温度应力可能发生变化，实际锁定轨温也在发生变化。为适时准确地测定无缝线路的实际锁定温度，可采用钢弦位移尺测量钢轨位移，通过计算确定实际锁定轨温的变化。

测定时，在钢轨上每隔一定标距 L 粘贴位移观测标（通常 L 为 25 m 和 50 m），将长轨条上的扣件拆除，并抬上滚筒放散应力，使之处于自由状态，测量每一标距钢轨截面的伸缩量 Δl（伸长取正号，缩短取负号）。设无缝线路原实际锁定温度为 t_y，长轨条搁置在滚筒上处于自由状态的轨温为 t_0，则存在以下三种情况：

（1）$\Delta l-\alpha(t_0-t_y)L=0$，实际锁定轨温未变化；

（2）$\Delta l-\alpha(t_0-t_y)L>0$，实际锁定轨温降低；

（3）$\Delta l-\alpha(t_0-t_y)L<0$，实际锁定轨温升高。

实际锁定轨温变化量值 Δt 的计算式为：

$$\Delta t=\frac{\Delta l}{\alpha\cdot L}-(t_0-t_y) \tag{5-9}$$

无缝线路的养护维修作业安排以实际锁定轨温为依据，工务段安排养护维修作业时，可将测得的全年气温、轨温分布图输入计算机，按照无缝线路实际锁定轨温的高低，在计算机上制订作业安排计划。无缝线路施工必须使施工锁定轨温在设计锁定轨温的范围内，尽可能与零应力状态的轨温接近，而无缝线路养护维修则应加强锁定，并经常监视实际锁定轨温的变化，使实际锁定轨温保持在设计锁定轨温范围内。

3. 线路纵向阻力

当轨温变化时，钢轨两端的线路纵向阻力抵抗无缝线路的伸缩，线路阻力分为接头阻力、扣件阻力和道床纵向阻力。

1）接头阻力

钢轨两端接头处由夹板通过螺栓拧紧，产生了阻止钢轨纵向位移的阻力，称为接头阻力。接头阻力由钢轨与夹板之间的摩擦力和螺栓的抗剪力提供，为安全起见，我国铁路轨道的接头阻力仅考虑钢轨与夹板之间的摩擦力，其计算公式为：

$$R_j=ns=\frac{2nPf\cos\varphi}{\sin(\alpha+\beta)}\approx nP \tag{5-10}$$

式中 R_j——接头阻力，kN；

n——接头一端螺栓个数；

s——一个螺栓提供的摩阻力，kN；

P ——螺栓的拉力，kN。

2）扣件阻力

中间扣件和防爬设备抵抗钢轨沿轨枕面纵向位移的阻力，称为扣件阻力。为了防止钢轨爬行，要求扣件阻力必须大于道床阻力。

扣件阻力是由钢轨与轨枕垫板之间的摩阻力和扣压件与轨底扣着面之间的摩阻力共同组成的。摩阻力的大小取决于扣件扣压力和摩擦系数的大小。一组扣件的阻力为：

$$F = 2(\mu_1 + \mu_2)P \tag{5-11}$$

式中 P ——扣件一侧扣压件对钢轨的扣压力，kN；

μ_1 ——钢轨与垫板之间的摩擦系数；

μ_2 ——钢轨与扣压件之间的摩擦系数。

3）道床纵向阻力

道床纵向阻力是指道床抵抗轨道框架纵向位移的阻力。一般以每根轨枕的阻力 R，或每延厘米分布阻力 r 表示。它是抵抗钢轨伸缩、防止线路爬行的重要参数。

道床纵向阻力受众多因素影响，只要钢轨与轨枕之间的扣件阻力大于道床抵抗轨枕纵向移动的阻力，则无缝线路长钢轨的温度应力和温度应变的纵向分布规律将完全由接头阻力和道床纵向阻力确定。

5.1.3 无缝线路稳定分析

1. 保持稳定的因素

无缝线路保持稳定的因素包括道床横向阻力和轨道框架刚度。

道床抵抗轨道框架横向位移的阻力称为道床横向阻力，它是防止无缝线路胀轨跑道、保持线路稳定的主要因素。资料表明，稳定轨道框架的力，65％是由道床提供，25％由钢轨提供，10％由扣件提供。

轨道框架刚度是反映其自身抵抗弯曲能力的参数。轨道框架刚度越大，弯曲变形越小，是保持轨道稳定的因素之一。

2. 丧失稳定的因素

无缝线路丧失稳定的因素包括温度压力和轨道的初始横向弯曲。

由于温升引起的钢轨轴向温度压力是构成无缝线路稳定的根本原因，而初始弯曲是影响稳定的直接因素，胀轨跑道多发生在轨道的初始弯曲处。因而控制初始弯曲的大小，对保证轨道稳定有重要作用。

初始弯曲一般可分为弹性初始弯曲和塑性初始弯曲。现场调查表明，大量塑性初始弯曲矢度为 3～4 mm，测量的波长为 4～7 m。塑性初始弯曲占总初始弯曲的 58.33％。

3. 无缝线路胀轨跑道

无缝线路作为一种新型轨道结构，其最大特点是夏季高温季节在钢轨内部存在巨大的温度压应力，容易引起轨道横向变形。在列车动力或人工作业干扰下，轨道弯曲变形有时会突然增大，这一现象称为胀轨跑道，它会严重危及行车安全。

1）发生原因

（1）锁定轨温偏低

铺设无缝线路时，由于某种原因未按设计锁定轨温铺设，会造成低温锁定；或在合龙口时，因计划不周，钢轨长出一定值，采用撞轨办法合龙口，使钢轨在未锁定前就承受了预应压力，同样也相当于降低了锁定轨温。锁定轨温偏低，在高温时钢轨承受的温度压应力就会增大，线路易丧失稳定性，造成胀轨跑道。

在冬季，若发生固定区钢轨折断，断缝处温度力就会降为零，断缝两端钢轨收缩，形成断口。此时焊接修复，高温时会在断缝附近出现较大的温度压应力，易使线路丧失稳定，发生胀轨跑道。

（2）道床横向阻力降低

在维修时违章作业，如扒开道床过长、起道过高、连续松开扣件过多等，都会较大地降低道床的横向阻力，增加胀轨、跑道的危险性。

线路设备状态不良，如道床断面尺寸不足，轨枕盒内石砟不饱满、不密实、不清洁，尤其是轨枕头外露，都将严重地削弱道床横向阻力，造成胀轨跑道。

（3）轨道原始弯曲变形增大

长钢轨在运输和铺设过程中，因作业不当而引起的原始弯曲变形，其弯曲矢度越大，线路稳定性越低，轨道框架刚度也越低。实践证明，胀轨、跑道多发生在轨道原始弯曲处。

2）预防措施

（1）防胀工作是一项系统工程，并贯穿无缝线路的设计、施工、养护全过程，应做到设计优化、施工优质、养护精心。锁定轨温准确是无缝线路科学养护的基础，而要做到这一点，在设计时就要合理选定中和轨温和锁定轨温范围，焊轨厂在焊轨过程中要按照工艺要求准确投标，大修队在施工中要准确丈量轨长，准确合龙，按设计规定锁定线路，及时埋设爬行观测桩并做好观测标记。工务段要在精心养护线路的基础上，定期进行爬行观测和测标的取标测算，分析研究锁定轨温有无改变。

（2）要经常保持无缝线路设备状态良好，保证线路有足够的抵抗轨道弯曲变形的能力和稳定性。道床断面的几何尺寸应符合设计标准，并使道床保持丰满、密实、排水良好的状态。道砟一经松动要及时夯拍，尽快恢复道床阻力。

（3）无缝线路的维修计划应根据季节特点、线路状态、锁定轨温合理安排，高温季节不要进行影响线路稳定性的作业，冬季作业要注意钢轨长度变化引起锁定轨温下降。

（4）当气温达到 35℃及以上时，应加强添乘检查并增加巡道次数，认真监视线路方向变化，以便迅速采取措施。

（5）加强技术管理，建立无缝线路技术档案。工务段要以夏防胀、冬防断为目标做好技术管理和分析研究工作，应分别建立无缝线路设备图表和技术卡片，并依据春秋季设备检查资料及时补充修改。线路大修队要建立铺设无缝线路的技术资料表，对于联合接头的焊接、铺轨合龙、锁定轨温的核定等项，要如实记入表中，验交时移交工务段。

（6）凡发生胀轨跑道故障，工务段应及时派人赶赴现场，调查情况、查找原因、总结教训，提出防范措施。故障情况及处理结果应记入无缝线路技术档案。

3）故障处理

（1）无缝线路发生胀轨跑道时，首先应按线路故障防护办法设置停车信号防护，迅速采取降温、拨道等紧急措施，消除故障。

（2）发生胀轨跑道后，可采取浇水或喷洒液态二氧化碳等办法降低钢轨温度。轨温降低后方可拨道。拨道后必须夯拍道床，限速放行列车，并派人看守，待轨温降至接近锁定轨温时，再恢复线路和正常行车速度。

（3）采取降温措施后，仍不能恢复线路时，在地形许可情况下，可从跑道故障处两端向中间拨成半径不小于 200 m 的反向曲线，曲线间夹直线不得短于 10 m。如在双线地段拨道应满足线间距要求。拨道后限速 5 km/h 放行列车，并派人看守。

（4）困难条件下处理跑道，可以切断钢轨，松开扣件放散应力，然后用夹板和急救器加固，限速 5 km/h 开通线路。

5.2 无缝线路纵向力测试

无缝线路纵向力是铁路线路胀轨跑道和断轨的重要因素，铁路工务部门准确测定无缝线路钢轨中的纵向力是科学评估、管理和维护无缝线路的关键，也有利于保持轨道状态，确保列车运行安全。

5.2.1 温度应力测试难点

在对钢轨温度、位移和内力的测试过程中，只有内力是无法直接测定的。内力的测定必须通过应变（或其他物理量）转换间接获得。基于此，在测定无缝线路纵向力时，有以下三个难点：

（1）钢轨变形受到约束。扣件的阻力（不考虑松扣件方式）使得钢轨不能自由伸缩，钢轨变形受到约束。

（2）温度力与伸缩力难以区分。温度力与伸缩力同时作用在钢轨上，难以区分变形是由温度升高还是桥梁伸缩引起。

（3）锁定轨温变化。一般无缝线路测定的基准点是锁定轨温，无缝线路运营后，在轮轨作用下，锁定轨温降低。当锁定轨温降低时，钢轨纵向温度力测定结果会出现偏差。

5.2.2 无缝线路纵向力测定方法简析

目前，各国铁路广泛开展纵向力测定仪和测定方法的研究，提出的测定无缝钢轨温度应力的方法很多，归纳起来可分为应力法（如美国 Herzoy 公司推出的现场超声波钢轨检测系统、哈尔滨理工大学研制的磁巴克豪森效应检测系统等）、能量释放法（如横向加力法、提起钢轨法）、应变法（如应变计法、电容位移传感器法）和声测法四大类。

（1）直接测量钢轨变形法。这种方法是根据应力-应变原理来测量钢轨变形的。采用的仪器有机械应变仪、电阻丝变形计等。使用该法检测钢轨温度应力的前提是必须知道零应力（锁定）轨温，但由于钢轨锁定温度会发生变化，多数无缝线路长轨段的锁定轨温不易掌握。

（2）音响弹性测量法。根据应力使金属中的音速发生变化的现象进行纵向力的测定。

（3）钢轨振动法。通过测量钢轨的振动特性，测定钢轨的纵向力。

（4）声振法。英国铁路技术中心研究提出的声振法，是基于测力传感器中张丝的固有振动频率随钢轨温度纵向力大小而改变的原理。测力传感器直径 2.54 cm，检测时，须将钢轨开出略大于 2.54 cm 的孔，将传感器塞入。此法的缺点是会破坏钢轨的完整性，这对运营的无缝线路是不利的。

（5）巴克豪森法。巴克豪森效应是将磁场加于强磁性材料时，由于巴克豪森效应，在铁磁材料表面的检测线圈内会形成感应电脉冲信号，称为巴克豪森噪声。巴克豪森噪声因磁性体的应力状态而变化，检测出这种噪声变化就可计算出钢轨的纵向力。

（6）X 射线法。这项检测技术的物理基础是材料表面的晶面间隔会受应力的影响而改变，而这种极微小的表面间隔是可以用 X 射线测量出来的，从而得出钢轨的应力值。以往，X 射线法由于其检测仪器设备复杂庞大和笨重，而在应用范围上受到限制。但近年来，便携式 X 射线仪器的产生，使人们对它在钢轨应力检测方面的应用产生了兴趣。

（7）超声波应力测定仪。当轨温变化时，超声波传播速度会产生变化，可利用这一现象测定钢轨纵向力。虽然向钢轨纵轴方向输入纵波难度很大，但是其传播表面波较容易，可在钢轨的腹部安装容易拆除的卡具测定器（不宜在钢轨顶面，因列车长期运行，表面材质易硬化）。作为预先赋予的初始值，可用预先测定无应力状态（铺设前）长轨的超声波传播时间，则可通过测定锁定轨温铺设状态下的传播时间，计算钢轨纵向力。钢轨的拉应力越大传播速度越慢；压应力越小传播速度越快。超声波应力测定仪换算公式如下：

$$f \cdot C = \frac{t - t_1}{t_1} \tag{5-12}$$

式中 f——钢轨纵向应力，MPa；

C——声弹性常数；

t——无应力状态下超声波在长轨条中传播时间，s；

t_1——应力状态下超声波在长轨条中传播时间，s。

（8）导磁率测定法。利用应力使磁性体的导磁率发生变化的现象来测定钢轨纵向力。这一测定方法在德国和日本曾进行过研究，但因钢轨残余应力及轨道上的动力电流的电磁影响，很难测得纵向力的绝对值。国内北京交通大学教授经长期研究，采用测量磁性体的导磁率增量来确定无缝线路锁定轨温(钢轨应力处于零应力状态的轨温),从而排除上述钢轨残余应力等的影响,使该测定方法近于实用。

(9) 横向加力法。在平面或立面上施加集中力,测定钢轨挠度计算纵向力。在测试前将20～30 m长轨道的扣件松开,测量钢轨位移和施加于钢轨的提升力,根据钢轨位移和钢轨拉力的大小计算钢轨温度。

(10) 测标法。1982年刘兴汉工程师研究提出"标定轨长法",后经郑州铁路局和兰州铁道学院改进定名为"测标法"。测标法的基本原理是通过钢轨线膨胀系数将钢轨应变折合成相应的轨温变化幅度。用测标法计算确定锁定轨温的基本公式为:

$$T_0 = T + \frac{\Delta l}{\alpha L_0} \tag{5-13}$$

式中 T_0 ——钢轨处于零应力时的轨温,即锁定轨温,℃;

T ——钢尺测量时钢轨温度,℃;

Δl ——钢轨未能实现的伸缩量,mm;

α ——钢轨的线膨胀系数,mm·(m·℃)$^{-1}$;

L_0 ——测标距离,m。

这种方法因测量轨温与尺温有误差,钢轨与钢尺的线膨胀系数也稍有差异,因而有一定的误差,但适合现场单位使用。

根据纵向力或锁定温度的测定结果,若发现跨区间无缝线路因累积爬行导致纵向力分布不均,应及时安排应力调整或应力放散。

虽然目前有以上所列的一些纵向力测定方法,但还没有一种理想的方法和设备真正能在现场准确、简便地测试长钢轨中的纵向力。此外,对无缝线路胀轨跑道起决定性影响的不是某一钢轨截面上的纵向力,而是一定长度范围内的纵向力,所以目前世界各国仍在继续研究看似简单、实际很难的无缝线路长轨条温度力测定仪器。

5.3 锁定轨温衰减分析

5.3.1 锁定轨温衰减数据的统计分析

锁定轨温衰减是较普遍的现象,在一些无缝线路的经典书籍中亦有提及。广钟岩的《铁路无缝线路》(中国铁道出版社,1995年版)中提到了锁定轨温衰减的普遍趋势,一是衰减是普遍存在的;二是衰减量一般为8～10℃。

利用锁定轨温的监测案例来说明锁定轨温衰减的现象。

如表5-1所列,数据系原上海铁路局杭州线桥大修段于1999年3月—12月在沪宁线湾城站—石塘湾站(K162.0—K132.5)间进行机械更换Ⅲ型轨枕并同步中修施工过程中对锁定轨温的监测数据。该地段线路中,上行线为普通无缝线路,下行线为全长无缝线路。

表 5-1　　沪宁线锁定轨温衰减资料

序号	轨号	起讫里程	长轨长度 L/m				锯轨或预留轨缝长度 ΔL/mm		锁定轨温 T/℃				计算衰减量 ΔT/℃		第一次铺设时间	恢复旧长轨时间	备　注
			施工前		施工后				施工前 $T_{前}$		施工后 $T_{后}$						
			左	右	左	右	左	右	左	右	左	右	左	右			
1	214#	K161+116.290—K161+352.450	236.160	236.160	236.190	236.190	30	30	31.5	31.5	32.0	32.0	10.2	10.2	89.10.24	99.06.14	湾城站内两岔间，直线，未锯轨，预留轨缝 30 mm
2	212#	K160+256.080—K161+041.210	785.130	785.130	785.195	785.195	80	80	30.0	30.0	31.0	31.0	7.6	7.6	89.10.24	99.06.16	湾城站内，直线
3	210#	K158+569.000—K159+649.630	1 080.630	1 080.630	1 080.750	1 080.750	140	140	31.6	31.6	28.4	28.4	14.2	14.2	89.10.25	99.06.18	湾城—戚墅堰间，直线
4	208#	K157+029.570—K158+481.400	1 451.830	1 451.830	1 451.970	1 451.940	140	125	29.5	29.5	31.0	29.2	6.7	7.6	89.10.27	99.06.21	湾城—戚墅堰间，直线
5	206#	K156+455.770—K156+653.600	207.808	207.758	207.821	207.771	30	30	27.0	27.0	32.7	32.7	6.5	6.5	89.10.30	99.06.23	戚墅堰站内两岔间，曲线，未锯轨，预留轨缝 30 mm
6	204#	K155+301.150—K156+273.380	972.230	972.230	972.360	972.336	137	120	31.8	31.8	30.4	30.4	13.3	11.8	89.10.30	99.06.29	戚墅堰站内，直线
7	202#	K153+488.560—K154+823.700	1 335.170	1 335.110	1 335.279	1 335.279	140	140	33.6	33.6	31.4	31.4	11.1	11.1	89.11.2	99.07.07	戚墅堰—横林间，曲线
8	200#	K152+108.450—K153+413.480	1 305.030	1 305.030	1 035.170	1 035.170	140	280	30.1	30.1	30.3	33.1	8.9	15.2	89.11.3	99.07.09	戚墅堰—横林间，直线
9	198#	K150+776.350—K152+033.400	1 256.736	1 256.973	1 256.952	1 257.149	403	0	27.2	27.2	41.8	39.1	15.9	11.2	89.11.5	99.07.11	戚墅堰—横林间，曲线 R—4 000 m，换边后左股切 403 mm，拉伸量为 280 mm；右股空头缺口 240 mm

续 表

序号	轨号	起讫里程	长轨长度 L/m				锯轨或预留轨缝长度 ΔL/mm		锁定轨温 T/℃				计算衰减量 ΔT/℃		第一次铺设时间	恢复旧长轨时间	备 注
			施工前		施工后				施工前 $T_{前}$		施工后 $T_{后}$						
			左	右	左	右	左	右	左	右	左	右	左	右			
10	196#	K150+473.500—K150+701.250	227.874	227.674	227.685	227.885	35	35	30.8	30.8	35.0	35.0	8.8	8.8	89.11.4	99.07.11	戚墅堰—横林间，曲线 R—1 750 m
11	194#	K149+151.600—K150+123.500	971.900	971.900	972.040	972.040	140	140	32.9	32.9	33.5	31.5	11.6	13.6	89.11.6	99.07.16	横林站内，直线
12	192#—2	K148+189.250—K148+597.100	407.850	407.850	407.945	407.945	41	35	33.0	33.0	32.2	31.2	9.3	9.1	89.11.9	99.07.17	洛社—横林间，直线
13	192#—1	K147+253.180—K148+171.100	917.920	917.920	917.971	917.944	27	40	33.0	33.0	30.5	30.1	5	6.6	89.11.10	99.07.31	洛社—横林间，直线
14	190#	K145+759.730—K147+178.120	1 418.390	1 418.390	1 418.851	1 418.908	488	567	45.5	46.7	45.5	46.7	13.7	17.2	89.11.1	99.07.30	洛社—横林间，直线
15	193#—A	K152+617.650—K153+618.250			1 000.600	1 000.600	140	140	30.0	30.0	30.5	31.2	8.9	8.6	94.4.3	99.5.22	横林—戚墅堰间，直线，全长无缝线路
16	193#—B	K153+618.250—K154+898.680			1 280.430	1 280.370	120	170	30.0	30.0	30.0	30.0	7.9	7.9	94.4.3	99.5.25	横林—戚墅堰间，曲线，全长无缝线路
17	195#	K155+096.400—K156+528.440			1 432.049	1 432.040	160	150	31.2	31.2	30.6	30.1	8.6	8.6	94.4.2	99.5.21	戚墅堰站线，含 R、L 均相同的两反相曲线
18	197#—A	K156+942.100—K158+416.840			1 474.740	1 474.740	140	90	29.6	29.6	29.2	31.4	7.1	2.0	94.3.29	99.5.7	戚墅堰—湾城间，直线，未换边
19	197#—B	K158+416.840—K159+764.900			1 348.060	1 348.060	211	250	30.0	30.0	30.0	29.5	11.5	14.3	94.3.26	99.4.24	戚墅堰—湾城间，直线，未换边
20	199#	K160+151.560—K161+269.300			1 144.740	1 144.740	162	138	27.4	27.4	31.5	31.5	6.0	4.3	94.3.26	99.4.20	湾城站线，直线，未换边

说明：1. 锯轨：指锯缓冲区短轨。
2. 换边使用的钢轨，其左、右股衰减量是指第二次铺设后相对应的一股钢轨，与第一次铺设的左、右股表示方式相反。
3. 衰减量计算方法：$\Delta T = \Delta L/(0.011\,8 \times L) + (T_{后} - T_{前})$，公式中，$\Delta L$ 单位为毫米(mm)，L 单位为米(m)。
4. 由于下行线为全长无缝线路，因此施工时分段长度与原铺设时长度不尽相同，故施工前长度未列出。

此次施工的方法与主要作业流程为：用 25 m 连接轨换下旧长轨（含普通无缝线路地段的缓冲区短轨、换下的旧长轨暂放线路两侧）→机械铺设轨排以更换轨枕→清筛道床及起整线路→用旧长轨换下 25 m 短轨恢复既有钢轨状态。原上行线的普通无缝线路，恢复后亦为带缓冲区的普通无缝线路；原下行线的跨区间全长无缝线路，恢复后亦为跨区间全长无缝线路。实际施工中，为延长旧长轨的使用寿命，曾对大多数钢轨进行换边使用。由于施工后恢复的是既有旧长轨，因此，通过这一次施工，发现旧长轨在相同计算轨温的情况下，其长度比第一次铺设时均有一定量的增加，在第二次铺设时，通过对缓冲区短轨进行相应的切割或预留轨缝（全长无缝线路区段则直接切割长轨端部）的方法，以确保无缝线路铺设的锁定轨温满足处于25～37℃的设计及规范要求。

数据统计分析中，对上行线普通无缝线路的衰减量计算比较简单，在相同计算锁定轨温条件下，直接将钢轨的伸长量换算成锁定轨温衰减量；对下行线全长无缝线路，由于施工时对长轨的分段与第一次铺入时的分段不尽相同，因此伸长量是通过根据原锁定轨温资料和第二次铺入时切割既有轨后的长度进行比较，计算出相同计算锁定轨温条件下钢轨的伸长量，并换算成锁定轨温衰减量。统计结果如表 5-2 所列。

表 5-2　　锁定轨温衰减统计

序号	轨号	长轨长度/m	铺设时间	锁定轨温衰减量 ΔT/℃	
				左	右
1	214#	236.2	89.10.24	10.2	10.2
2	212#	785.2	89.10.24	7.6	7.6
3	210#	1 080.8	89.10.25	14.2	14.2
4	208#	1 452.0	89.10.27	6.7	7.6
5	206#	207.8	89.10.30	6.5	6.5
6	204#	972.4	89.10.30	13.3	11.8
7	202#	1 335.3	89.11.2	11.1	11.1
8	200#	1 035.2	89.11.3	8.9	15.2
9	198#	1 257.0	89.11.5	15.9	11.2
10	196#	227.7	89.11.4	8.8	8.8
11	194#	972.0	89.11.6	11.6	13.6
12	192#－2	407.9	89.11.9	9.3	9.1
13	192#－1	918.0	89.11.10	5.0	6.6
14	190#	1 418.9	89.11.1	13.7	17.2
15	193#－A	1 000.6	94.4.3	8.9	8.6
16	193#－B	1 280.4	94.4.3	7.9	7.9
17	195#	1 432.0	94.4.2	8.6	8.6
18	197#－A	1 474.7	94.3.29	7.1	2.0
19	197#－B	1 348.1	94.3.26	11.5	14.3
20	199#	1 144.7	94.3.26	6.0	4.3

以表 5-2 所示数据为基础，统计该案例中锁定轨温衰减的分布规律，如图 5-1 和表 5-3、表 5-4 所示。

表 5-3　　锁定轨温衰减量分布

衰减量/℃	分配值	分配值百分比/%
≥0～2	—	0
≥2～4	1	2.5
≥4～6	2	5.0
≥6～8	11	27.5
≥8～10	9	22.5
≥10～12	8	20.0
≥12～14	3	7.5
≥14～16	5	12.5
≥16～18	1	2.5
>18～20	0	0

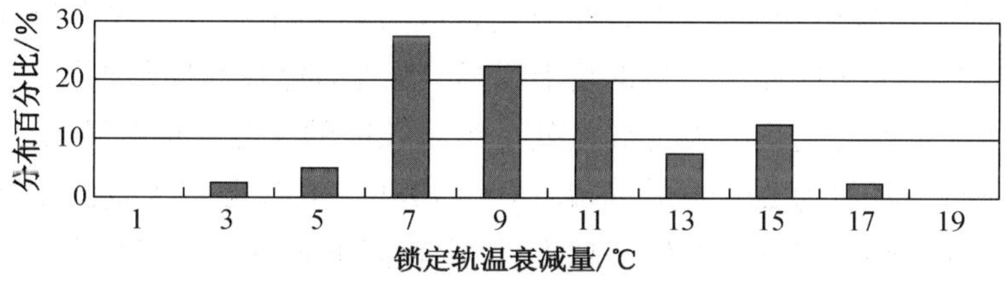

图 5-1　锁定轨温衰减量分布图

表 5-4　　不同铺设年段衰减量对比

统计项目	1994 年	1989 年
$\Delta T=\mu$/℃	7.98	10.48
均方差 σ^2	9.849	10.532
标准差 σ/℃	3.14	3.25
正态分布 ε	$\varepsilon=N(7.98, 3.142)$	$\varepsilon=N(10.48, 3.252)$

从图 5-1 可见，衰减量的 70%分布在 6～12℃，其中个别数据离 6～12℃这一区域较远，造成这一情况的主要原因是既有无缝线路恢复施工的特殊性导致原始数据测量存在相应的误差（如换轨小车与钢轨摩擦力的存在，曲线地段钢轨与橡胶垫摩擦力增加等）。因此，从总体趋

势上看，衰减量的大小基本服从正态分布。

从表 5-4 的对比统计中可以看出，钢轨铺设 10 年的衰减量平均值为 10.48℃，铺设 5 年的衰减量平均值为 7.98℃，两个年段衰减量标准差基本相同。基于此，可以认为锁定轨温在应力放散初期衰减现象较严重，随时间推移，逐步趋于稳定。

5.3.2 锁定轨温衰减的原因分析

钢轨在生产、轧制、使用过程中，其受力状态将发生变化，从而使钢轨的外形也随之发生变化，主要的表现就是钢轨的各种伤损、磨耗和变形等。钢轨的蠕变伸长是钢轨外观发生变化的一个方面，对钢轨的使用带来不利的影响。使钢轨产生蠕变伸长的原因较多，大致可分成以下三类：

(1) 钢轨在制造过程中产生残余应力，在使用过程中残余应力的分布变化导致钢轨长度的变化；

(2) 在列车荷载作用下钢轨处于交变受拉状态，产生受拉碾压伸长；

(3) 钢轨受温度拉应力作用产生蠕变伸长，以及其他因素对钢轨的受力及蠕变伸长产生的影响。

锁定轨温衰减的实质是长轨条因各种原因产生的缓慢的塑性伸长的结果。

1. 残余应力

钢轨在制造时产生残余应力，铺设后部分残余应力在列车运行过程中释放并导致其分布发生变化，致使钢轨发生塑性伸长。当钢轨上道后，在列车轮载的反复碾压下，钢轨内残余应力发生变化，纵向残余应力变化的表现形式就是钢轨长度的改变。钢轨纵向残余应力 ρ_{xx} 的释放使锁定轨温下降，下降值为 $\Delta t_r = \rho_{xx}/(\alpha E)$ (℃)，其中 α，E 分别为钢的线膨胀系数和弹性模量。残余应力释放越多，钢轨塑性伸长越大，锁定轨温下降越大。残余应力释放是钢轨初期蠕变伸长的主要原因，也是无缝线路锁定轨温下降的重要原因。

2. 塑性碾长

无缝线路铺设后，由于车轮的反复碾压，使轨顶表层产生塑性变形，从而导致钢轨产生伸长现象。但由于道床阻力和钢轨通过扣件与轨枕产生了摩擦力，使钢轨事实上无法伸长，结果导致钢轨受到了额外的压缩，并产生压应力，其效果便表现为锁定轨温的降低。

3. 塑性蠕变

金属在复合应力(拉力、压力或扭力等)的作用下，除发生瞬时变形外，还要发生缓慢而持续的变形的现象，称为蠕变现象。产生蠕变的主要原因是拉应力的作用。常温下的工程材料也会发生较小的蠕变，一般可忽略不计。

就无缝线路而言，由于长期处于温度拉应力(轨温低于锁定轨温时)和轮载作用钢轨变形拉应力等相互叠加产生的复合拉应力的作用下，而使钢轨产生的伸长量随着时间的延长而逐渐增加。理论研究表明，塑性蠕变也是影响锁定轨温衰减的重要原因，低温条件下的蠕变量服从于公式：$\varepsilon_\alpha = \varepsilon_0 + \alpha\log(at+1)$，式中，$\varepsilon_\alpha$ 是蠕变量，ε_0 是瞬时应变量，α 和 a 是依赖于温度和应力的两个常数。这种低温下的蠕变的最大特点是其速率随时间减小并渐趋稳定。这种蠕变也是无缝线路锁定轨温衰减的重要原因。

4. 温度力弹性势能衰减

从内热能和能量衰减角度分析，随着轨温及轮载应力的变化，由于无缝线路轨枕及道床阻力的作用，钢轨处于固定状态，无法自由伸缩。因此，钢轨只能随着温度及轮载应力的作用，始终处于拉伸应力及压缩应力做功与温度应力及轮载应力变形能在不断地相互能量转换的状态当中。能量在转换过程中必然存在衰减问题，其结果是变形趋势朝着与拉应力相抵消的方向发展，也就是钢轨受上述复合拉应力作用时的拉伸变形量逐渐变小，表现形式即为钢轨日趋变长，这也是锁定轨温的衰减现象。

5.4 无缝线路的焊接

无缝线路是通过焊接的方式将钢轨连为一个整体，从而消除传统线路的钢轨接缝，使其具有平顺性高、整体性强的特点，成为高速铁路轨道结构的首要选择。从无缝钢轨焊接技术问世至今，比较成熟的无缝焊接技术主要有闪光焊、气压焊、电弧焊和铝热焊。

5.4.1 闪光焊焊接技术

1. 闪光焊的原理

闪光焊焊接原理：先利用电流通过某一电阻时所产生的热量为热源，将待焊钢轨的端头熔化，然后施加顶锻力迫使焊面进行挤压，从而达到将两根钢轨焊接在一起的目的。当产生的热量较小时属于电阻接触焊；当产生的热量较大时属于闪光接触焊。从微观上观察两待焊钢轨的接触面是凹凸不平的，存在着很多凸点。因此，当钢轨端部由于电流流经电阻产生热量时，钢轨端部迅速被加热，并且那些凸点优先被加热烧化，形成金属“过梁”。进一步加热，“过梁”加速，“爆炸”形成金属火花从钢轨间隙中射出，这就是闪光。随着钢轨端部温度的升高，闪光就会愈来愈激烈，在闪光加热过程中，钢轨端部逐渐达到熔化温度。在高温下，同时迅速施加足够大的顶锻力，在该顶锻力的作用下，钢轨相接触的端面间就会产生塑性变形再结晶过程，最终使两根钢轨连接成为一个整体，形成焊接接头。

2. 闪光焊的设备

目前，应用于无缝钢轨焊接的闪光焊机有固定式和移动式两种类型。

1）固定式闪光焊机

我国所使用的固定式闪光焊机主要有瑞士 SCHLATTER 公司研制开发的 GAAS80 型固定式闪光焊机（图 5-2），乌克兰巴顿焊接研究所开发研制的 K190 型（图 5-3）、K1000 型固定式闪光焊机，瑞典伊萨公司自主开发研制的 ZFR 型固定式闪光焊机和我国铁道科学研究院与西南交通大学联合研制的 UN-200 型固定式闪光焊机。

图 5-2　瑞士 SCHLATTER 公司研发的 GAAS80 型闪光焊机

图 5-3　乌克兰巴顿焊接研究所研制的 K190 型闪光焊机

2）移动式闪光焊机

移动式闪光焊机主要有瑞士 SCHLATTER 公司研制开发的 AMS 系列移动式闪光焊机（图 5-4），乌克兰巴顿焊接研究所开发研制的 K355、K920、K922 等型号的移动式闪光焊机（图 5-5）和我国西南交通大学研制的 UN5-150Z 型移动式闪光焊机。

图 5-4　瑞士 SCHLATTER 公司研发的 AMS60 型移动式闪光焊机

图 5-5　乌克兰巴顿焊接研究所研制的 K922 型移动式闪光焊机

闪光焊焊接作业线还应配置的辅助设备有焊前钢轨矫直机、锯轨设备、轨端除锈设备、钢轨闪光对焊设备、焊后钢轨矫直机、轨头焊缝精磨机以及焊接接头热处理装置等。

3. 闪光焊工艺流程

1）固定式闪光焊工艺流程

固定式闪光焊的工艺流程为：钢轨焊前检查→矫直钢轨→焊前除锈→焊接和推凸→粗磨→正火处理→接头焊缝的矫直→外形精整及平直度检验→焊后钢轨轨头平直度检验→超声波探伤→焊接接头编号。

（1）钢轨焊前检查。在进行钢轨焊接之前必须对两根待焊钢轨进行检查。首先，检查钢轨的钢种和该钢轨的轧制方法，对于钢种不同和轧制方法不同的钢轨之间是不能够进行焊接操作的。其次，对于有严重锈蚀、裂痕等损伤和存在夹渣、缩孔、偏析等缺陷的钢轨要将缺陷截断去除。最后，测量两根待焊钢轨的有效长度、钢轨轨头的宽度以及钢轨的高度。

(2) 矫直钢轨。在进行钢轨焊接前，需要对两根待焊钢轨的垂直面和侧工作面进行矫直。矫直的重点在于：对距离轨端 1 m 范围内进行矫直，并用长为 1 m 的直尺进行检查(检查标准：其矢量度≤0.5 mm)。

(3) 焊前除锈。在进行焊接操作之前，要对矫直后的待焊钢轨进行除锈处理。通常采用除锈打磨机进行除锈。首先，要进行端面除锈，除锈范围：去除距离待焊钢轨轨端 650 mm 以内的铁锈。其次，采用砂轮打磨机对待焊钢轨轨腰两侧的内表面进行打磨，打磨范围：以待焊端面为基准，沿着钢轨长度方向 650 mm 以内。打磨标准：打出金属光泽，如果遇到轨腰存在钢号符号的情况，必须将之磨平。轨腰打磨面积与导电钳口接触部位的面积不小于接触面的 80%，对母材的打磨量应≤0.2 mm。已除锈打磨后的打磨面要在 24 h 内进行焊接，超出 24 h 要重新进行打磨，如果打磨后有油、水、污垢污染时，必须重新进行打磨处理。

(4) 焊接和推凸。钢轨焊接过程分为四道工序：固定→加热→顶锻→推凸。待焊钢轨在进入焊机之前，必须检查焊接前处理情况及除锈的工作质量，如果发现焊前处理不合格，要将待焊钢轨退出焊机重新进行焊前处理。进行待焊钢轨固定时，通常预留 1～2 mm 的焊缝，如果轨缝过大则要进行调整。焊缝的位置以去瘤刀的刀面为基准，将待焊钢轨外露 25 mm。在待焊钢轨被固定后，焊机将进入自动焊接程序。在焊机进行焊接的过程中，要求各操作人员不得离开操作岗位，且要认真观察焊机工作状况，如此可以随时应付各种紧急情况或异常情况的出现，并及时采取相应的措施进行处理，如果需要停止焊接，要立即关闭焊机。

(5) 粗磨。粗磨的作用：去除轨头顶面、轨头两侧面、轨底角上表面、轨底角底面的残留和毛边。粗磨标准：保留轨顶面圆弧部分的形状，避免打磨过量；要保持粗磨后的表面光整、平顺，不出现发黑、发蓝现象；打磨过程中，砂轮片不得跳动。

(6) 正火处理。正火处理时，要等钢轨焊头的温度低于 500℃时再进行重新加热；一般情况下，轨头加热的表面温度要低于 950℃，轨底角加热的表面温度要高于 820℃。通常采用测温仪对正火加热时的温度进行测量，并对已测量的正火温度进行记录。

(7) 接头焊缝的矫直。正火处理后，待接头焊缝的温度降至 400℃以下时进行矫直作业，其作用是矫直接头焊缝的平直度偏差。

(8) 外形精整及平直度检验。在进行外形精整作业之前，要对焊缝两侧 450 mm 范围内钢轨的水平、垂直两个方向的直线度进行测量，然后以适当的打磨进给量对轨面和工作边进行打磨。打磨标准：打磨范围内，轨顶面及其圆弧部分的直线度为 0.3 mm/m，轨头内侧工作面的直线度为±0.3 mm/m，轨底的直线度为 1.0 mm/m，非工作面的直线度为 0.7 mm/m。

(9) 焊后钢轨轨头平直度检验。对于焊后的钢轨接头，其外观质量不能存在各类缺陷。检验标准是：纵向打磨平顺、不能出现低接头、轨头及轨底角上表面要平顺、钢轨母材打磨量要小于 0.2 mm；轨顶面及其圆弧部分的直线度为 0.3 mm/m，轨头内侧工作面的直线度为

±0.3 mm/m，轨底的直线度为 1.0 mm/m，非工作面的直线度为 0.7 mm/m。

（10）超声波探伤。焊接过程结束，待接头焊缝的表面温度降至 50℃以下后，要对焊缝进行超声波探伤检查。一旦发现过烧、光斑等缺陷，要将焊缝切除重新进行焊接。

（11）焊接接头编号。进行编号之前，要对接头焊缝前方 2 m 处的轨腰进行表面除锈，然后先在除锈表面上涂抹防锈漆，再在防锈漆上涂抹白色油漆进行标号。标号时，字迹要清晰、端正并且能够长期保持。

2）移动式闪光焊工艺流程

移动式闪光焊的工艺流程为：焊前设备检查→钢轨焊前钳口及轨端打磨→钢轨对正→接头焊接→推瘤→焊缝正火→接头调直及打磨→焊缝探伤→焊缝验收。

（1）焊前设备检查。焊机的保养和维修必须符合焊机及附属设备保养维修规程，并制定相应的安全操作规程，严格执行。焊机的各项参数经焊接型试验确定后，经监理认可，不得随意改动。操作者在开机前，应对焊机主机、液压系统、冷却系统及发电机组进行全面检查，确保焊机一切正常后方可进行焊接作业。

（2）钢轨焊前钳口及轨端打磨。松开扣件，当轨缝太大时用液压拉轨器拉轨。将钢轨头部用垫木支垫，对钢轨端面和轨腰钳口夹持处进行打磨，轨腰打磨位置为距轨端100～350 mm 范围内，经打磨的表面要见金属光泽，不得有锈斑。如此范围内有凸出的厂标、字母等符号必须用砂轮机磨平。

（3）钢轨对正。利用自制吊轨支架吊起钢轨，利用吊轨支架的上下、左右移动来完成钢轨的对正。钢轨对正后用机头钢轨夹紧装置夹紧钢轨，在夹紧钢轨的同时对准系统能将两根钢轨沿钢轨中轴线对中，对准精度为 0.3 mm。操作人员用手摸的方式检查钢轨的上下方向是否对正，如没有对正，松开夹钳重新对正。

（4）接头焊接。钢轨经可靠的夹紧、对中后，调整轨缝约 2 mm，便可开始焊接。焊接由可编程控制器自动控制焊接电流、电压、位移、压力等参数，焊接时间约 2 min，焊接完成后焊机自动完成推瘤。计算机组成的焊接数据采集系统采集焊接过程的全部技术数据，绘出焊接参数曲线图，通过对技术数据进行分析，自动判断焊接是否合格，如焊接不合格须锯轨重新焊接。焊接参数通过打印及硬盘保存的方式，保证每个焊接接头焊接数据的可追溯性。

（5）焊缝正火。待焊缝温度冷却到 500℃以下，对焊缝进行正火处理。正火温度为 850～900℃。正火温度采用红外线测温仪进行温度控制，同时做好正火记录。

（6）接头调直及打磨。待焊缝正火完成后，温度降低到 300℃以下时，对钢轨进行调直，要求在焊缝两侧各 500 mm 范围内，水平及垂直方向的作用面直线度每米不大于 0.3 mm。利用仿形打磨机打磨焊接接头的轨顶面各侧面。轨头、轨底上圆角在 1 m 范围内应圆顺，不允许横向打磨，母材打磨深度不超过 0.3 mm。焊接接头在轨底上表面焊缝两侧各 150 mm 范围内及距两侧轨底角边缘各为 35 mm 的范围内应打磨平整。焊缝两侧各 100 mm 范围内不得有明显压痕、碰痕、划伤缺陷，焊接接头不得有电击伤。打磨时不能使钢轨“发蓝”。打磨时若温度过高，要适当暂停打磨，待温度适宜时再进行打磨。

(7) 焊缝探伤。钢轨冷却到50℃以下时对钢轨焊接接头进行探伤,焊缝探伤方法分为目测和仪器检测。焊缝表面的缺陷主要有电击伤、划伤、碰伤等,可以通过目测判断。焊缝内部的缺陷主要有过烧、灰斑、夹杂、未焊透等,可以通过仪器进行探伤。探伤前,首先对工件表面进行处理,使其达到表面无锈蚀、斑点、氧化层、油和焊接溅射物等污物存在,表面光洁度通常要求在▽6以上,这样才可以保证探伤的准确度,并保护探头。

(8) 焊缝验收。焊缝探伤合格后应检查其外观尺寸,用一米直尺测量钢轨焊头的不直度,应满足:轨顶几何偏差为0～+0.3 mm;轨头内侧工作面几何偏差为0～+0.3 mm;轨底几何偏差为0～+0.5 mm。

4. 闪光焊的优点及存在问题

1) 闪光焊的优点

闪光焊的焊接热源来源于工件的内部,这就使该方法具备了以下优点:①热量集中;②加热时间短;③焊接过程中不需要填充金属,冶金过程比较简单;④热影响区较小;⑤接头焊缝质量较好。

该方法已经采用自动化生产,焊接过程中其焊接工艺参数易于控制和调整,工艺稳定,生产效率高。

2) 闪光焊存在的问题

无缝线路焊接过程中,采用闪光焊焊接的焊缝数量最多。通常,采用闪光焊焊接技术进行钢轨的焊接,其焊缝的质量比较稳定,出现的问题较少,但是由于某些偶然的因素,同样会引起焊缝质量的不稳定,出现焊接缺陷等。采用闪光焊进行焊接存在的问题通常有以下几个方面:

(1) 旧焊机的使用。由于长期使用,旧焊机的维修和配件若更换不及时,会使得这些旧的焊机不能正常地进行工作,导致接头焊缝的综合性能下降,并由此引起焊缝质量的不稳定。

(2) 新型焊机的引进。新的焊机性能不够稳定,操作工人若对新型焊机的性能不能完全掌握,对影响焊缝质量的各个参数不够熟悉,则会导致焊缝的焊接质量不易控制。

(3) 配套设备的使用。如果与焊机配套使用的精磨机等辅助设备不能正常使用,同样会引起焊缝质量的不稳定,如外观及质量达不到焊缝标准等。

(4) 电弧击伤。如果焊接过程中在待焊钢轨与焊钳接触部位的底部出现电弧击伤,那么在电弧击伤处将形成马氏体组织,进而形成裂纹,引起钢轨的断裂。

(5) 焊接参数的选择。如果焊机的焊接参数选择不恰当,则会直接造成闪光过程的不稳定、烧化强度不够、顶锻力欠缺、顶锻速度过低等现象的出现,最终导致焊缝出现焊接缺陷。

5.4.2 气压焊焊接技术

1. 气压焊的原理

钢轨气压焊焊接原理:钢轨气压焊实质上属于锻焊,使用压接机将两根待焊钢轨进行固定夹紧,然后利用氧气和乙炔燃烧产生的火焰对两根钢轨紧密贴合的清洁端面进行加热,加热至塑性状态,当金属原子具有足够的"活化能",能够穿过贴合面互相急剧地扩散时,立即对贴合面施加顶锻压力。高温高压下施加足够大的挤压顶锻力，将两根待焊钢轨间的距离缩短到原子之间的相互作用半径，达到分子间的金属键连接，完成重结晶，从而可以使两根待焊钢轨牢固地焊接在一起，得到锻态金属组织的钢轨接头焊缝。

2. 气压焊的设备

目前，在轨道铺设现场普遍采用的是国产的小型移动式气压焊机。在使用过程中是人工对轨，需要操作工人凭经验观察加热状况。因此，气压焊会严重受人为因素的影响，焊出的接头焊缝很容易出现错口及其他的接头焊缝缺陷。为了消除人为因素对焊缝质量的影响，我国已经研制出数控气压焊焊接技术。该技术对钢轨气压焊的热输入量进行恒值控制，对顶锻量进行恒位移控制，对顶锻力、顶锻速度采取柔性控制，对焊接过程和焊接质量采取优化控制等，基本上已经消除人为因素对焊接质量的影响，显著提高了接头焊缝的质量，且焊接质量稳定，但是目前还不能够消除加热温度不均匀的影响。数控气压焊机的特点有：设备本身体积小、质量轻、不占道且移动非常方便；对不同型号的钢轨，其型式试验周期短。该设备非常适用于既有线路提速、无缝线路现场焊轨工程。

(1) 气压焊的主要焊接设备：压接机(包括推凸装置)、加热器、控制箱、水冷装置、高压电动泵站。

(2) 气压焊的辅助设备：直轨器、除瘤割炬、端磨机、顶磨机、氧气瓶、乙炔瓶及发电机组等。

3. 气压焊的工艺流程

气压焊焊接的工艺流程如图 5-6 所示。

4. 气压焊的优点及存在的问题

1) 气压焊的优点

气压焊接方法的优点有：接头焊缝区域内没有铸造组织；焊缝不存在夹杂物和气孔等缺陷；焊后可以将接头焊缝与母材同时进行相同的热处理。采用气压焊进行钢轨焊接的过程中，其温度梯度不大，因此，该种焊接方法对裂纹的敏感性极小。但是，采用气压焊焊接技术进行钢轨的焊接，对于待焊钢轨焊前端头的处理要求较高。

2) 气压焊存在的问题

采用气压焊焊接技术进行无缝钢轨的焊接时，对于待焊钢轨端面处理的要求是十分严格的。由于气压焊的焊接工艺受诸多人为因素的影响，焊缝的

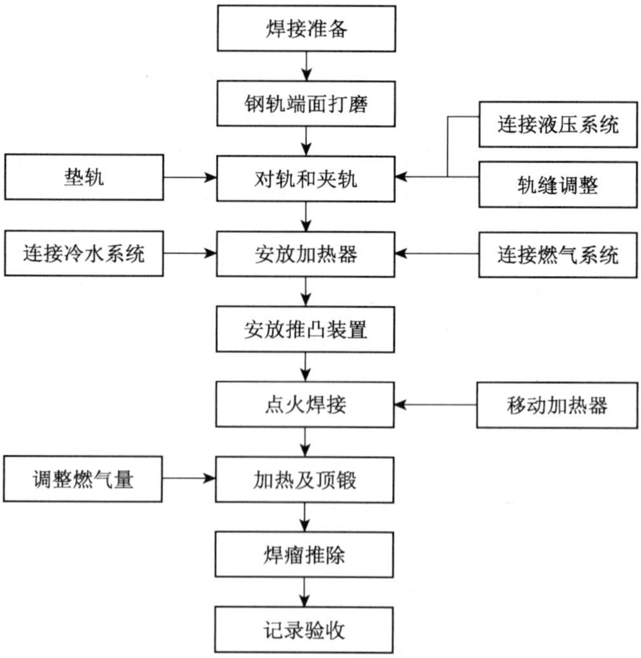

图 5-6 气压焊焊接的工艺流程

质量波动较大，不易控制，一般只用于进行轨道铺设现场长轨条间的焊接。气压焊焊接存在的问题有以下几个方面：

（1）就焊接设备而言。目前生产气压焊机的厂家多而杂，所以设备本身存在的问题就比较多，不易统一。有时会因为设备本身出现问题而影响焊缝的焊接质量，如压接机发生变形或加热器发生回火等。

（2）就焊接工艺而言。气压焊的焊接工艺十分复杂。通常气压焊焊接是在露天进行的，因此受环境的影响很大。焊接过程中容易出现加热不均匀、顶锻偏载、接头焊缝发生变形等情况。在拉伸、放散、焊接等综合施工中，会出现因顶锻力不足而导致的“假焊”现象。

（3）就人为因素而言。气压焊在焊接过程中，人为因素的影响很大。目前，采用气压焊焊接技术进行钢轨焊接时，待焊钢轨的端面打磨、钢轨接头的对齐、对加热火焰的观察、加热器的摆动量、顶锻量等工序都是由焊工人为操作的，这就很容易造成接头焊缝存在焊接接头错口、未焊透、光斑、过烧、轨底角凹陷、粗晶组织、裂纹等缺陷。

（4）就焊工自身的操作技能而言。如果焊接工人的质量意识不强，操作不规范，没有严格执行制定的焊接工艺标准，对气压焊的关键技术不能很好的掌握等，都会出现焊缝的质量问题。

5.4.3 电弧焊焊接技术

1. 电弧焊的原理

焊条电弧焊的焊接回路由弧焊电源、电缆、焊钳、焊条、电弧和焊件组成。焊条电弧焊主要设备是弧焊电源，它的作用是为焊接电弧稳定燃烧提供所需要的、合适的电流和电压。焊接电弧是负载，焊接电缆连接电源与焊钳和焊件。

电弧焊焊接原理是：分别以电焊条或电焊丝与待焊钢轨作为两个电极连接，然后再将电焊条或电焊丝与待焊钢轨的端面接触，所产生的瞬间电弧电热将钢轨的端面金属熔化，在液态金属冷却后形成对焊接头，将两根待焊钢轨焊接在一起。该种焊接方法属于熔化焊方法的一种。

2. 电弧焊的设备

1）焊接材料

电弧焊就焊接材料而言主要有焊条和引弧块。

（1）焊条：采用电弧焊进行焊接时，总共分为四个焊接阶段进行。如图 5-7 所示，其中 1—4 为焊接顺序阶段。为保证焊接接头的强度和韧性，第 1 阶段、第 2 阶段和第 4 阶段使用直径为ϕ4 mm 的 TYD380 焊条；考虑第 3 阶段轨腰和轨头焊接的连续性并提高焊接效率，轨腰、轨头采用 ϕ5 mm 的 TYD380 焊条。

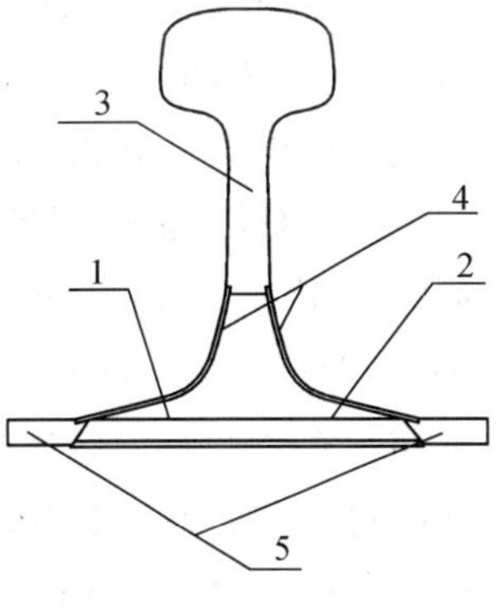

1—打底焊；2—轨底焊；
3—轨腰、轨头焊；
4—底盖焊；5—引弧块

图 5-7 电弧焊焊接顺序

（2）引弧块：如图 5-7 中序号 5 所示。通常引弧块的材料为低碳钢或低合金钢，尺寸为 25 mm×25 mm×12 mm，数量为 4 块。安放位置：位于轨底两端；作用：保证引弧、收弧不在焊缝上，保证轨底焊缝质量。

2）焊接工装夹具

电弧焊就焊接所需工装夹具而言，主要有模具和卡具。

（1）模具：进行电弧焊接时采用的是铜合金模具，其中轨头、轨腰、轨底各1套，总共3套，安装位置如图5-8所示。轨腰模具随钢轨型号的变化而变化，其余2套模具则不变。

（2）卡具：进行电弧焊接时所采用的卡具的规格、尺寸需要根据焊接时所采用的模具的要求进行设计，其作用是：固定轨头和轨腰模具。每个接头至少需要轨头、轨腰卡具各1套。

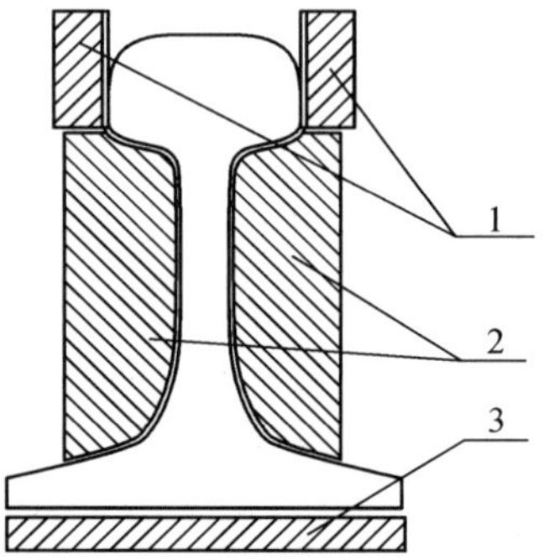

1—轨头模具；2—轨腰模具；
3—轨底模具

图5-8　焊接模具

3）焊接设备

电弧焊就所需焊接设备而言，进行电弧焊焊接时，焊机所用电源为直流电源，其电流$I \geqslant 300$ A，250 A暂载率≥80%。焊接过程中需要2把专用焊钳，施焊时轮换使用，以免焊钳过热。TYD 380为低氢焊条，焊前必须在350～400℃下烘干1～2 h。搁置4 h以上时，需要将其放入烘箱重新烘干，并存放于烘箱内准备随时取用。在焊接前需要使用1台手提角向砂轮机对钢轨端面进行打磨，焊后需要1台磨光机对焊缝进行打磨。焊前需要使用测温仪进行钢轨轨温的测量；焊后需要使用探伤仪进行焊缝的探伤。

4）焊接所需工具

焊接过程中生成的焊渣要随时敲掉剔除，要完成这道工序需要使用手锤、锯条、凿子、螺钉旋具等工具。焊接工人进行焊接操作时需要配备焊帽、手套、皮鞋等劳保用品。

3. 电弧焊的工艺流程

电弧焊焊接工艺流程为：钢轨焊前处理→对轨→焊前预热→焊接（打底焊→轨底焊→轨腰、轨头焊→底盖焊）→焊后热处理→焊后轨头打磨→探伤。

（1）钢轨焊前处理：两根待焊钢轨在进行焊接前要进行端面清理，即把端面的铁锈、氧化层、污迹等表面缺陷清理掉，并且采用钢丝刷对钢轨的侧端面进行清洁。待焊钢轨的端面不得采用气割的方法获得，对轨端的尺寸要求是：垂直公差为±1.0 mm。

（2）对轨：钢轨间进行对轨时的标准是：上下对正，左右对齐；无高低接头，无左右错口。通常采用1 m长的直尺以焊缝为中心进行检查，保证焊缝踏面处的起拱量δ在0.5～1 mm范围内，两根待焊钢轨的轨底角应对齐，如果钢轨有误差，则相差量应左右平均设置。将16 mm卡块放在轨底缝中以保持L尺寸一致，既可稳定工艺，又能减小焊后形变。如果预留的焊缝间隙过大，则会加大焊接时间，同时焊接过程中熔渣也不易排除；相反，如果预留的焊缝间隙过窄，焊材与钢轨熔合不良，则接头力学性能会下降。

（3）焊前预热：首先将轨底模具固定在待焊钢轨预留间隙的轨底部位，然后将接地电缆分别连接到待焊钢轨的两端接头部位。进行接地电缆连接时要压紧，避免打火。如果出现打火，必须重新连接。接地良好可以防止打底焊接时出现偏吹现象。

(4) 焊接:按照顺序分为 4 个阶段:打底焊→轨底焊→轨腰、轨头焊→底盖焊。

(5) 焊后热处理:进行电弧焊接热处理时,采用火焰或电加热器将接头焊缝部位均匀地加热至 650℃以上,保温 10 min 后进行缓慢冷却。加热过程中要使用测温计对接头焊缝处的温度进行测量。焊后进行热处理的目的是:消除焊接过程中因为变形而产生的内应力和局部脆化组织。

(6) 焊后轨头打磨:当钢轨接头焊缝冷却到常温后,要使用手提砂轮机针对焊缝凸起和钢轨的纵向平直度进行打磨。

(7) 探伤:将接头焊缝打磨完成后,要进行探伤检测。这样有助于发现焊缝中存在的焊接缺陷,当发现有严重缺陷时,要将焊缝切除掉重新进行焊接。

4. 电弧焊的优点及存在问题

1) 电弧焊的优点

采用电弧焊进行无缝钢轨的焊接,优点在于设备简单、操作方便、投资小、节约能源等。

2) 电弧焊存在的问题

(1) 采用手工电弧进行钢轨焊接时,焊缝质量受焊接工人操作技能水平的影响较大。

(2) 有时为了加快施工进度,在进行焊接作业的同时进行对轨作业,这会使得焊接过程中的钢轨出现震动,如此可能会导致正在焊接的焊缝产生裂纹,当出现这一现象时,要将接头切除,重新焊接,否则会对行车留下安全隐患。

(3) 目前,尚无制定有关钢轨电弧焊接头焊缝探伤的统一标准。

5.4.4 铝热焊焊接技术

1. 铝热焊的原理

铝热焊焊接的基本原理是:将备好并按要求已调整好焊缝宽度的两根钢轨定位,再将配制好的铝热焊剂(铝+氧化铁+添加剂)在坩埚内点燃使之发生氧化还原反应,反应生成的高温铝热钢水通过特别设计的砂型浇注系统注入到由砂型和待焊钢轨组合形成的型腔内,由高温钢水带来的热量将部分待焊钢轨的端面熔化,再经过冷却凝固将待焊钢轨联成一个整体,从而达到修复断轨的目的。

2. 铝热焊的设备

(1) 焊接耗材准备:焊剂、砂型、封箱泥、高温火柴、坩埚、丙烷、氧气。

(2) 焊接工具准备:预热器、氧气减压表、丙烷减压表、高温气带、角磨机、钢丝刷、卡具、对轨专用平尺、多用棍、接渣斗、秒表、对轨器、拉伸器、推瘤机、打磨机、锯轨机。

(3) 施工材料、工具和设备准备:待焊接的钢轨、轨枕扣件和垫板、锯轨机的专用锯片、打磨机的专用打磨砂轮、撬棍、活动扳手、轨道扳手、大锤、手锤、钢卷尺、轨温计、劳保用具、其他施工用具。

3. 铝热焊的工艺流程

铝热焊焊接的工艺流程如图 5-9 所示。

4. 铝热焊的优点及存在问题

1）铝热焊的优点

钢轨铝热焊焊接技术是一种填充金属的焊接方法，其接头焊缝为铸造组织。在采用铝热焊焊接技术进行钢轨焊接的过程中不存在顶锻过程，在焊接前后，钢轨不会缩短，因此用于锁定焊接时，在保证设计锁定轨温方面，比气压焊和移动闪光焊更方便。其特点在于：接头焊缝的外观质量容易保证；焊接设备简单、便于操作、无需电源、焊接速度快，因此特别适合进行野外现场作业，且可同时组建多个作业组。

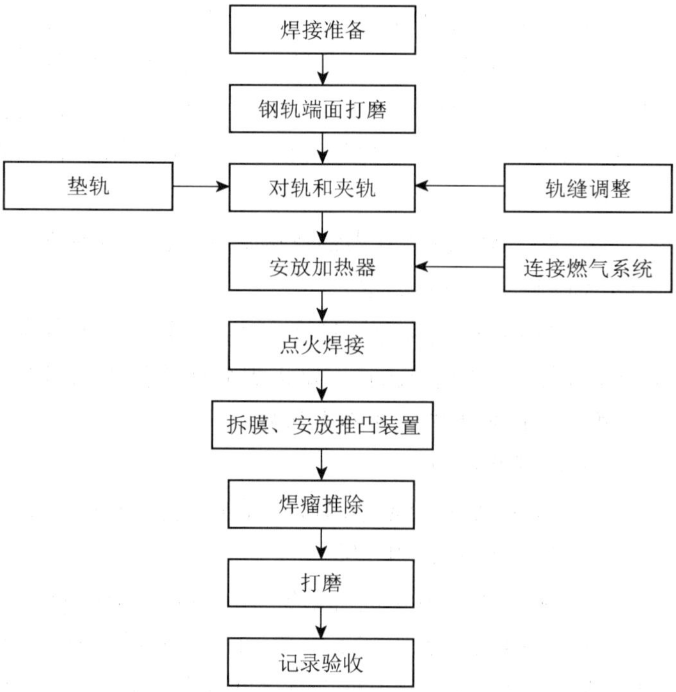

图 5-9 铝热焊焊接工艺流程图

2）铝热焊存在的问题

采用铝热焊焊接得到的钢轨接头焊缝，其组织结构为铸态组织，强度低，质量欠稳定，断头率高，综合性能较差。因此，铝热焊接头的焊缝是无缝线路的薄弱环节，特别是当焊接工艺选择不当时会产生焊接缺陷，将会更加容易出现接头焊缝的早期伤损和折断，严重时会危及行车安全。

铝热焊存在的主要问题包括以下三个方面：

(1) 焊剂是钢轨铝热焊的主要消耗材料。铝热焊剂质量的好坏会直接影响接头焊缝的质量。若国产焊剂质量不过关，则会导致接头存在损伤，造成低接头，引起焊接接头断裂。

(2) 目前，我国没有统一的钢轨铝热焊接头焊缝技术标准以及探伤工艺标准，无法有效地控制和检查铝热焊接头焊缝的质量。

(3) 进行轨道现场钢轨焊接时，若线路封锁时间短，焊接时间不足，焊后没有足够的时间冷却，接头焊缝未达到规定的温度就开通线路，则会直接影响接头焊缝的质量，进而造成接头焊缝处轨头踏面早期不平顺。

5.5 无缝线路的评估与修理

5.5.1 无缝线路的质量状态评估

运营过程中的无缝线路经常处于安全与破坏的中介状态。对这种有差异的中介过渡状态，应该用什么方法进行评价，国内外对此没有统一的认识。本节所介绍的无缝线路质量状态的评判方法，来自我国无缝线路专家卢耀荣研究员所著的《无缝线路研究与应用》一书中的内容，利用模糊数学中的综合评判原理对无缝线路质量状态加以分析。

1. 评判因素与隶属函数

1）评判因素

无缝线路质量状态评判所选择的因素，是以与无缝线路的安全管理、胀轨跑道和钢轨折断相关联的诸因素作为评判因子，一般选定以下 6 项评判因素组成无缝线路质量状态评判的集合 U。

U ={线路方向（μ_1），焊接接头质量（μ_2），道床断面及横向阻力（μ_3），线路纵向位移（μ_4），焊接接头外观（μ_5），扣件扭力矩（μ_6）}

各评判因素的样本是以每段或每一单元轨条为单位，其平均长度为 1 km，而质量状态的评判则以一个工区管辖的线路为单位。就每段或每一单元轨条而言，每一个评判因素均存在品质的差异。若对每一评判因素给出一个定量评语，那么 6 项评判因素的评语就组成评语集合。

$$V=\{优(V_1),良(V_2),合格(V_3),差(V_4)\}$$

2）隶属函数的选择

评判因素的外延是不确定的，即具有模糊性，如实际线路方向总是介于顺直与臌曲之间，这种中介状态的定量表征则为隶属度，而隶属度的数学描述则为隶属函数。下面介绍各评判因素的隶属函数选择及隶属度计算。

（1）线路方向

决定线路方向偏差有两个参变量——轨道弯曲波长 l 和弯曲矢度 f。从无缝线路稳定性角度考虑，可用矢长比 $i(i=f/l)$ 来反映弯曲波长 l 与矢度 f 对无缝线路稳定性的影响。根据《铁路线路修理规则》规定，轨道静态几何尺寸容许偏差的验收评分标准为，用长 10 m 弦测量得最大矢度为 3 mm；无缝线路无论作业中或作业后，发现方向不良，用长 10 m 弦测量，两股钢轨的方向偏差平均值达到 10 mm 时，必须设置列车慢行信号，并采取措施防止无缝线路胀轨跑道，以此作为线路方向故障处理标准。根据以上规定，将 1 km 线路范围内最大矢长比 i 小于或等于 0.3‰作为优良轨道状态的标准，将 1 km 线路范围内出现最大矢长比 i 大于或等于 1‰作为不合格的轨道状态的标准。可选用式(5-14)的隶属函数计算线路方向隶属度。

$$\mu_1(i)=\begin{cases}\dfrac{1}{1+[a_1(i-C_1)]^{b_1}} & i>C_1\\ 1 & 0\leqslant i\leqslant C_1\end{cases}\tag{5-14}$$

式中 i——在每段或每一单元轨条范围内，实测所得方向偏差最大矢长比，‰；

C_1——优良无缝线路的线路方向偏差矢长比控制值，$C_1=3\times10^{-4}$；

a_1，b_1——线路方向隶属度计算系数，$a_1=1.75\times10^3$，$b_1=1$。

（2）焊接接头质量

根据有关统计，当累积通过总重超过 200 Mt 时，钢轨平均折断率：接触焊约为 0.3 处/

100 km，铝热焊约为 1.2 处/100 km。另据郑州、济南铁路局焊接接头探伤检查资料显示，每年每公里线路有轻伤的焊接接头一般为 1～4 处。为保证行车安全，《铁路线路修理规则》规定，对于重伤、断裂钢轨和焊接接头必须及时进行永久性焊复，即每段或每一单元轨条，不允许存在一处未做处理的重伤钢轨或焊接接头。

根据《铁路线路修理规则》的规定及目前无缝线路的钢轨焊接接头探伤检查的情况，选用式(5-15)所示的分布隶属函数计算焊接接头质量的隶属度。

$$\mu_2(G)=\begin{cases}0 & G_0 \geqslant C_2 \\ \dfrac{1}{1+a_2G^{b_2}} & G_0 < C_2\end{cases} \tag{5-15}$$

式中 G——实测轻伤有发展的焊接接头百分率，%；

G_0——重伤未做永久性焊复的焊接接头实测百分率，%；

C_2——重伤未做永久性焊复的焊接接头失格百分率控制值，%，$C_2=0.0125$；

a_2，b_2——焊接接头质量隶属度计算系数，$a_2=243$，$b_2=2$。

(3) 道床断面及横向阻力

无缝线路为防止胀轨跑道，道床断面符合规范中规定的尺寸是最基本的要求，此外还要求养护维修作业后及时恢复道床，采用动力稳定车稳定或夯拍道床，保证道床达到必要的密实度。

现场及时获得道床密实程度最简便的方法是实测道床横向阻力。当无缝线路初始弯曲矢长比 i 不超过 1‰时，若单根轨枕道床横向阻力 Q 达到 6 kN 时，在不超过允许温升 $[\Delta t_u]$ 的情况下，无缝线路能够保持稳定。在京沪、京广铁路线上采用大型养路机械进行养护维修作业，经动力稳定车稳定道床后，实测单根轨枕道床横向阻力平均值约为 7.5 kN；起道捣固后未用动力稳定车稳定道床，Q 值仅为 4 kN 左右。根据以上资料，选用式(5-16)所示的分布隶属函数计算道床断面及横向阻力的隶属度。

$$\mu_3(Q)=\begin{cases}0 & Q \leqslant Q_0,\ B < 40\ \text{cm} \\ \dfrac{1}{1+[a_3(Q-C_3)]^{b_3}} & Q_0 < Q \leqslant 8 \\ 1 & Q > 8\end{cases} \tag{5-16}$$

式中 Q——实测单根轨枕道床横向阻力，kN/枕；

C_3——密实道床单根轨枕道床横向阻力基准值，$C_3=8$ kN/ 枕；

Q_0——松散道床单根轨枕道床横向阻力限值，$Q_0=3$ kN/ 枕；

B——道床肩宽，m。

a_3，b_3——道床横向阻力隶属度计算系数，$a_3=0.286$，$b_3=2$。

(4) 线路纵向位移

《无缝线路铺设及养护维修方法》(TB/T 2098—2007)规定了无缝线路铺设的验收要求，

即无缝线路每一单元轨条的中央或在固定区内的观测点，线路纵向位移不得大于 5 mm，伸缩区两端的线路纵向位移不大于 20 mm。根据规范规定和实测纵向位移的频率分布，选用下列隶属函数计算线路纵向位移隶属度。

$$\mu_4(K)=\begin{cases}\dfrac{1}{1+[a_4(K-C_4)]^{b_4}} & K>C_4\\ 1 & 0\leqslant K\leqslant C_4\end{cases} \tag{5-17}$$

式中 K ——无缝线路的中央或固定区内其他测点线路纵向位移量，mm；

C_4 ——无缝线路的线路纵向位移的基准值，$C_4=5$ mm；

a_4，b_4 ——线路纵向位移隶属度计算系数，$a_4=0.15$，$b_4=3$。

（5）焊接接头外观

焊接接头外观的平顺性与使用的焊接接头打磨机具及方法有关。按《钢轨焊接接头技术条件》(TB/T 1632—2014)的要求，用 1 m 直尺测量焊接接头不平顺，记录其中焊接接头低塌、凹陷超过 0.3 mm 的实测百分率 Z_0 及焊接接头在平面内不直度超过 0.3 mm 的实测百分率 Z，选用式(5-18)所示的分布隶属函数计算焊接接头外观隶属度。

$$\mu_5(Z)=\begin{cases}0 & Z_0\geqslant C_5\\ \dfrac{1}{1+a_5Z^{b_5}} & Z_0<C_5\end{cases} \tag{5-18}$$

式中 Z_0 ——焊接接头低塌、凹陷超过 0.3 mm 的实测百分率，%；

C_5 ——焊接接头低塌、凹陷超过 0.3 mm 的失格百分率，%，$C_5=0.12$；

Z ——焊接接头不直度的实测百分率，%；

a_5，b_5 ——焊接接头外观隶属度计算系数，$a_5=4$，$b_5=2$。

（6）扣件扭力矩

在每段或每一单元轨条范围内，用测力扳手抽查的 100 个扣件的扭力矩，统计扭力矩超过 80～150 N·m 及弹条中部前端下颚离缝大于 1 mm 的失格率。对线路上的扣件实际紧固情况进行检测发现，扣件紧固无非两种状态：达到规定扭力矩为合格；未达到规定扭力矩，或弹条中部前端下颚离缝大于 1 mm 以及扣件扭力矩超限均为失格。根据《铁路线路维修规则》有关扣件维修和保养的验收规定，扣件失格率容许范围分别为 8%和 12%。

基于扣件实际检测情况和规范的规定，选用式(5-19)所示的分布隶属函数计算扣件扭力矩隶属度。

$$\mu_6(N)=\begin{cases}\dfrac{1}{1+[a_6(N-C_6)]^{b_6}} & N>C_6\\ 1 & 0\leqslant N\leqslant C_6\end{cases} \tag{5-19}$$

式中 N ——扣件扭力矩不符合规定或弹条中部前端下颚离缝大于 1 mm 的失格实测百分率，%；

C_6 ——扣件紧固状态达优的线路允许失格百分率，%，$C_6 = 0.08$；

a_6，b_6 ——扣件扭力矩隶属度计算系数，$a_6 = 10.7$，$b_6 = 1$。

2. 综合评判方法

1）划分隶属度等级界限

根据诸评判因素求得的隶属度，将隶属度等级界限划分为：

(1) $\mu_a \leqslant \mu \Leftrightarrow$ 优；

(2) $\mu_b \leqslant \mu \leqslant \mu_a \Leftrightarrow$ 良；

(3) $\mu_c \leqslant \mu \leqslant \mu_b \Leftrightarrow$ 合格；

(4) $\mu \leqslant \mu_c \Leftrightarrow$ 差。

通过对寒冷地区无缝线路和超长无缝线路试验段质量状态评判的试用和总结，建议采用下列值划分隶属度的等级界限：$\mu_a = 0.90$，$\mu_b = 0.70$，$\mu_c = 0.50$。

2）建立模糊相关矩阵 $\widetilde{R}$

无缝线路质量状态评判因素的样本集，以每段或每一单元轨条为单位，而质量状态的综合评判则以一个工区管辖的线路为单位，故从单因子评判入手，统计工区管内无缝线路质量状态，隶属于优、良、合格、差的单元轨条数及相应的百分率 n_{ia}，n_{ib}，n_{ic}，n_{id}，分别按 6 项评判因子逐一统计，从而求得模糊相关矩阵 $\widetilde{\boldsymbol{R}}$。

$$\widetilde{\boldsymbol{R}} = \begin{bmatrix} n_{1a} & n_{1b} & n_{1c} & n_{1d} \\ n_{2a} & n_{2b} & n_{2c} & n_{2d} \\ n_{3a} & n_{3b} & n_{3c} & n_{3d} \\ n_{4a} & n_{4b} & n_{4c} & n_{4d} \\ n_{5a} & n_{5b} & n_{5c} & n_{5d} \\ n_{6a} & n_{6b} & n_{6c} & n_{6d} \end{bmatrix}$$

3）权重分配

按集合 U 中各评判因素的重要性不同分配不同权重：

$$\widetilde{\boldsymbol{A}} = (A_1 \quad A_2 \quad A_3 \quad A_4 \quad A_5 \quad A_6)$$

4）模糊综合评判计算

运用模糊综合评判算式作综合评判计算：

$$\widetilde{\boldsymbol{B}} = \widetilde{\boldsymbol{A}} \circ \widetilde{\boldsymbol{R}}$$

式中，“∘”表示合成运算。

5）评判结果

若 m_i 之和为 N，$N \neq 1$，则还需作归一化处理，用 N 除以 m_i 各项，则得归一化后的综合评判结果：

$$\widetilde{\boldsymbol{B}}=(n_1 \quad n_2 \quad n_3 \quad n_4)$$

对照集合 **V**，获得无缝线路质量状态的评判结果。

3. 应用实例

以现场某条下行线 K601—K626 无缝线路的质量状态评判作为实例介绍这一方法的应用。

1）各评判因素隶属度计算

（1）线路方向

在线路上用长 $l=10$ m 弦，每隔 100 m 测量一处最明显的弯曲矢度，计算矢长比 i，如此每 1 km 线路即测量 10 处，记录其中实测最大矢长比，并用式(5-14)计算无缝线路的线路方向隶属度，结果如表 5-5 所列。

表 5-5　　线路方向隶属度计算

里程	实测最大矢长比 i/‰	隶属度 $\mu_1(i)$	里程	实测最大矢长比 i/‰	隶属度 $\mu_1(i)$
K601	0.80	0.53	K614	0.50	0.74
K602	0.45	0.79	K615	0.60	0.66
K603	0.60	0.66	K616	0.45	0.79
K604	0.45	0.79	K617	0.65	0.62
K605	0.60	0.66	K618	0.65	0.62
K606	0.40	0.85	K619	0.60	0.66
K607	0.60	0.66	K620	0.65	0.62
K608	0.65	0.62	K621	0.65	0.62
K609	0.60	0.66	K622	0.75	0.56
K610	0.45	0.79	K623	0.80	0.53
K611	0.75	0.56	K624	0.75	0.56
K612	0.65	0.62	K625	0.70	0.59
K613	0.60	0.66	K626	0.60	0.66

由表 5-5 获得结果：$\mu_1(i)\geqslant 0.90$，线路有 0 km；$0.70\leqslant\mu_1(i)<0.90$，线路有 6 km，占评判线路的 23.1%；$0.50\leqslant\mu_1(i)<0.70$，线路有 20 km，占评判线路的 76.9%。

（2）焊接接头质量

每 25 m 有一个焊接接头，因此 1 km 线路的左右轨共有 80 个焊接接头。以 1 km 线路为单元，探伤检查钢轨焊接接头，分别统计 1 km 线路中重伤未作永久焊复和轻伤有发展的焊接接头所占百分率，并用式(5-15)计算无缝线路焊接接头质量的隶属度，计算结果列于表 5-6。

由表 5-6 获得结果：焊接接头隶属度 $\mu_2(G)\geqslant 0.90$，线路有 0 km；$0.70\leqslant\mu_2(G)<0.90$，线路有 15 km，占评判线路的 57.7%；$0.50\leqslant\mu_2(G)<0.70$，线路有 6 km，占评判线路的 23.1%；$\mu_2(G)<0.50$，线路有 5 km，占评判线路的 19.2%。

表 5-6　　焊接接头质量隶属度

里程	重伤数/个	轻伤数/个	焊接接头轻伤失格百分率/%	隶属度 $\mu_2(G)$	里程	重伤数/个	轻伤数/个	焊接接头轻伤失格百分率/%	隶属度 $\mu_2(G)$
K601		2	0.025	0.87	K614		6	0.075	0.43
K602		2	0.025	0.87	K615		4	0.05	0.63
K603		3	0.0375	0.75	K616		2	0.025	0.87
K604		3	0.0375	0.75	K617		2	0.025	0.87
K605		4	0.05	0.63	K618		2	0.025	0.87
K606		6	0.075	0.43	K619		3	0.0375	0.75
K607	1			0	K620		4	0.05	0.63
K608		3	0.037 5	0.75	K621		4	0.05	0.63
K609		3	0.037 5	0.75	K622		6	0.075	0.43
K610		4	0.05	0.63	K623		3	0.037 5	0.75
K611		2	0.025	0.87	K624		3	0.037 5	0.75
K612		2	0.025	0.87	K625	1			0
K613		2	0.025	0.87	K626		4	0.05	0.63

(3) 道床断面及横向阻力

检查 1 km 无缝线路的道床断面，并实测单根轨枕的道床横向阻力 Q，将测定值代入式(5-16)计算道床横向阻力的隶属度，计算结果列入表 5-7。

表 5-7　　道床横向阻力隶属度计算

里程	横向阻力 Q/kN	隶属度 $\mu_3(Q)$	备注	里程	横向阻力 Q/kN	隶属度 $\mu_3(Q)$	备注
K601	7.5	0.98	在评判线路范围内，道床肩宽 $B>40$ cm，道床断面尺寸符合规范规定	K614	5.5	0.66	在评判线路范围内，道床肩宽 $B>40$ cm，道床断面尺寸符合规范规定
K602	7.0	0.92		K615	6.0	0.75	
K603	7.2	0.95		K616	6.0	0.75	
K604	6.8	0.89		K617	5.5	0.66	
K605	7.0	0.92		K618	6.0	0.75	
K606	7.2	0.95		K619	7.0	0.92	
K607	6.0	0.75		K620	7.0	0.92	
K608	6.2	0.79		K621	7.8	0.99	
K609	6.2	0.79		K622	8.0	1.00	
K610	6.0	0.75		K623	7.2	0.95	
K611	6.0	0.75		K624	7.8	0.99	
K612	6.5	0.84		K625	7.5	0.98	
K613	5.5	0.66		K626	7.2	0.95	

由表 5-7 获得结果：道床横向阻力隶属度 $\mu_3(Q) \geqslant 0.90$，线路有 13 km，占评判线路的 50%；$0.70 \leqslant \mu_3(Q) < 0.90$，线路有 10 km，占评判线路的 38.5%；$0.50 \leqslant \mu_3(Q) < 0.70$，线路有 3 km，占评判线路的 11.5%；$\mu_3(Q) < 0.50$，线路为 0 km。

(4) 线路纵向位移

以 1 km 无缝线路的中央或固定区内其他观测点为基准，测量钢轨纵向位移量 K，并将测得的纵向位移量代入式(5-17)计算纵向位移隶属度，计算结果列于表 5-8。

表 5-8　纵向位移隶属度计算

里程	纵向位移量 K/mm	隶属度 $\mu_4(K)$	里程	纵向位移量 K/mm	隶属度 $\mu_4(K)$
K601	10	0.703	K614	18	0.119
K602	5	1.000	K615	22	0.057
K603	5	1.000	K616	22	0.057
K604	11	0.578	K617	19	0.097
K605	10	0.703	K618	15	0.229
K606	14	0.289	K619	7	0.974
K607	15	0.229	K620	10	0.703
K608	11	0.578	K621	8	0.916
K609	10	0.703	K622	11	0.526
K610	18	0.119	K623	14	0.289
K611	15	0.229	K624	10	0.703
K612	13	0.367	K625	10	0.703
K613	19	0.097	K626	11	0.526

由表 5-8 获得结果：线路纵向位移隶属度 $\mu_4(K) \geqslant 0.90$，线路有 4 km，占评判线路的 15.4%；$0.70 \leqslant \mu_4(K) < 0.90$，线路有 6 km，占评判线路的 23.1%；$0.50 \leqslant \mu_4(K) < 0.70$，线路有 4 km，占评判线路的 15.4%；$\mu_4(K) < 0.50$，线路有 12 km，占评判线路的 46.1%。

(5) 焊接接头外观

用 1 m 直尺测量每一个焊接接头的不平顺情况，记录焊接接头低塌、凹陷超过 0.3 mm 的百分率 Z_0 及不直度超过 0.3 mm 的百分率 Z，用式(5-18)计算焊接接头外观隶属度，计算结果列于表 5-9。

表 5-9　焊接接头外观隶属度计算

里程	凹陷 >0.3 mm 百分率	不直度 >0.3 mm 百分率	隶属度 $\mu_5(Z)$	里程	凹陷 >0.3 mm 百分率	不直度 >0.3 mm 百分率	隶属度 $\mu_5(Z)$
K601	0.10	0.45	0.55	K604	0.08	0.36	0.66
K602	0.11	0.43	0.57	K605	0.14		0
K603	0.08	0.38	0.63	K606	0.06	0.41	0.60

续 表

里程	凹陷>0.3 mm百分率	不直度>0.3 mm百分率	隶属度$\mu_5(Z)$	里程	凹陷>0.3 mm百分率	不直度>0.3 mm百分率	隶属度$\mu_5(Z)$
K607	0.10	0.55	0.45	K617	0.10	0.52	0.48
K608	0.08	0.30	0.74	K618	0.11	0.32	0.71
K609	0.08	0.40	0.61	K619	0.09	0.41	0.60
K610	0.11	0.42	0.59	K620	0.08	0.39	0.62
K611	0.16		0	K621	0.07	0.46	0.54
K612	0.12		0	K622	0.06	0.45	0.55
K613	0.06	0.32	0.71	K623	0.10	0.51	0.49
K614	0.06	0.40	0.61	K624	0.13		0
K615	0.08	0.54	0.46	K625	0.08	0.44	0.56
K616	0.12		0	K626	0.09	0.43	0.57

由表 5-9 获得结果：焊接接头外观隶属度 $\mu_5(Z) \geqslant 0.90$，线路有 0 km；$0.70 \leqslant \mu_5(Z) < 0.90$，线路有 3 km，占评判线路的 11.5%；$0.50 \leqslant \mu_5(Z) < 0.70$，线路有 14 km，占评判线路的 53.9%；$\mu_5(Z) < 0.50$，线路有 9 km，占评判线路的 34.6%。

(6) 扣件扭力矩

以 1 km 无缝线路为单元，抽查 100 个扣件，测定扣件扭力矩失格（超出 80～150 N・m 范围）及弹条中部前端下颚的离缝大于 1 mm 的百分率 N，用式(5-19)计算扣件扭力矩隶属度，计算结果列于表 5-10。

表 5-10 扣件扭力矩隶属度计算

里程	扭力矩失格率	隶属度 $\mu_6(N)$	里程	扭力矩失格率	隶属度 $\mu_6(N)$
K601	0.13	0.65	K614	0.24	0.37
K602	0.12	0.70	K615	0.28	0.32
K603	0.14	0.61	K616	0.22	0.40
K604	0.16	0.54	K617	0.18	0.48
K605	0.14	0.61	K618	0.19	0.46
K606	0.18	0.48	K619	0.12	0.70
K607	0.20	0.44	K620	0.14	0.61
K608	0.18	0.48	K621	0.16	0.54
K609	0.18	0.48	K622	0.18	0.48
K610	0.25	0.35	K623	0.12	0.70
K611	0.24	0.37	K624	0.14	0.61
K612	0.26	0.34	K625	0.15	0.57
K613	0.26	0.34	K626	0.16	0.54

由表 5-10 获得结果：扣件扭力矩隶属度 $\mu_6(N) \geqslant 0.90$，线路有 0 km；$0.70 \leqslant \mu_6(N) < 0.90$，线路有 3 km，占评判线路的 11.6%；$0.50 \leqslant \mu_6(N) < 0.70$，线路有 9 km，占评判线路的 34.6%；$\mu_6(N) < 0.50$，线路有 14 km，占评判线路的 53.8%。

2）组成模糊相关矩阵 $\tilde{R}$

K601—K626 范围内的无缝线路，按 6 项评判因子作评判，获得 26 km 线路隶属于优、良、合格、差百分率的集，组成模糊相关矩阵如下：

$$\tilde{\boldsymbol{R}} = \begin{bmatrix} 0 & 0.231 & 0.769 & 0 \\ 0 & 0.577 & 0.231 & 0.192 \\ 0.500 & 0.385 & 0.115 & 0 \\ 0.154 & 0.231 & 0.154 & 0.461 \\ 0 & 0.115 & 0.539 & 0.346 \\ 0 & 0.116 & 0.346 & 0.538 \end{bmatrix}$$

3）权重分配

考虑到线路方向、焊接接头质量对无缝线路运营安全的影响极为重要，次之为道床横向阻力和线路纵向位移量，相对来说焊接接头外观和扣件扭力矩的影响较小，因而将权重做如下分配：

$$\tilde{\boldsymbol{A}} = (0.25 \quad 0.25 \quad 0.15 \quad 0.15 \quad 0.10 \quad 0.10)$$

4）模糊综合评判计算

对 $\tilde{A}$ 和 $\tilde{R}$ 作合成运算，即：

$$\tilde{\boldsymbol{B}} = \tilde{\boldsymbol{A}} \circ \tilde{\boldsymbol{R}} = (0.25 \quad 0.25 \quad 0.15 \quad 0.15 \quad 0.10 \quad 0.10) \circ \begin{bmatrix} 0 & 0.231 & 0.769 & 0 \\ 0 & 0.577 & 0.231 & 0.192 \\ 0.500 & 0.385 & 0.115 & 0 \\ 0.154 & 0.231 & 0.154 & 0.461 \\ 0 & 0.115 & 0.539 & 0.346 \\ 0 & 0.116 & 0.346 & 0.538 \end{bmatrix}$$

$$= (0.098 \quad 0.318 \quad 0.379 \quad 0.192)$$

因 0.098+0.318+0.379+0.192=0.987，不归一，作归一化处理后得综合评判结果：

$$\tilde{\boldsymbol{B}} = (0.099 \quad 0.322 \quad 0.384 \quad 0.195)$$

对照评语集合 **V**，可以看出，下行线 K601—K626 的无缝线路，其中质量状态达到优、良所占百分比为 9.9%和 32.2%，合格、较差分别为 38.4%和 19.5%，因此该区段的质量状态当属合格。

应当指出，采用模糊综合评判方法评定无缝线路的质量状态，只能获得综合的总体品质的评定结果，若依据评定结果制订线路养护计划或制订线路整治技术措施，则必须针对隶属于各评判因素不合格的线路百分比，以及不合格线路的里程，做进一步分析。

稳定性列车安全运行的保障，长期保持稳定性无缝线路的根本任务。无缝线路的检查原则，按照表 5-11“无缝线路稳定状态试行标准”进行。无缝线路稳定状态由三个等级组成，其中稳定状态为一级；基本稳定状态为二级；不稳定状态为三级。如果在平时的检查工作中，无缝线路处于不稳定状态，则要及早解决问题的根源，及时安排专业人员排除隐患；如果在平时的检查工作中，无缝线路处于基本稳定状态，这时应该安排现场维修人员进行维护和保养，使其一直保持稳定状态。

表 5-11　　无缝线路稳定状态试行标准

顺序	项目	检查状态	状态分析标准			说明
			一级	二级	三级	
1	道床	(1) 砟肩宽度	＞450 mm	＞350 mm	＜350 mm	
		(2) 砟肩堆高	≤150 mm	＜150 mm	枕头外露	
		(3) 枕盒道砟	丰满密实	少量缺砟	严重缺砟	
2	钢轨	死弯	矢度＜0.3 mm	矢度＜0.5 mm	矢度＜0.5 mm	1 m 尺测量
3	扣件	缺少、爬离及三点接触率	不合格率＜8%	不合格率＜12%	不合格率＞12%	每百米不少于10个
4	接头	(1) 螺栓数量	齐全有效	齐全有效	减少或失效 1 个	单个接头每条螺栓
		(2) 螺栓扭矩	＜900 N·m	＜700 N·m	＜700 N·m	
5	方向	(1) 目视方向	直顺	个别有碎弯	有连续碎弯	10 m 弦长
		(2) 测量失度	＜6 mm	＜8 mm	＜8 mm	
6	爬行	爬行量及影响锁定温度	爬行量＜10 mm	爬行量＜20 mm	爬行量＞20 mm	

5.5.2　无缝线路的修理

为保持无缝线路有足够的强度和稳定性，防止胀轨跑道和钢轨折断，确保列车安全运行，其养护维修工作除必须遵守有关的特殊规定外，还要根据线路状态、季节特点、实际锁定轨温等，合理安排作业内容。

1. 提高无缝线路养护维修质量的对策

1）铺设前修整

为了使无缝线路的各种优点在后期运营中能够得到充分发挥，线路铺设之前的准备工作就显得尤为重要，这直接关系到后期的施工能否顺利完成。在对无缝线路进行铺设前首先应进行详细规划，施工前工区应做到对施工过程中的每一个细节都进行仔细考量，反复论证其可行性及合理性。线路的计划工作应于半月内完成。

在无缝线路铺设计划完成之后，随之就是要完成对既有线路的整修工作。对线路的整修主要有：集合工区所有施工人员加强宣传，科学安排工作，对所有需要铺设无缝线路的道床进行进一步的巩固与加强；检查需要铺设线路的所有扣件，并进行再一次紧固；对辖区内所有线路的轨向进行复检，发现问题及时纠正；针对锁定轨温达不到标准的区段进行科学合理的应力释放。

2）铺设过程中修整

无缝线路的铺设作为整个施工中最为关键的一环，在施工作业中应注意以下四个方面：

（1）在施工过程中要对轨道温度进行实时监测，并对轨道锁定时刻的温度进行精确控制，无缝线路中轨道的锁定温度是一个极为关键的因素，是线路在后期能否平稳工作的关键保证，所以在施工作业时必须实时掌握轨道的温度，严防超温作业。

（2）加强无缝线路的整体框架。无缝线路的铺设对道床及相关部件有着极强的依赖性，道床阻力大小、扣件是否紧固、道床高度是否达标等因素都将直接影响到无缝线路铺设的质量。

（3）严格保证轨道的平顺性。无缝线路是否平顺将直接关系到线路运行的安全性。在对无缝线路进行必要的维护时，相关人员应按照计划并严格遵守相关操作规范，对道床尺寸不足或超出范围的情况进行定期排查与整治，紧盯每一个施工细节，尽最大努力提高轨道的平整性。

（4）对施工过程中的每一个步骤都应派专人进行监测，并做好实时记录，一旦发现问题应立即切除，重新焊接。

3）铺设后验收

当无缝线路铺设完成之后，还需对新铺设的线路进行全线验收。对线路上所有的扣件都要进行压力检查，并重点对实际锁定温度与设计锁定温度差别较大的线路进行查验，防止锁定温度因其他原因出现较大的波动。对新铺设无缝线路中使用的所有扣件都要再一次紧固，确保无缝线路完全锁定。

在以上工作完成之后，还要对无缝线路施工期间的全部资料进行整理，保证所有数据的真实性并做好数据资料的封存与交接工作，为下一步无缝线路的运行与维护工作打下坚实基础。

4）线路定期养护

在无缝线路验收完成以后，紧接着就是线路的运营及养护，线路的养护将直接关系到线路的健康程度及线路的使用寿命，也间接关系着线路的行车安全。在工区对无缝线路进行养护的时候要严格遵守“三不作业”原则。科学合理地安排设备巡检，对重点区域加强检查力度，如若发现问题应第一时间处理并报于上级管理部门。

5）加强技术人员技能培训

作业人员良好的素养是严格按要求作业的基本保证。加强对辖区内所有作业人员的培训，提高他们的安全意识，要求所有人员坚持按照规范进行作业。建立必要的人员考核制度及信息反馈机制，将人员素质的培养提高到一个新的层次，最终将无缝线路的管理与养护做到制度化、规范化。

2. 无缝线路养护工作重点

在日常工作中，认真严格执行《铁路线路维修规则》的相关规定。线路的所辖工务段，应完整保存无缝线路的铺设资料和维护记录以及无缝道岔相关技术操作规程的卡片；保存关于无缝线路的胀轨、断轨、爬行及应力放散等原始资料。技术卡片每年登记、复制、印发一次，需要正确反映无缝线路的实际状况。段属领工区、工区应保存无缝线路、无缝道岔的技术卡片以及对线路爬行的观测记录等信息。根据对钢轨的爬行记录以及轨长标定观测分析的结果，在校正锁定轨温后，工区应将实际锁定轨温标注在线路设备图板对应的位置上。

由专职技术人员负责对无缝线路技术状态的全面掌握，在每年春、秋季组织对设备状态进行调查，对出现问题的设备的养护与改造提出意见，建立防胀、防断的处理措施。定期进行钢轨探伤检查，秋检时对钢轨伤损、磨耗、接头及焊缝不平顺进行一次集中全面的调查，提出钢轨焊补、打磨修理等作业计划。认真落实“轨道动态质量管理实施细则”，记录并分析轨道质量的动态变化，及时安排整治重点危害，消除线路轨道的几何偏差，保持无缝线路处的稳定。

监控轨道温度的变化情况：对铁路线路尤其是无缝线路进行维护和养护作业时，时时进行轨温的监控，掌握其变化情况并且检测钢轨位置变化的情况，在此基础上根据无缝线路维修作业的轨温条件合理安排养护作业；《铁路线路维修规则》中规定线路维护遵守“两清、三测、四不超”的原则；对无缝线路的定期锁定工作主要以列车运行条件下的稳定性高为原则。

切实将道砟的均衡填补以及砟肩的提高、夯拍道床、整修扣件、复紧螺栓等增大线路阻力能力的工作做到位；加固铁路基础设施，使其具有更高的强度，着重做好整个线路结构的强化工作，增大轨道的稳定性和抗变形能力。

实行设备严格检查制度，注重合理布局作业任务与实际情况结合的原则，加强对于轨道各个方面的作业。对于进一步提高轨道的平顺性，还要做到工作合理，适时进行钢轨打磨、焊补及整治死弯等修理作业。

3. 无缝线路作业方法及要求

具体线路的维护和养护工作应分别进行。大修段进行大型的维修作业，比如起道、拨道、整形等；平常的小问题以及维修作业等主要由工务段负责。依有关部门的规定，在指定工务段编制下达全年生产计划。

各个工区之间的维修计划和养护计划一定要根据线路状态和轨道温度等的特性进行安排和实施维修任务，尤其要注意单元节的焊接问题。

依据相关规定，在平时的养护和小型的维修作业的过程中，可根据具体情况，结合起道作业时的作业量等情况运用捣垫结合法，并且严格执行《铁路线路维修规则》相关的条款。

在进行拨道时作业，考虑轨道的情况，并且严格掌握其作业条件。根据现场实践，在 10～15℃范围内就可以作业，但进行拨道时应该坚决禁止将各个枕头道床扒开。结束拨道后须进行土石的夯实工作。

春秋季节适合进行混凝土轨枕以及扣件涂油作业，应充分考虑其特点运用“隔二松一”法，力图在“全、正、靠、润、紧”等几个字上下功夫，同时兼顾小方向和不良轨距的问题，做到今日事今日毕，坚决不拖沓，紧密而有序地进行工作。

夏季和秋季适合成段清筛道床的作业，并且锁定的轨道温度的范围为 15～20℃，在进行完逐孔倒筛工作后，紧密安排做好回填夯实工作。对于相邻的地段不能同时进行成段清筛道床及成段扣件涂油作业，二者应有一定的时间间隔。

每年在春夏交接和夏秋交接的时间可以进行轨道缝隙和接头螺栓的加紧工作。同时全面检查轨道中各个部件的工作情况，必要时进行更换。

对于轨道的接头处须进行定期检查，并且时间间隔安排紧密；对于在例行检查中出现的种种严重情况以及比较特殊的情况，应该按照相关规定进行排除以及维修。重点监控各种接头处，切实做好这些地方的检查、养护以及维修工作，保持接头处的各种部件良好长期运行；钢轨连接处的焊接点等都是检查的重点，一旦出现危害情况，应及时打磨以及采取其他必要的措施等。

6　轨道振动和噪声检测与对策

轨道交通存在着对环境的振动与噪声污染问题,在一定程度上会降低它的环保优势。随着生活质量的不断提高,人们对振动与噪声的容忍度越来越低。在国外,相关部门规划新线路时甚至出现过公众抵制的事件,部分原因就是由于轨道交通存在的振动与噪声问题。我国既有线沿线特别是在建及规划中的高速铁路沿线大多经济发展快、人口稠密,而城市轨道交通更是在城市中穿行,列车行驶所产生的噪声与振动必然会对人们的身心健康造成危害。

本章主要内容包括轨道交通振动与噪声产生的原因、分类、影响分析、检测方法和评价标准、测试数据分析以及振动与噪声防治对策等。

6.1 概述

6.1.1 轨道交通振动与噪声产生的原因

当列车以一定速度通过轨道时,由于存在各种各样的激振源,车辆和轨道都会在空间各个方向产生振动。引起振动强弱的原因有轨道几何形位的静、动态不平顺,钢轨顶面波浪形磨耗、轨面擦伤、钢轨接头,列车速度的高低,车轮踏面擦伤、车轮偏心及不圆顺等各种激振因素。由于车辆和轨道这两个系统的振动是一种耦合关系,这种耦合振动最终要通过轨道结构传递来输出。对于路基上的线路,轨道结构的振动通过道床、路基向外扩散;对于桥梁,轨道结构的振动通过桥梁墩台传递到地面,然后向外扩散;对于隧道或城市地下线路,通过隧道周围的土介质将轨道结构的振动传递到地表,如图 6-1 所示。因此,轨道结构既作为振源,也是振动传播途径中一个重要环节,直接影响最终的振动效应。

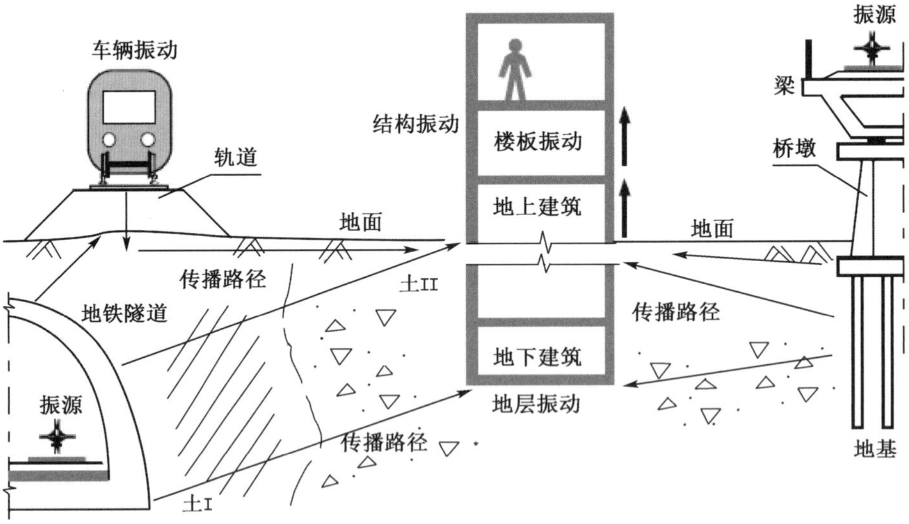

图 6-1 轮轨交通环境振动的产生与传播

国内外的研究资料表明，振动和噪声是密切相关的，振动越大，噪声也就越大(图 6-2)。振动和噪声是不可分割的两部分，振动由固体介质传播，噪声由空气介质传播，当物体振动时能引起噪声，同样噪声也能引起固体介质的振动。

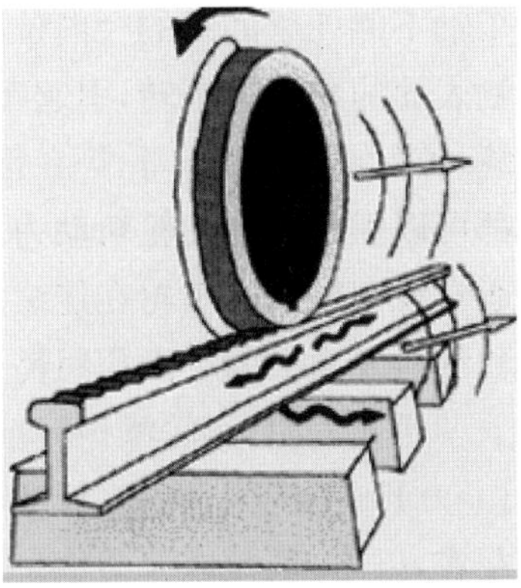

图 6-2 轮轨噪声示意图

6.1.2 轨道振动与噪声的分类

列车产生的噪声由几部分组成，如图 6-3 所示。每一部分噪声都有其产生的机理、声源位置的特性、声源的强度、频率范围、方向等。国内外的研究资料表明，铁路噪声主要是由牵引电机和动力设备噪声、轮轨相互作用和轨道结构振动噪声、车体的空气动力噪声组成；如桥梁地段，还有结构的二次噪声；如电力列车，还有受电弓噪声。但列车速度不同，各种噪声在综合噪声中所占的比例是不同的。日本学者研究认为，高速列车的噪声主要由四部分组成：轮轨噪声、结构噪声、受电弓噪声和车体空气动力噪声，四种噪声形成综合噪声。

$$L = 10\lg(10^{LR/10} + 10^{LS/10} + 10^{LP/10} + 10^{LA/10}) \tag{6-1}$$

式中 L ——列车通过时的综合噪声；

LR ——轮轨噪声；

LS ——结构噪声；

LP ——受电弓噪声；

LA ——车体空气动力噪声。

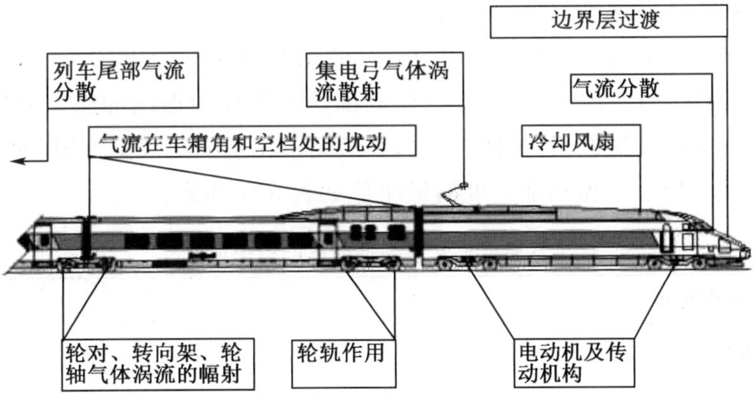

图 6-3 轮轨系统高速列车的主要噪声源

轮轨噪声可分为 3 种主要类型：尖叫噪声(啸叫噪声)、冲击噪声和轰鸣(或滚动)噪声。所有的轮轨噪声都是由车轮和钢轨之间的相互作用产生振动，向外辐射出声波而形成。研究表明，尖叫噪声是当车辆通过小半径曲线时，由于车轮受转向架的约束，不能正切于钢轨运行，即车轴不能处于曲线的径向位置，于是引起车轮沿着钢轨滚动时横向滑过轨头，由此产生轮轨接触表面的黏着和空转，引起车轮共振，接着产生强的窄频带的尖叫声。冲击噪声是车轮通过轨缝、道岔或擦伤的车轮等在钢轨上滚动时所引起的噪声，如低(高)接头、钢轨剥落、车轮扁瘢等都可以引起附加的轮轨动力，激发车轮和钢轨振动造成轮轨辐射噪声。轰鸣(或滚动)噪声是通常没有擦伤的车轮在连续焊接、状态良好的直线钢轨上滚动时所发生的噪声，这是由于车轮和钢轨表面上的小面积粗糙造成的。

研究表明，车轮噪声峰值在 1 000～2 000 Hz 范围内，属高频噪声；钢轨噪声峰值在 500～1 000 Hz 范围内，属中、低频噪声；滚动噪声峰值在 500～1 000 Hz 范围内，主频集中在 500 Hz 左右，以中、低频成分为主；尖叫噪声的频率集中在 4 000～6 000 Hz 高频范围内。由此看出，轮轨噪声主要由钢轨振动产生。

6.1.3 轨道振动与噪声的影响分析

1. 振动对人的影响

国际标准化组织(International Organization for Standardization，ISO)采用 4 个物理参数来规定人对振动的响应限界，这 4 个参数是：振动频率、振动水平、振动作用于人体的方向和暴露时间。人处于振动环境中，将会引起人体生理和心理的效应。例如，感到不舒服、麻感、头晕、困倦，严重时出现出汗、头痛、心慌甚至损害到人体心脏。当振动频率为 5 Hz 时，振动加速度达到 0.1g 人就感到不舒服，达到 0.4g 时人就觉得不可忍受了。而当振动频率为 80 Hz 时，振动加速度达到几个 g 人都可以忍受。所以人的生理和心理效应随着上述 4 个物理参数的不同而不同。国际标准化组织用这 4 个物理参数的不同量值制定了评价人体全身振动的三种限界(ISO2631)，这三种限界是：疲劳-工效降低界限、暴露界限和舒适性降低界限，并相应提出了各个界限在垂直和水平方向的加速度限值。

当振动作用在人体上时，会使人感到疲劳，工作效率降低。“疲劳-工效降低界限”规定了以 1～80 Hz 频率范围作用在人体上的垂直振动加速度和横向振动加速度的极限值。该极限值的大小与振动频率和承受振动的时间有关，并绘制了相应的曲线供查用，如图 6-4 所示。与图 6-4 相应的人体所能承受振动加速度的最小值如表 6-1 所列。

表 6-1　　人体能承受振动加速度的最小值

人体承受振动时间/h	24	8	4
垂向振动加速度/($m \cdot s^{-2}$)	≤0.14	≤0.315	≤0.53
横向振动加速度/($m \cdot s^{-2}$)	≤0.1	≤0.224	≤0.355

2. 噪声对人的影响

大量研究表明，噪声会危害人的听力，发生高频听阈损伤，甚至耳聋或耳鼓膜破裂。噪声对听力的危害程度与噪声的形式、强度、频率及暴露时间密切相关。人们进入噪声环境，会感到刺耳难受，停留一段时间再离开噪声环境，感到听觉变得迟钝，原来能听见的轻微声音也听

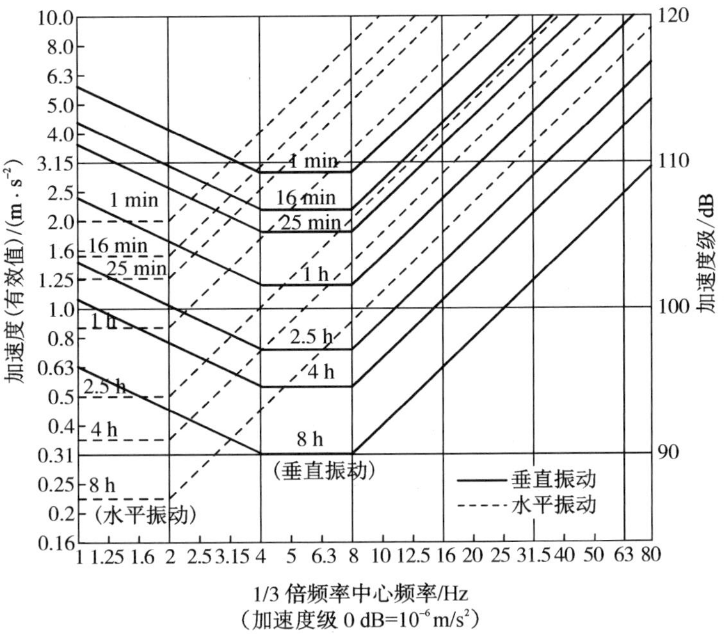

图 6-4　疲劳-工效降低界限

不见了，就是说听力下降(或听阈上移)了。但离开噪声环境休息一段时间，听觉就会逐渐恢复，这种现象称为暂时性听力偏移或听觉疲劳。若长年累月在强噪声环境下工作，内耳听觉器官经常受到强噪声刺激，这种听觉疲劳就会固定下来而不能恢复正常，于是就产生了永久性听力下降或听阈偏移，这种现象称为噪声性耳聋。

噪声作用于人的中枢神经系统，致使人的基本生理过程(即大脑皮层的兴奋与抵制)的平衡失调，导致人的条件反射异常，使人感到疲劳、头昏脑胀等。如果这种平衡失调得不到及时恢复，久而久之，就形成牢固的兴奋灶，导致出现神经衰弱症。

噪声作用于中枢神经系统，还影响人的其他器官。噪声可使交感神经系统紧张，从而造成心跳加速、心律不齐、心电图 ST-T 段波升高、血管痉挛、血压升高。在噪声作用下人会产生胃机能阻滞、消化分泌异常、胃酸酸度降低、胃蠕动减退等，其结果引起消化不良、食欲不振、恶心呕吐、体质减弱等。

噪声影响人们的休息和睡眠，试验表明在 40～45 dBA 的噪声刺激下，进入睡眠的脑电波就出现觉醒反应；60 dBA 的噪声可使 70%的人从睡眠状态中惊醒，可见噪声对人的睡眠影响是相当严重的。

噪声干扰人们的谈话、听广播、打电话、上课、开会等。在强噪声的车间内，人们无法用语言进行交流，特别是危险报警信号被掩盖时，往往易发生事故。

在强噪声环境下工作，人们容易心情烦躁，且易疲劳，反应迟钝，工作效率大大降低。

噪声对建筑物和仪器设备也有危害，当大型喷气飞机以超声速低空掠过时，由空气冲击波所引起的强烈噪声会使地面建筑物受到很大损伤，烟囱倒塌、墙体开裂、门窗玻璃破碎等。

在强噪声作用下，材料会因噪声疲劳而引起裂纹甚至断裂，灵敏的自动遥控精密仪表设备会受到噪声损害而失灵。

为了研究分析人们对噪声的反应，美国联邦运输局将噪声影响分为 3 个区域，如表 6-2 所列。不同区域对环境噪声的要求也不一样。在既有背景噪声的条件下，人们对噪声的承受能力也不相同，背景噪声越大，产生的噪声影响也就越小。如图 6-5 所示，在背景噪声小于 55 dB(A)时，噪声源的噪声小于背景噪声，则这一噪声源噪声对人们没有影响；但当背景噪声高于 55 dB(A)时，即使噪声源噪声与背景噪声同样强度，也会对人们产生影响，所以根据不同的背景噪声和噪声源噪声的强度，将噪声对人们的影响分为 3 种，即无影响、有影响和严重影响。无影响是指在这一噪声区域内，人们不受噪声源发出噪声的影响，有影响是指大多数人对产生的噪声有反应，严重影响是指大多数人对噪声产生烦恼情绪。

表 6-2　美国联邦运输局的噪声区域类型划分

区域类型	噪声量值/dB(A)	区域类型说明
1	室外 $L_{eq(h)}$ ①	需要特别安静的区域，如音乐厅、国家纪念建筑物的室内外
2	室外 L_{dn} ②	居民区，包括民房、医院、旅馆等区域的室外
3	室外 $L_{eq(h)}$	包括学校、图书馆、教堂等

注：① $L_{eq(h)}$ 敏感时段内与交通有关的等效噪声。
② L_{dn} 昼夜等效噪声强度。
资料来源：Transit Noise and Vibration Impact Assessment, FTA, April 1995。

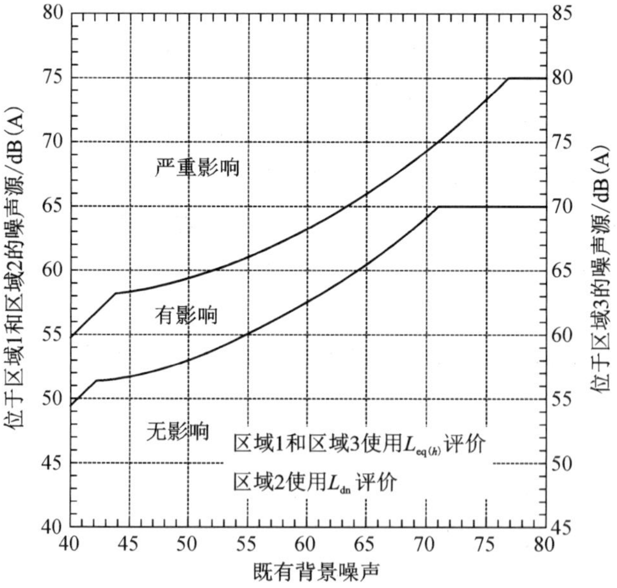

图 6-5　不同背景噪声条件下，噪声对人们的影响

6.2 轨道交通振动与噪声检测

6.2.1 轨道振动的检测

振动实际上是一种交变运动，可以用位移、速度或加速度随时间的变化来描述。振动测量就是将振动运动量转变为与之成正比的电学或其他便于观察、显示和处理的物理信号。常见的振动测量方法有机械式测量、光测法和电测法。

1. 光测法

早期轨道振动检测采用机械式测量，但是其精度低、误差大且测试手段繁琐，随后被光测法取代。光测法采用线阵电耦合元件(CCD)，能同时测量任意 5 点的振动，运用光学、电子学、CCD 传感技术并同微机数据处理技术相结合，克服了机械式测量方法的缺点，具有造价低、灵敏度高和安全性好等优点。

光测法检测原理如图 6-6 所示，将标定在铁轨外侧的黑底白条纹图像经光学系统成像到 CCD 的光敏面上，线阵 CCD 的输出端将得到如图 6-7 所示的信号。

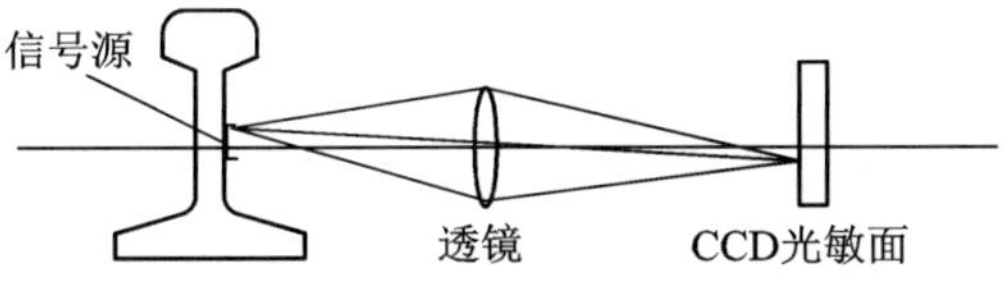

图 6-6　光测法检测原理

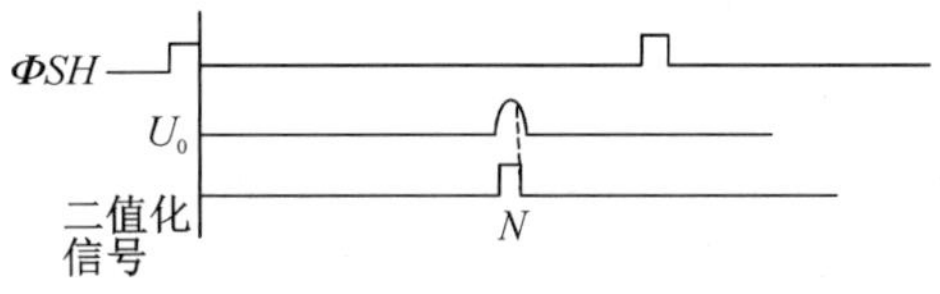

图 6-7　光测法信号波形

在图 6-7 中，ΦSH 为转移脉冲，该脉冲作为同步信号完成 CCD 与计数器的同步。在驱动脉冲的作用下，得到视频输出信号 U_0，经二值化电路处理后得到如图 6-7 所示的方波脉冲，其前沿对应于黑白边，当脉冲上升沿到来时，同步计数器所记的数 N 对应于 CCD 的 N 像元。设起始值为 N_0，当信号源振动时，边沿位置随着变化，可从计数器中得到数值 N_i，则信号源实际振动的位移 S 为：

$$S=\frac{L}{\beta}(N_i-N_0) \tag{6-2}$$

式中　S—— 信号源振动位移；

L——CCD 两相邻像源中心距；

β—— 光学系统放大倍数；

N_0—— 初始方波脉冲读数；

N_i—— 第 i 个方波脉冲读数。

2. 电测法

目前，轨道振动检测除了一些特定情况使用光测法外，大多数情况主要利用电测法进行检测。所谓电测法，即将振动参量转换成电信号，经电子系统放大后进行测量、分析和记录。其具有高灵敏度、高增益、可以遥控遥测以及携带方便等优点，在工程实际中得到了广泛的应用。常见的电测法振动检测系统如图 6-8 所示。

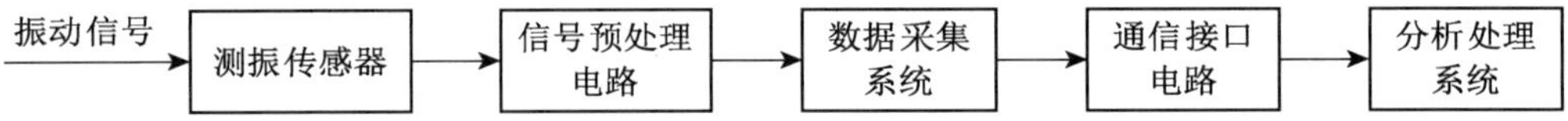

图 6-8　电测法振动检测系统

1）测振传感器

测振传感器处于振动测量系统的最前端，它的作用是将振动运动量转变为与之成正比的电信号，并将其传递给信号预处理电路。根据被测对象是位移、速度还是加速度，可以将测振传感器分为位移传感器、速度传感器和加速度传感器三类。由于位移和速度可以分别由速度和加速度积分得到，因而速度传感器还可以用于测量位移，加速度传感器也可以用于测量速度和位移。从电学原理上来讲，根据所采用传感器敏感元件的性质，测振传感器又可分为电感型、电动型、涡流型、压电型和压阻型等。在振动测量中，普遍采用的是压电型加速度传感器。

2）信号预处理电路

通过测振传感器转换得到的电信号一般情况下都非常微弱，为了便于后续的数据采集和分析处理，应该对这些微弱信号进行预处理。信号预处理电路就是完成这一任务的，它由放大器、积分器和滤波器组成。放大器是整个信号预处理电路的核心，常用的放大器有交流电压放大器、电荷放大器、功率放大器等。在振动测量系统中，普遍采用运算放大器单元，它具有高增益、高输入阻抗、低输出阻抗、频率特性宽等优点，同时还能实现信号运算（加、减、乘、除、微分、积分）。积分器和微分器用来变换传感器测得的信号，在实际工作中，以加速度测振传感器使用得最为广泛，且微分电路对高频噪声干扰及传感器的高频特性十分敏感，因此，通常采用积分电路。在动态测量中，经常需要抑制低频或高频信号，用以消除零漂或高频噪声干扰，这项工作由高通或低通滤波器来担任。滤波器可以用 R、L、C 等元件组成的无源网络来实现，称为无源滤波器。实际测量中，使用更为广泛的则是由运算放大器组成的有源滤波器。近年来，随着数字信号处理技术的快速发展，由 DSP 处理芯片构成的数字滤波器也被广泛运用到实际工作中。

3）数据采集系统

经信号预处理电路得到的仍然是模拟信号，这些模拟信号的缺点是显示、记录的精度低，抗干扰能力差，而且不便于进一步分析处理。现代测量系统中引入了数据采集系统，它是整个测量系统的核心部分，起着承上启下的关键作用。其主要任务是将模拟信号转变为易分析处理且便于存储、传输的数字信号，并将转换得到的数字信号传送到 PC 机中。近年来，随着嵌入式技术的蓬勃发展，嵌入式微控制器已经从最早的 8 位机成功转变为 32 位机，同时还可移植操作系统。无论是数据的处理速度、处理精度还是芯片的集成度都有了很大提高，这些都为数据采集系统的设计带来了极大的方便。

4）通信接口电路

通信接口电路是数据采集系统和上位软件之间的桥梁。进入数据采集系统的模拟信号，经 A/D 转换器变为数字信号，这些数字信号代表着原始振动信号的特征，需要 PC 机进行分析和处理。通信接口电路的任务就是将这些数字信号及时、准确地传给 PC 机。常见的通信总线有 RS－232、RS－485、CAN 总线、PCI 总线、USB 总线、网线以及无线通信。近年来，由于 USB 总线、网线以及无线通信的优势越来越突出，它们已被人们广泛应用到工程现场测试中。

5）分析处理系统

分析处理系统需要借助 PC 机才能工作，其本质是具有专门处理功能的计算机辅助分析软件，它是以数据采集系统为前提的。PC 机既作为硬件系统的控制器，又为数字信号的分析、结果显示及存储打印提供环境。分析处理系统应具备以下特点：可以实现多通道动态测试与分析；硬件配置灵活可变；测试、分析功能易于扩展；充分利用计算机资源。常见的分析处理系统对整个测试过程进行监控，可以实现信号的时域分析、频域分析和幅值域分析，同时完成结果的实时显示、存储以及测试报表的绘制。

6.2.2 轨道噪声的检测

噪声检测是指用声电换能器把声学量转换成电量，进行测量和分析的技术。主要的测量仪器有传声器、声级计、倍频程滤波器等。

噪声检测系统由信号采集和数据处理两大系统组成（图 6－9）。在噪声测试的信号采集端，由分布在车内不同测点的噪声传感器将采集到的各种噪声信号转化为电压信号，通过信号传输通道传递给信号调理器，经过放大滤波等处理传给数据采集器；在噪声测试的数据处理端，工控计算机采用 USB 接口的形式与采集器通信联络，操作应用软件控制数据采集器对数据进行采集并保存，并通过 RS－232 串口对信号调理器进行调零。锂电池为噪声传感器及调理器供电。

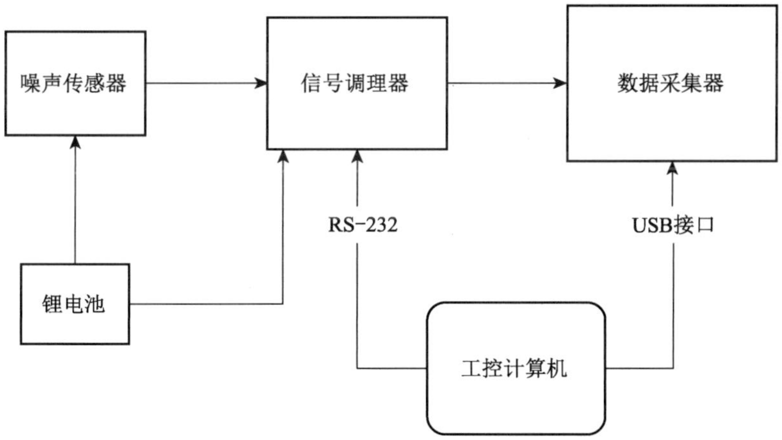

图 6-9 噪声检测系统组成

在噪声检测中也经常使用便携式声级计，根据声探头采集的噪声信号，声级计能很容易地给出其噪声级大小，经过修正后更接近人耳的听觉习惯，能够很方便地区分出当前测试环境的噪声强弱。声级计一般由传声器、放大器、输入衰减器、计权网络、输出衰减器、检波器、指示器等组成(图 6-10)。传声器将测得的声信号转换为电压信号,通过输入和输出放大器进行放大,在计权网络(有 A、B、C 三种,动车组噪声测试一般选 A 计权网络)按照要求进行频率滤波,再经过检波器处理后得到比较稳定的直流电压信号在指示器中显示出来。

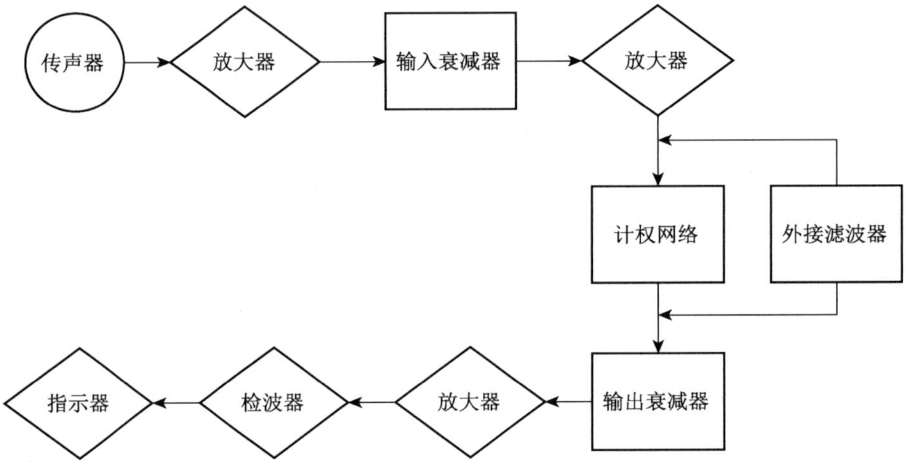

图 6-10　声级计组成

6.2.3　轨道交通振动与噪声的评价标准

描述振动的物理量为频率和振幅。对人体来说,能感知的振动频率范围是 1～100 Hz。对于环境振动,人们所关心的是人体反应特别敏感的 1～80 Hz 的振动,这主要是由于人体各种组织器官的共振频率集中在这个范围。目前,国际上趋于用速度和加速度来评价振动强度,但大多数是用加速度。加速度也常用加速度级 L_a 表示,其定义为:

$$L_a = 20\lg \frac{a}{a_0}\ (\mathrm{dB}) \tag{6-3}$$

式中　a——振动的加速度有效值;

a_0——加速度参考值($10^{-6}\mathrm{m/s^2}$)。

这种加速度评价方法为多值评价,在实际工作中,目前广泛采用单值,用振动级来评价振动对人体的效应,便于简化测量,其定义为:

$$VL = 10\lg(10^{\frac{L_1+a_1}{10}} + 10^{\frac{L_2+a_2}{10}} + \cdots)(\mathrm{dB}) \tag{6-4}$$

式中　VL——振动计权加速度级,dB;

L_i——第 i 个频带的振动加速度级,dB;

a_i——第 i 个频带的计权因子。

采用计权法可直接用仪器测得频率计权加速度级值。此外,国际标准化组织制定了采用振级值的全身振动劳动保护标准,关于建筑物内振动限制值的建议值如表 6-3 所列。

表 6-3　　国际标准化组织关于建筑物内振动限制值的建议值

地点	时间	振动级 VL /dB					
		连续、间歇振动和重复性冲击			每天只发生数次的冲击振动		
		$X(Y)$轴	Z轴	混合轴	$X(Y)$轴	Z轴	混合轴
严格工作区（医院手术室、精密试验室）	全天	71	74	71	71	74	71
住宅	白天	77～83	80～86	77～83	107～110	110～113	107～110
	夜间	74	77	74	74～97	77～100	74～97
办公室	全天	83	86	83	113	116	113
车间	全天	89	92	89	113	116	113

我国对于环境振动也制定了相应的标准，即《城市区域环境振动标准》（GB 10070—1988），其中规定了城市五类区域（特殊住宅区，居民、文教区，混合区、商业中心区，工业集中区，交通干线道路两侧）的 Z 方向的振动级 VL 标准值，如表 6-4 所列。

表 6-4　　城市各类区域铅垂向 Z 振动级标准值　　单位：dB

适用地带范围	昼间	夜间
特殊住宅区（0 类区）	65	65
居民、文教区（1 类区）	70	67
混合区、商业中心区（2 类区）	75	72
工业集中区（3 类区）	75	72
交通干线道路两侧（4 类区）	75	72
铁路干线两侧	80	80

本标准中的“特殊住宅区”是指特别需要安静的住宅区；“居民、文教区”是指纯居民区和文教、机关区；“混合区”是指一般商业与居民混合区，工业、商业、少量交通与居民混合区；“商业中心区”是指商业集中的繁华地区；“工业集中区”是指在一个城市或区域内规划明确确定的工业区。“交通干线道路两侧”是指车流量达到每小时 100 辆以上的道路两侧。“铁路干线两侧”是指距每日车流量不少于 20 列的铁道 30 m 外两侧的住宅区。

各类标准的适用范围一般由地方政府相关职能部门划定。轨道交通线路穿越城区时，线路走向一般与城市主要交通干线一致或路经大型居民区或大型厂矿工业区，故轨道交通所经区域一般执行 2～4 类区标准；当线路行驶于郊区时，一般严于上述标准 5dB 执行。例如，上海市环境科学研究院和上海铁路城市轨道交通设计研究院共同对上海轨道交通明珠线进行环境的振动和噪声评价时，即把沿线划分成 11 个标准区域，分别给出其执行标准，其中 2 类区域 5 个，3 类区域 6 个。

人耳对声音的感觉与声音的声压和频率有关，因此在确定声音强弱时既要考虑声压的大小，也要考虑频率的高低。人耳的可闻声压范围为 2×10^{-5} Pa 的弱音到 2×10^{3} Pa 的强音，可闻频率范围为 20～20 000 Hz。由此可知，人耳的听觉灵敏度范围很广。实测发现，两个不同频率的声音相比较时,若频率提高一倍,听起来音调提高的程度也是相同的,即对两个不同频率的声音而言,有决定意义的是两个频率的比值,而不是其差值。据此,将可听频率划分为若干小段,每一小段的上限频率和下限频率的比值都为一定值,即 $f_u/f_d = 2^n$,当 $n=1$ 时,称为倍频程;$n=1/3$ 时,称为 1/3 倍频程。每个频程以中心频率称呼。表示强度的量值有声压、声强和声功率,由此引出声压级、声强级和声功率级。由于人耳对 1/3 倍频程噪声比较敏感,故在测试噪声时频率采用 1/3 倍频程。

列车通过时引起轨道结构的振动,在通过空气传播的人耳可闻声形成之前,结构产生的声音叫结构声或固体声。振动总是伴随着固体声的传播和噪声的辐射。通常用一些物理量对各种声音进行评价。

1. 声功率级

声源辐射声波时在单位时间内向外辐射的声能叫声功率,记为 W。声功率的大小不随环境的变化而变化。声功率级的单位是分贝(dB),它的定义为:

$$L_W = 10\lg \frac{W}{W_0}\ (\text{dB}) \tag{6-5}$$

式中 W ——声功率,W;

W_0 ——参考声功率,取 1×10^{-12} W。

2. 声强级

声强是衡量声波在传播过程中声音强弱的物理量,它是指单位时间内垂直于声波传播方向的单位面积上所通过的声能。与声功率一样,声强也可用相应的声强级来表示:

$$L_I = 10\lg \frac{I}{I_0}\ (\text{dB}) \tag{6-6}$$

式中 I ——声强,W/m^2;

I_0 ——参考声强,W/m^2,取 $1\times10^{-12}\ W/m^2$。

3. 声压级

声压指某瞬时,介质中的压强相对于无声波时压强的改变量,单位为 N/m^2 或 Pa。任一点的声压是随时间变化的,每一瞬间的声压称为瞬时声压,某一段时间内瞬时声压的均方根为有效声压,一般情况下所说的声压即为有效声压。在自由声场中,声压与声强的关系如下:

$$I = \frac{p^2}{\rho C} \tag{6-7}$$

式中 ρ ——空气密度,kg/m^3;

C ——声速,m/s;

p ——声压,N/m^2。

由于大多数仪器都测量声压,因此,声压级是在噪声评价中最常用的级,它的定义为:

$$L_p = 20\lg \frac{p}{p_0} = 10\lg \frac{p^2}{p_0^2}\ (\text{dB}) \tag{6-8}$$

式中 p ——声压，N/m^2；

p_0 ——参考声压，N/m^2，取 $2\times10^{-5}N/m^2$。

声压级与声功率级在特定的声学环境中，具有一定的数量关系。当声源尺寸较小(可近似认为是点声源)，并处于无反射的自由空间中(也称自由声场)时，空间某点的声压级与声功率级的关系为：

$$L_p = L_W - 20\lg r - 11\ (\mathrm{dB}) \tag{6-9}$$

式中，r 为离声源距离，单位 m。

如果声源是放在光滑的平面上，可认为声波是在半自由空间内传播，其声压级与声功率级的关系为：

$$L_p = L_W - 20\lg r - 8\ (\mathrm{dB}) \tag{6-10}$$

噪声是人们讨厌的声音，因此在评价噪声时必须与人的感觉相联系。同样声压级的声音，频率不同，人的感觉也不同。如频率为 63Hz 时，声压级为 35dB 的声音人耳才能听到，当频率为 1 000 Hz，声压级达到 4 dB 时人耳就能察觉。所以在实际测量声压级时要考虑人耳对声音频率的敏感程度，以使测量的结果与人耳对声音的响度感觉相接近。因此，在声学测量仪器中采用了频率计权网络装置，目前有 A，B，C，D 四种频率计权网络，其中 A 型计权网络装有与人耳有同样响应的滤波器。由 A 型计权网络进行的声级测量称为 A 加权声级测量，单位为 dBA。大量试验表明，机动车辆噪声的主观评价和声级计的 A 型计权网络读数有较强的相关性，所以对交通噪声通常都用 A 声级作为测量和评价的单位。如无特别说明，在研究铁路噪声时所用的噪声级单位 dB 均为 dB(A)。

标准中的等效声级 L_{Aeq} 为规定时间内 A 声级的能量平均值，又称为连续 A 声级，单位为 dB，计算式为：

$$L_{\mathrm{Aeq}} = 10\lg\left[\frac{1}{T}\int_0^T \frac{p^2(t)}{p_0^2}\mathrm{d}t\right] \tag{6-11}$$

式中 $p(t)$ ——随时间变化的瞬时声压，Pa；

T——规定的测量时间，s。

当测量为采样测量，且采样时间间隔一定时，上式可表示为：

$$L_{\mathrm{Aeq}} = 10\lg\left(\frac{1}{n}\sum_{i=1}^{n} 10^{0.1L_{\mathrm{A}i}}\right) \tag{6-12}$$

式中 $L_{\mathrm{A}i}$——t 时刻的瞬时声级，dB；

n——规定测量时间内的采样数。

通过对轮轨的振动和噪声的大量研究表明：在 500～2 500 Hz 频率范围内，振动和噪声呈线性相关。在 500～1 000 Hz 频率范围内，钢轨是主要辐射体；在 1 250～2 500 Hz 频率范围内，轮轨双方都起显著作用。

由于噪声会影响甚至损害人的健康，所以世界各国对环境噪声都有标准规定。按国际标准组织的标准，在90（或85）dB的噪声区，允许工作8 h，而每超过3 dB，工作时间相应减半；在96dB噪声区，只能工作2 h。A声级考虑了人耳对低频噪声敏感性差的频谱特性，对低频有较大的修改量，能够较好地反映人耳对各种噪声的主观评价，且易于测量，故广泛用于噪声计量中。在此基础上，进一步考虑噪声持续时间产生的影响，采用了等效连续A声级L_{Aeq}来评价交通运输中产生的噪声。铁路噪声和道路交通噪声一样，L_{Aeq}也是优先的评价量。对于高速铁路，法国和日本采用L_{Amax}，主要是由于每天行驶的车辆数目是不变的。某些欧洲国家对于铁路噪声的要求稍低于道路交通噪声，瑞士对铁路噪声的限制至少放宽5 dB，如果每天通过的列车数目过少，则限制可放宽达15 dB。对于铁路噪声允许限制的放宽是根据广泛的社会调查结果确定的，在L_{Aeq}数值相同时普遍认为铁路噪声的干扰比道路交通噪声要小。部分国家的铁路噪声法规和噪声标准见表6-5。

表6-5　部分国家的铁路噪声法规中对居住区的容许值和建筑物正面噪声级标准 单位：dB(A)

国家	评价指标	容许值类别	昼间	夜间	整天	建筑物正面噪声级
澳大利亚	L_{Aeq}	新建铁路线的指标	65～70	55～60		
丹麦	L_{Aeq}	新建铁路线的指标			60	63(24 h)
	L_{Amax}				85	88
法国	L_{Aeq}	降噪计划极限值	60			65～70(24 h)
	L_{Amax}	高速线极限值	65～75			
德国	$L_r=L_{Aeq}-5$	新居住区指标	50～55	40～45		59(昼)
		新建和改造线极限值	59	49		49(夜)
荷兰	L_{Aeq}	新建铁路最佳值	60	50	55	60(24 h)
	L_{Aeq}	新建铁路最大值	73	63	68	50(23:00～7:00)
挪威	L_{Aeq}	新建铁路线的指标	55		60	60
	L_{Amax}			50		
瑞典	L_{Aeq}				60	
英国	L_{Aeq}	新建住宅指标	55	42		68(6:00～24:00)
		新建线隔声法规	68	63		63(6:00～24:00)
日本	L_{Amax}	新干线标准			70	

世界卫生组织（World Health Organization, WHO）于1993年公布了为保护公众免受噪声干扰的标准。为使大多数人免受噪声的严重干扰，在户外生活区的稳态连续噪声的声级不能超过55 dB(L_{Aeq})；为使大多数人免受中等程度的干扰，噪声级不能超过50 dB(L_{Aeq})；夜间户外噪声级不能超过45 dB(L_{Aeq})。各国参照WHO的标准并根据实情制定相关标准。

我国于1990年11月颁布的《铁路边界噪声限值及其测量方法》(GB 12525—1990)中明确规定了铁路边界的噪声限值，即等效声级L_{Aeq}为70 dB。由于大部分轨道交通线路都穿越人口密集的城区，因此其噪声还必须符合《城市区域环境噪声标准》(GB 3096—2008)的限值。《城市区域环境噪声标准》中规定了城市 5 类区域的环境噪声最高限值，其标准值如表 6-6 所列。

表 6-6 **等效声级 L_{Aeq}** 单位：dB

类别	昼间	夜间
0	50	40
1	55	45
2	60	50
3	65	55
4	70	55

注：上表中 0～4 类地区的划分标准同表 6-4。

6.2.4 轨道振动与噪声的数据分析方法与应用

振动信号的分析方法有时域分析、频域分析、时-频域分析、小波分析等，它们从不同角度反映信号的不同特征。

1. 时域分析

时域分析又称为波形分析或时域统计分析，主要是对时域信号波形进行分析处理。它是通过信号的时域波形计算信号的均值、均方值、方差、峭度系数、峰值因子等统计参数，能直观地反映信号的特征，故常用于信号的初步分析且适合于小干扰场合。

2. 频域分析

频域分析也称频谱分析，即分析动态信号的幅值、相位、功率和能量随频率的变化关系。最常见的变换方法是傅立叶变换，它可以将复杂信号分解为简谐分量的组合，将各个谐波按频率大小从低到高排列即构成频谱，为进一步分析产生振动的原因提供了重要的信息。常用的频谱分析方法有 Bode 图、功率谱、倒谱、细化谱分析、冲击响应谱分析、最大熵谱分析和全息谱分析等。Bode 图在对数分度的坐标系内反映机械振动的幅频特性和相频特性，可以从 Bode 图中得到系统不同频率下的振幅和相位、系统转折频率、阻尼系数、放大倍数以及振型等参数。自功率谱可以表达振动信号中各谐波分量的频率与其能量的关系，用来分析振动信号的频率成分和结构关系，以及各频率成分的能量大小。

3. 时-频域分析

通过时-频域分析可以了解振动信号在不同时间所包含的各种频率分量，获得频率随时间的变化规律。时-频域分析的基本任务是建立一个函数，这个函数不仅能够同时用时间和频率描述信号的能量密度，还能够以同样的方式来计算任何密度。这样的一个分布可以求在某一确定的频率和时间范围内的能量百分率，计算在某一特征时间频率的密度，计算该分布的整个和局部的各阶矩阵等。常见的时-频域分析方法有短时傅立叶变换和魏格纳分布。短时傅立叶变换的基本思想是在傅立叶变换的基础上，把信号划分成许多小的时间间隔，用傅立叶变换分析每一个时间间隔，以便确定在哪个时间间隔存在的频率。这些频谱的总体表示了频谱在时间上是如何变化的。通过对信号的魏格纳分析，可以得到信号的能量在时间和频率中的分布情况，了解能量可能集中在某些频率和时间的范围，及时反映功率谱随时间的变化。

4. 小波分析

在信号分析中，为了精确地得到高频信息，采样间隔应相对小些；而为了完整地得到低频信息，采样间隔应相对大些。换言之，即需要一个“柔性”的时频窗，当其在较高的频率处，时域窗可以自动地变窄；而在较低的频率处，时域窗又可以自动变宽。小波变换继承和发展了窗口傅里叶变换的局部化思想，同时又克服了窗口大小不随频率变化、缺乏离散正交基等缺点，是比较理想的对信号进行局部频谱分析的数学工具。

6.2.5 轨道交通振动测试分析

1. 测试概况

为了分析和评价轨道交通浮置板在车站铺设后轨道结构的振动情况，有必要对地铁车站站内轨道结构振动进行测试。利用动态信号采集仪采集地铁列车通过时钢轨、道床和车站外墙隧道壁垂向和横向振动加速度。

2. 测点布置

根据测试内容，车站轨道测试断面测点布置如图 6-11 所示，其中为了便于说明，规定车站站内断面，列车左侧为左轨，右侧为右轨。现场测试情况如图 6-12 所示。

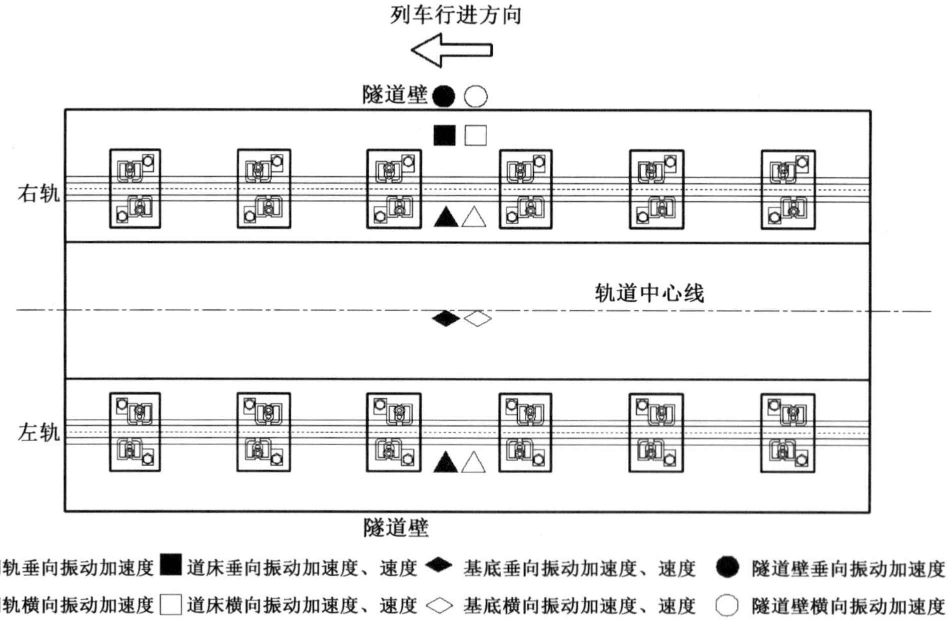

图 6-11 车站站内测试断面测点布置图

(a) 钢轨振动加速度测点(左轨)

(b) 钢轨振动加速度测点(右轨)

(c) 道床振动加速度、速度测点

(d) 浮置板基底振动加速度、速度测点

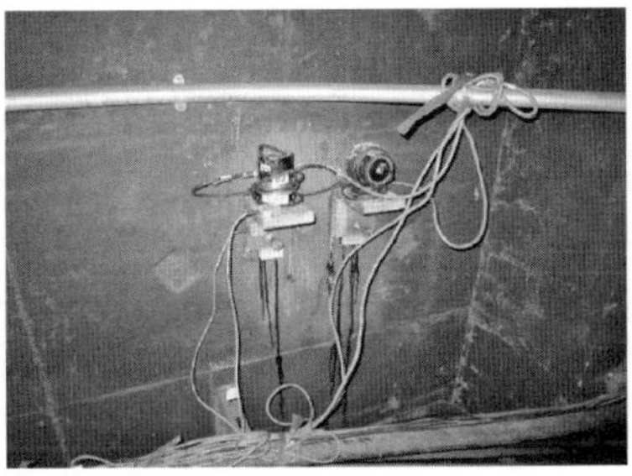

(e) 隧道壁振动加速度、速度测点

(f) 浮置板车站轨道结构

图 6-12　车站站内现场测试图

3. 轨道结构振动分析

车站站内轨道结构振动测试按照测试时段 7:00—9:00，11:00—13:00；17:00—19:00；21:00—23:00 分别进行统计，各时间段对应样本数分别为 18，21，22，16。

1）波形分析

测试断面位于车站出发端，列车出站时，速度由低到高，振动加速度也相应由小逐渐增大。各测点振动加速度波形图如图 6-13 所示(限于篇幅，仅选取 7:00—9:00 时间段)。

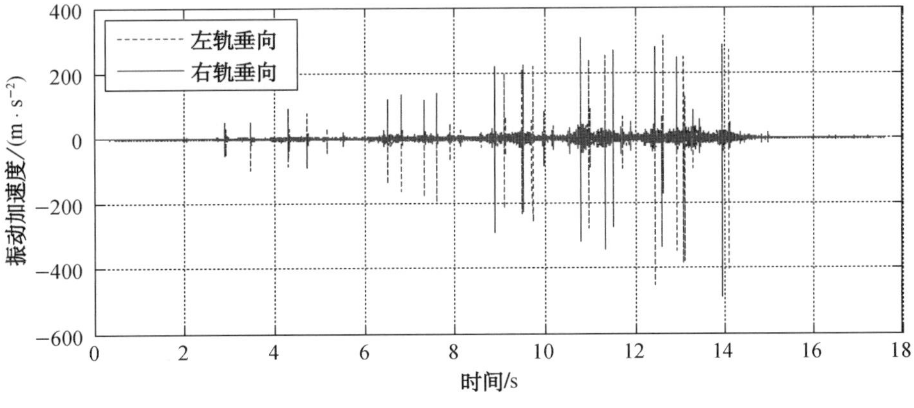

(a) 钢轨垂向振动加速度

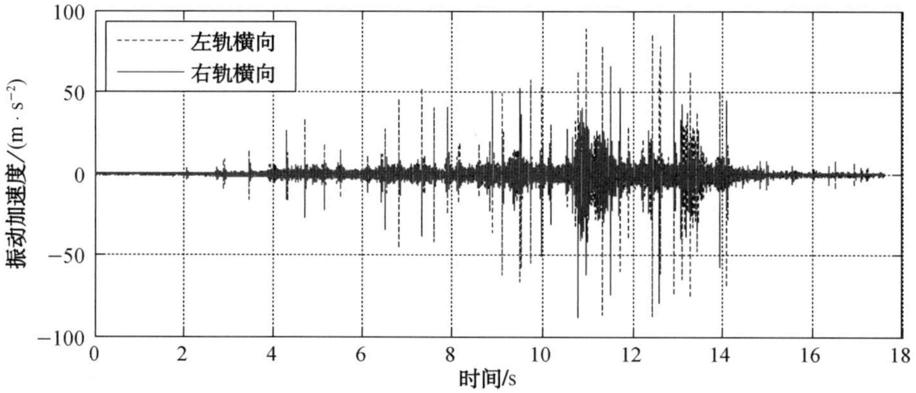

(b) 钢轨横向振动加速度

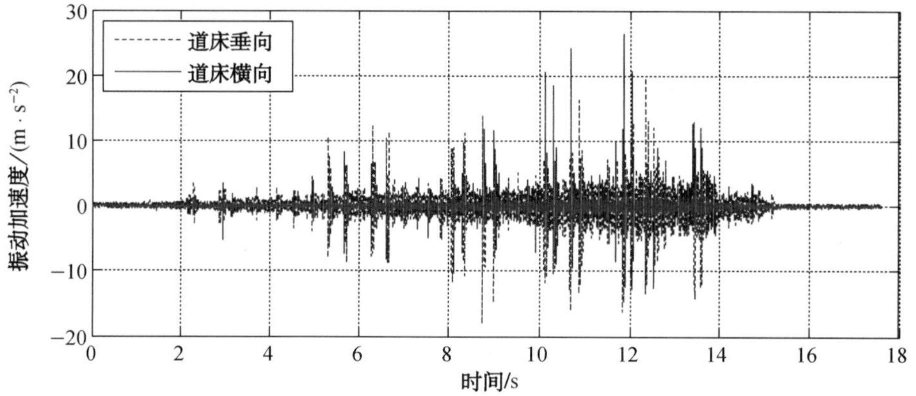

(c) 道床振动加速度

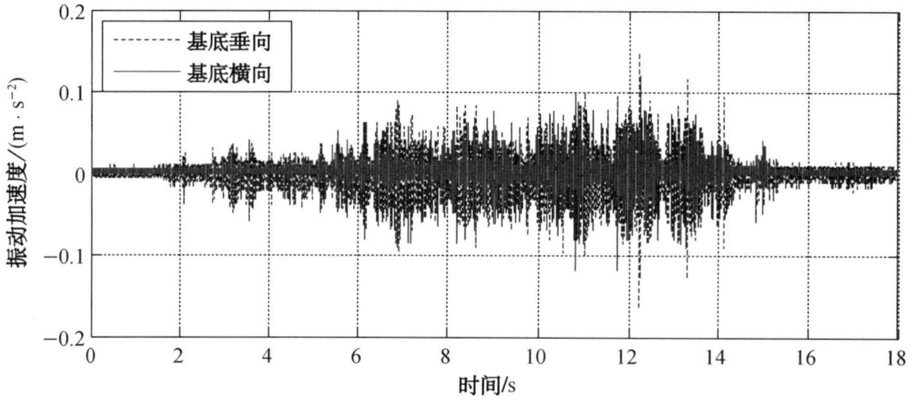

(d) 基底振动加速度

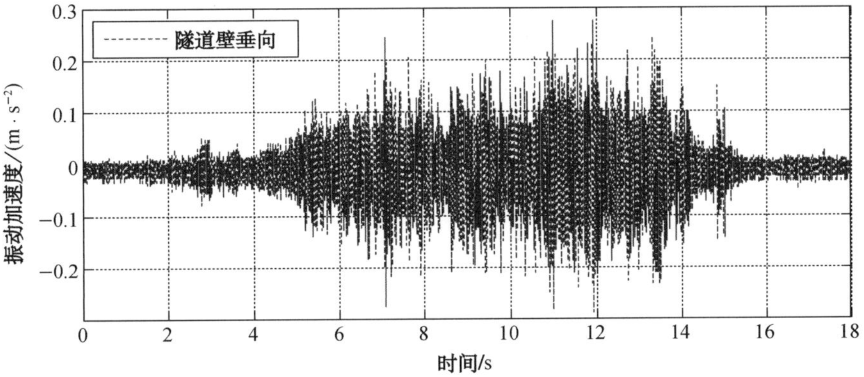

(e) 隧道壁垂向振动加速度(横向振动加速度通道损坏)

图 6-13　站台轨道结构振动加速度波形图

由图 6-13 可知,在列车通过时,各测点的波形具有如下特征:列车通过测试断面时,各测点振动加速度幅值逐渐增大,钢轨垂向振动加速度峰值的时间间隔逐渐减小,可以反映出列车从站台加速行进的过程,其中钢轨垂向振动加速度能明显反映出列车编组信息。

2) 幅值统计

为了分析不同时间段各测点振动加速度的幅值,将各测点加速度幅值的最大值和平均值分别进行统计,将加速度幅值按照不同测试时间绘制成柱状图,如图 6-14—图 6-16 所示。

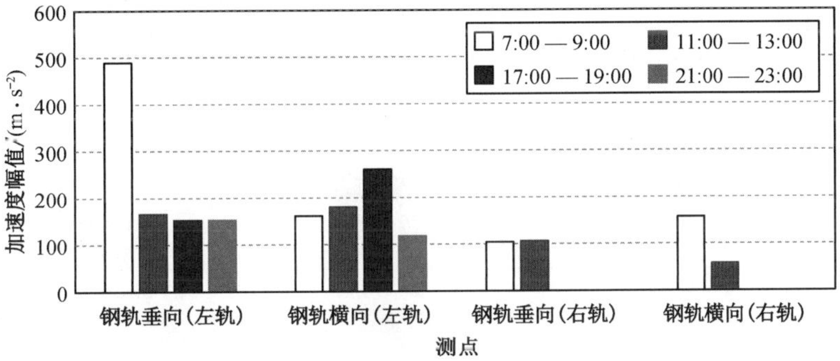

(a) 最大值

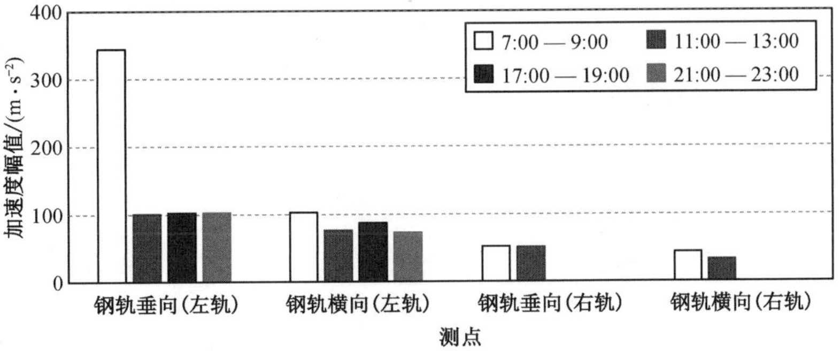

(b) 平均值

图 6-14　不同时间段钢轨振动加速度幅值统计直方图

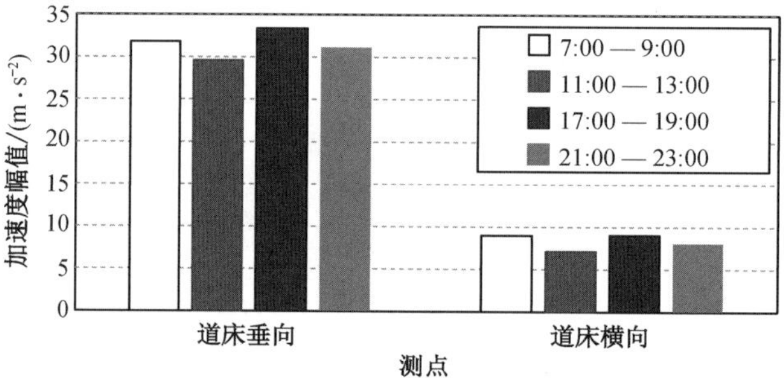

（a）最大值

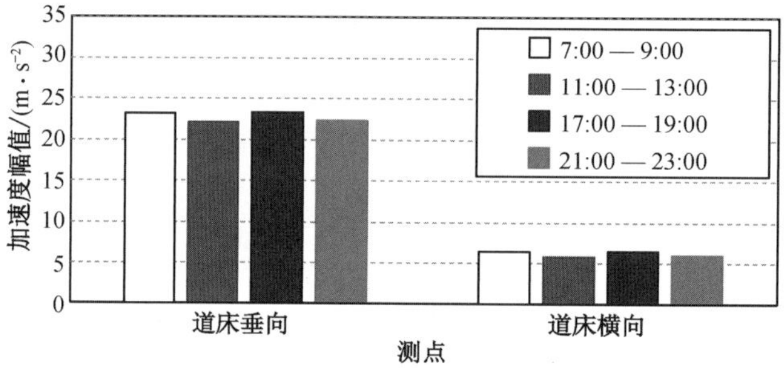

（b）平均值

图 6-15　不同时间段道床振动加速度幅值统计直方图

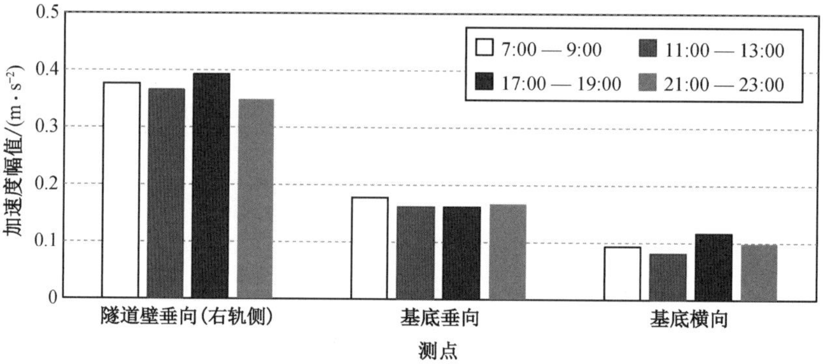

（a）最大值

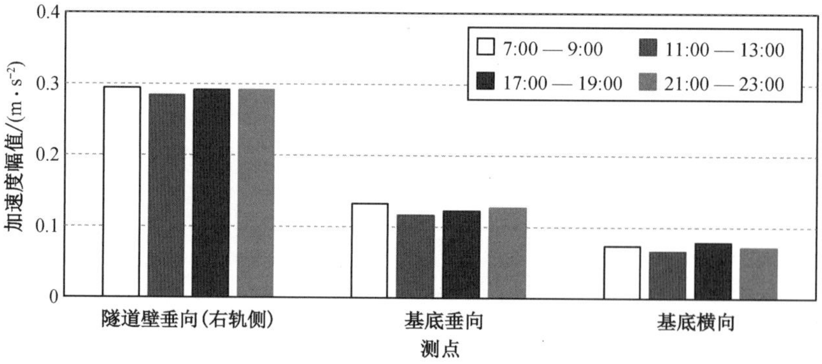

（b）平均值

图 6-16　不同时间段隧道壁及基底振动加速度幅值统计直方图

由图 6-14—图 6-16 可见：左轨垂向、横向振动加速度幅值的平均值均大于右轨相应测点的加速度幅值平均值，其中测试时间为 7：00—9：00，左轨振动加速度幅值的平均值较大，垂向、横向加速度平均值分别为 344.2 m/s^2，103.0 m/s^2；道床垂向加速度较大，其幅值平均值范围 22.08～23.29 m/s^2，道床横向加速度幅值平均值范围 5.82～6.50 m/s^2；不同时间段基底及隧道壁振动加速度幅值平均值变化不大，其中浮置板基底垂向、横向振动加速度幅值平均值分别为 0.13 m/s^2，0.07 m/s^2，隧道壁垂向振动加速度幅值平均值为 0.29 m/s^2。

3）频谱分析

为分析不同时间段各测点振动加速度频率分布，对各个时间段列车通过测点的振动加速度功率谱进行分析，如图 6-17—图 6-20 所示。

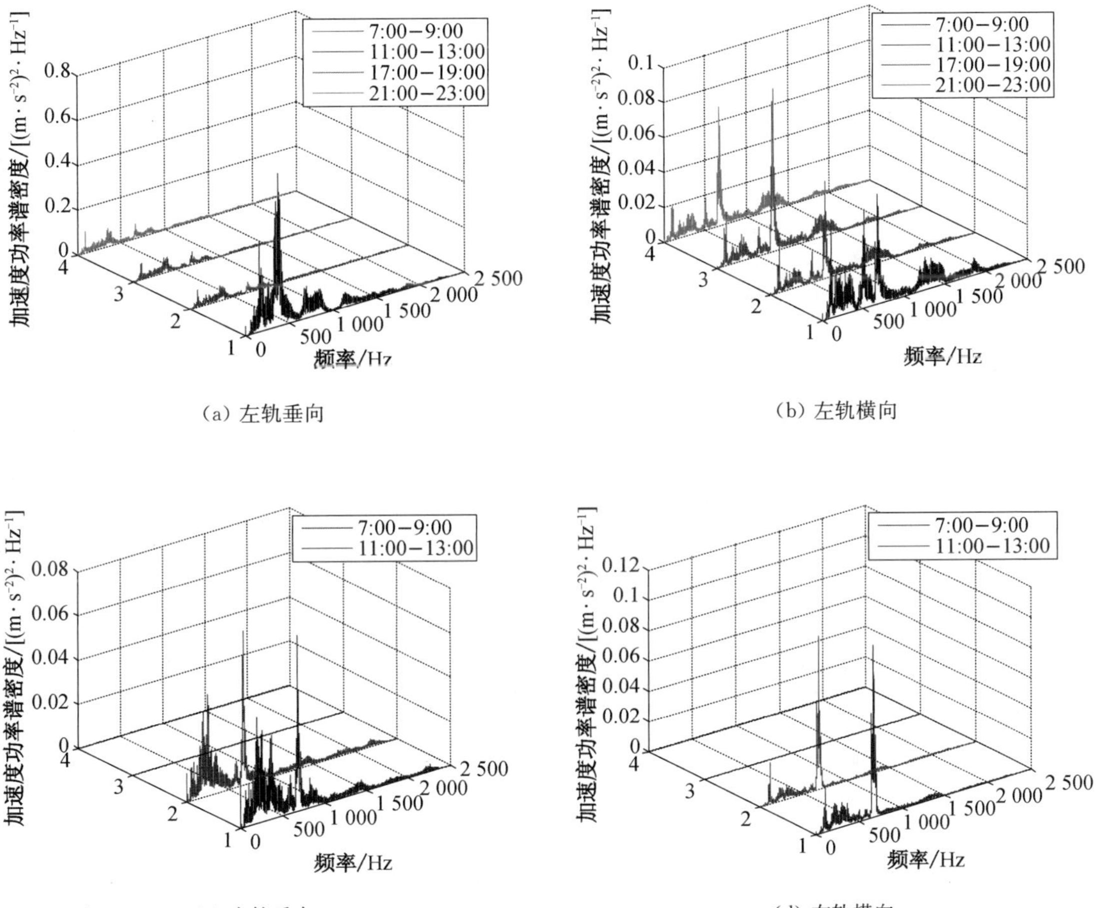

(a) 左轨垂向　(b) 左轨横向

(c) 右轨垂向　(d) 右轨横向

图 6-17　不同时间段钢轨振动加速度频谱图

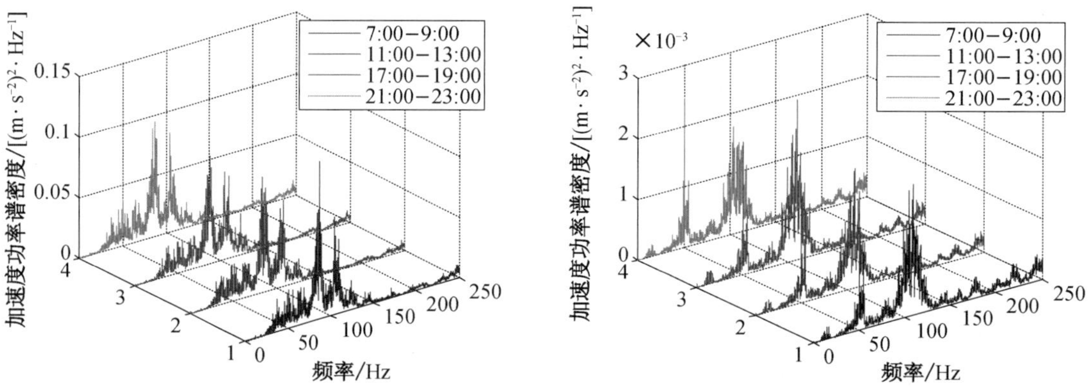

（a）垂向 （b）横向

图 6-18 不同时间段道床振动加速度频谱图

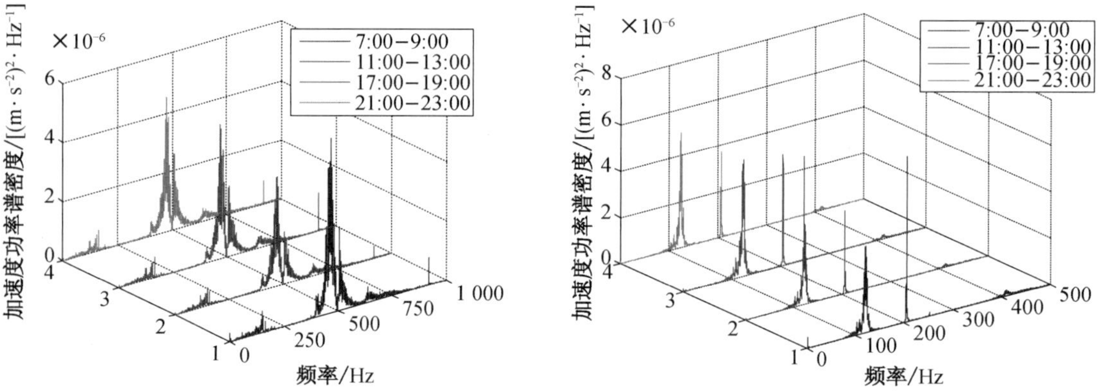

（a）垂向 （b）横向

图 6-19 不同时间段基底振动加速度频谱图

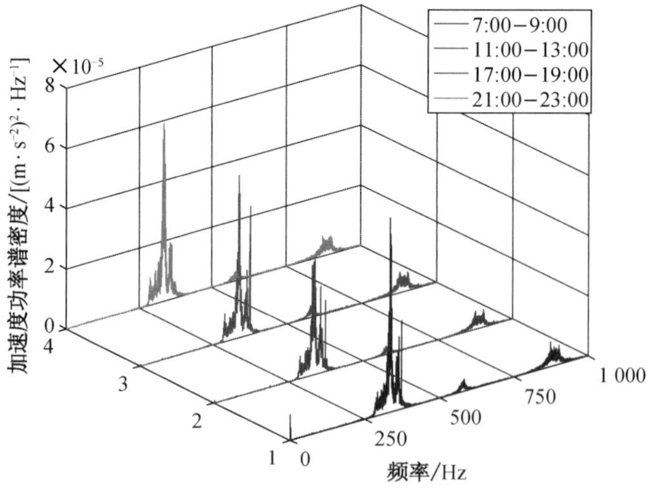

图 6-20 不同时间段隧道壁(右轨侧)垂向振动加速度频谱图

由图 6-17—图 6-20 可见，列车通过时，钢轨垂向振动加速度主要频率分布于 315～420 Hz，135～200 Hz 和 645～700 Hz，横向振动加速度主要频率分布于 645～705 Hz，480～540 Hz 和 85～125 Hz；道床垂向振动加速度主要频率分布于 73～91 Hz 和 102～110 Hz，横向振动加速度主要频率分布于 69～79 Hz 和 95～125 Hz；浮置板基底垂向振动加速度主要频率分布于 410～550 Hz，横向振动加速度主要频率分布于 110～130 Hz；隧道壁垂向振动加速度主要频率均集中分布于 310～380 Hz。

4）1/3 倍频分析

将不同测试时间段各测点振动加速度 1/3 倍频计算结果绘制成折线图，如图 6-21—图 6-24所示，参考加速度值为 10^{-12} m/s^2。

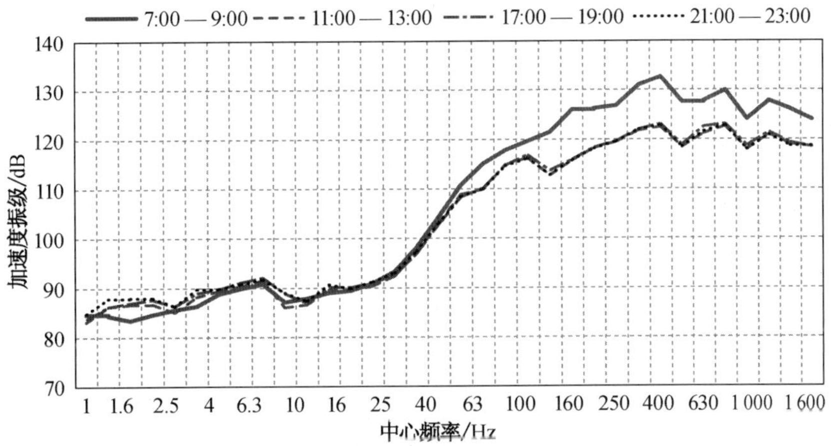

(a) 左轨垂向

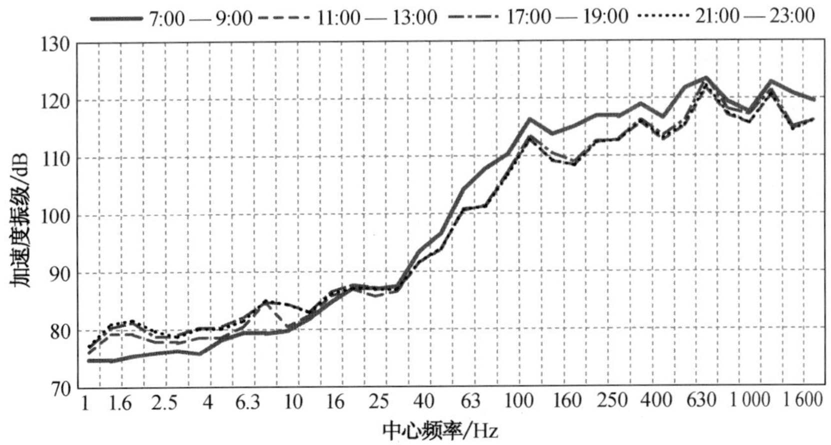

(b) 左轨横向

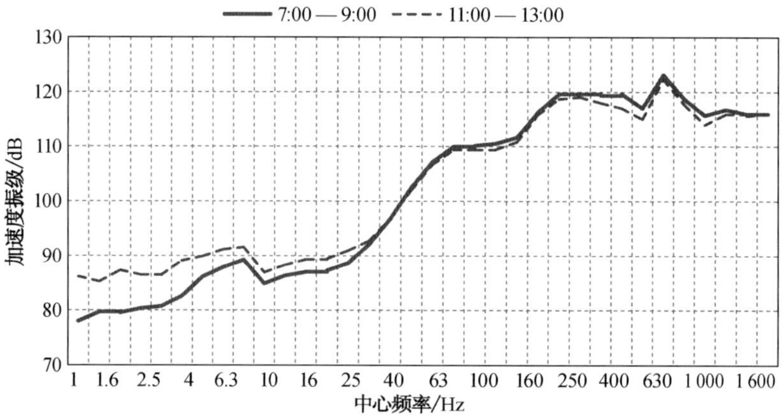

（c）右轨垂向

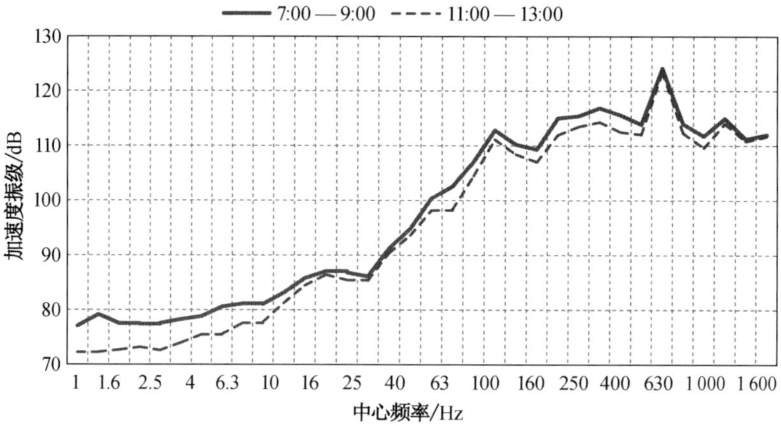

（d）右轨横向

图 6-21　不同时间段钢轨振动加速度 1/3 倍频图

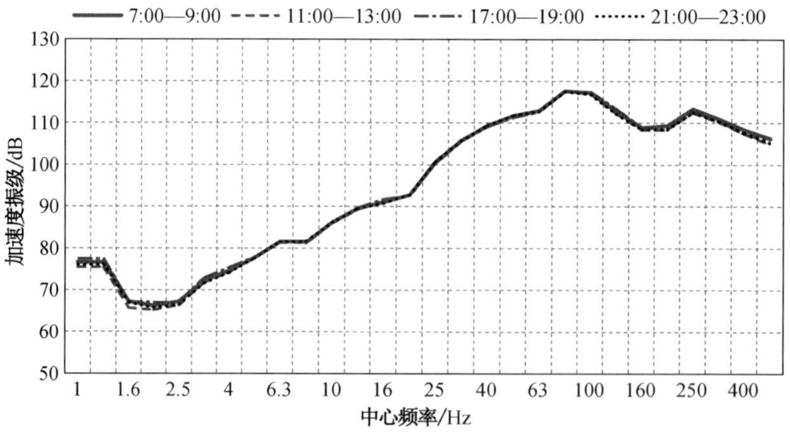

（a）道床垂向

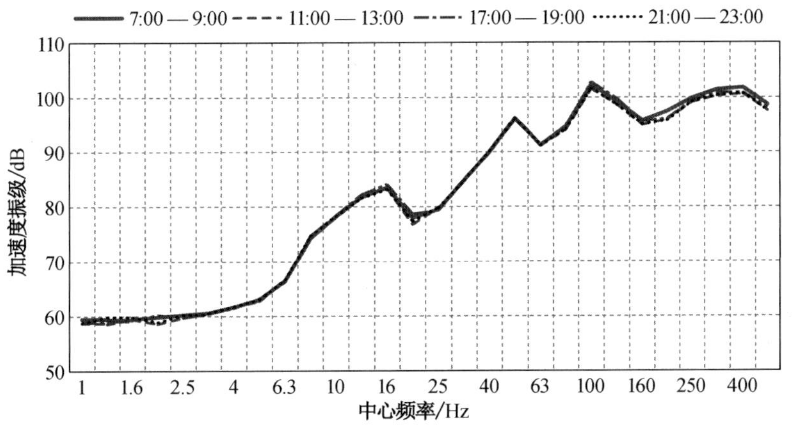

（b）道床横向

图 6-22　不同时间段道床振动加速度 1/3 倍频图

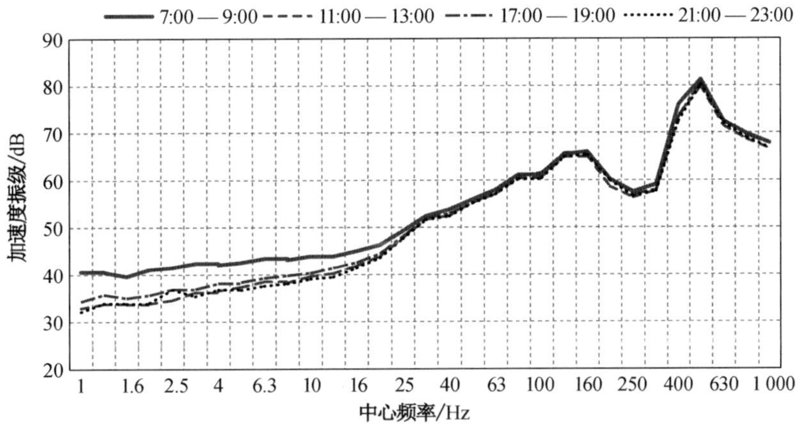

（a）基底垂向

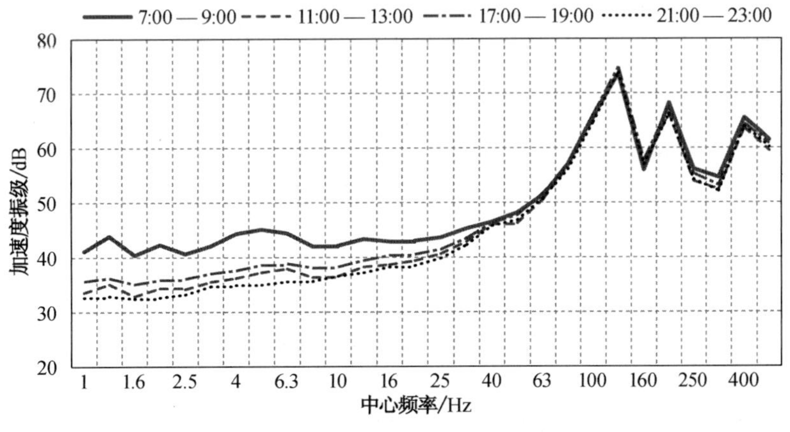

（b）基底横向

图 6-23　不同时间段基底振动加速度 1/3 倍频图

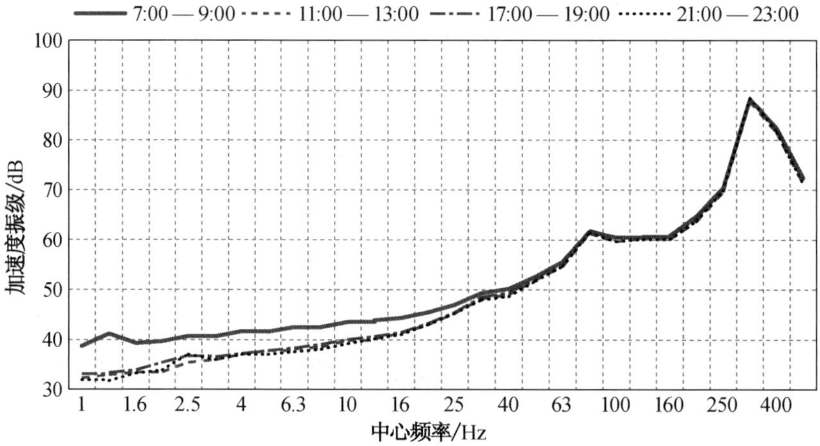

图 6-24　不同时间段隧道壁(右轨侧)垂向振动加速度 1/3 倍频图

由图 6-21—图 6-24 可见，不同测试时间段，钢轨振动加速度 1/3 倍频曲线基本重合，左右轨最大值对应的中心频率略有不同，其中左轨垂向振动加速度 1/3 倍频最大值对应的中心频率为 400 Hz，左轨横向，右轨垂向、横向振动加速度 1/3 倍频最大值对应的中心频率均为 600 Hz；道床垂向振动加速度 1/3 倍频曲线最大值对应的中心频率为 80 Hz，横向振动加速度 1/3 倍频曲线最大值对应的中心频率为 100 Hz；浮置板基底垂向振动加速度 1/3 倍频曲线最大值对应的中心频率为 500 Hz，横向振动加速度 1/3 倍频曲线最大值对应的中心频率为 125 Hz，40 Hz 以下频率范围内，不同测试时间浮置板基底振动水平略有不同；隧道壁垂向振动加速度 1/3 倍频曲线最大值 89dB，其对应的中心频率为 315 Hz。

5）*Z* 振级分析

对隧道壁振动采用环境振动评价方法，根据《城市区域环境振动标准》(GB 10070—1988)，计算各测点振动加速度 *Z* 振级，不同时间段条件下各测点 *Z* 振级如图 6-25 所示。

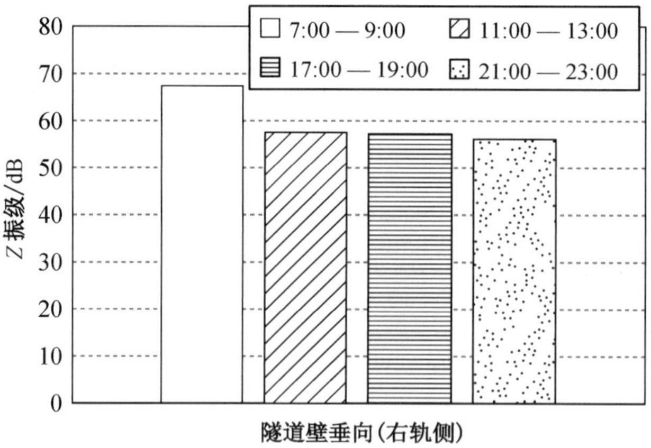

图 6-25　不同时间段隧道壁(右轨侧)垂向振动 *Z* 振级最大值统计直方图

由图 6-25 可知：测试时间 7：00—9：00，隧道壁垂向振动 Z 振级为 67.4 dB，其他测试时间段，隧道壁垂向振动 Z 振级变化不大，其均值为 57.0 dB。

6.2.6 轨道交通噪声测试分析

利用噪声测试仪对某小区楼层的噪声进行测试，排除较大背景噪声的测试结果，选取背景噪声相对较小时，地铁振动对噪声的影响。图 6-26 选取了部分测试的时程曲线，图 6-27 为居民楼底层噪声的 1/3 倍频曲线。

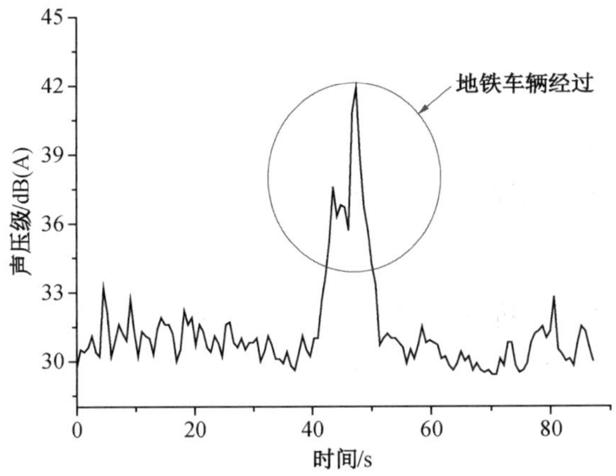

(a) 车速为 60 km/h

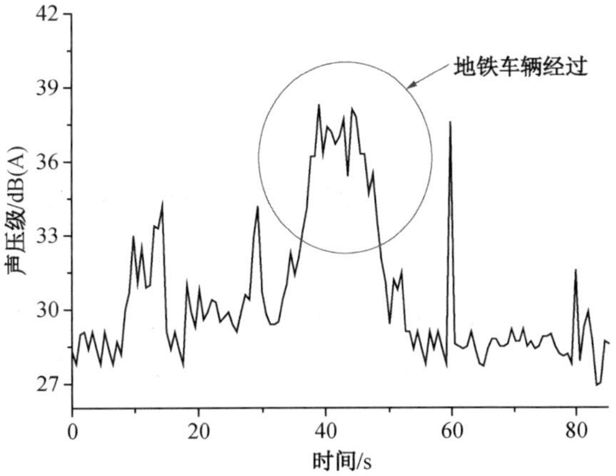

(b) 车速为 50 km/h

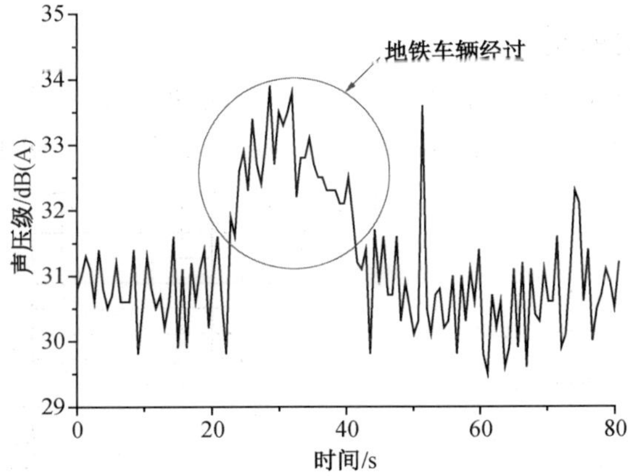

(c)车速为 40 km/h

图 6-26 地铁车辆经过对居民楼底层噪声的影响

由图 6-26 可知，列车以 60 km/h 通过该小区单元楼时，楼内底层噪声有效值均大于限值 41 dB(A)(2 类区昼间)；以 50 km/h 通过该小区单元楼时，楼内噪声有效值均小于限值 41 dB(A)(2 类区昼间)；以 40 km/h 通过该小区单元楼时，楼内噪声有效值也低于限值 38 dB(A)(2 类区夜间)。

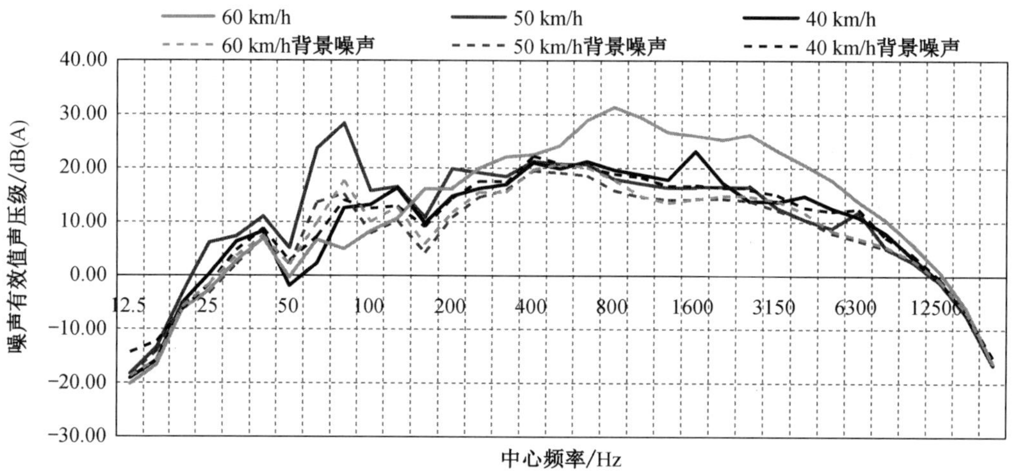

图 6-27　地铁车辆经过对居民楼底层噪声的 1/3 倍频声压级

由图 6-27 可知，地铁车辆经过居民楼时，噪声在频率 40 Hz 和 800 Hz 时出现峰值，40 Hz 噪声是结构二次噪声；800 Hz 噪声是一次噪声，由轮轨噪声经隧道结构、土层传递至楼内。可见，居民楼楼内噪声由一次噪声与结构二次噪声构成，且噪声声压级（有效值）均未超过限值 38 dB(A)。

6.3　轨道振动与噪声对策

6.3.1　降低轨道振动的对策

轨道减振主要通过道床、轨枕、扣件、钢轨等不同途径实现，如图 6-28 所示。不同的轨道减振结构，对其施工技术要求各不相同。近年来，城市轨道交通中使用的一系列新型轨道减振

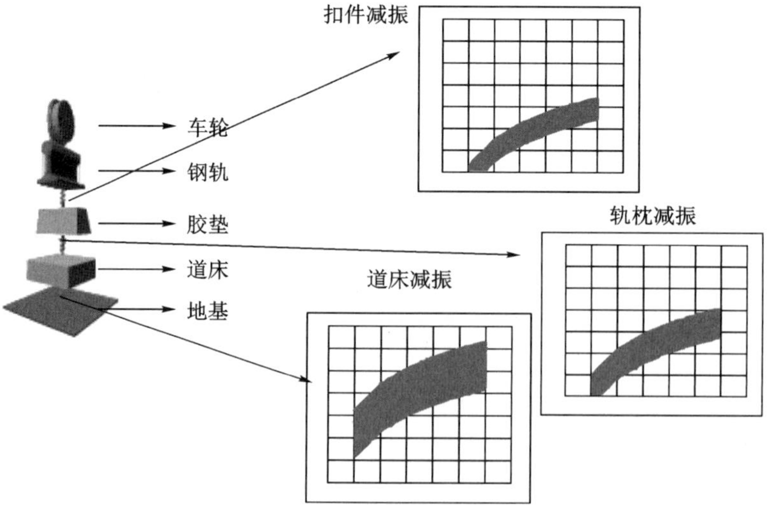

图 6-28　轨道分级减振

结构有钢弹簧浮置板道床、减振垫道床、梯形轨枕轨道、直线电机牵引技术、合成树脂岔枕道岔、先锋扣件、迷宫式阻尼钢轨等。其中,钢弹簧浮置板道床和梯形轨枕轨道属于特殊减振结构,减振垫道床和弹性支撑块轨道属于高等减振结构,扣件系统减振属于中等减振结构。

6.3.2 降低轨道噪声的对策

振动和噪声是不可分割的两部分,只是其表现的形式不同。在对轮轨噪声采取防振措施时,同时也起到降噪作用,但有时降噪措施,如防噪墙、声屏障,对减振则不起作用。所以一般都把这两个问题放一起考虑,以求取得最好的减振降噪效果。

如前所述,直线轨道的轮轨噪声包括正常轮轨滚动噪声、高强轮轨滚动噪声、冲击噪声和波磨噪声,所以对噪声的控制方法也要根据不同的噪声类型决定。如钢轨表面光滑,同时也要求车轮踏面圆顺,则列车运行时轮轨的接触斑宽度就不会变化(宽度为 12.5～20 mm),轨头也不会出现塑性流动的飞边。如果钢轨顶面光带宽度和位置都发生变化,则轮轨噪声就会增大,此时就要对钢轨进行打磨和对车轮进行镟削。实际上,有些车辆和轨道旁的降噪措施对于所有类型的噪声都是有效的。以下就一些降低轮轨噪声的措施加以叙述。

1. 车辆降噪措施

控制滚动噪声一种有效的方法是给车厢加裙边,如图 6-29 所示,利用车厢裙边吸收噪声和增大声能的传播损失,从而达到降噪的目的。

图 6-29　车裙与近轨声屏障联合使用

如在车厢裙边内侧安装吸声材料,则能降低铁路旁的噪声约 2 dB。裙边应向内侧弯曲,这样能吸收车轮的辐射噪声,但对啸叫噪声的控制效果更好。对于有砟轨道,车厢裙边的降噪效果要比整体道床差,因为道砟会吸收一部分噪声。由于钢轨位置低于裙边,所以裙边对吸收钢轨的辐射噪声效果较差。

在车厢底安装吸声材料,能降低车厢内外噪声 2～3 dB。但在车厢底部安装吸声材料会增加对车厢底部养护维修的困难。

弹性车轮能降低车厢内外的噪声 1～2 dB。使用弹性车辆主要是要降低轮轨之间的啸叫噪声,但使用弹性车辆也能降低轮轨滚动噪声,同时又可降低轮轨之间的冲击荷载。

车体隔音装置对减小车内噪声非常必要。车体隔音装置主要包括车厢体、地板、车窗、车门以及转向架和车体的连接部位。车体使用两层隔音材料,车厢内衬使用玻璃纤维吸音材料,用弹性地板层组成复合地板,采用密封玻璃窗和门封条,这样就能大大降低车厢内噪声。

2. 线路旁隔音装置

防噪墙是控制滚动噪声最有效的措施,在防噪墙上可附吸音材料以提高降噪效果。但有

图 6-30　钢轨声屏障

些地段限制使用防噪墙，主要原因有：防噪墙离轨道中心较近，维修人员无法避车；在高楼地区，由于声屏障高度的限制，其效果就不是很理想；若防噪墙较高，在风大地区，则要对防噪墙加固，费用就较大；线路维修人员无法通过防噪墙进入线路。

在防噪墙的轨道侧涂上吸音材料可提高防噪墙的降噪效果，并消除声音反射。对于整体道床轨道结构，吸音屏的效果最为明显。在装置吸音屏时，一种是吸音屏离轨道较远，另一种是吸音屏离轨道较近，如图 6-30 所示。如果吸音屏较远，只能降噪 2～3 dB；如果较近，则由于噪声在吸音屏与车体之间来回反射，会降低降噪效果。在吸音屏上涂吸音材料可降低噪声的多次反射。这种吸音屏特别适合于桥梁及高架桥，因为这些地段一般为无砟轨道，且吸音屏的重量受到限制。图 6-31 为轨道吸音板与钢轨近旁声屏障联合使用示意图。

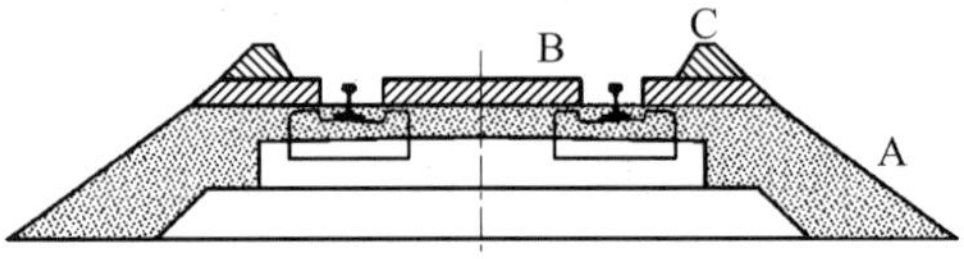

A—道床；B—吸声板；C—声屏障

图 6-31　轨道吸音板与钢轨近旁声屏障联合使用示意图

深路堑对降噪的效果类似于与路堑高度相同的防噪墙。如在路堑顶部安装防噪墙，则效果更好。

对于车站降噪措施，可在站台下面、天花板上和车站围墙上涂吸音材料。站台下的吸音材料可用喷射混凝土。车站围墙和天花板可用吸音板。

3. 轮轨冲击噪声的降噪措施

轮轨冲击噪声的降噪措施有钢轨打磨，轨面掉块的焊补、打磨，钢轨接头的精心养护，消灭空吊轨枕。在对钢轨正常滚动噪声采取降噪措施的同时考虑降低冲击噪声的措施。镟轮可消灭车轮踏面的不平顺及一些缺陷(如扁疤)，从而可降低轮轨冲击噪声。

4. 钢轨波磨噪声的降低措施

钢轨打磨是降低轮轨波磨噪声的有效措施。但钢轨打磨不会消除波磨因素，如果钢轨打磨的间隔太长，则会重新出现波磨，如果打磨间隔太短，则会增加钢轨打磨成本，所以要选择合理的钢轨打磨周期。

在轨头镶嵌硬金属材料可有效控制钢轨波磨，但在北美采用高硬度的合金钢轨而不用轨头镶嵌硬金属，因为用高硬度的合金钢轨可有效控制短波长波磨。

对于轨下基础刚度超过 70 MN/mm 的刚性扣件轨道结构，出现波磨的可能性较大。有些人认为降低轨道刚度对减缓波磨速率有利，但对此问题还需根据不同的钢轨、不同的运行条件进行分析研究，以确定刚度对波磨的实际影响，从而采取措施降低钢轨波磨。

车轮踏面形状会直接影响轮轨之间的接触力。国外已有研究认为，当车轮踏面内凹成负曲率时，会造成轮轨之间的旋转蠕滑增大，从而加速波磨。对车轮经常镟轮，保持车轮良好的锥形踏面从而降低轮轨之间的旋转蠕滑力矩，有利于减缓波磨。

在车辆上安装干摩擦棒(High Positive Friction, HPF)，对轮轨之间的摩擦系数进行控制，可消除与轮轨之间黏滑或滚滑相关的负阻尼系数，减缓钢轨波磨的速率。

5. 啸叫噪声

使用弹性车轮、环状阻尼器、吸振器、干摩擦棒和喷油润滑控制轮轨摩擦系数，使用锥形车轮踏面、纵向一系悬挂弹簧及自导向转向架等可控制车轮的啸叫声。如图 6-32 所示，目前弹性车轮较多用于城市轨道交通以降低轮轨啸叫声。但对于半径小于 30 m 的曲线，弹性车轮不能消除轮轨的啸叫声。弹性车轮是在轮辋和车轮辐板之间安装黏弹材料的弹性元件，目前弹性车轮只用于轴重很轻的轻轨线路，在美国尚未在轴重较大的轨道交通线路上使用。

图 6-32 弹性车轮

干摩擦棒(HPF)可通过其将润滑材料涂于车轮踏面，以提高轮轨之间的黏着系数，减小轮轨之间的黏着负阻尼，从而减小轮轨啸叫声。此外，车轮轮缘上用低摩擦系数(Low Friction Coefficient, LFC)的润滑棒，以减小轮缘和钢轨侧面的磨耗，同时降低轮缘的摩擦噪声。

车辆通过曲线时，锥形踏面车轮可提供较大的内外轮轮径差，从而可减小轮轨之间的纵向滑动。对曲线钢轨进行非对称打磨，也可起到增大内外轮轮径差的作用。但是如果转向架的一系弹簧纵向刚度过大，使得一转向架前后轮对的轴线在通过曲线时仍保持平行状态而不能尽量将轴线调整到曲线的径向位置上，则轮对的横向滑动在所难免。所以锥形踏面车轮、钢轨不对称打磨、降低转向架一系弹簧的纵向刚度这三项措施也有利于降低轮轨啸叫声。自导向转向架能使轮对处于径向位置，但如果车轮踏锥度不足，轮对通过曲线时仍会产生纵向滑动。在曲线内轨安装护轨可使得一轮对的外轮轮缘不与钢轨侧面接触，从而可减小轮轨之间的啸叫声，同时可减小曲线钢轨侧磨。

7 轨道结构动力测试技术

轨道结构是一个复杂的超静定结构，列车作用下的各种动力效应，不单与轮轨相互作用的动力过程有关，而且还与轨道的结构状态及维修状态有关。目前，已有的轨道结构计算理论，都是以一定的力学模型及给定的荷载参数和轨道参数为前提，计算结果只能反映给定运营条件下的轨道动力效应值的大致水平和量级，无法给出某次行车在某个轨道断面上的真实值，这往往给许多实际工程问题的解决带来一定的困难。

为了真实反映轮轨作用关系，可以通过轨道测试技术确定列车作用下的各种动力效应值。本章主要介绍轨道测试技术的内容，包括轨道结构动力测试、位移测试和振动加速度测试。最后以上海城市轨道交通 9 号线醉白池站振动测试为例，介绍振动测试的内容与分析过程。

7.1 轨道结构动力测试

轨道各部件之间受荷载作用所产生的效应，是轮轨动力效应的主要表现形式。目前，这些荷载的测试都是先在动态条件下测得某一轨道部件的某部位，或某一感受元件的"当量应变"，然后再在相同的加载条件下施加静荷载进行标定。当标定的静应变与实测时的动应变相当时，标定时的静荷载值就算是我们所测得的动载值。这种动载实质上是在保证我们所选定的"当量应变"相等时的当量静荷载。

轨道结构动力测试，首先要确定作用在轨道上的力，而在行驶中的列车作用于轨道上的力非常复杂，且有显著的随机性和重复性。这些力大致可以分为作用在钢轨上的垂直力 P、横向水平力 H 以及纵向力 L，这些力的测定是轨道结构动力测试的核心内容，并且以这三个力的测试值为基础进行车辆运行安全评估。

7.1.1 垂直力的测试

车轮作用于钢轨上的垂直力 P 是判断行车稳定性、轨道负荷状态的重要参数，同时也是评价列车对轨道破坏作用的主要指标。

1. 接头冲击荷载的测试

当列车通过存在轨道状态不良的地段时，如轨面擦伤以及接头、岔心等部位，会出现轮轨冲击现象。这种冲击荷载的持续时间很短，一般在 0.75 ms 以内。这种短时间的超载或减载（高频荷载），一般不会危及行车安全（爬轨或倾覆）。由于其频率很高，在自上而下的传递过程中衰减很快，因而对轨枕以下各部件的应力、应变不会有太大的影响。

典型的接头冲击荷载如图 7-1 所示。

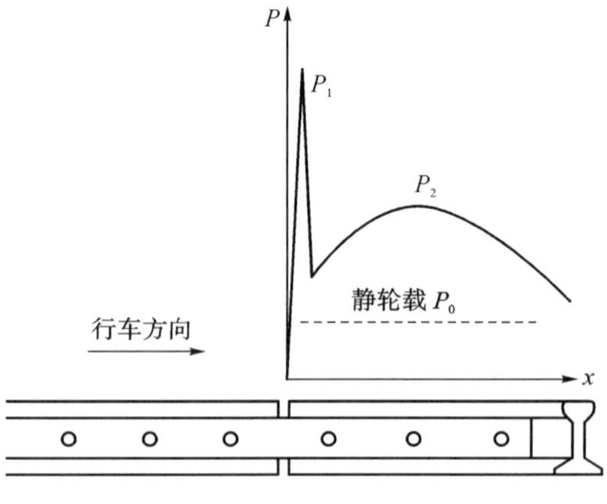

图 7-1 钢轨接头处的冲击荷载

接头冲击荷载 P_1 是引起轨头破损、螺栓孔裂纹的主要原因。它还可能导致很大的道床振动加速度,致使道砟破碎、道床沉陷、边坡坍塌。P_1是衡量钢轨接头质量的主要指标。

1974 年,詹金斯(Jenkins)等根据理论分析结合试验研究得出 P_1, P_2近似计算公式:

$$P_1 = P_0 + 2\alpha v\sqrt{\frac{K_H m_e}{1 + m_e/m_u}} \tag{7-1}$$

$$P_2 = P_0 + 2\alpha v\sqrt{\frac{m_e}{m_u + m_t}}\left[1 - \frac{C_t \pi}{4K_t(m_u + m_e)}\right]\sqrt{K_t m_u} \tag{7-2}$$

式中 P_0 ——静轮重,N;

2α ——轮轨不平顺交角,rad;

v ——行车速度,m/s;

m_e ——有效轨道质量,kg/m,一般情况下可取为 $0.4M$, $M = m_r + m_s/l$;

m_r ——钢轨单位长度质量,kg/m;

m_s ——半根轨枕质量,kg;

l ——轨枕间距,m;

m_u ——簧下质量,kg;

m_t ——当量轨道系统质量,kg, $m_t = \frac{3}{2k}M$;

K_t ——当量轨道系统刚度,N/m, $K_t = \frac{2}{k}u$;

K_H ——线形赫兹接触刚度,N/m;

C_t ——当量轨道系统阻尼,(N · s)/m, $C_t = \frac{2}{k}c$;

u ——轨道基础刚度,N/m^2;

c ——轨道基础阻尼,(N · s)/m;

k ——轨道的刚比系数,1/m。

测定垂直冲击荷载 P_1,要求消除水平荷载及垂直荷载偏心的影响,这就要求相对于钢轨垂直中和轴对称贴片,而这种应变片的粘贴方法在轨头部分是难以实现的。因此,我国在钢轨接头螺栓孔周边 45°方向贴片,选轨腰应变为"等效应变",测定 P_1 值。

我国在钢轨接头区对轨头、轨底纵向应变及轨缝内的轨端断面的垂向应变进行过测试,所用仪器的工作频率为 10 kHz,其贴片位置及所得应力波形如图 7-2 所示。

2. 接头冲击荷载的标定

P_1值标定可以用已知静轮重的机车或车辆,以低于 5 km/h 的速度,以贴片端为送轮端、慢速滚过测试接头。根据静轮重、慢速滚过时的应变值及列车静止时的应变值,求得当量静荷载 P_1值,也可以用落轴试验对 P_1值进行动标定,落轴时的应变波形如图 7-3 所示。

设落在一股钢轨上的质量为 m,落轴高度为 H,如图 7-3 波形图上所示的 E 点,车辆接触

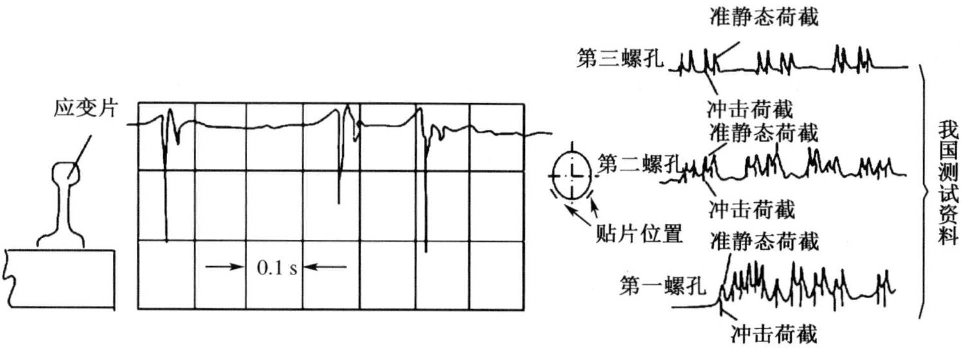

图 7-2　我国在钢轨接头处 P_1 力的测试数据波形

钢轨，测试桥路开始有输出，在 F 点输出达最大值，然后输出减小，到 C 点输出回到零。由此分析轮轨相互作用的过程：在 EF 阶段是轮轨开始接触，接触变形增长，一直到 F 点接触变形达到最大。显然这是车轮向钢轨加载的阶段。若车轮接触到钢轨时的轮轨相对速度为 v，到 F 点时轮轨的相对速度为零，设

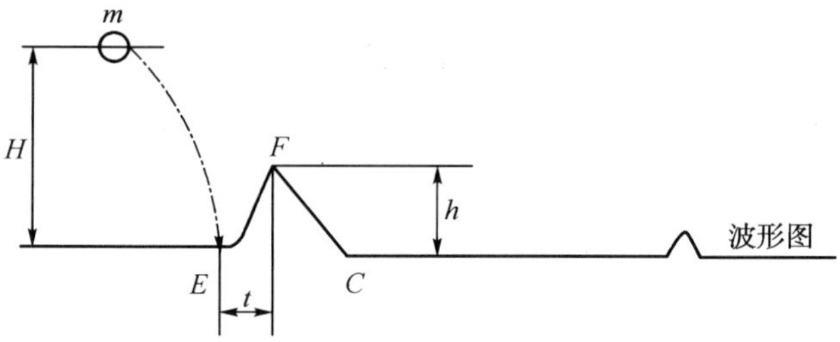

图 7-3　落轴试验的波形图

EF 这一阶段的经历时间为 t，且 EF 线路为直线，也就是说接触荷载呈直线增长，则轮轨间的相对加速度为 $v/t=a$，根据冲量定理计算冲击力 F_c：

$$m \cdot v = F_c \cdot t \Rightarrow F_c = \frac{m \cdot v}{t} = \frac{m \cdot \sqrt{2gH}}{t} \tag{7-3}$$

式中　m——作用在一股钢轨上的落轴质量；

g——重力加速度；

H——落轴高度；

t——P_1 力测定波形上，荷载上升阶段所经历的时间。

如果已经量得落轴时冲击波形(图 7-3)的高度为 h，则单位波形高度所代表的冲击力值 q 为：

$$q = F/h \tag{7-4}$$

以 q 为准尺，就可量读列车通过时轮轨之间的冲击力。目前，尚未对 P_1 进行单独的频谱分析。只能根据 P_1 的波形粗略地建议测试 P_1 的仪器工作频率不应低于 5 000 Hz。

3. 准静态荷载的测试

当理想圆顺的车轮沿基础弹性均匀、表面平直的轨道运行时，车辆各部件不产生振动，无附加动力荷载，车辆作用到钢轨上的将是一个大小恒等于静轮重，以速度 v 运动的荷载 σ。另

外，当理想圆顺的车轮滚过具有长波长的不平顺轨道时，车轮作用到钢轨上的荷载将是一个幅值变化缓慢并以速度 v 运动的低频动力荷载。荷载对轨道的作用和静载大体相似，可以按近似于 1 的传递函数自钢轨向基础传递，引起钢轨、轨枕的弯曲及枕下基础的应力应变，故称这种荷载为准静态荷载。

1）剪力法测试 P_2

剪力法测 P_2 的原理如图 7-4 所示。

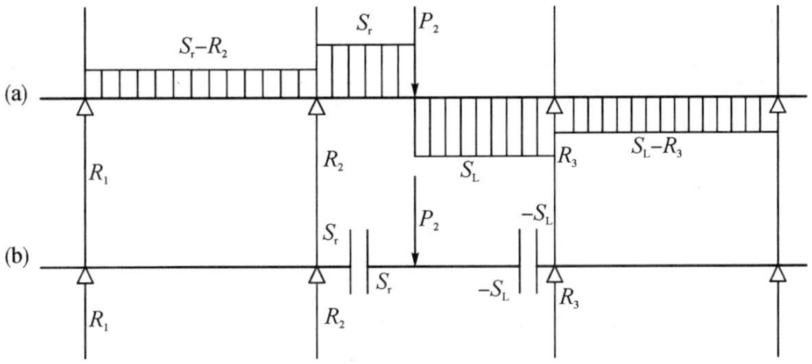

图 7-4　剪力法测 P_2 原理图

设有一荷载 P_2 作用于钢轨上，则钢轨内的剪力分布如图 7-4(a)所示，在 P_2 的作用跨内，P_2 两边的剪力分别为 S_r 及 S_L，按图 7-4(b)取隔离体，可知：

$$P_2 = S_r + (-S_L) \tag{7-5}$$

随着钢轨支承条件的改变，轨枕反力 R_1，R_2，R_3，R_4，… 的值可能发生变化，剪力 S_r 和 S_L 也在变化，但式(7-5)始终成立。因此，只要能同时测得 S_r 和 S_L，并且取其之和，即可得 P_2 值。

测定 S_r 和 S_L 的方法有剪应力法和弯矩差法。

（1）剪应力法

剪应力法计算公式：

$$\tau = \frac{S_r \cdot gG}{Jb} \tag{7-6}$$

式中　τ——剪应力；

S_r——剪力；

J——钢轨断面相对于水平中和轴的惯性矩；

G——剪应力计算点以远的断面面积相对于水平中和轴的静面矩；

b——断面厚度。

对于一个给定的断面和计算点，G，J，b 为常量，故 τ 与 S_r 成比例。只要测得 τ 值，通过计算或标定，即可得 S_r 值。但用应变片无法直接测得剪应力 τ，试验资料证明，在离荷载作用点 10～15 cm 的断面上，钢轨水平中和轴位置处无垂向正应力和纵向正应力，只有剪应力。在这种纯剪条件下，45°方向的主应力和剪应力相等。因此，通常采用在轨腰中和轴处贴 45°方向的应变片方法来测量剪应力，再通过标定求得 P_2值。

我国采用剪应力法测 P_2的贴片及组桥方式如图 7-5 所示。

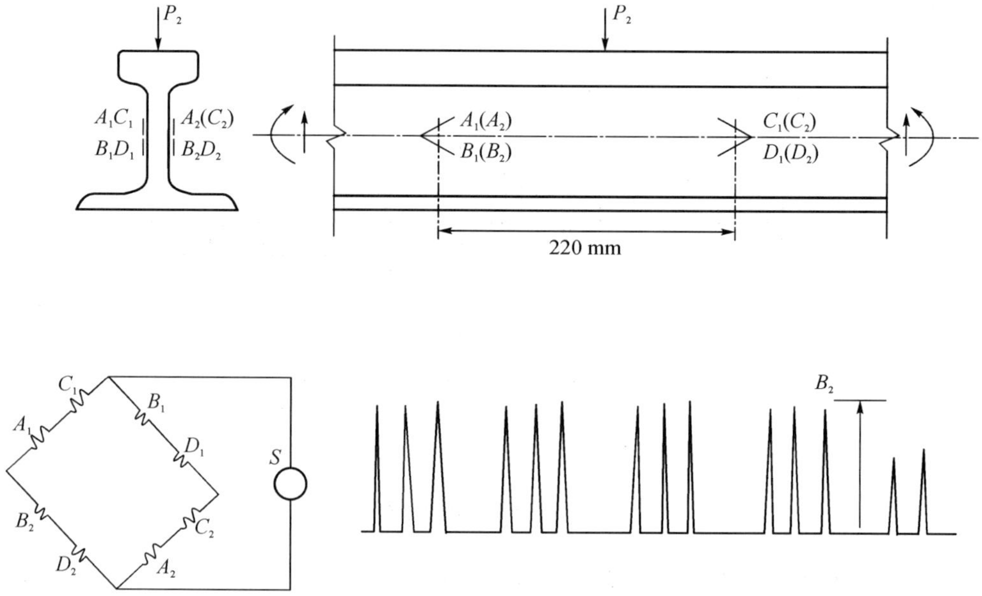

图 7-5　剪应力法测定 P_2的贴片位置、组桥及波形图

(2) 弯矩差法

弯矩差法测 P_2 的原理如图 7-6 所示。图 7-6(a)为荷载 P_2的作用跨，图 7-6(b)为在荷载作用处切开，取隔离体，作用在左右截面上的力矩和剪力分别为 M，S_1，S_2。

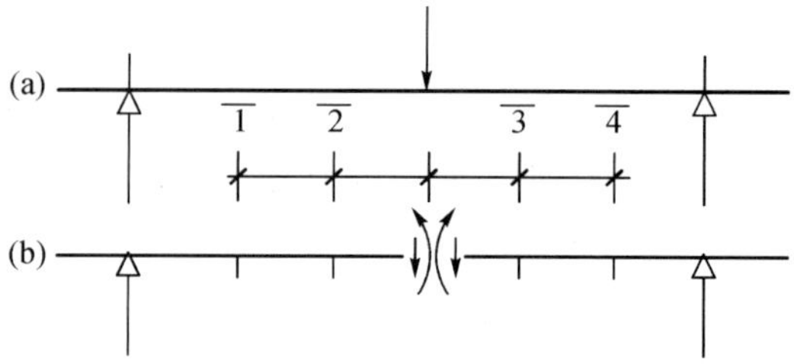

图 7-6　弯矩差法的原理示意图

可以得到 P_2 值的近似计算公式：

$$P_2 = S_1 + S_2 = \frac{1}{2}(M_1 - M_2 - M_3 + M_4)/l = \frac{W}{l}(\sigma_1 - \sigma_2 - \sigma_3 + \sigma_4) = \frac{W}{l}\Delta\sigma \tag{7-7}$$

式中　M_1，M_2，M_3，M_4——断面 1，2，3，4 处的力矩；

σ_1，σ_2，σ_3，σ_4——断面 1，2，3，4 处的应力；

$\frac{W}{l}$——常量。

故 P_2 和 $\Delta\sigma$ 成正比。

由于式(7-7)本身的误差、断面 W 值与理论值的差异、贴片的尺寸误差和贴片技术等问题的存在，按 $\Delta\sigma$ 值经计算得到的 P_2 值常常带来某种差异，在工程中实际运用已经逐渐减少。

2）轨腰压缩法测试 P_2

如图 7-7 所示，在轨腰两侧对称垂直贴片(包括不在中和轴高度位置)，经串联组成外半桥的工作臂，另外再贴两个补偿片，作温度补偿。水平力 H 及垂直力 P_2 的偏心 e 所造成的钢轨横向弯曲和扭转，使对称贴于轨腰两边的垂直应变片 1，2 所产生的应变恰恰是大小相等、符号相反。根据桥臂电阻串联的原理，串联后桥路的输出等于被串联各应变片所引起的输出的代数和，大小相等、符号相反的两应变值代数和为零。因此，由于水平力和垂直力偏心，在图 7-7 所示的桥路中心，输出为零，即这几种作用力的影响可以自行抵消。中心垂直荷载在应变片 1，2 中引起的应变，大小相等、符号相同，通过串联，求取两片的平均值，故桥路输出仅与垂直力 P_2 有关。如果把应变片贴在中和轴位置，则桥路的输出完全取决于 P_2 在轨腰造成的垂向压缩，不受钢轨在垂直平面内所产生的纵向拉、压应变的影响。

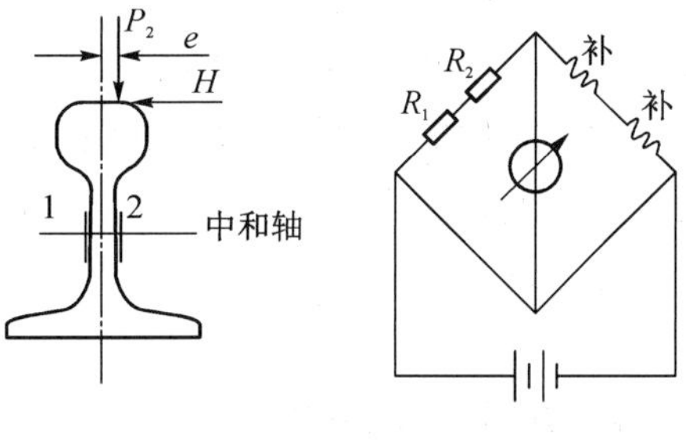

图 7-7 轨腰压缩法原理示意图及桥路

4. 垂直力测定的讨论

1）冲击荷载的测试

冲击荷载 P_1 的测试除在我国和英国进行过之外，目前尚未见到别的国家有这方面的测试资料。接头冲击荷载的测试，采用螺栓孔周边 45°方向贴片，两边串联组成单臂半桥，用机车或车辆慢滚进行标定，这套方法是可行的。显然，这样标定出来的 P_1 值是当量静荷载值，也可以用前面提到的落轴标定法来标定轮轨之间的冲击力 P_1。根据 1984 年中国铁道科学研究院在五行试验线采用的两种方法标定的结果，其数值相差甚大。用落轴法标定得出的轮轨冲击力比用慢滚压法得出的当量静荷载值要大得多。这正说明轮轨冲击荷载在轨道结构中衰减较快的特征，所以可根据研究的目的和需要，选择相应的标定方法。按冲击荷载的频率结构确定仪器的工作频率，在此之前，可粗略地按荷载的持续时间 0. 75 ms 和荷载前沿的上升时间 0. 25 ms，要求仪器的工作频率不低于 5 000 Hz。

2）准静态荷载的测试

弯矩差法和剪应力法在原理和标定方法上基本相同。

弯矩差法要求在轨底贴片，测试前必须更换钢轨，否则不能把应变片贴好，这在营业线上进行会遇到很多困难，在无缝线路区段更是几乎无法实现。另外，一旦在测试过程中发现应变片有问题时，不便于检查和修复。

剪应力法是把应变片贴在轨腰上，贴片、检查、修复都比较方便，因此在各国得到广泛应用。根据贴片部位的应力分析及电桥的特性证明，剪应力法的贴片及组桥方法可以消除钢轨的水平弯曲及扭转所造成的应变的影响。桥路的输出与水平力及垂直荷载的偏心距无关，仅取决于垂直力 P_2 的大小。

剪应力法的桥路输出只和作用在两贴片断面之间的垂直荷载有关,贴片断面以外的荷载对桥路输出不产生影响。邻轮的作用、轨枕的支承情况、轨下基础的软硬都不会影响测试的结果。

测试贴片粘贴的位置应注意以下要点:对于左右贴片位置,剪应力法的两贴片断面的位置最好是在以轨枕间的中心线为中心,向左右各 100～125 mm 处。该方法的基本原理是假定在钢轨的中和轴上没有垂向和纵向的正应力,只有剪应力,只有满足这一条件时,45°角方向的主应力才等于剪应力。如果两贴片断面之间的距离太近,由于车轮的作用,则可能使贴片断面在垂直方向有压缩应力。对于上、下贴片位置,严格说来,最好是在中和轴上贴应变花。这样应变花的输出只和作用在两贴片断面之间的轮重有关,而和邻轮及轨枕的支承状态无关。

测试时把应变花贴在紧靠中和轴的上、下位置。从理论上讲,可能受邻轮及轨枕支承状态的影响。但在这个位置的正应力和其剪应力相比是相当小的,实测结果表明,由此带来的影响是可以忽略的。

7.1.2 水平力的测试

车轮作用到钢轨上的横向水平力 H,是决定脱轨系数 H/P,即影响行车稳定性的重要参数,又是导致轨道横向破坏、丧失横向稳定的主要原因。横向水平力同样有高频冲击和低频准静态之分,但横向和垂向不同,垂向冲击在钢轨、擦伤、接头、叉心等部位必然出现,而横向冲击多带有随机性。另外,横向冲击因作用时间极短,一般对脱轨、倾覆危害不大。因此,人们对高频冲击横向水平荷载的研究较少。下面所谈到的横向水平力 H 的测试,都是指准静态横向水平力。

1. 水平力的测试

目前,世界各国测定横向水平力的方法主要有剪应力法、轨底内外缘纵向应力差法、轨腰弯曲法、轨底轨腰连接圆弧弯曲法、轨腰弯矩差法、轨头弯曲法和双桥路法。

1) 剪应力法

该法原理与用剪应力法测 P_2 相似,即同时测出荷载左、右两边断面向上的横向剪力,并利用电桥特性将其叠加。因为钢轨不存在水平的对称面,所以在横向只能采用剪应力法而不能用弯矩差法。我国按照如图 7-8 所示的方式测试过 H 值。

剪应力法的贴片位置是在靠轨腰与轨底连接圆弧的部位,以垂直轴为对称分布,这个部位最接近钢轨断面的弯曲中心,也比较接近钢轨断面的垂直对称轴,因此在扭矩作用下的剪应力接近于最小,在水平横向力作用下的剪应力接近于最大,故扭矩对水平横向力测试结果的影响也比较小。

这种贴片方法,从原理上决定了由水平力产生的应变同垂直力产生的应变是可以分开的,但是它们同扭矩所产生的应变是分不开的。因此,在测定水平横向力的桥路输出中,必定包含了扭矩的影响。这是测试水平横向力的根本困难所在。

我国采用小梁进行标定时,也是使梁的两端固定在轨头,中间施加横向水平荷载,作用点在轨头侧面上。标定时不加垂直荷载。

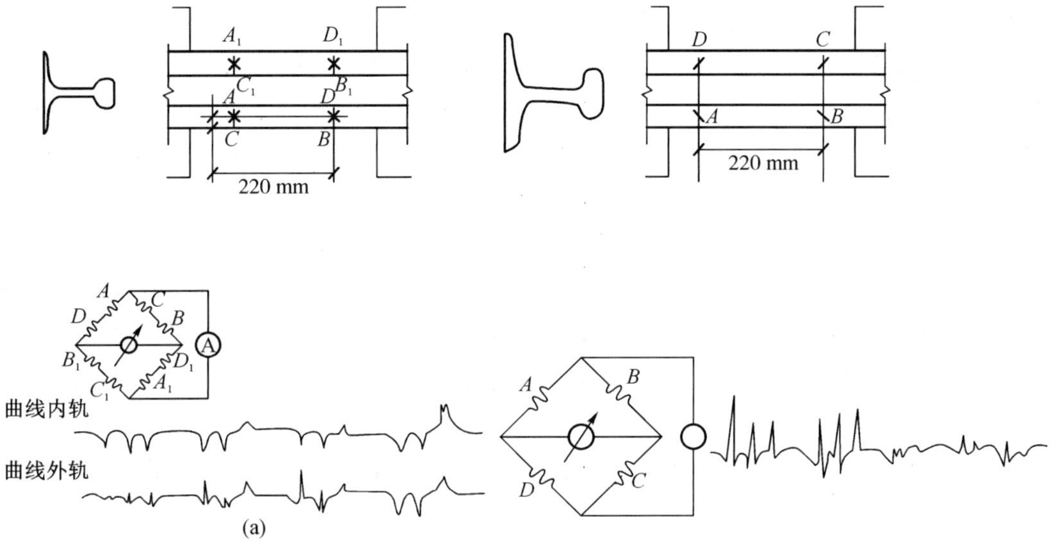

图 7-8　我国用应变片测 *H* 时的贴片、组桥方式及波形

2）轨底内外缘纵向应力差法

我国曾用此法进行过大量的测试，其贴片及组桥方式如图 7-9 所示。

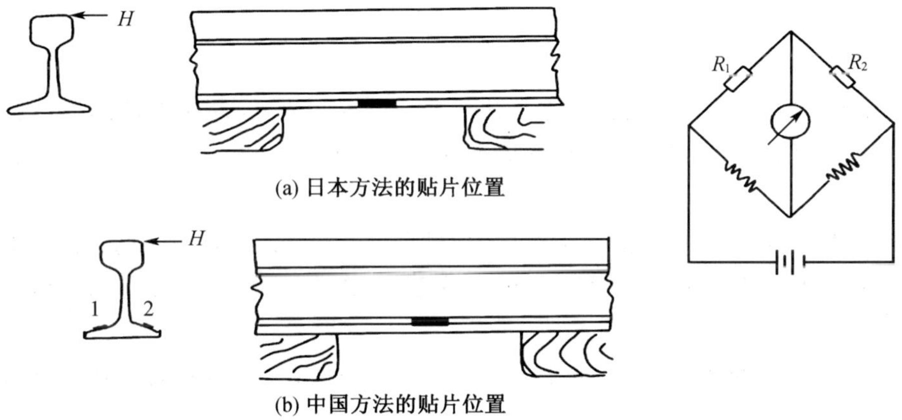

图 7-9　用轨底内外缘纵向应力差法测 *H* 的贴片及组桥方式

用此法测定横向水平力 H，原理上可消除垂直力 P、偏心 e 及纵向力 L 的影响。但横向力 H 所引起的钢轨的横向弯曲不单和 H 的大小有关，还和钢轨的支承状态、整个轨道框架的横向刚度、道床的横向阻力以及轮轨接触状态等有关，由于垂直力 P 的作用引起的各种横向摩擦力阻力的变化、导轮横向力的影响，使得 H 的标定特别复杂，不仅须在现场进行，而且必须模拟轮轨接触关系、垂直荷载大小以及一个车轮对整个轨道框架的作用。

2. 水平力测定的讨论

1）剪应力法标定时要模拟轨道和荷载条件

根据剪应力法的原理，这个剪应力和钢轨的支承条件及轮轨的接触状态无关。之所以要模拟轨道和荷载的条件，是希望在测试和标定时，扭矩对测试结果具有相同的影响。模拟情况的好坏，并不直接影响测定的对象——水平横向力产生的剪应力，而仅仅影响到干扰因素——扭矩产生的剪应力。

2）轨底内外缘纵向应力差法标定时要模拟轨道和荷载条件

轨底内外缘纵向应力差法则与剪应力法不同，测定的对象是水平横向力作用下的轨底内外缘纵向应力，这个应力本身就直接和钢轨的横向支承弹性系数、轨道的横向刚度有关。当然，由于钢轨的约束扭转所引起的轨底纵向应力也和轨道条件及荷载条件有关。因此，在这种情况下，模拟情况的好坏，不但影响到干扰因素——约束扭转纵向应力，而且也影响到测定对象本身——水平横向力所引起的轨底纵向应力。模拟得不好，势必对测试结果产生更大影响。

3）横向水平力 H 测试的特点

轨道的横向刚度和横向阻力不单和轨道本身的结构参数和工作状态有关，而且还和垂直荷载的作用有关。因此，根据钢轨的某种“当量应变”来测定时，必须和同时作用的垂直力值发生关系，这就要求在进行力的标定时，同时模拟力的作用，因而就给标定造成一定的困难。

钢轨在水平方向的支承状态、荷载作用条件和变形结果比垂直方向更为复杂，更具有随机性，因而标定时，轮轨接触状态的模拟很难达到满意的程度，测试结果的离散性将会更大。

7.1.3 纵向力的测试

无缝线路纵向力是铁路线路胀轨跑道和断轨的重要因素，铁路工务部门准确测定无缝线路钢轨中的纵向力是科学评估、管理和维护无缝线路的关键，同时，也有利于保持轨道状态，确保列车运行安全。

在对钢轨温度、位移和内力的测试过程中，只有内力是无法直接测定的。内力的测定必须通过应变（或其他物理量）转换后间接获得。基于此，在测定无缝线路纵向力时，有以下三个难点：

（1）钢轨变形受到约束。扣件的阻力（不考虑松扣件方式）使得钢轨不能自由伸缩，钢轨变形受到约束。

（2）温度力与伸缩力难以区分。温度力与伸缩力同时作用在钢轨上，难以区分变形是由温度升高还是桥梁伸缩引起的。

（3）锁定轨温变化。一般无缝线路测定的基准点是锁定轨温，无缝线路运营后，在轮轨作用下，锁定轨温降低。当锁定轨温降低时，钢轨纵向温度力测定结果会出现偏差。

7.1.3.1 传统应变片方法测定钢轨纵向力

采用应变片测定纵向力，通过应变反推内力。结合惠斯顿桥路解法，为提高测试的精度，一般选择全桥的测试方案。

1. 测试内容

无砟轨道无缝线路以静态检测为主，主要检测钢轨的温度力和伸缩附加力。而温度力和伸缩附加力产生机理不同，其在钢轨的变形表现也不一样。

1） 温度力

假设没有其他的力作用，在无缝线路的固定区，当温度变化时，钢轨的纵向应变为零，而横向应变为温度应变与横向伸缩应变之和。

2） 伸缩附加力

伸缩附加力是由桥梁的拉伸与收缩引起的，因此钢轨会有纵向的变形，横向的变形为附加力作用下产生的变形。

2. 测点布置及桥路接法

测点应变片的粘贴位置如图 7-10 所示，其中 R_1， R_2 用于测定钢轨的垂向应变，粘贴于轨腰中部，粘贴方向为垂直线路方向。R_3， R_4 用于测定钢轨的纵向应变，粘贴于轨底，粘贴方向为平行线路方向。测试桥路如图 7-11 所示，图 7-11(a)为垂向应变测试桥路，图 7-11(b)为纵向应变测试桥路，图中的 R_b 为温度补偿片。

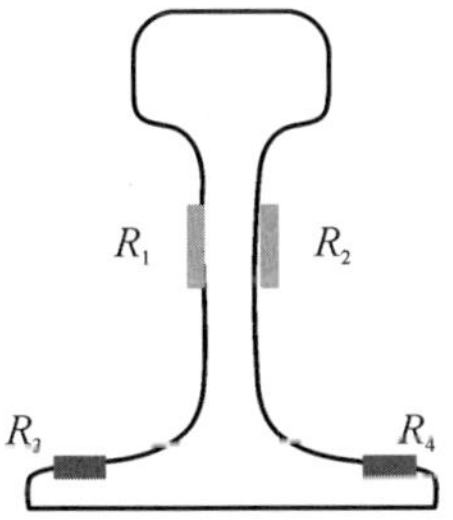

图 7-10 应变片的粘贴位置

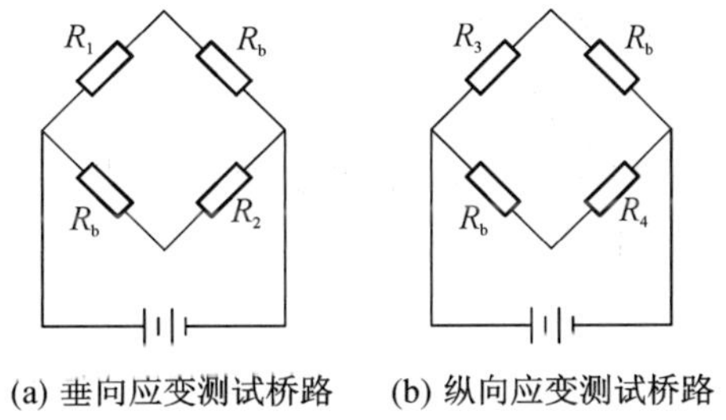

图 7-11 应变测试桥路

3. 测试原理

1） 垂向应变测试桥路原理

当温度发生变化时，温度变化产生温度应变，桥路伸缩产生伸缩附加应变，此时粘贴在轨腰上的工作片 R_1， R_2 的电阻将会发生变化。R_1， R_2 的电阻变化由以下四部分组成：

(1) 在附加力作用下，钢轨在纵向产生附加应变 ε_f，同时在垂向产生横向变形 ε_f / μ。

(2) 钢轨的纵向变形被约束，本应自由伸缩的钢轨在扣件约束下产生横向变形 ε_t / μ。

(3) 温度变化，钢轨自身热胀冷缩，产生温度应变 ε_t。

(4) 应变片的基底材料发生变形，当基底材料的线膨胀系数与钢轨不同时，将会产生变形差，从而使工作片的电阻发生变化。

在粘贴温度补偿片后，R_3 和 R_4 的电阻变化将被补偿片抵消，最终垂向应变测试桥路所测得的应变 ε_a 为：

$$\varepsilon_a = 2\mu(\varepsilon_f + \varepsilon_t) \tag{7-8}$$

式中 ε_a——垂向应变测试桥路所测得的应变值；

μ——钢轨的泊松比；

ε_f——钢轨的附加应变；

ε_t——钢轨的温度应变。

2）纵向应变测试桥路原理

纵向应变测试桥路，工作片 R_3，R_4 的电阻变化主要由以下三部分组成：

（1）桥梁伸缩引起的附加应变 ε_f。

（2）温度变化，钢轨自身热胀冷缩，产生温度应变 ε_t。

（3）应变片的基底材料发生变形从而带动应变片，使工作片电阻发生变化。

在粘贴温度补偿片后，R_1 和 R_2 的电阻变化将被补偿片抵消，最终垂向应变测试桥路所测得的应变 ε_b 为：

$$\varepsilon_b = 2(\varepsilon_f - \varepsilon_t) \tag{7-9}$$

式中 ε_b——纵向应变测试桥路所测得的应变值；

ε_f——钢轨的附加应变；

ε_t——钢轨的温度应变。

3）应变片方法测试结果

由式(7-8)和式(7-9)可以得到如下结果：

纵向应变之和为：

$$\varepsilon_z = \varepsilon_f + \varepsilon_t = \frac{\varepsilon_a}{2\mu} \tag{7-10}$$

式中 ε_z——纵向应变之和；

ε_f——钢轨的附加应变；

ε_t——钢轨的温度应变；

ε_a——垂向应变测试桥路所测得的应变值；

μ——泊松比。

温度应力为：

$$\varepsilon_t = \frac{\dfrac{\varepsilon_a}{\mu} - \varepsilon_b}{4} \tag{7-11}$$

式中 ε_t——钢轨的温度应变；

ε_a——垂向应变测试桥路所测得的应变值；

ε_b——纵向应变测试桥路所测得的应变值；

μ——泊松比。

附加伸缩应变为：

$$\varepsilon_{f}=\frac{\frac{\varepsilon_{a}}{\mu}+\varepsilon_{b}}{4} \tag{7-12}$$

式中 ε_f ——钢轨的附加应变；

ε_a ——垂向应变测试桥路所测得的应变值；

ε_b ——纵向应变测试桥路所测得的应变值；

μ ——泊松比。

再由公式 $P=\sigma F$，$\sigma=E\varepsilon$，可以得到钢轨的纵向力、温度力和附加伸缩力的最终表达式。

纵向力：

$$P_{z}=\frac{EF}{2}\cdot\frac{\varepsilon_{a}}{\mu} \tag{7-13}$$

式中 P_z ——纵向力；

E ——钢轨弹性模量；

F ——钢轨截面面积；

ε_a ——垂向应变测试桥路所测得的应变值；

μ ——泊松比。

温度力：

$$P_{t}=\frac{EF}{4}(\frac{\varepsilon_{a}}{\mu}-\varepsilon_{b}) \tag{7-14}$$

式中 P_t ——温度力；

E ——钢轨弹性模量；

F ——钢轨截面面积；

ε_a ——垂向应变测试桥路所测得的应变值；

ε_b ——纵向应变测试桥路所测得的应变值；

μ ——泊松比。

附加伸缩力：

$$P_{f}=\frac{EF}{4}\left(\frac{\varepsilon_{a}}{\mu}+\varepsilon_{b}\right) \tag{7-15}$$

式中 P_f ——附加伸缩力；

E ——钢轨弹性模量；

F ——钢轨截面面积；

ε_a ——垂向应变测试桥路所测得的应变值；

ε_b ——纵向应变测试桥路所测得的应变值；

μ ——泊松比。

7.1.3.2 基于双向应变法测定钢轨纵向力

1. 双向应变法测试原理

无缝线路的基本温度力：

$$F_t = EF\beta\Delta t \tag{7-16}$$

式中 F_t——钢轨基本温度力；

E——钢轨弹性模量；

F——钢轨截面面积；

β——线膨胀系数；

Δt——温差变化值。

由于钢轨纵向变形被限制，因此其纵向应变为零。虽然纵向应变为零，但是钢轨竖向处于自由状态，由应力与应变之间的关系可知钢轨竖向会产生应变，其值为 $(\mu+1)\beta\Delta t$，其中 μ 为泊松比。

在桥上无缝线路钢轨纵向力中不仅有基本温度力，还存在由于桥梁温度变化发生伸缩由梁轨相互作用引起的伸缩附加力，该附加力引起的钢轨纵向应变设为 ε_f，则附加伸缩力为 $EF\varepsilon_f$，对应钢轨竖向应变为 $-\mu\varepsilon_f$。

因此，桥上无缝线路固定区钢轨的纵向应变 $\varepsilon_x=\varepsilon_f$，竖向应变 $\varepsilon_y=(\mu+1)\beta\Delta t-\mu\varepsilon_f$，桥上无缝线路钢轨纵向力为基本温度力和附加伸缩力之和：

$$F_z = EF\varepsilon_f - EF\beta\Delta t = EF(\varepsilon_f-\beta\Delta t) = \frac{EF(\varepsilon_x-\varepsilon_y)}{\mu+1} \tag{7-17}$$

式中 F_z——纵向力；

E——钢轨弹性模量；

F——钢轨截面面积；

β——线膨胀系数；

Δt——温差变化值；

ε_f——钢轨纵向应变；

μ——泊松比；

ε_x——钢轨的纵向应变；

ε_y——竖向应变。

从式(7-17)可以看出，通过测量钢轨纵向应变及竖向应变可以确定桥上无缝线路钢轨中的纵向力，这就是双向应变法的基本原理。

2. 基于无缝线路受力状态的电阻应变片热输出

温度变化对电阻应变片的所有性能均有显著影响，其中温度变化引起的应变片输出常为虚假输出，通常称为视应变或者热输出。应变片的热输出与被测试件的约束状态是相关联的，不同约束状态下应变片的热输出存在一定的差异。当被测试件的被测方向处于自由状态，且

温度缓慢变化 ΔT_s 时，其电阻应变片对应的热输出为：

$$\varepsilon = \alpha_R \Delta T_s / K + (\beta_r - \beta_R) \Delta T_s \tag{7-18}$$

式中 α_R ——应变片敏感栅材料的电阻温度系数；

K ——应变片的灵敏系数；

ΔT_s ——被测试件温度变化；

β_r ——被测试件线膨胀系数；

β_R ——应变片敏感栅材料线膨胀系数。

从式(7-18)可以看出，应变片的热输出与被测试件的实际应变 $\beta_r \Delta T_s$ 之间存在一定的差异，对于无缝线路钢轨，其竖向是自由状态，若在竖向测试其应变，其应变片的测试应变应该包含式(7-18)的热输出。但钢轨纵向上，在温度作用下变形是被完全约束的，基于式(7-18)的推导原理可以得到此时电阻应变片的热输出为：

$$\varepsilon = \alpha_R \Delta T_s / K - \beta_R \Delta T_s \tag{7-19}$$

从式(7-19)结果可以看出，被测试件被测方向全约束状态的电阻应变片热输出等效于线膨胀系数为零的自由状态下的电阻应变片的热输出。

3. 测点布置及桥路接法

基于双向应变法的测试原理，结合桥上无缝线路实际情况的桥上无缝线路钢轨纵向力测试方案，其应变片的粘贴位置如图 7-12(a)所示，其中应变片 R_1，R_2 对称粘贴在轨腰左、右两侧，用于测量轨腰处钢轨的竖向应变；应变片 R_3，R_4 对称粘贴在轨底上侧，用于测量钢轨纵向应变，这 4 个应变片组成的惠斯顿电桥如图 7-12(b)所示。

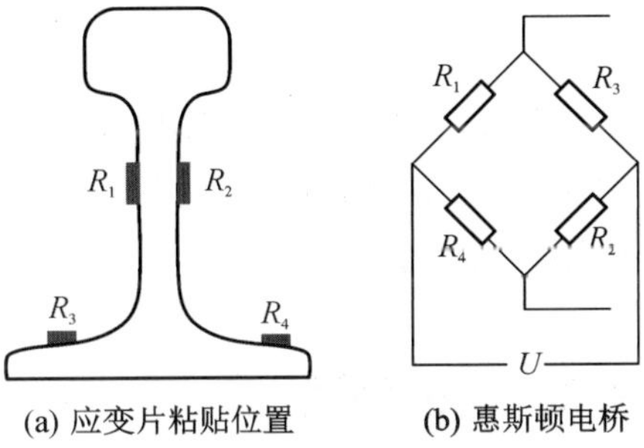

(a) 应变片粘贴位置　　(b) 惠斯顿电桥

图 7-12　测试方案

4. 测试原理

假设 4 个应变片在桥上无缝线路锁定时粘贴在垂直线路延伸方向的同一断面内，设 R_1，R_2，R_3，R_4 对应的温度变化为 Δt，$\Delta t + \mathrm{d}t_2$，$\Delta t + \mathrm{d}t_3$，$\Delta t + \mathrm{d}t_4$，利用式(7-8)可以得到基本温度力公式：

$$F_t = -EF\beta_r [\Delta t + (\mathrm{d}t_2 + \mathrm{d}t_3 + \mathrm{d}t_4)/4] \tag{7-20}$$

式中 F_t ——钢轨基本温度力；

E ——钢轨弹性模量；

F ——钢轨截面面积；

β_r ——被测试件线膨胀系数；

Δt ——温差变化值。

同时利用惠斯顿电桥的性质，在理想条件下，得到：

$$\varepsilon = \varepsilon_1 + \varepsilon_2 - \varepsilon_3 - \varepsilon_4 = -2(\varepsilon_f - \beta_r \Delta t) \tag{7-21}$$

式中 ε——热输出；

ε_f——钢轨纵向应变；

β_r——被测试件线膨胀系数；

Δt——温差变化值。

此时，纵向力为：

$$F_z = -\frac{EF\varepsilon}{2(\mu+1)} \tag{7-22}$$

式中 F_z——钢轨纵向力；

E——钢轨弹性模量；

F——钢轨截面面积；

ε——热输出；

μ——泊松比。

测量误差 F_{zw} 为：

$$F_{zw} = -\frac{EF\beta_r}{4}(\mathrm{d}t_2 - \mathrm{d}t_3 - \mathrm{d}t_4) - EF(\alpha_R - \beta_R K)\frac{\mathrm{d}t_2 - \mathrm{d}t_3 - \mathrm{d}t_4}{2K(\mu+1)} \tag{7-23}$$

从比较结果而言，采用双向应变法测定钢轨纵向力的方式比传统方法的精确度来得更高，但实际上二者都不能实现温度力与附加伸缩力的区分，只能得到温度力与附加伸缩力之共同作用力的大小。

7.2 位移测试

轨道各部分的位移又是分析轨道弹性，轨道横向刚度，扣件防爬能力，扣件抗倾覆能力，道床的纵、横向阻力，垫层弹性等规律不可缺少的参数，因而位移测量在轨道测试中占有重要的地位。

测量位移可用的传感器种类很多，常用的有电阻应变式位移传感器和差动变压器式位移传感器这两种。此外，还有电感式位移传感器、感应同步式位移传感器、磁栅位移传感器等。目前，激光测试的方法方兴未艾。

通常基于电阻应变式位移传感器的原理，主要有簧片式位移传感器和弹簧组合式位移传感器两种。

7.2.1 簧片式位移传感器

用簧片作弹性元件（悬臂），簧片宽度为等宽或渐宽，但簧片具有等强度。簧片的一端可用螺栓固定在安装架上，自由端设有便于安放联杆的凸或凹形接触点，也可以将联杆固接在簧片上。当悬臂为等宽时，应尽可能在靠近固定端的部位(悬臂为变宽度等强度梁时，可选任意合适断面)上、下对称各贴 1 或 2 个应变片，并根据应变输出的要求，接成半桥(2 片)或全桥(4 片)。这种位移计结构简单，通过调节簧片的刚度可以做成适合不同量程、不同自振频率的位移计。图 7-13 为悬臂式位移传感器构造图及受力简图。

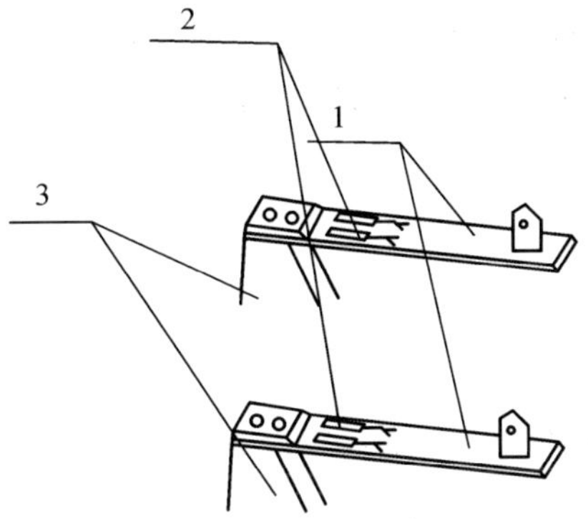

1—悬臂弹簧片；2—应变片；3—安装支架

(a) 悬臂式位移传感器构造

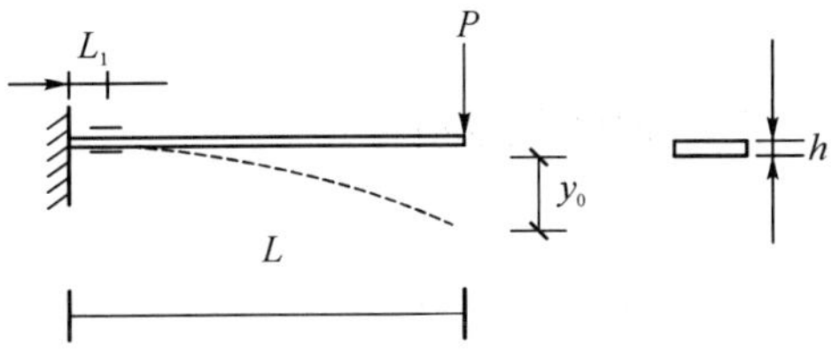

h—悬臂弹簧片厚度；L—悬臂弹簧片长度；L_1—应变片安装位置，此处指应变片中心到支架固定端的距离；P—外部压力；y_0—悬臂弹簧片悬臂端位移

(b) 悬臂受力原理

图 7-13　悬臂式位移传感器构造图及受力简图

计算应变输出量为：

$$\varepsilon=\frac{\sigma}{E}=\frac{hM}{2EJ}=\frac{hp(L-L_1)}{2EJ}=\frac{3h(L-L_1)}{2L^3}y_0 \tag{7-24}$$

簧片式位移传感器属接触性相对式测振传感器，可用作振动位移测量。它的弹性元件通过顶杆压在被测物体上，使之产生一定的变形和压力。在被测物体的振动力和弹性反力作用下，顶杆跟随被测物体一起运动，再通过簧片上的应变片，把运动参量变为电参量。位移计输出的电参量能否正确反映被测物体的振动位移，关键在于顶杆的运动是否和被测物体的运动完全一致。

如果在测试过程中，顶杆与被测物体始终保持接触，这种传感器对所测的振动有良好的跟随性。这时被测物体的运动、顶杆的运动和位移传感器的输出有着良好的一致性。

相反，如果在测试过程中，顶杆由于受被测物体振动力的作用，有和被测物体分开的现象，我们就说位移传感器对被测振动的跟随性不好。这时位移传感器的输出信号中往往叠加有由于顶杆在被测物体上的跳动而引起的频率比较高的成分。

位移传感器的跟随条件是由被测物体的振动加速度(或频率和振幅)及位移传感器的簧片质量系统的固有频率所决定。安装时，加大簧片的预压量，可以提高位移传感器的跟随性。但是为了使用方便，簧片的预压量不宜过大，通常以使簧片的恢复力 $P=5$ N 左右为宜。

7.2.2 弹簧组合式位移传感器

在进行轨头横向位移、尖轨横向位移等大位移量测量时，为了减小悬臂(簧片)弹性部分的变形，可以用弹簧与悬臂梁组合，做成组合式位移传感器。

悬臂梁经过拉簧，再通过活动表杆(顶杆)与被测物体相接触，因此被测物体的位移是经过拉簧减小后再传到悬臂梁上的。因弹簧及悬臂梁均系线弹性元件，所以根据悬臂梁上由于小位移所引起的应变同样能推导被测点的大位移量值。拉簧较长，位移量减小显著，可测 10 cm 以上的大位移量。

7.3 振动加速度测试

振动具有传递作用，振动时很难在振动体附近找到不动点来安装仪器。因此，往往需要在仪器内部设法构成不动点，其构成方法是在仪器内部设置“质量弹簧系统”，即所谓惯性式测振仪，工作原理如图 7-14 所示。它包括一个质量块为 m 的可动部件、一个刚度为 k 的弹簧和由于材料内部的摩擦或人为设置的阻尼，其阻尼系数为 β。测振时仪器放置于振动体上并紧固成一体，仪器外壳同振动体一起振动，直接测量得到的是质量块 m 相对于仪器外壳的振动，通过计算分析可以间接得到被测振动体的振动。以下分析中将说明，只要正确选择仪器性能参数，这种测量振动的方法是有足够精度的。

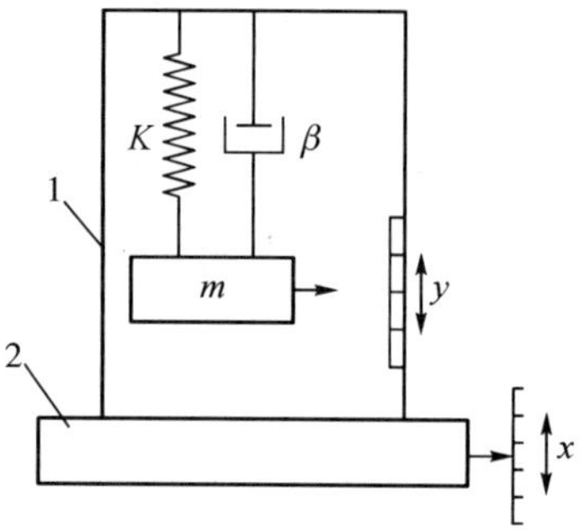

1—惯性式测振仪；2—振动体

图 7-14 惯性式测振仪工作原理示意图

如果将仪器固定在作正弦波运动的物体上，这时物体振动过程可表达为：

$$x = x_0 \sin \omega t \tag{7-25}$$

式中 x ——振动体对固定参考坐标的位移；

x_0 ——被测振动体的振动振幅；

ω ——被测振动体的振动频率。

由于仪器和振动体形成一体，仪器外壳必然随振动体一起振动，若以 y 表示质量块 m 相对于仪器外壳的位移，由图 7-14 可知，质量块 m 的总位移为：$x+y$。故振动体系的平衡方程为：

$$m\frac{\mathrm{d}^2(x+y)}{\mathrm{d}t^2} + \beta\frac{\mathrm{d}y}{\mathrm{d}t} + ky = 0 \tag{7-26}$$

即

$$m\frac{\mathrm{d}^2y}{\mathrm{d}t^2}+\beta\frac{\mathrm{d}y}{\mathrm{d}t}+ky=mx_0\omega^2\sin\omega t \tag{7-27}$$

这是一个二阶常系数非齐次线性微分方程，其解由齐次方程的通解与非齐次方程的特解相加而成，解方程得：

$$y=A\mathrm{e}^{-\varepsilon t}\sin(\omega t-\varphi)+\frac{\left(\dfrac{\omega}{\omega_n}\right)^2x_0}{\sqrt{\left[1-\left(\dfrac{\omega}{\omega_n}\right)^2\right]^2+\left(2D\dfrac{\omega}{\omega_n}\right)^2}}\sin(\omega t-\varphi) \tag{7-28}$$

式中 D ——阻尼比，即阻尼系数 β 与临界阻尼系数 β_c 之比；

ω_n ——惯性式测振仪的固有频率；

ε ——衰减系数；

$$\varphi=\arctan\frac{2D\dfrac{\omega}{\omega_n}}{1-\left(\dfrac{\omega}{\omega_n}\right)^2}$$

式中第一项为：通解 $y=A\mathrm{e}^{-\varepsilon t}\sin(\omega t-\varphi)$，代表随时间增长而衰减的有阻尼自由振动，阻尼力越大，幅值衰减越快，实际存在的时间十分短促。

式中第二项为：特解 $y=y_0\sin(\omega t-\varphi)=\dfrac{\left(\dfrac{\omega}{\omega_n}\right)^2x_0}{\sqrt{\left[1-\left(\dfrac{\omega}{\omega_n}\right)^2\right]^2+\left(2D\dfrac{\omega}{\omega_n}\right)^2}}\sin(\omega t-\varphi)$，是由外界干扰迫使振动体产生的强迫振动分量，当振动中的振动自由分量消失后就进入稳定状态。

比较 $y=y_0\sin(\omega t-\varphi)$ 与 $x=x_0\sin\omega t$，可得：质量块 m 相对于仪器外壳的运动规律与振动体的运动规律是一样的，但二者相差一个相位角 φ，可见惯性式测振仪可以反映振动体的振动。

取质量块 m 的相对振幅 y_0 与振动体振幅 x_0 之比：

$$\frac{y_0}{x_0}=\frac{\left(\dfrac{\omega}{\omega_n}\right)^2}{\sqrt{\left[1-\left(\dfrac{\omega}{\omega_n}\right)^2\right]^2+\left(2D\dfrac{\omega}{\omega_n}\right)^2}} \tag{7-29}$$

同理可得，质量块 m 的相对振幅 y_0 与振动体的加速度幅值 α_0 之比：

$$\frac{y_0}{\alpha_0}\omega_n^2=\frac{1}{\sqrt{\left[1-\left(\dfrac{\omega}{\omega_n}\right)^2\right]^2+\left(2D\dfrac{\omega}{\omega_n}\right)^2}} \tag{7-30}$$

7.4 现场测试案例

下面以上海城市轨道交通 9 号线醉白池站振动测试为例，介绍振动测试的内容与分析过程。

7.4.1 概述

1. 项目背景

上海城市轨道交通为了解决线路振动噪声问题，近年来陆续在轨道交通线路上进行了扣件更换工程，通过铺设减振扣件以降低车辆运行对沿线建筑物的振动影响，但随着线路运营时间的增长，线路钢轨出现波磨，车辆振动加剧，甚至出现车辆部件损坏现象。为了研究轮轨关系以及波磨对车辆、轨道振动影响，寻找降低轮轨振动、降低轨道养护维修成本的有效对策，需要对上海城市轨道交通不同轨道结构、不同线型条件、不同扣件产生的波磨形式对振动的影响进行研究。

2. 测试依据

参考的规范：

(1)《轮轨水平力、垂直力地面测试方法》(TB/T 2489—1994)；

(2)《铁道车辆动力学性能评定和试验鉴定规范》(GB 5599—1985)。

3. 测试目的

振动测试的目的是：

(1) 对比分析列车经过时，不同轨道结构对列车运行安全性的影响；

(2) 对比分析列车经过时，不同轨道结构的钢轨位移的差别；

(3) 对比分析列车经过时，不同轨道结构的振动特性。

4. 测试内容

根据测试目的，结合现场实际情况，选取上海城市轨道交通不同轨道结构地段进行轮轨力、钢轨振动加速度及位移测试，具体测试地段为：

(1) 浮置板地段：具体位置为上海轨道交通 9 号线醉白池站至松江南站区段，测点处轨道结构为浮置板，扣件为普通扣件。测点位于圆曲线上（里程为 SXK1＋661m—SXK1＋969 m)，测点所处曲线的半径为 450 m，曲线超高为 110 mm。

(2) Vanguard 扣件地段。

(3) Lord 扣件地段。

(4) WJ-2 扣件地段。

7.4.2 测试条件及仪器

1. 测试条件

根据研究目的，结合现场情况，本次测试按照测试要求进行测点布置后，将数据线引至采集设备，然后通过采集设备进行连接采集。采集时间选择在包含早高峰时期的 8:00—10:30 时段及下午 15:00—16:30 时段。

2. 测试仪器

本试验采用的主要测试仪器见表 7-1。

表 7-1 测试仪器和设备

序号	仪器名称	仪器型号	数量	生产厂家	技术参数	标定日期
1	压电式加速度传感器	CA-YD-103A	2 只	江苏联能电子设备有限公司	20～1 000 g	2013 年 5 月
2	东华 5920 数据采集仪	DH5920	1 台	靖江东华测试技术公司		—
3	桥盒		4 个			—
4	油压千斤顶		1 个			—
5	位移计		4 个			2013 年 5 月
6	应变片		4 组			2013 年 5 月
7	电脑	—	2 台	—	—	—

3. 测点布置

根据测试内容，本次测试共包括 10 个测点。其中列车运行安全性测点 8 个：轮轨力测点 4 个，钢轨位移测点 4 个。钢轨振动加速度测点 2 个：内、外轨垂向振动加速度测点各 1 个。测点的具体情况见表 7-2，测点布置如图 7-15 和图 7-16 所示。

表 7-2 测点情况表

测点编号	测点位置	测试物理量	备注
1	外轨	垂向位移	
2	外轨	横向位移	
3	内轨	垂向位移	
4	内轨	横向位移	
5	外轨	垂向力	
6	外轨	横向力	
7	内轨	垂向力	
8	内轨	横向力	
9	外轨	垂向加速度	位于外轨轨底
10	内轨	垂向加速度	位于内轨轨底

4. 现场测试情况

图 7-17 为现场测试情况图，其中(a)图为测点附近钢轨轨面状态；(b)图为数据采集及记录设备；(c)图为横向力标定示意图；(d)图为钢轨位移、轮轨力及振动加速度测点示意图。

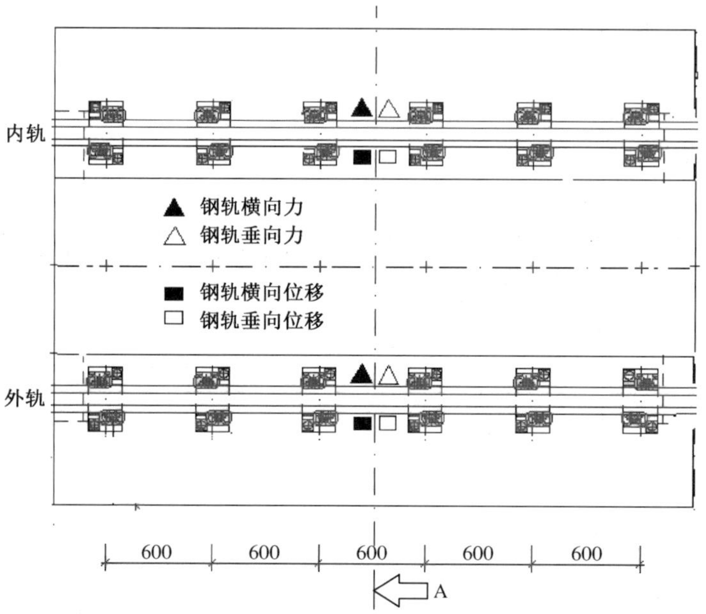

图 7-15　列车运行安全性测点布置图

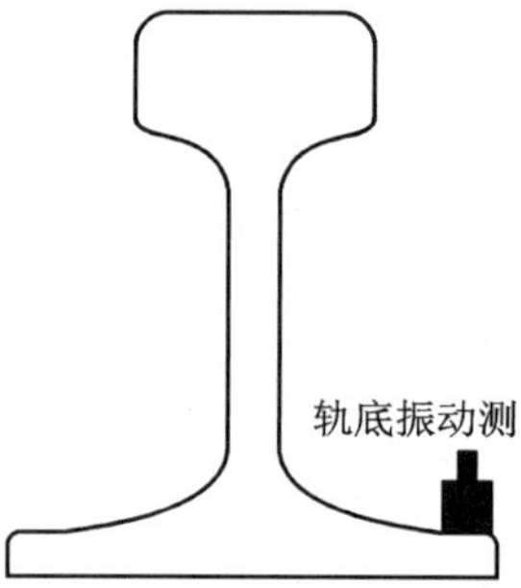

图 7-16　钢轨振动加速度测点位置

(a) 测点附近钢轨轨面状态

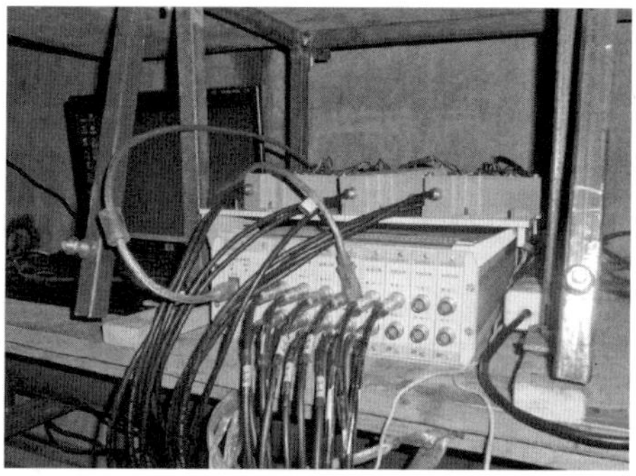

(b) 数据采集及记录设备

(c) 横向力标定示意图

(d) 钢轨测点示意图

图 7-17　现场测试情况图

7.4.3 波形分析及数据处理方法

1. 波形分析

在列车经过测点前后约 20 s 的时间，对轮轨力、轨道结构振动加速度、钢轨位移的一系列数据进行采集并保存，利用 DH5920 动态信号采集分析系统读取采集的数据，并除以对应的标定系数，得到列车经过时，各轮轴作用下的轮轨力、轨道结构振动加速度和钢轨位移。图 7-18—图 7-27 为其中一趟列车经过时，各个测试数据的时域波形图。

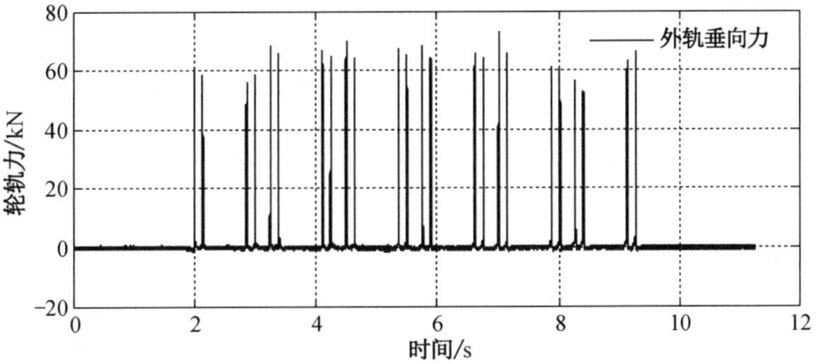

图 7-18 浮置板试验段外轨垂向力时域波形

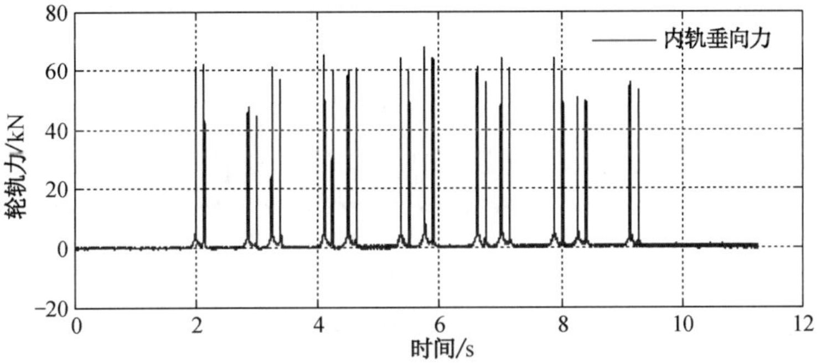

图 7-19 浮置板试验段内轨垂向力时域波形

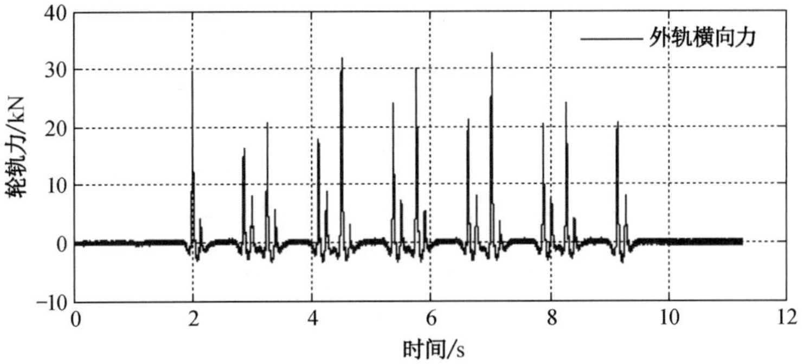

图 7-20 浮置板试验段外轨横向力时域波形

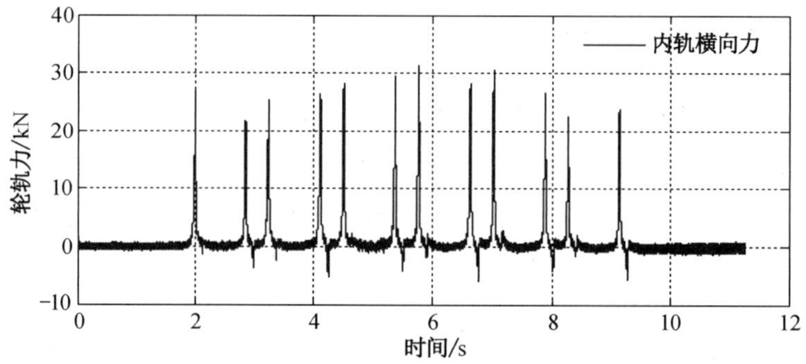

图 7-21 浮置板试验段内轨横向力时域波形

从图 7-18—图 7-21 的轮轨力时域波形图可以得出,列车经过时各测点的波形有如下特性:

(1) 钢轨垂向力时程曲线有明显的 24 个峰值,可以看出经过测点的列车有 24 个轮对作用于钢轨,即该列车的编组为 6 节。钢轨横向力时程曲线有明显的 16 个峰值,与垂向力的对比可以看出,列车的一个转向架经过测点时,第一轮对与钢轨发生横向作用力较大。

(2) 外轨垂向力普遍较内轨略大,这是因为列车在通过曲线轨道时,存在作用于转向架的横向力以及欠超高作用,使同一轮对上左右两轮的轮载偏载。

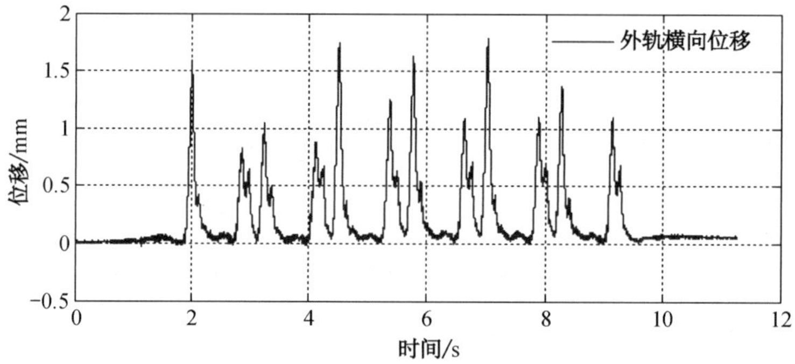

图 7-22 浮置板试验段外轨横向位移时域波形

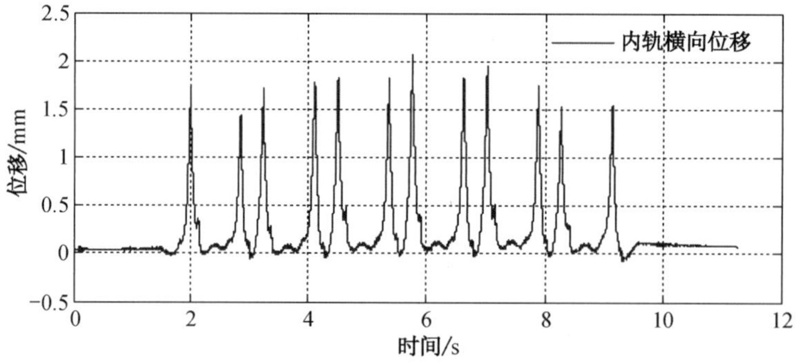

图 7-23 浮置板试验段内轨横向位移时域波形

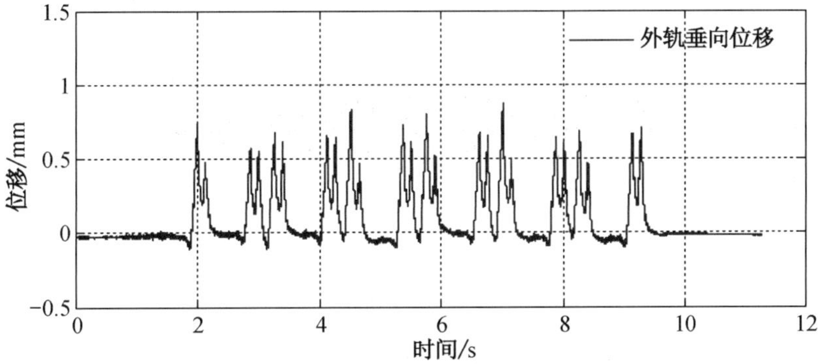

图 7-24 浮置板试验段外轨垂向位移时域波形

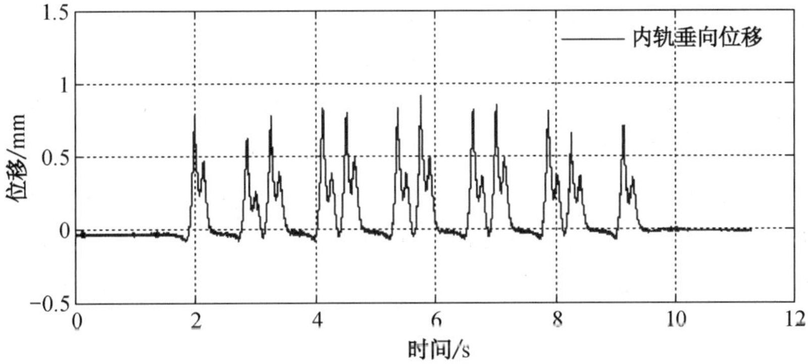

图 7-25 浮置板试验段内轨垂向位移时域波形

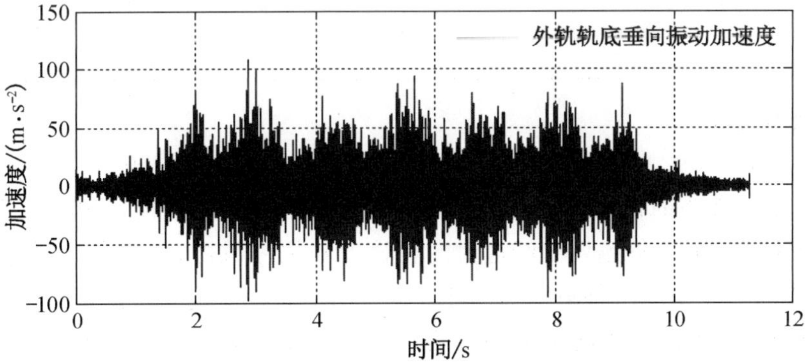

图 7-26 浮置板试验段外轨轨底垂向振动加速度时域波形

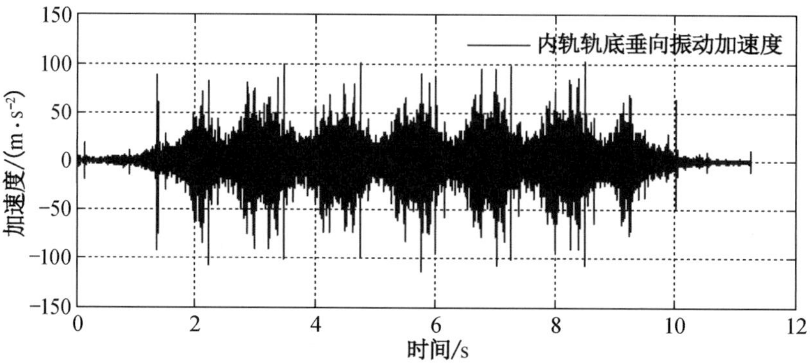

图 7-27　浮置板试验段内轨轨底垂向振动加速度时域波形

从图 7-22—图 7-27 的时域波形图可以得出，列车经过时各测点的波形有如下特性：

（1）内、外轨横向位移时程曲线较为突出的峰值点有 12 个，不能清晰看出列车轴载情况及编组信息，而内、外轨垂向位移波形图可以明显地看出列车编组信息。

（2）列车经过时的钢轨振动时程曲线可以反映列车的编组信息。

上海轨道交通 9 号线运营车辆为地铁 A 型车，其转向架轴距为 2.5 m，根据图 7-18 和图 7-19 钢轨垂向力时域波形可以读出转向架两个轮对经过测点时对应的垂向力峰值的时间间隔，由此便可计算列车经过时的行车速度，经计算统计，列车驶经测点时速度皆在 40～60 km/h以内。以 5 km/h 为一个间隔对速度进行分档，表 7-3 中数据可分为 4 个速度档，以下关于列车行车时轮轨力、钢轨位移及振动特性的分析，皆按照不同的速度档进行分类统计分析。

表 7-3　列车行车速度分档

速度档	1	2	3	4
速度范围	40～45 km/h	45～50 km/h	50～55 km/h	55～60 km/h
车辆数	2	3	6	6

2. 数据处理方法

本测试采用东华 5920（DH5920）信号采集分析系统读取采样源数据，再通过 MATLAB 编程截取列车通过测点时的信号，计算各趟列车经过测点时的速度，按照速度对测试数据分类。对于每个速度档下的各趟列车经过时的轮轨力和位移数据，求取各轮轴作用下的轮轨力和位移（其中横向力和横向位移只求取前轮轮对对应的 12 个数据），计算其最大值和平均值，最后计算并分析每个速度档下轮轨力和钢轨位移的最大值及平均值。对于每个速度档下的轨底垂向振动加速度，进行幅值统计、功率谱分析和 1/3 倍频分析。

7.4.4 列车运行安全性分析

列车运行安全性测试分析主要包括脱轨系数、轮重减载率及最大横向力的评价。测试数据评定主要依据《铁道机车动力学性能试验鉴定方法及评定标准》(TB/T 2360—1993)和《铁道车辆动力学性能评定和试验鉴定规范》(GB 5599—1985)。

(1) 轮轨垂向力。轮轨间垂向力过大将对轮轨系统各部件的伤损和轨道质量状态的恶化等产生极其不利的影响。目前,我国暂无相关规范对该指标的限值进行规定,一般沿用英国铁路标准(BS railway standards):$[P]=250$ kN。

(2) 轮轨横向力。单侧轮轨横向力的限值可由式 $[Q]=0.4P$ 计算得到,式中 P 为静轴重,地铁 A 型车的轴重为 160 kN,其限值为 64 kN。

(3) 脱轨系数。脱轨系数是瞬时作用的轮轨横向力和垂向力之比,用于评定车轮爬轨的可能性,其各档限值见表 7-4。

表 7-4　　列车脱轨系数限值

车辆类型	优良	良好	合格
机车	0.6	0.8	0.9
车辆	—	—	1.2(第一梯度),1.0(第二梯度)

(4) 轮重减载率。轮重减载率为评定车辆在轮对横向力为零时或者接近于零的条件下,因一侧车轮严重减载而脱轨的安全性指标。准静态 $\Delta P/\bar{P}\leqslant 0.65$,动态轮重减载率采用 $(\Delta P/\bar{P})_{\mathrm{dyn}}\leqslant 0.9$。

1. 垂向力

表 7-5 为列车经过时,内、外轨垂向力最大值与平均值按照不同速度档的统计,将其绘制成直方图,如图 7-28 和图 7-29 所示。

表 7-5　　列车经过时内、外轨垂向力最大值与平均值　　单位:kN

垂向力类别	速度档	最大值		平均值	
		前轮	后轮	前轮	后轮
内轨	1	71.7	69.5	63.7	64.1
	2	73.7	68.8	62.9	60.5
	3	73.3	66.6	60.1	57.2
	4	71.7	66.1	59.6	55.7
外轨	1	70.3	64.9	61.0	55.5
	2	71.3	65.9	63.3	58.3
	3	74.2	70.6	65.0	63.1
	4	78.5	71.5	66.5	64.2

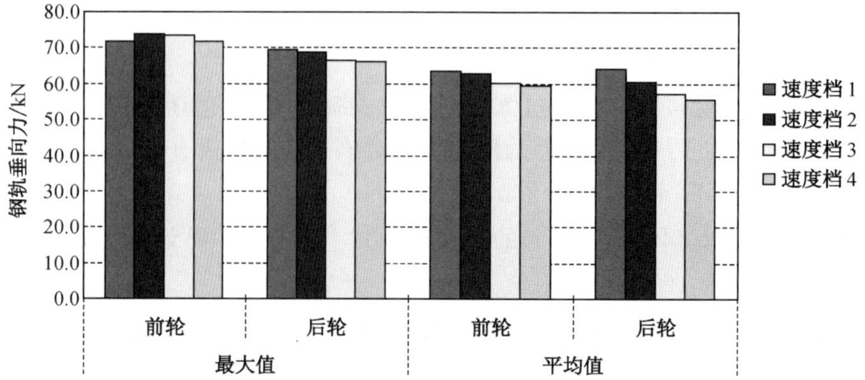

图 7-28　不同速度档下列车前、后轮对经过时内轨垂向力

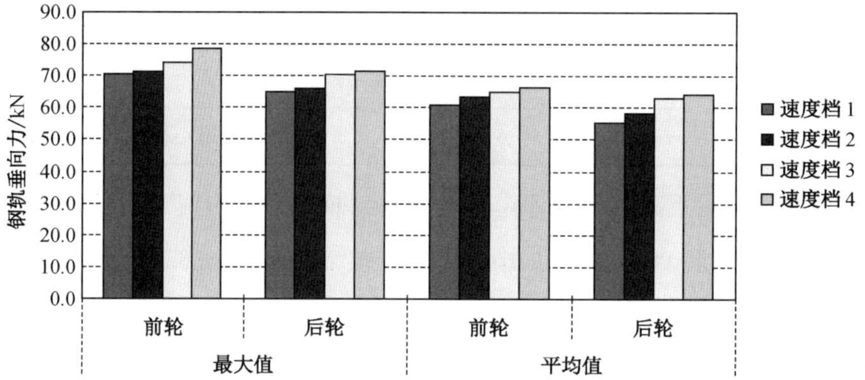

图 7-29　不同速度档下列车前、后轮对经过时外轨垂向力

从图 7-28 和图 7-29 可以得出以下结论：

(1) 随着列车速度的增加，列车经过测点时的内轨垂向力基本呈现减小趋势，外轨垂向力呈现增大趋势。列车前轮轮对经过时的内、外轨垂向力较后轮轮对经过时略大。

(2) 列车经过时，内、外轨垂向力最大值分别为 73.7 kN 和 78.5 kN，皆小于英国铁路标准$[P]$=250 kN 限值。

2. 横向力

表 7-6 为各趟列车经过时，内、外轨横向力最大值与平均值按照不同速度档的统计，将其绘制成直方图，如图 7-30 所示。

表 7-6　列车经过时内、外轨横向力最大值与平均值　单位：kN

横向力类别	速度档	最大值	平均值
内轨	1	31.7	20.2
	2	29.1	19.1
	3	33.2	21.5
	4	32.3	20.8

续 表

横向力类别	速度档	最大值	平均值
外轨	1	30.1	12.8
	2	26.7	10.3
	3	35.5	18.0
	4	34.3	16.9

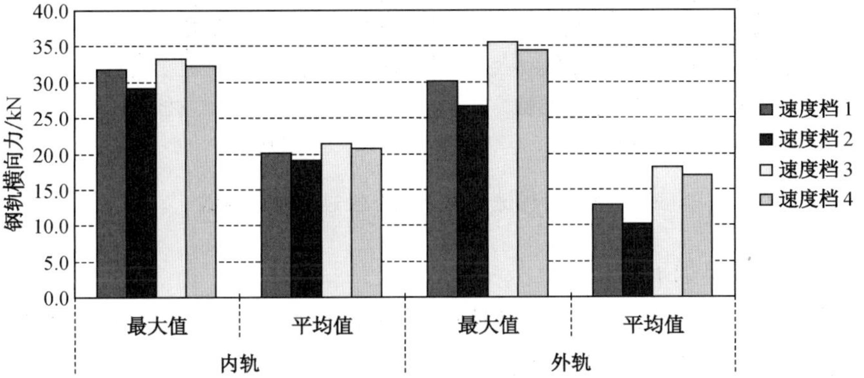

图 7-30　不同速度档下列车经过时内、外轨横向力

从图 7-30 可以得出以下结论：

（1）随着列车速度的提高，内、外轨横向力并非呈现单调增或单调减的趋势。

（2）同一速度档下，内、外轨横向力最大值分别为 33.2 kN 和 35.5 kN，相差不大且皆小于单侧轮轨横向力的限值 64 kN。

3. 脱轨系数

在列车分别驶经测点的条件下，根据同一时刻测得的轮轨横向力和垂向力，求得脱轨系数。按照不同的速度档对脱轨系数进行分类，表 7-7 是各趟列车经过时，按照不同速度档统计的脱轨系数的最大值与平均值，将其绘制成直方图，如图 7-31 所示。

表 7-7　　列车驶经时脱轨系数最大值与平均值

脱轨系数	速度档	最大值	平均值
内轨	1	0.47	0.31
	2	0.44	0.30
	3	0.51	0.36
	4	0.51	0.35
外轨	1	0.48	0.21
	2	0.41	0.16
	3	0.54	0.27
	4	0.49	0.25

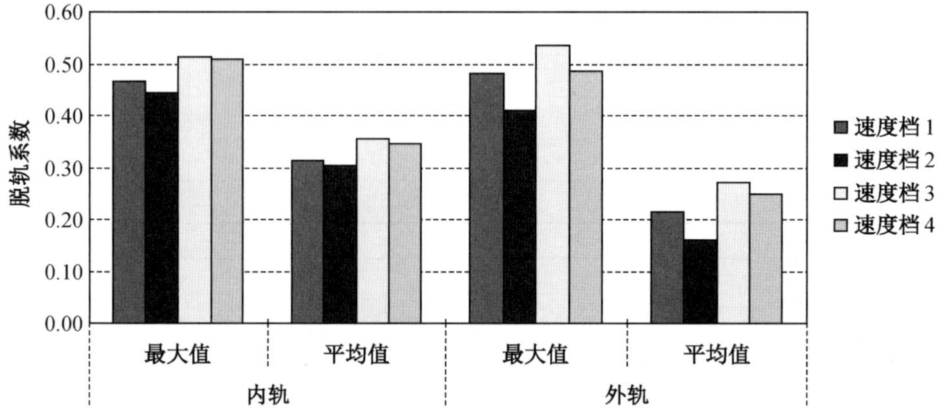

图 7-31　不同速度档下列车经过时脱轨系数

从图 7-31 可以得出如下结论：

（1）列车经过时，内、外轨脱轨系数随速度的提高呈现的变化趋势与横向力变化趋势基本一致，且内、外轨脱轨系数最大值相差不大。

（2）列车经过时，内、外轨脱轨系数的最大值分别为 0.51 和 0.54，均小于第二梯度限值 1.0。

4. 轮重减载率

在列车分别驶经测点的条件下，根据同一时刻计算得到左、右轨垂向力 P_1 和 P_2，求得轮重减载率。按照不同的速度档对轮重减载率进行分类（表中按照列车行进方向，左轮对应内轨，右轮对应外轨），表 7-8 是各趟列车经过时，按照不同速度档统计的轮重减载率的最大值与平均值，将其绘制成直方图，如图 7-32 所示。

表 7-8　　列车驶经时轮重减载率最大值与平均值

轮重减载率	速度档	最大值	平均值
左轮	1	0.08	0.02
	2	0.11	0.04
	3	0.16	0.06
	4	0.17	0.07
右轮	1	0.13	0.06
	2	0.11	0.04
	3	0.07	0.02
	4	0.06	0.02

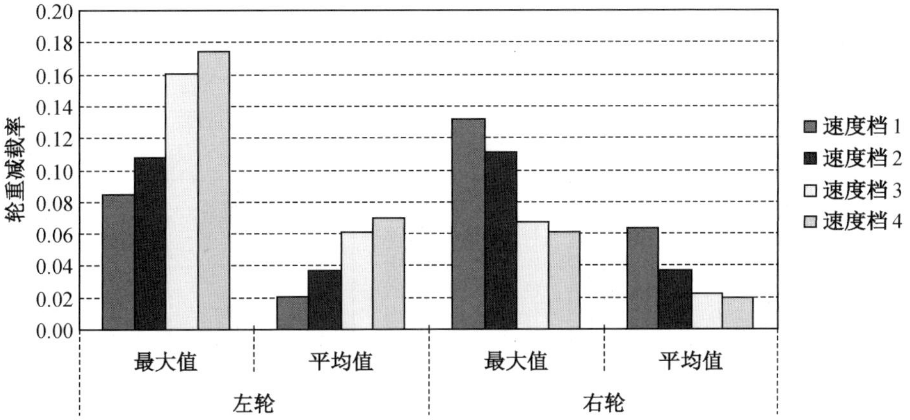

图 7-32　不同速度档下列车经过时轮重减载率

从图 7-32 可以得出如下结论：

(1) 随着列车速度的提高，左轮（对应钢轨内轨）的轮重减载率逐渐增大，右轮（对应钢轨外轨）的轮重减载率逐渐减小，这是因为随着列车速度提高，外轨垂向力逐渐大于内轨垂向力。

(2) 列车经过时，左轮的轮重减载率最大值为 0.17，右轮的轮重减载率最大值为 0.13，均小于准静态限值 0.65。

7.4.5 钢轨位移分析

1. 钢轨垂向位移

表 7-9 为列车经过时，内、外轨垂向位移最大值与平均值按照不同速度档的统计，将表中数据绘制成直方图，如图 7-33 和图 7-34 所示。

表 7-9　列车经过时内、外轨垂向位移最大值与平均值　单位：mm

垂向位移	速度档	最大值		平均值	
		前轮	后轮	前轮	后轮
内轨	1	0.94	0.67	0.76	0.53
	2	0.94	0.57	0.73	0.43
	3	0.92	0.60	0.73	0.41
	4	0.92	0.54	0.72	0.39
外轨	1	0.84	0.61	0.60	0.51
	2	0.79	0.64	0.54	0.53
	3	1.01	0.73	0.67	0.59
	4	0.89	0.76	0.64	0.61

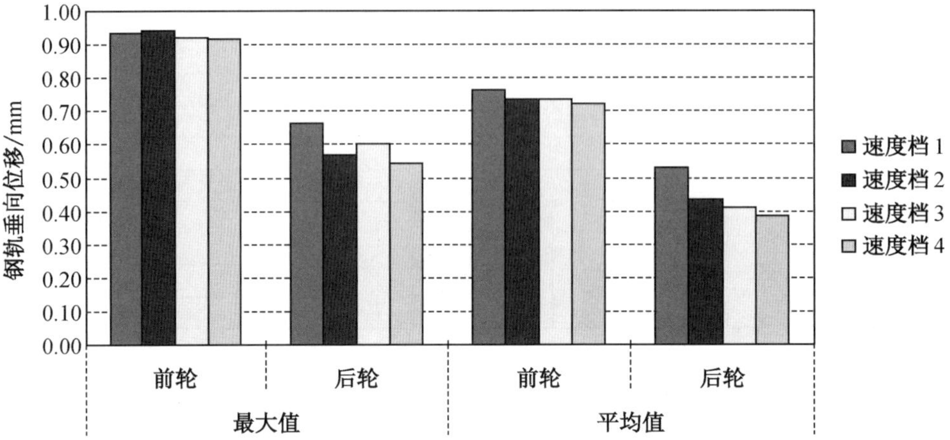

图 7-33　不同速度档下列车前后轮对经过时内轨垂向位移

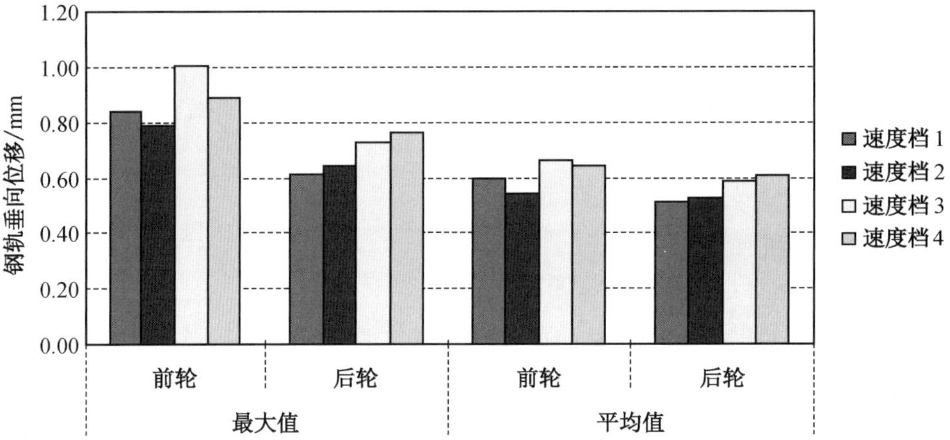

图 7-34　不同速度档下列车前后轮对经过时外轨垂向位移

从图 7-33 和图 7-34 可以得出以下结论：

(1) 随着列车速度的提高，内、外轨垂向位移呈现与钢轨垂向力相同的变化趋势，即内轨垂向位移基本呈现减小趋势，外轨垂向位移基本呈现增大趋势。另外，列车前轮轮对经过时内、外轨垂向位移较后轮轮对经过时略大。

(2) 列车经过时，外轨垂向位移最大值为 1.01 mm，内轨垂向位移最大值为 0.94 mm，二者数值皆较小，这是因为位移计固定在浮置板板面上，所测得的位移为钢轨与浮置板之间的相对垂向位移。

2. 钢轨横向位移

统计每趟列车经过时测点处内、外轨横向位移的最大值，见表 7-10，并将表中数据绘制成直方图，见图 7-35。

表 7-10　　列车经过时内、外轨横向位移最大值与平均值　　单位：mm

横向位移	速度档	最大值	平均值
内轨	1	1.97	1.40
	2	1.88	1.39
	3	2.07	1.44
	4	2.07	1.43
外轨	1	1.60	0.61
	2	1.34	0.57
	3	1.91	0.93
	4	1.97	0.87

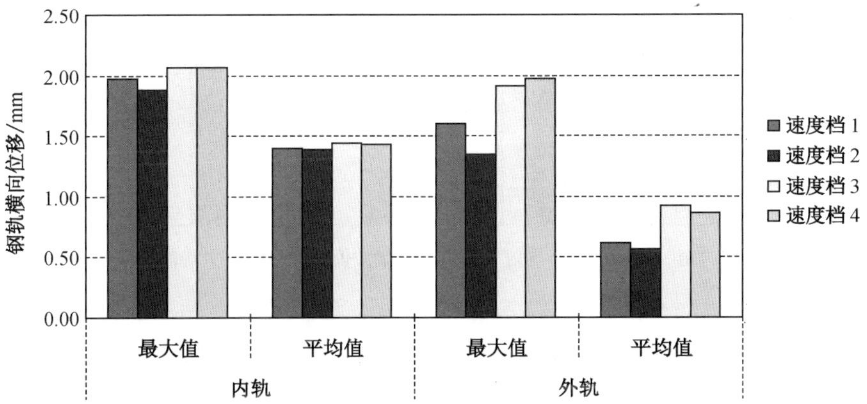

图 7-35　不同速度档下列车经过时内、外轨横向位移

从图 7-35 可以得出以下结论：

(1) 列车经过时，内、外轨横向位移随速度的提高呈现的变化趋势与横向力变化趋势基本一致，内轨横向位移较外轨横向位移略大。

(2) 列车经过时，内、外轨横向位移最大值分别为 2.07 mm 和 1.97 mm。

7.4.6 振动特性分析

1. 幅值统计分析

表 7-11 为不同速度档下钢轨轨底垂向振动加速度幅值的统计，将其绘制成直方图，如图 7-36 所示。

表 7-11　　列车驶经时钢轨轨底垂向振动加速度幅值统计　　单位：m/s^2

钢轨轨底垂向振动加速度	速度档	最大值	平均值
内轨	1	70.9	70.7
	2	213.1	127.7
	3	128.0	110.5
	4	182.3	126.9

续　表

钢轨轨底垂向振动加速度	速度档	最大值	平均值
外轨	1	83.5	75.5
	2	197.5	126.6
	3	173.3	120.4
	4	174.6	127.9

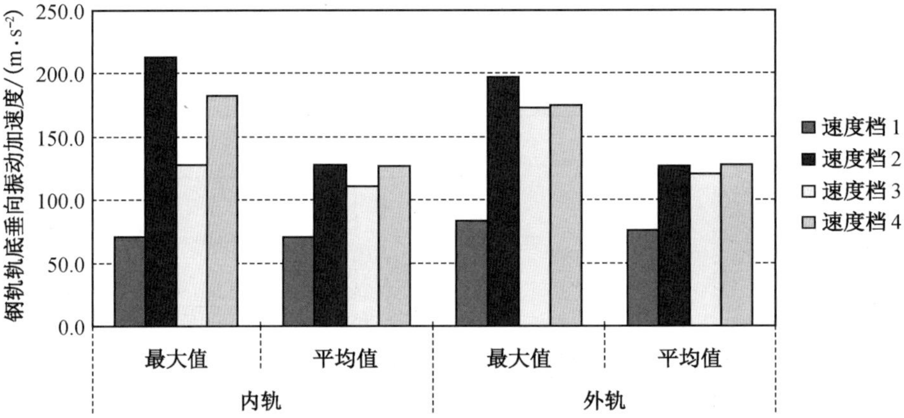

图 7-36　不同速度档下钢轨轨底垂向振动加速度

从图 7-36 可以看出：内、外轨轨底垂向振动加速度较小，最大值分别为 213.1 m/s^2 和 197.5 m/s^2，这是因为测点所在断面扣件为普通扣件，扣件刚度较大。随着速度的增加，轨底垂向振动加速度（平均值）基本呈现增加趋势，说明车速对于钢轨振动有影响，在列车速度为 45～50 km/h 时，内、外轨振动幅值较大。

2. **频谱分析**

为了分析钢轨振动加速度频率的分布特性，先对各趟车次位移数据分别进行频谱分析，然后再按照不同速度档求取平均值，得到在各个振动频率上的分布情况，结果如图 7-37 所示。

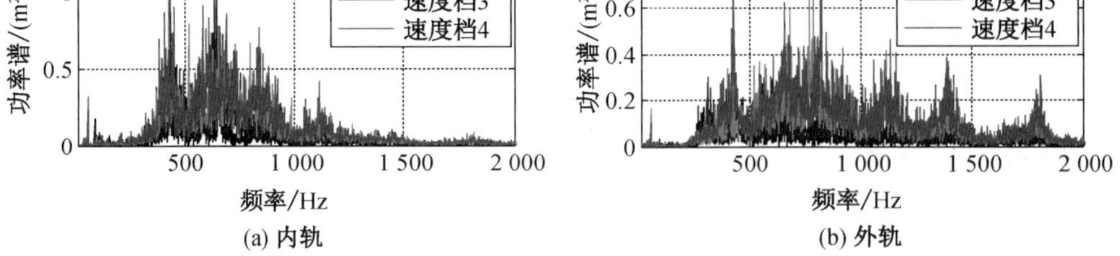

图 7-37　不同速度档下钢轨轨底垂向振动加速度频谱图

从图 7-37 可以看出，当列车经过时，轨底垂向振动加速度的振动频率分布范围较广，在 0～2 000 Hz 范围内都有分布，其中内轨轨底振动频率主要分布在 400～1 000 Hz，在 630 Hz 左右达到峰值，外轨轨底振动频率主要分布在 400～1 500 Hz，在 790 Hz 左右达到峰值；当速度较大的列车经过时，轨底垂向振动加速度谱值较大。

3. 1/3 倍频分析

为了分析测点的钢轨振动能量的分布特性，先分别对各趟车次钢轨轨底垂向振动加速度数据进行 1/3 倍频分析，然后再求取平均值，得到振动能量在分析频段上的分布情况，将其绘制成折线图，如图 7-38 和图 7-39 所示。

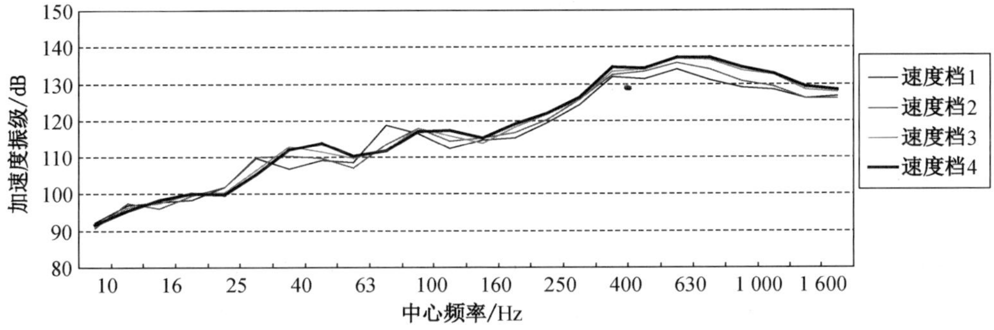

图 7-38 不同速度档下内轨轨底垂向振动 1/3 倍频分析

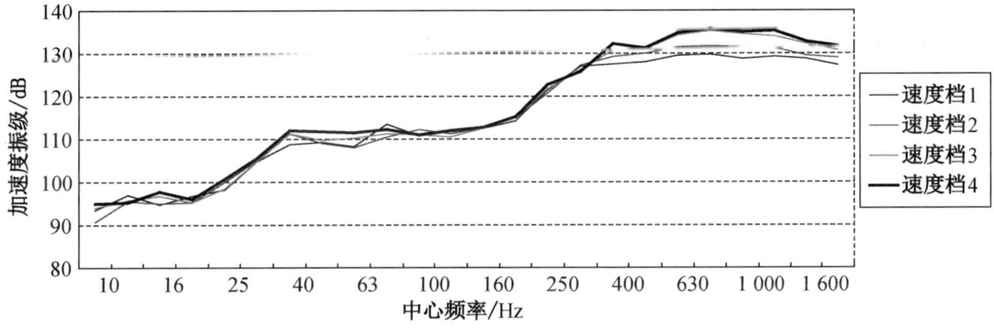

图 7-39 不同速度档下外轨轨底垂向振动 1/3 倍频分析

从图 7-38 和图 7-39 可以得出结论：内、外轨轨底垂向振动水平随着速度的增加而增加，在速度最高档，即速度为 55～60 km/h 时，在 400～800 Hz 的频率范围内，列车引起的内、外轨轨底垂向振动水平最大值分别为 137 dB 和 136 dB，对应的中心频率皆为 800 Hz。

7.4.7 结论

据上述分析，可以得出如下结论：

(1) 列车经过时，内、外轨垂向力最大值分别为 73.7 kN 和 78.5 kN，皆小于英国铁路标准$[P]=250$ kN 限值；内、外轨横向力最大值分别为 33.2 kN 和 35.5 kN，皆小于单侧轮轨横向力的限值 64 kN。随着列车速度的提高，内轨垂向力减小，外轨垂向力增大，而横向力与速度关系并非单调。

（2）列车经过时，内、外轨脱轨系数的最大值分别为 0.51 和 0.54，均小于第二梯度限值 1.0，且脱轨系数与横向力随速度提高的变化趋势一致。

（3）列车经过时，左、右轮的轮重减载率最大值分别为 0.17 和 0.13，均小于准静态限值 0.65；随着列车速度提高，左轮轮重减载率增大，右轮轮重减载率减小。

（4）列车经过时，内、外轨垂向位移最大值分别为 0.94 mm 和 1.01 mm；内、外轨横向位移最大值分别为 2.07 mm 和 1.97 mm；钢轨垂向、横向位移呈现与钢轨垂向、横向力随着速度提高的变化趋势一致。

（5）对轨底垂向振动加速度的幅值分析结果表明：内、外轨轨底垂向振动加速度的最大值分别为 213.1 m/s^2 和 197.5 m/s^2。随着速度的增加，轨底垂向振动加速度幅值的平均值基本呈现增加趋势。

（6）对轨底垂向振动加速度的频谱分析结果表明：轨底垂向振动加速度的振动频率分布范围较广，在 0～2 000 Hz 范围内都有分布，其中内轨轨底振动频率主要分布在 400～1 000 Hz，在 630 Hz 左右达到峰值，外轨轨底振动频率主要分布在 400～1 500 Hz，在 790 Hz 左右达到峰值；当速度较大的列车经过时，轨底垂向振动加速度谱值较大。

（7）对轨底垂向振动加速度的 1/3 倍频分析结果表明：内、外轨轨底垂向振动水平随着速度的增加而增加，在速度最高档，在 400～800 Hz 的频率范围内，列车引起的内、外轨轨底垂向振动水平最大值分别为 137 dB 和 136 dB，对应的中心频率皆为 800 Hz。

8　轨道养护维修决策技术与方法

8.1 概述

决策支持系统(Decision Support System, DSS)的概念于20世纪70年代被提出,80年代获得迅速发展。传统管理信息系统(Management Information System, MIS)发展的后期,一方面,它无法继续产生巨大的效益,而且人在管理中的积极性也无法充分发挥。同时,面对不断变化的环境需求,对信息处理规律认识的提高,要求更高层次的系统来直接支持决策;计算机应用技术的发展为DSS提供了物质基础。

决策支持系统是在管理信息系统和运筹学之上而产生并逐渐发展起来的。相较而言,管理信息系统重点是对大量数据进行处理,运筹学主要体现在单模型辅助决策上。随着新技术的发展,所要解决问题的复杂性增强,涉及的模型也越来越多,模型种类也由数学模型扩充到数据处理模型。因此,可以说,决策支持系统是辅助决策者通过数据、模型和知识,以人机交互方式进行半结构化或非结构化决策的计算机应用系统。它可为决策者提供分析问题、建立模型、模拟决策过程和方案的环境,并通过调用各种信息资源和分析工具,帮助决策者提高决策水平和质量。

轨道状态恶化的种类有很多,诸如钢轨伤损、磨耗、剥离掉块、几何不平顺、扣件折断失效等,表明轨道状态的恶化是一个复杂的过程,如果不能研究分析轨道状态恶化的一般过程及其规律,将难以有效地对轨道状态实施控制,也就无法真正维护轨道交通的行车安全。

典型的轨道状态与养护维修关系如图8-1所示。

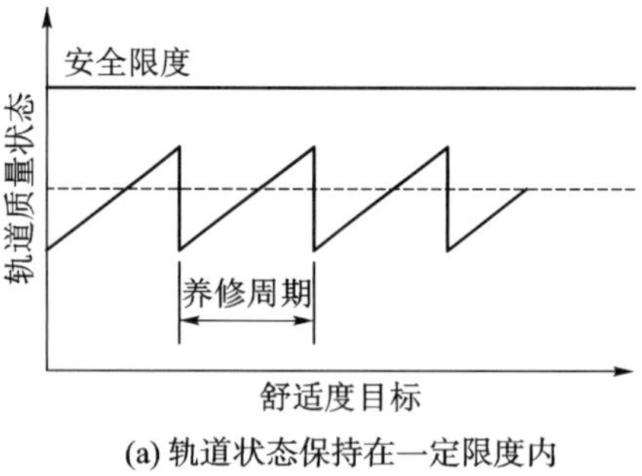

(a) 轨道状态保持在一定限度内

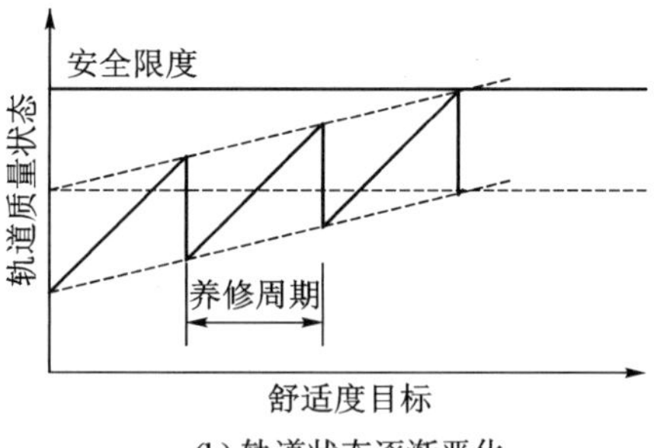

(b) 轨道状态逐渐恶化

图8-1 轨道状态变化与养护维修关系图

由图8-1可知,在确保行车安全的前提下,维持轨道处于一定的目标状态水平,需要在合适的时机选取恰当的维护方法和维修策略,从而达到充分延长轨道服役寿命的目的。

一般而言,轨道维护管理策略的制订和实施需要重点解决以下4个问题:

(1) 充分且丰富的反映轨道状态的数据源;

(2) 科学合理的辅助决策模型;

(3) 高效的辅助决策支持系统;

(4) 维修方案的正确实施与反馈。

本章将从轨道维修所需数据源及其预处理、轨道状态数据分析和评估决策方法、轨道养护维修辅助决策系统等方面加以阐述。

8.2 数据源及其预处理

8.2.1 数据源分类及其格式

对工务系统而言,与城市轨道交通相关的数据可以分为两大类:一类是反映轨道交通基础设备设施属性的数据;另一类是可以表征轨道交通基础设备设施工作状态的数据。前者属于确定性数据信息,后者属于随机非确定性数据信息。

典型的与轨道交通工务相关的基础设备设施的属性数据主要包括管界、曲线、坡度、道岔、伸缩调节器等,如表 8-1 所列。

表 8-1　　典型轨道交通基础设施设备属性数据信息

序号	数据类别	数据结构信息
1	工区管界	线名、线别、管界起点里程、管界终点里程、上行单位、下行单位、备注
2	车挡	线名、线别、区间(车站)/站场、行别/股道、安装里程、挡车器类型
3	车站	线名、线别、车站名称、车站中心里程、车站类型
4	道岔	线名、线别、车站/站场、行别/股道、道岔编号、种类、左右开、钢轨类型、道岔全长、道岔前长、尖轨前基本轨长度、转辙器型号、尖轨尖端里程等
5	道床	线名、线别、行别/站场、区间/股道、起点里程、终点里程、类型、长度
6	钢轨	线名、线别、区间(车站)/站场、行别/股道、里程、轨号、轨型、长度、钢种、生产厂、接头方式、制造年月、铺设年月
7	股道	线名、线别、车站/站场、行别/股道、股道编号、钢轨类型、起始道岔(挡车器)、经由道岔、终止道岔(挡车器)、有效长、全长
8	轨枕	线名、线别、行别/站场、区间/股道、起点里程、终点里程、数量、长度
9	扣件	线名、线别、行别/站场、区间/股道、起点里程、终点里程、数量、长度
10	坡度	线名、线别、区间(车站)/站场、行别/股道、起点里程、终点里程、坡度、坡长、长链长度、短链长度、竖曲线半径、竖曲线长度、竖曲线起点里程、竖曲线终点里程
11	曲线	线名、线别、区间(车站)/站场、行别/股道、起点里程、终点里程、曲线偏角、曲线方向、曲线半径、曲线长度、起缓和线长、终缓和线长、超高、加宽、允许通过速度
12	伸缩调节器	线名、线别、车站/站场、行别/股道、编号、钢轨类型、种类、图号、全长、基本轨长度、尖轨长度、尖轨尖端里程、尖轨跟端接头连接方式

工务设备台账数据是整个工务管理的基础。但因种种原因,工务设备数据的管理、使用和更新等一直是轨道交通行业部门的弱项之一,主要存在诸如文档内容和形式具有多样性、随意

性，对信息化管理、标准化管理重视不够等问题。

典型的轨道状态恶化主要包括轨道几何状态的恶化、轨道结构的恶化（包括轨道弹性恶化）和轨道材料材质的恶化（伤损和疲劳）等。反映上述恶化现象的数据主要包括轨道几何不平顺数据、轨道结构变形数据和轨道部件伤损数据等。这些数据即为反映轨道交通基础设备设施工作状态的数据，可通过相应的动静态检测工具获取，如轨检车、综合检测车、钢轨波磨检测仪、钢轨探伤车等。

对于反映轨道交通基础设备设施工作状态的数据而言，按其来源（数据采集方式）的不同，可分为人工检测数据、准静态检测数据、动态检测数据；按其存储格式的不同，可分成十进制数据、二进制数据等；按其存储对象的不同，可分为文本数据和视频数据等，如表 8-2—图 8-5 所列。

表 8-2　　轨道几何状态数据

里程	标志	速度	轨距	曲水平	左高低	右高低	左轨向	右轨向	三角坑	水平加速度	垂向加速度
1006	C	114.98	0.93	−3.24	−1.32	0.5	−0.35	−0.78	0.78	−0.018	0.017
1006.001	C	115	0.27	−2.17	−0.97	−0.84	−0.42	−0.36	2.58	−0.002	0.008
1006.002	S	115.01	0.82	−0.54	−0.29	−2.04	−0.39	−0.87	3.14	−0.002	0.003
1006.003	S	114.96	0.86	−0.25	−1.01	−2.46	−0.43	−0.87	2.93	0.004	−0.004
1006.004	C	115.02	0.27	−1.4	−1.8	−2.49	−0.86	−0.63	−1.13	0.002	−0.011
1006.005	C	115	−0.19	−1.37	−1.6	−1.92	−0.8	−0.43	−1.31	0.006	−0.011
1006.006	C	114.96	0.1	−1.14	−0.8	−1.23	−0.18	0.16	−1.13	0.007	−0.011
1006.007	S	115.05	−0.11	0.38	−0.47	−2.16	−0.09	0.19	1.65	0.002	−0.012
1006.008	S	114.99	−0.07	0.57	−0.87	−2.78	0.14	0.22	1.73	0.01	−0.006
1006.009	C	114.96	0.46	−1.39	−1.81	−2.79	0.67	0.26	−1.38	0.009	−0.016
1006.01	C	115.04	0.79	−1.49	−1.48	−1.5	1.21	0.49	−1.88	0.008	−0.016
1006.011	C	114.93	0.6	−1.13	1.12	0.51	1.68	1.92	−1.59	0.011	−0.009
1006.012	S	114.97	−0.62	−0.73	1.68	0.76	1.92	2.55	1.05	0.006	−0.016
1006.013	S	115.04	−0.75	−0.81	1.85	0.76	2	2.72	0.97	−0.005	−0.017
1006.014	C	114.92	−0.85	−1.38	1.31	0.84	2.04	2.83	−0.59	−0.007	−0.011

表 8-3　　轨道几何状态类型及其采集特征

序号	监测手段	周期	检测项目	原始数据的可获取性	备注
1	轨检仪	—	几何不平顺	可以	静态数据
2	轨检车	—	几何不平顺	暂无此类设备，不可以	动态数据

表 8-4　　钢轨伤损数据

序号	线别	行别	线路类型	里程/km	左/右股	伤损类型	伤损等级	伤损长度/m	检测时间
1	0001	上行	正线	21.5	右	轨面擦伤	轻伤	1300	2011-01-30
2	0001	上行	正线	0.5	左	轨腰裂纹	重伤	0	2011-01-30
3	0001	上行	正线	18	右	轨头鱼鳞伤	重伤	0	2011-01-30
4	0001	上行	正线	3	右	轨头鱼鳞伤	轻伤	0	2011-01-30
5	0001	上行	正线	10.2	右	轨头剥落掉块	轻伤	0	2011-01-30
6	0001	双	道岔	0	左	轨头剥落掉块	轻伤	0	2011-01-30
7	0001	上行	正线	15.7	右	焊缝鱼鳞伤	重伤	0	2011-01-30
8	0001	上行	正线	20.4	右	轨头鱼鳞伤	重伤	0	2011-01-30
9	0001	上行	正线	18.8	右	轨头鱼鳞伤	轻伤	0	2011-01-30
10	0001	上行	正线	24.6	右	轨头剥落掉块	轻伤	0	2011-01-30

表 8-5　　钢轨波磨数据

序号	里程/km	波磨幅值/mm
1	0.01	−0.086
2	0.015	−0.144
3	0.02	−0.214
4	0.025	0.250
5	0.03	−0.272
6	0.035	−0.269
7	0.04	−0.241
8	0.045	−0.210
9	0.05	−0.148
10	0.055	−0.100
11	0.06	−0.037
12	0.065	−0.025
13	0.07	−0.059
14	0.075	−0.115
15	0.08	−0.212
16	0.085	−0.272
17	0.09	−0.341
18	0.095	−0.370

8.2.2 数据预处理

由于动静态数据获取手段的差异，轨道几何状态数据之间在里程上会存在一定的偏差，即使是同一类型的数据，不同检测时间点上的检测数据之间也存在一定的里程偏差。因此，这里将对轨道几何不平顺数据应用过程中存在的问题及其解决方法作简要的分析。

轨道几何状态的变化应限制在有限的范围内，否则将严重影响行车安全。但是，受轨道检测工具、检测原理和检测方法的限制以及外界客观因素的影响，轨道状态的检测数据存在一定程度的离散性或非客观性。若将这样的轨道几何形位的检测数据作为数据源，必将影响分析方法的选择以及分析结果的科学性和可靠性。因此，必须对该检测数据进行一定的处理，以建立一套能准确反映轨道结构实际状态、可适合自动化分析的、合理的数据源。

数据误差来源主要表现在三个方面：其一，数据采集过程，包括仪器标定误差、检测的随机误差等；其二，车载设备的数据处理过程，包括数据转换、存储等；其三，检测数据与现场数据在流程方面之间的偏差等。其中，前两个方面的误差主要通过提高轨检工具的检测设备及其性能，改善车载数据分析处理系统来消除，而第三个方面的误差，则需要通过提高检测精度（如增加 GPS 里程定位设备等）和优化数据下载后的再处理方式来消除。本节主要探讨里程偏差的处理方法。

要进行里程偏差的处理，需要进行数据格式转换、数据噪声处理、里程匹配等。

1. 数据格式转换

一般而言，为保证检测数据实时处理的高效性，通常将数据以统一规范的二进制格式加以储存，但该格式的离线数据无法直接利用常规的分析工具加以分析，为此，必须通过配套或研制的数据格式解析工具完成其格式转换。典型的数据格式转换模块功能界面如图 8-2 所示。

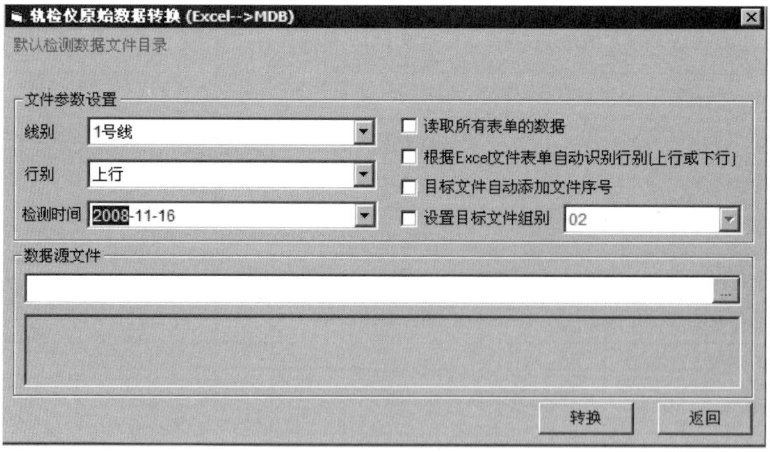

图 8-2 轨道几何状态数据转换模块功能界面

为了便于数据分析，转换后的数据常以文本格式、Excel 表以及数据库文件的形式加以保存。

2. 数据源噪声及修复处理

目前,轨道几何状态数据源多为二进制文件。因此,在建立便于自动进行处理与分析的数据库时,首先要将二进制文件转换成数据库文件。同时,在数据的转换过程中,自动完成原始检测数据的噪声判别和修复处理。

数据噪声处理的原则包括超大值处理原则和三倍标准差原则。超大值处理原则中的大值是指各单项检测结果超过人为指定的经验值的数据。三倍标准差原则是利用了概率统计的规律进行数据处理,当然也可以采用任意的 N 倍标准差($N \geqslant 3$)进行处理。

对于不同的轨道几何形位参数而言,其理想的数值是零,这意味着轨道结构处于最优的状态。因此,在数据噪声判别后的修复处理时,也可以以理想值作为噪声点检测数据的替代值。

3. 数据的重复性处理及识别

对于轨检仪的检测数据而言,受检测条件、检测人的熟练程度等主客观因素限制,同一段线路不同时间的检测数据往往存在一定的里程偏差。

对于轨道检测车的动态检查数据而言,多以里程作为主索引字段,尽管在新型轨检车中采用了 GPS 里程定位等新技术,但受 GPS 自身定位精度及线路上存在的里程断链等因素限制,检测数据的里程与线路上的标志里程间存在一定的偏差,同时由于检测过程中随机干扰因素的存在,即使在同一段线路上、使用相同的轨道检查车,每次检查的轨道几何状态数据也存在相当的里程偏差。因此,必须解决数据分析时由于这种里程偏差所带来的影响。当我们对同一段线路上不同检测时间的轨检车数据进行纵向分析比较时,这种里程偏差情况尤其明显,如图 8-3 所示。

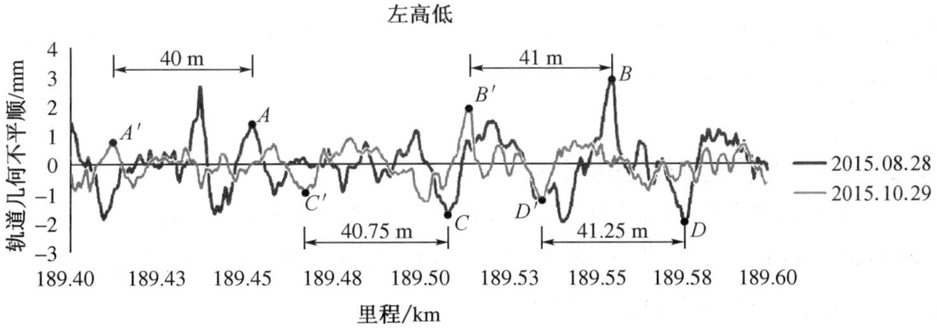

图 8-3 里程偏差明显的轨道几何不平顺(左高低为例)

数据分析表明,在人为干扰较少的情况下,同一段线路上轨道几何状态在一定时间段内(如半年等)、不同时间点上所呈现的趋势基本一致。当然,在具体的里程点上,不同检测时间的轨道几何形位数值是存在一定差异的。

根据上述特点,本章提出了检测数据里程匹配的自动化,该方法提高了检测数据的匹配效率,也为分析轨道几何状态的变化规律提供了可靠的数据源。在该处理方法中,需要重点解决里程相对移动量大小(即里程匹配精度)和里程移动时检测数据的处理这两个主要问题。

如图 8-4 所示,就是利用里程自动匹配的方法对原始检测数据处理后的结果,相对图 8-3 而言,里程自动匹配后该范围内数据需将里程前移 3 m。

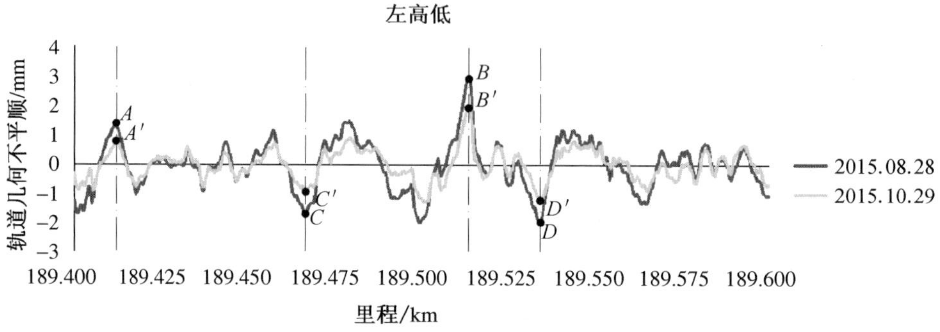

图 8-4　里程自动匹配后的轨道几何不平顺(左高低为例)

8.3　轨道状态数据分析与评估决策方法

开展轨道状态数据分析,可获取轨道状态特征及其所处的发展阶段,为分析总结其发展变化规律和预测未来的变化趋势奠定基础,也是制订养护维修对策与方案的主要依据。

不同轨道状态数据类型具有的特征不尽相同,分析内容及采用的方法也有所区别。比如,轨道几何不平顺数据呈现随机特征,除采用时域分析方法外,还可以从频域角度进行分析;钢轨波磨等轨面不平顺数据可以从噪声角度进行评估等。为此,轨道状态数据的分析与评估需要结合数据的类型和特征来展开。

8.3.1　轨道几何不平顺的概率推移分析

轨道几何不平顺幅值的分布统计、波形分析均是对检测数据的静态处理与分析,并未考虑到相邻检测数据之间的变化关系,而这种变化关系恰恰是衡量轨道几何状态发展变化规律的一种主要表现,也是实现轨道结构“状态修”的有力手段。

结合轨道几何不平顺概率分布的特点,分析不同检测时间点之间轨道几何不平顺的变化规律,可以为轨道几何状态变化的科学分析与评价提供理论支持和技术保障。

1. 轨道几何不平顺的概率分布

在某个地点的轨道几何不平顺因受到列车荷载的反复作用而逐渐增大,若达到了某个限度,则需进行养护,改善其大小,相应地,整个区间的轨道不平顺的分布形状也会产生变化,如图 8-5 所示为轨道几何不平顺推移概念图。

为简化起见,将连续的轨道几何不平顺概率分布图划分成 N 个离散的区间,如图 8-6(a)

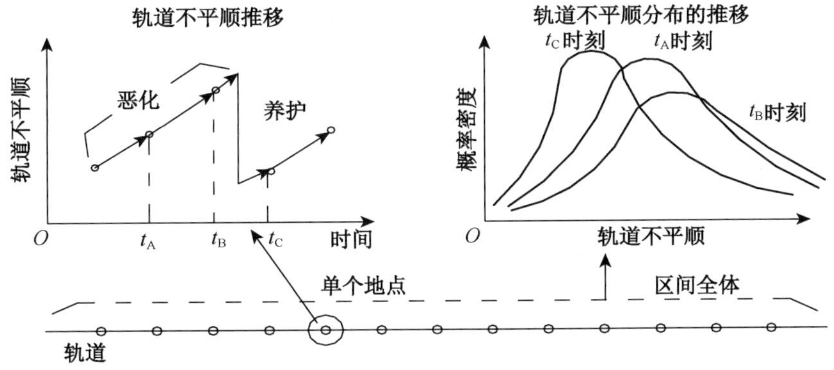

图 8-5 轨道几何不平顺推移的概念图

所示，以离散的概率分布进行处理。若假定，轨道几何不平顺在区间 j 的产生概率为 P_j，则有

$$P_{\text{rob}}(x=j)=P_j \tag{8-1}$$

全体轨道不平顺的概率分布为 P_1，P_2，…，P_N，则用矢量表示如下：

$$\boldsymbol{P}=[P_1, P_2, \cdots, P_N]^{\mathrm{T}} \tag{8-2}$$

由时刻 $k-1$ 到时刻 k，其轨道不平顺的分布也发生着变化：

$$\boldsymbol{P}^{k-1}=[P_1^{k-1}, P_2^{k-1}, \cdots, P_N^{k-1}]^{\mathrm{T}} \Rightarrow \boldsymbol{P}^k=[P_1^k, P_2^k, \cdots, P_N^k]^{\mathrm{T}} \tag{8-3}$$

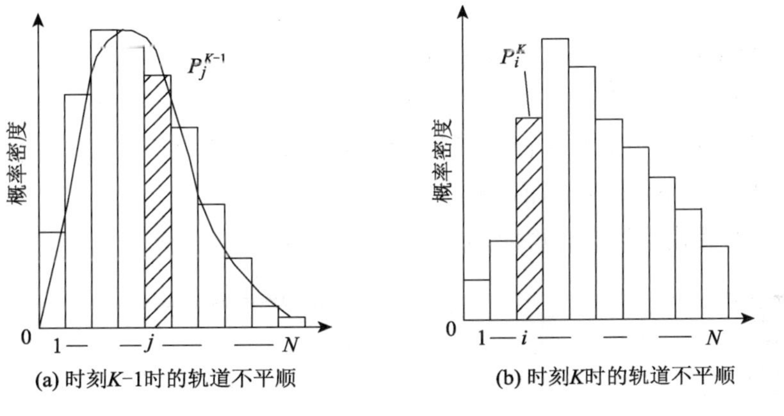

图 8-6 轨道几何不平顺分布的推移

2. 轨道几何不平顺状态变化的推移矩阵

当某个时刻$(k-1)$到 k 时刻的轨道不平顺由 P_{k-1} 变化为 P_k，在时刻$(k-1)$某个地点的轨道不平顺 X_{k-1} 是 $j(X_{k-1}=j)$，这个地点的不平顺在时刻 k 成为 $i(X_k=i)$的概率为 P_{ij}，可用下式表示：

$$P_{\text{rob}}(x^k=i \mid x^{k-1}=j)=P_{ij} \tag{8-4}$$

因此，在时刻 k，不平顺大小为 i 的概率根据条件极值的定义：

$$P_{\text{rob}}(x^k = i) = \sum_{j=1}^{N} P_{\text{rob}}(x^k = i \mid x^{k-1} = j) P_{\text{rob}}(x^{k-1} = j) \tag{8-5}$$

利用式(8-4)和式(8-5)，则式(8-6)表示如下：

$$P_i^k = \sum_{j=1}^{N} P_{ij} P_j^{k-1} \tag{8-6}$$

上述公式用行列式表述如下：

$$\underset{\text{事后分布 } P_k}{\begin{bmatrix} P_1^k \\ P_2^k \\ \vdots \\ P_i^k \\ \vdots \\ P_N^k \end{bmatrix}} = \begin{bmatrix} P_{11} & \cdots & P_{1j} & \cdots & P_{1N} \\ P_{21} & \cdots & P_{2j} & \cdots & P_{2N} \\ \vdots & & \vdots & & \vdots \\ P_{i1} & \cdots & P_{ij} & \cdots & P_{iN} \\ \vdots & & \vdots & & \vdots \\ P_{N1} & \cdots & P_{Nj} & \cdots & P_{NN} \end{bmatrix} \cdot \underset{\text{事前分布 } P_{k-1}}{\begin{bmatrix} P_1^{k-1} \\ P_2^{k-1} \\ \vdots \\ P_i^{k-1} \\ \vdots \\ P_N^{k-1} \end{bmatrix}} \tag{8-7}$$

由于 P_{ij} 构成的矩阵称为推移矩阵，用 D 表示，则式(8-7)可表述为：

$$\boldsymbol{P}^k = \boldsymbol{D}^{k-1} \cdot \boldsymbol{P}^{k-1} \tag{8-8}$$

3. 轨道几何不平顺状态推移矩阵求解

推移矩阵 $\boldsymbol{D}$ 可以反映轨道几何不平顺状态的恶化特性或养护特性。利用相邻两次轨检车检测数据就可以直接计算得出，而其后任一时刻的轨道几何不平顺状态的分布也可以根据该推移矩阵和最初始的轨道状态加以确定。

以某线轨距的变化为例进行说明，如图 8-7 和表 8-6 所示。

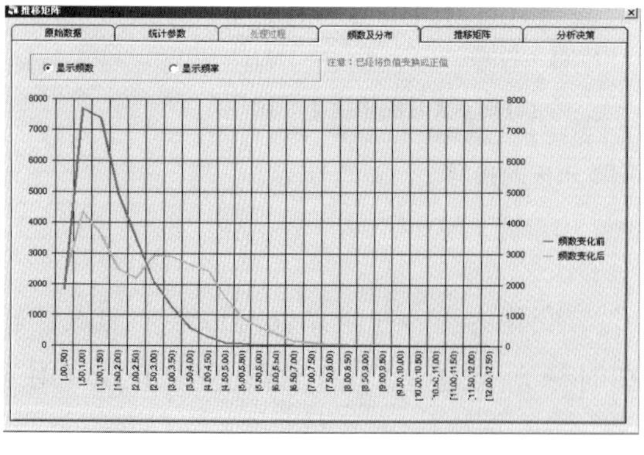

(a) 2005-03-17—2005-04-22 轨距推移变化
(按 1 m 内的轨距最大值计算频数)

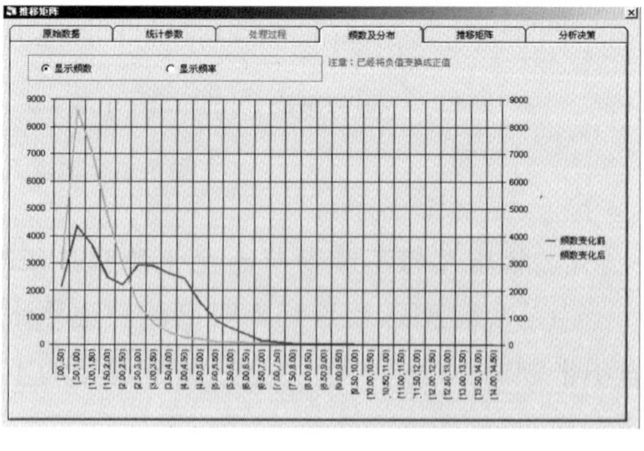

(b) 2005-04-22—2005-05-22 轨距推移变化
(按 1 m 内的轨距最大值计算频数)

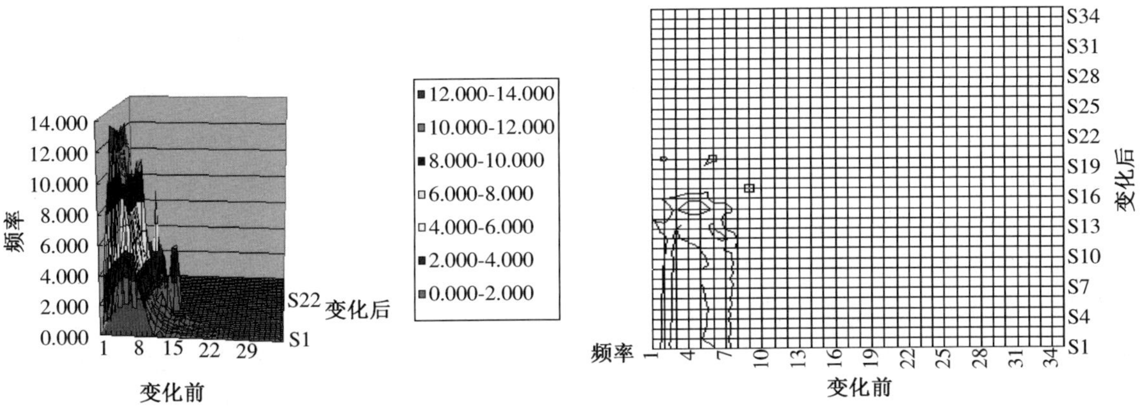

(c) 2005-02-17—2005-03-17 轨距推移变化三维曲面图(频率)

(d) 2005-02-17—2005-03-17 轨距推移变化三维俯视框架图(频率)

图 8-7　轨道几何不平顺状态推移矩阵

表 8-6　　轨距不平顺发展变化趋势预测实例数据

检测数据的选择（检测时间）	变化前区间	变化后区间	概率预测	
			频数	频率/%
2005-02-17—2005-03-17	[0, 6]	[6, 12]	2	0.1
2005-02-17—2005-03-17	[6, 12]	[0, 6]	24 785	99.8

综合上述数据的分析可以看出，轨道几何状态的概率推移分析方法具有如下特点：

(1) 所用数据源为轨道几何状态的原始检测数据，该数据源是分析轨道几何状态变化的最基本信息，也是比较容易获取的。

(2) 通过计算轨道几何不平顺由某一范围变化到另一范围的频率和数量，可以反映不同检测时间点之间轨道几何不平顺整体状况的变化趋势，既可以用来评估轨道几何状态，也可以用来评价大机维修作业的效果。

(3) 可以根据轨道几何不平顺的分布情况及计算所得的不平顺大于某一数值的比率，分析和验证轨道几何状态养护管理标准与实际养护能力的关系。

8.3.2　钢轨波磨数据的分析与评估

钢轨波磨数据分析主要从波磨数据的预处理、波磨数据数值特征(含 1/3 倍频特性、波长与幅值分布等)等方面加以阐述。

1. 钢轨波磨数据的预处理

原始数据中含有很多干扰因素，例如异常值、趋势项等，因此需要对原始数据进行预处理。根据后续分析需要，数据预处理工作包括工况划分、数据去除趋势项以及数据去除异常值等工作。

1）工况划分

现场调查通常在轨道交通的一个区间内进行。由于一个区间内涉及的轨道结构类型以及线路线型较为多样，数据本身所对应的线路状况不同，因而根据相关部门提供的线路台账，将数据按照不同轨道结构以及线路线型进行划分。其中，一种轨道结构与线路线型的组合称为一种工况。由于钢轨波磨多发生在曲线地段，考虑到减小数据分析工作量，选取曲线段数据进行处理，因此在工况划分时将直线段数据去除。

对于波磨测量仪而言，由于测量时行进方向和曲线偏转方向的不同，仪器的左侧传感器可能检测曲线内轨，也可能检测曲线外轨。因此，为了在数据处理过程中识别检测数据位于曲线的内轨还是外轨，需要在工况划分的环节对仪器左、右侧与曲线内、外轨的对应关系进行标记。

使用电子平直尺进行调查时，在里程连续的情况下，考虑到工作效率，往往只涉及一种工况，因此不需要对数据进行划分。

使用波磨测量仪进行调查时，由于测量工具效率相对电子平直尺较高，往往测量范围覆盖整个区间，因此需要对获得的连续数据进行工况的划分。以某次调查为例，工况划分情况如表 8-7 所列。

表 8-7　　工况划分

线别	区间	行别	道床结构	扣件类型	轨枕结构	曲线半径/m	起始里程	终止里程	备注
2	X—Y	上行	整体道床	DTⅢ-2 扣件	混凝土长枕	700	SK13+040	SK13+075	R
			整体道床	减振器扣件	混凝土长枕	700	SK13+075	SK13+125	R
			整体道床	减振器扣件	宽枕	700	SK13+125	SK13+182	R
			整体道床	先锋扣件	混凝土长枕	500	SK13+270	SK13+350	R
							SK13+586	SK13+944	L
			整体道床	减振器扣件	宽枕	500	SK13+350	SK13+440	R

其中，将轨道结构和曲线半径组合相同的波形归为同一种工况。备注列中的字母记录了测试仪器的左、右侧与曲线内、外轨的对应关系，L 表示仪器左侧传感器对应曲线内轨，R 表示仪器右侧传感器对应曲线外轨。

2）数据趋势项去除

由于受测量工具本身以及周围环境影响，测量获取的轨面不平顺会出现大段连续向上或连续向下的整体趋势，即趋势项。为了使趋势项不影响后续数据处理，有必要将其去除。去除趋势项后的轨面不平顺波形在零值上下波动，且均值为零。无论是使用电子平直尺得到的间断数据，还是使用波磨测量仪得到的连续数据，都会有不同程度的趋势项存在，因此两种数据都需要进行趋势项去除。

去除趋势项的方法是采用最小二乘法拟合，即将一段数据进行最小二乘法拟合，得到与原数据长度相同的拟合数据，再将原数据减去拟合数据得到去除趋势项后的数据。

利用最小二乘法进行曲线拟合，在拟合数据与实际数据的自变量间隔和个数相同的基础上，使得拟合数据与实际数据之间误差的平方和最小。

典型的去除趋势项前后的波形如图 8-8 所示。

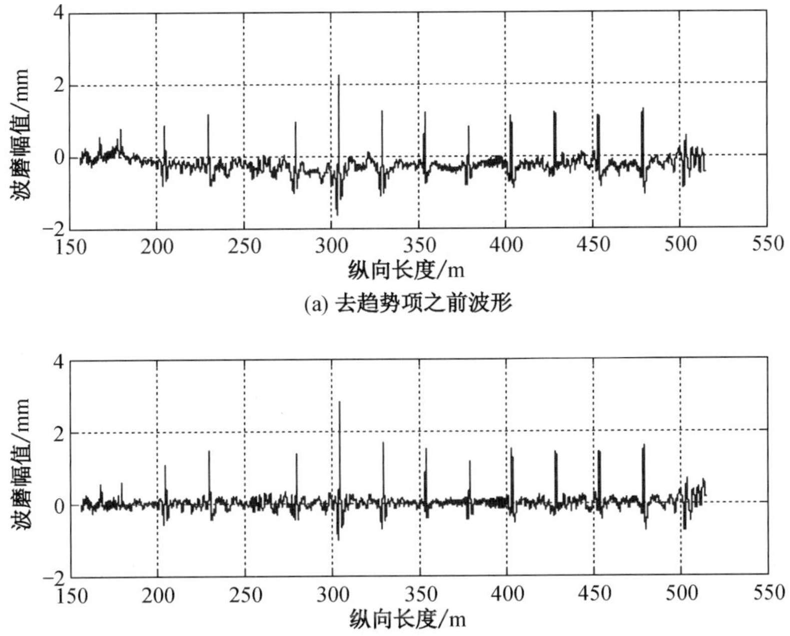

(a) 去趋势项之前波形

(b) 去趋势项之后波形

图 8-8　去除趋势项效果图

可见，趋势项去除后，波形整体在零线附近波动，即去除了趋势项对波磨幅值计算的影响。然后，在此基础上进行异常值去除。

3）数据异常值去除

使用电子平直尺和波磨测量仪得到的轨面不平顺不可避免地存在个别与相邻数据相差很大的数据点，称之为异常值，它们主要出现在钢轨焊缝附近。此类异常值不同于一般波形中的异常点。一般波形中通常为单个点异常，用相邻两点的均值进行修正即可，而此处涉及的异常值由焊缝造成，范围波及焊缝附近的诸多数据点，因此需要用其他方式进行去除。

对于使用电子平直尺获取的数据，钢轨焊缝会使得整个 1 m 的轨面不平顺波形出现异常，因此处理数据时将这 1 m 的数据排除在外。

对于使用波磨测量仪获取的数据，钢轨焊缝只是影响其附近的一小段轨面不平顺波形，因此需要将这段异常波形识别，再加以去除。异常值的去除可通过编写 MALTLAB 程序识别焊缝，以焊缝所在里程为中心，左、右各偏移一定距离进行里程标记，从而区分正常波形以及异常波形。

典型的波磨数据异常值去除效果如图 8-9 所示。

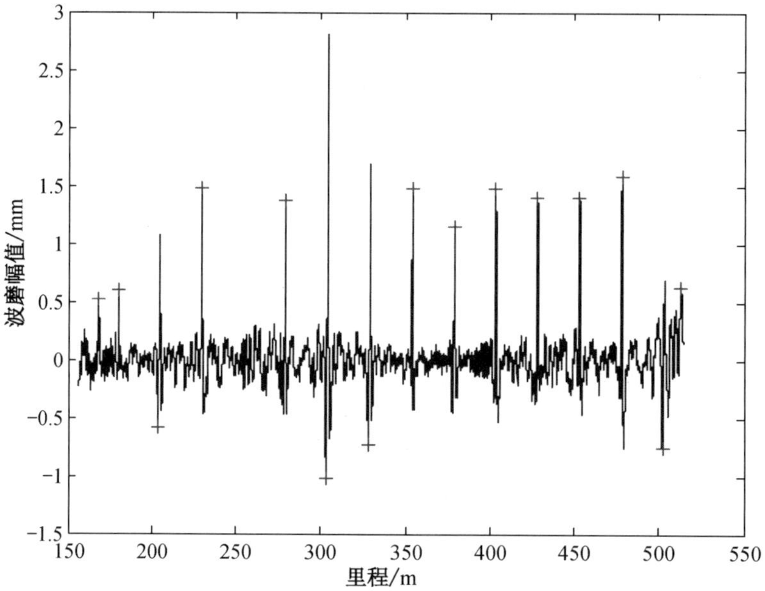

图 8-9　去除异常值效果图

图中加号所标记位置即识别的焊缝中心里程，将中心里程相邻 3 m 范围内的数据作为异常值去除。

2. 波磨的 1/3 倍频特性分析

1/3 倍频分析是针对轨面的粗糙度特性的，该方法也是反映波磨频域特性的一种典型分析方法。钢轨波磨的 1/3 倍频分析步骤包括：

（1）利用 1/3 倍频方法计算波磨幅值的粗糙度；

（2）各频率对应一个幅值粗糙度，以频率为横坐标形成一条曲线；

（3）将频率-粗糙度曲线与 ISO 3095 标准曲线进行比较，若该曲线在标准下方则认为该频率段符合标准，反之则不符合标准。

此外，通过得到的曲线可以较为直观地发现粗糙度较大的频率，也可认为是波磨波长较为突出的部分。计算测量长度 L 范围内的轨面不平顺粗糙度公式为：

（1）连续测点：

$$RMS(x,\ L)=\left(\frac{1}{L}\int_{x}^{x+L}y^{2}(x)\mathrm{d}x\right)^{1/2} \tag{8-9}$$

（2）离散测点：

$$RMS(x,\ L)=\left(\frac{1}{n-1}\sum_{i=1}^{n}y_{i}^{2}\right)^{1/2} \tag{8-10}$$

式中　RMS ——均方根值，即 1/3 倍频粗糙度，dB；

x ——连续采样时各采样点幅值，mm；

L ——连续采样时的计算长度，mm；

y ——离散采样时采样点的幅值，mm；

N ——离散采样时计算长度内采样点数量。

电子平直尺和波磨测量仪检测所得数据均属于离散数据。对于使用电子平直尺得到的间断轨面不平顺，每一米数据可以得到一条 1/3 倍频曲线；对于使用波磨测量仪得到的连续轨面不平顺，对每种工况的连续数据进行 1/3 倍频计算，得到相应的曲线，与标准值对比。具体计算结果如图 8-10 所示，其中直线为 ISO 3095 标准值，虚线为实测数据计算所得 1/3 倍频粗糙度。

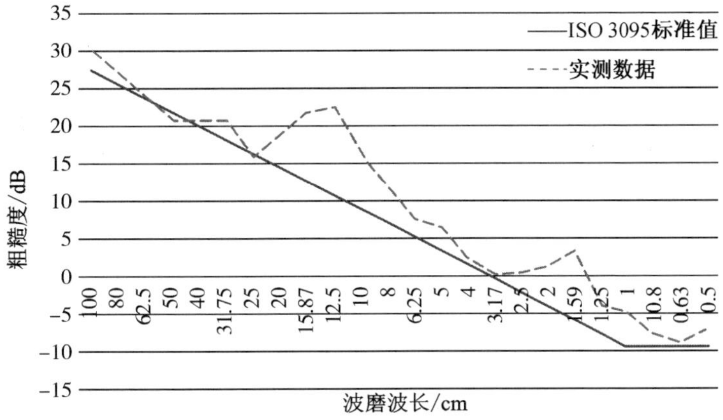

图 8-10　1/3 倍频分析结果

3. 波磨幅值计算及统计

幅值是波磨特征的一个重要因素，它反映了钢轨波磨的严重程度，通过对比同一地段不同时间段的波磨幅值，还可以衡量该地段钢轨波磨的发展情况。

原始数据经过趋势项去除后，认为相邻的波峰和波谷对称地分布在零线上下，为此，定义相邻的波峰与波谷的差值为该点的峰-峰值，相邻的波峰与波谷的绝对均值为该点的幅值。

对于电子平直尺测得波磨数据，可统计出每一米数据的峰值、谷值及峰-峰值。典型的统计数据如表 8-8 所列。

表 8-8　电子平直尺测量的波磨数据统计值

序号	峰值	谷值	峰-峰值
1	0.238	−0.02	0.258
2	0.139	−0.324	0.463
3	0.138	−0.389	0.527
4	0.106	−0.383	0.489
5	0.287	−0.264	0.551

对于波磨测量仪测出的波磨数据，在进行数据预处理后识别峰值和谷值，并记录相应里程。由于波磨测量仪可以实现轨面状态数据的连续测量，数据量大，且数据趋势项和异常值直

接影响波磨数据的统计与分析，因此需先对去除趋势项和异常值后的波形进行平滑处理。典型的平滑处理后的数据如图 8-11 所示。

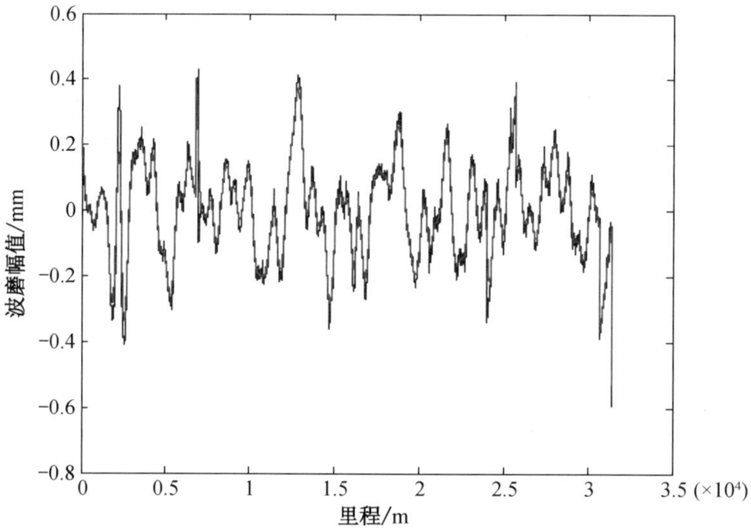

图 8-11　数据平滑处理效果

根据经平滑处理后的数据，自动识别相应的峰值和谷值，将谷值取绝对值后与峰值一起求出平均值，作为该区段的波磨幅值绝对均值；将相邻峰值和谷值的差作为峰-峰值，统计所有峰-峰值的最大值作为该区段的波磨幅值最大值。

对于使用波磨测量仪进行连续观测的区间，将相邻两次测量得到的数据进行里程匹配，求出同一里程处轨面不平顺的差值，将这些差值的均值作为两次数据波磨幅值均值的变化量；求出同一里程处峰-峰值的差值，将此差值的最大值作为两次数据波磨幅值最大值的变化量。结合相邻两次调查的时间间隔，可计算得出波磨幅值均值或最大值随时间变化的波磨发展率。

综合以上分析，对于每一种工况，均可通过以上幅值计算方法得到其内、外轨波磨幅值的绝对均值和最大值；对于进行过多次跟踪观测的工况，可通过波磨发展率的计算得到其波磨幅值均值和最大值随时间的发展速率。

4. 波磨波长计算及统计

钢轨波磨本质上属于钢轨轨面不平顺，它区别于一般轨面不平顺的显著特征是沿钢轨纵向的一定长度内有固定的波长，因此波磨的波长是波磨特征的一个重要因素。不同波长的波磨对行车舒适度的影响也不同。

功率谱计算原理涉及傅立叶变换，将时域信号转换为频域信号。在诸多功率谱计算方法中，选用了最为直接的周期图法。周期图法把随机序列 $x(n)$ 的 N 个观测数据视为一个有限的样本序列，直接计算 $x(n)$ 的离散傅立叶变换，得到 $X(\omega)$，然后再取其幅值的平方，除以 N，作为序列 $x(n)$ 真实功率谱的估计，公式如下：

$$S(\omega) = \frac{1}{N} \mid X(\omega) \mid^2 \tag{8-11}$$

对于空间长度上的数据，频域转换后得到的频率单位为 1/m，因此对主要频率取倒数即得到原始幅值中包含的主要波长。通过计算不同工况下的内、外轨波磨的波长，可为深度分析波磨特征影响因素奠定数据基础。

5. 波磨特征与轨道结构参数的关系

波磨的产生及其发展受轨道结构参数的影响较大，对比分析不同轨道结构参数与钢轨波磨特征参数，可以为分析和整治波磨提供参考。

以某地铁线路典型钢轨波磨数据和轨道结构参数为例，说明轨道结构参数对钢轨波磨特征的影响，具体分析结果如图 8-12—图 8-17 所示。

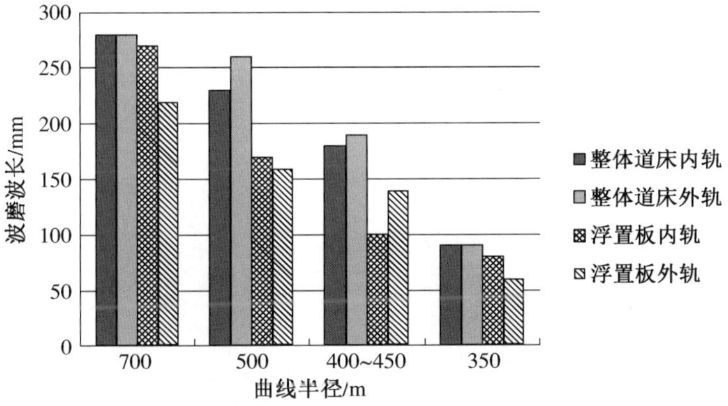

图 8-12　整体道床与浮置板波磨波长比较

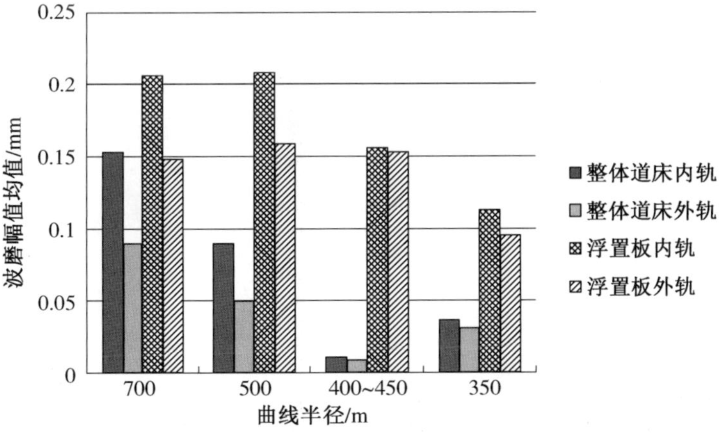

图 8-13　整体道床与浮置板波磨幅值均值比较

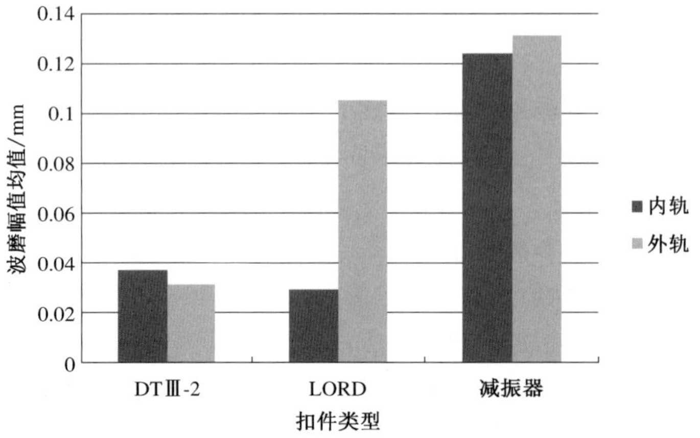

图 8-14　DTⅢ-2 扣件、LORD 扣件和减振器扣件波磨幅值均值比较

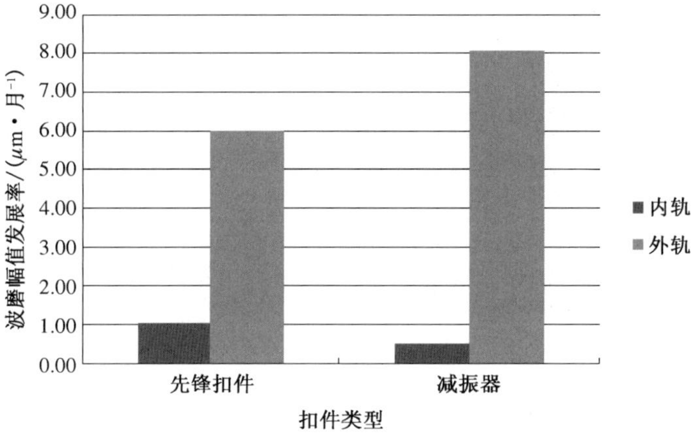

图 8-15　钢轨波磨幅值发展率与扣件类型的关系

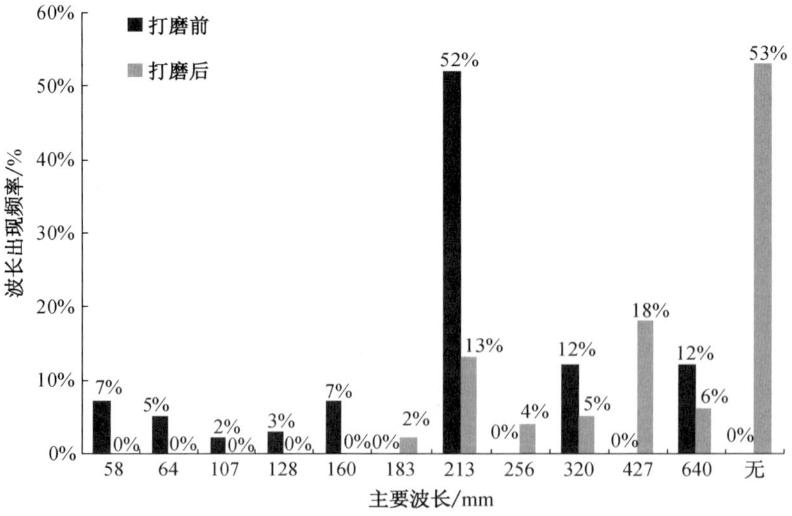

图 8-16　钢轨打磨前后波磨波长对比

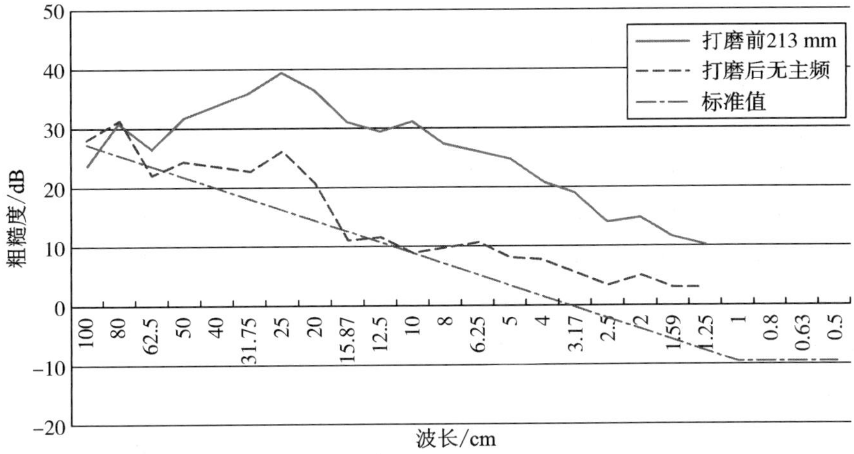

图 8-17　钢轨打磨前后 1/3 倍频对比

8.3.3　综合养护计划的辅助决策方法

随着铁路向高速、重载方向发展，列车的运行速度和密度越来越大，线路养护维修的作业量也随之不断增加，而可供养护维修作业的时间却越来越少。解决这个问题的有效手段是优化养护维修计划和利用大型养路机械进行作业。若能建立一个合理的养护维修计划，不仅能解决运输和养修之间的矛盾，而且能合理地利用现场养护资源，提供高品质的轨道状态。

养护资源是指现场所拥有的大型作业机械、可利用的养护时间和养护维修基地等。目前，我国主要干线都采用多捣固机(Multiple Tie Tamper，MTT)进行作业，作业后轨道质量非常好，但由于其价格昂贵和专用的维修基地，不可能每个养护工区都配备。因此，需要在几个养护工区共有一台 MTT 的前提下，制订轨道最优养护维修计划模型。我国铁路对线路设备的修理，划分为线路大修、线路中修和线路维修三种修程，相应的作业计划有长期计划和年度计划。

1．轨道最优养护计划模型的原理

利用 MTT 进行线路综合养护，将消除轨道高低、方向等的不平顺，由于高低不平顺在养护工作中所占比例较大，因此以消除高低不平顺为目标建立最优计划模型，该方法对于其他不平顺同样适用。

轨道高低不平顺的养护是以 MTT 养护为主的，一台 MTT 所能承担轨道长度在既有线上一般为 100～200 km。一台 MTT 在多个养护工区共有的情况下，其作业时需在养护工区之间走行，从这个问题出发，可将高低不平顺年度养护计划分为以下两个计划。

1）MTT 年度运用计划

年初，对共同拥有一台 MTT 的多个养护工区进行分配，决定 MTT 配置到养护工区的时间和养护作业的地方，以月为单位(上旬、中旬、下旬)输出其计划。

2）轨道不平顺养护作业计划

当 MTT 配置到养护工区后，决定作业顺序。

轨道管理的评价指标有区间评价指标（标准偏差）和地点评价指标（不平顺最大值），可采用区间评价指标，我国 200 m 长度内各项不平顺标准偏差的管理值见本书第 3 章相关内容。

最优养护计划包括轨道状态最优计划和养护工作量最小计划。轨道状态是不同管理单位内轨道不平顺标准偏差的实测值和目标值之比。该模型的评价原则是：每月、每旬进行 MTT 养护作业的单元区段在 MTT 负责全线养护的区间内，年度高低不平顺平均值最小。

2. 管理单位

将计划线路划分为如图 8-18 所示的管理单位，其内容如下：

（1）组（lot）：轨道不平顺管理单位，用于预测轨道高低不平顺和计算标准偏差的长度单位。预测时需建立不同组别恶化过程分析模型和养护效果分析模型。满足：①存在无砟轨道和道岔的区段；②轨检车无法检查的区段；③利用大修计划更换钢轨的区段；④其他特别指定区间。这 4 个条件的组不参与养护计划的制订。

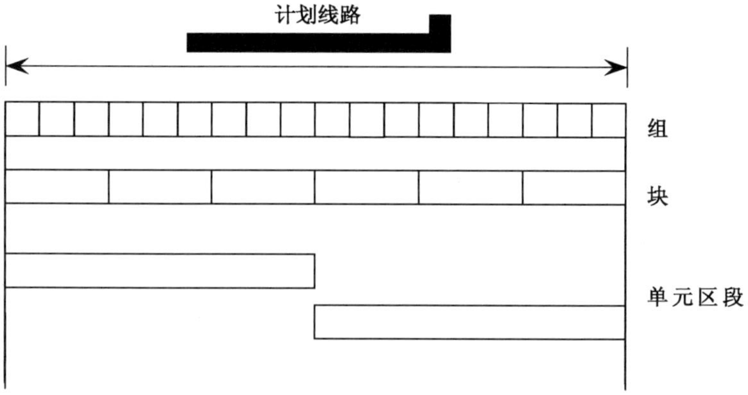

图 8-18　线路划分的管理单位

（2）块（block）：养护作业单位，连续 N 个组的集合。考虑线路的实际状态，在假定一次养护作业长度等于块长的前提下，决定 N 值。这里所述的一次和一天不同，在一天内有可能对多个块进行养护。

（3）单元区段（unit）：养护计划单位，是 F 个块的集合（不一定连续）。考虑各线路养护作业“天窗”时间，保证在单元区段内块的长度之和小于一天内可以养护的线路长度之和。

3. 决策变量

1）集合定义

（1）大型养路机械的作业时间按旬（10 天）来划分，一年分 36 旬，其集合 $K=\{1, 2, 3, \cdots, 36\}$。

（2）月集合 $M=\{1, 2, 3, \cdots, 11, 12\}$

（3）根据铁路修程修制划分的线路养路工区，$D=\{1, 2, \cdots, D^{\max}\}$。

（4）大型养路机械的作业地点为单元区段，$u_j=\{1, 2, 3, \cdots, U_j^{\max}\}$（第 j 工区，$j=1, 2, \cdots, D^{\max}$），计划养护线路总的单元区段个数为 $U^{\max}=\sum_{i=1}^{D^{\max}} u_i$。

（5）组 $i_j=\{1, 2, 3, \cdots, N_j^{\max}\}$（第 j 工区，$j=1, 2, \cdots, D^{\max}$）。

2）决策变量

养护维修计划和大型养路机械作业相结合，主要是解决大型机械作业的最佳时间和地点问题。其中的决策变量有 Z_{md} 和 W_{mku}。

(1) Z_{md}：整数(0—1)型变量，其中 $m \in M$，$d \in D$。当 $Z_{md}=1$ 时，在第 m 个月养路机械配置到 d 工区；$Z_{md}=0$ 时，在第 m 个月养路机械不配置到 d 工区。

(2) W_{mku}：整数(0—1)型变量，其中 $m \in M$，$k \in K$，$u \in U$。当 $W_{mku}=1$ 时，在第 m 个月 k 旬对单元区段 u 进行养护；$W_{mku}=0$ 时，在第 m 个月 k 旬不对单元区段 u 进行养护。

4. 目标函数的建立

1）线路第 i 组的轨道状态

在第 m 个月、k 旬的时间段，第 i 组线路的轨道几何不平顺标准差用 σ_i^{mk} 表示，假设第 i 组线路轨道几何不平顺标准差的目标值为 σ_i^g，则一年内第 i 组的轨道几何不平顺状态用 $\overline{S_i}$ 表示，则 $\overline{S_i}$ 为

$$\overline{S_i}=\frac{\sum\limits_m \sum\limits_k \sigma_i^{mk}}{36\sigma_i^g} \tag{8-12}$$

S_i^0 表示第 i 组轨道在某个时间段的初始几何状态；ΔS_i 表示第 i 组轨道的几何不平顺恶化速度；S_i^g 表示第 i 组轨道经过养护维修后的改善量；ΔS_i^r 表示第 i 组轨道进行养护维修后的轨道几何状态的恢复速度；它们之间的关系可用图 8-19表示。其中，第 i 组的轨道几何不平顺在初始时间时，轨道几何状态为 S_i^0，经过 t_1 时间发展，轨道几何状态发展到 S_i^1，这时进行几何不平顺综合养护，轨道几何状态变为 S_i^2。之后，经过 t_2 时间的发展，轨道几何状态发展到 S_i^3，这样，轨道几何状态从 S_i^1 发展到 S_i^3，其连线的斜率就是 ΔS_i^r，即轨道几何状态经过养护后的恢复速度。

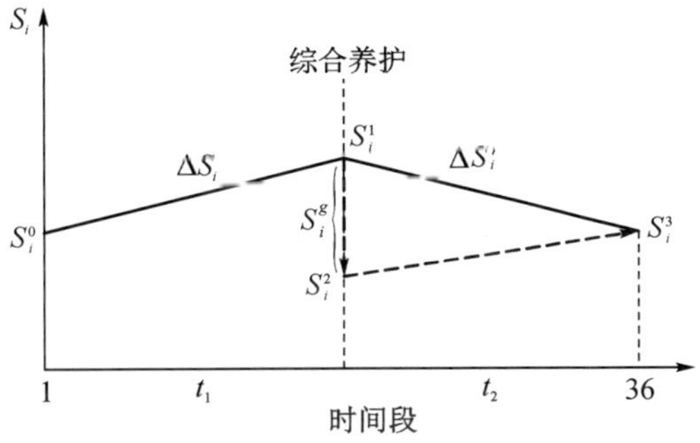

图 8-19　第 i 组轨道恶化速度和轨道养护改善关系示意图

由线性关系得到

$$S_i^1=S_i^0+\Delta S_i \cdot t_1 \tag{8-13}$$

$$S_i^3=S_i^2+\Delta S_i \cdot t_2 \tag{8-14}$$

又由

$$S_i^2=S_i^1-S_i^g \tag{8-15}$$

可推导出

$$S_i^3=S_i^1-S_i^g+\Delta S_i t_2=S_i^0-S_i^g+\Delta S(t_1+t_2) \tag{8-16}$$

因为，$\Delta S_i^r=(S_3-S_1)/t_2$，带入 S_i^1，S_i^3 表达式，得到

$$\Delta S_i^r = \frac{\Delta S_i t_2 - S_i^g}{t_2} = \Delta S_i - \frac{S_i^g}{t_2} \tag{8-17}$$

式中 ΔS_i ——第 i 组轨道几何不平顺的恶化速度，mm/d；

S_i^g ——组轨道经过养护维修后的几何不平顺改善量，mm；

ΔS_i^r ——第 i 组轨道经过养护维修后的恢复速度，mm/d；

t_2 ——综合养护后的剩余时间，d。

线路几何不平顺的恶化速度依赖于事前的轨道状态，当一年内几何不平顺的发展量不是很大时，可认为计划期间恶化速度是固定的，恶化发展是线性发展的。同理可认为养护后带来的几何不平顺的恢复速度也是一个定值。

2）单元区段 u 的轨道状态的表示方法

单元区段的轨道状态用其单元区段内所包括组的轨道状态平均值来表示。

$$\overline{S_u} = \frac{\sum_{i=f(u)}^{f(u)+N_u} \overline{S_i}}{N_u} \tag{8-18}$$

同理，单元区段 u 的轨道状态的初始值 S_u^0，单元区段 u 的轨道状态的恶化速度 ΔS_u，单元区段 u 进行养护维修后的轨道状态的恢复速度 ΔS_u^r 的计算公式如下：

$$\begin{aligned} S_u^0 &= \frac{\sum_{i=f(u)}^{f(u)+N_u} S_i^0}{N_u} \\ \Delta S_u &= \frac{\sum_{i=f(u)}^{f(u)+N_u} \Delta S_i}{N_u} \\ \Delta S_u^r &= \frac{\sum_{i=f(u)}^{f(u)+N_u} \Delta S_i^r}{N_u} \end{aligned} \tag{8-19}$$

式中 $f(u)$ ——单元区段 u 内组的最小编号；

N_u ——单元区段 u 内组的个数。

它们之间的关系可用图 8-20 表示。

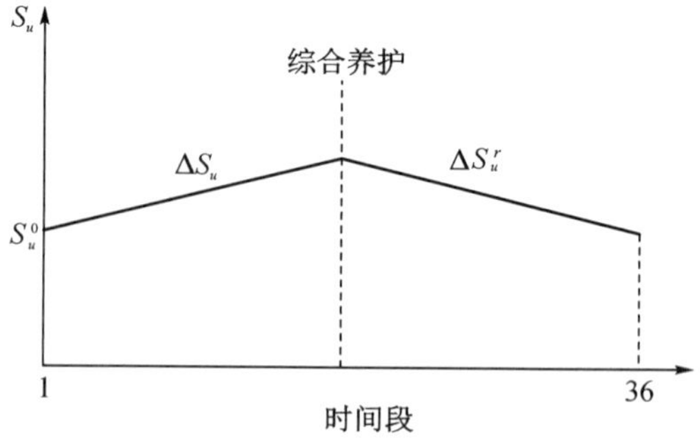

图 8-20 第 u 单元区段轨道恶化速度和轨道养护改善关系示意图

3）不同时间段单元区段 u 的轨道状态

一年有 12 个月，每个月有 3 个旬，其组合共有 36 个时间段。对单元区段 u 的维修计划，有可能分布在这 36 个时间段中的任何一个，由于每个单元区段 u 一年内只能使用大型养路机械维修一次，因此这个时间段是唯一的。当大型养路机械在不

同时间段进行养护维修时,对轨道状态的最后结果有不同影响。例如,在第一个时间段(1 月上旬)进行养护维修,则轨道状态为:

$$S_u = S_u^0 - 36\Delta S_u^r W_{11u} \tag{8-20}$$

若在第 36 个时间段(12 月下旬)进行养护维修,则轨道状态为:

$$S_u = S_u^0 + 35\Delta S_u - \Delta S_u^r W_{123u} \tag{8-21}$$

因此在第 m 个月、k 旬时间段进行养护维修后,轨道状态为:

$$S_u = S_u^0 + \Delta S_u[3(m-1)+k-1] - \Delta S_u^r W_{mku}[37-3(m-1)-k] \tag{8-22}$$

则单元区段 u 全年的轨道状态为:

$$\begin{aligned}\overline{S_u} &= \frac{1}{36}[36S_u^0 + (1+2+3+\cdots+34+35)\Delta S_u \\ &\quad - \Delta S_u^r(36W_{11u} + 35W_{12u} + \cdots + 2W_{122u} + W_{123u})] \\ &= \frac{1}{36}[36S_u^0 + 630\Delta S_u - \Delta S_u^r(36W_{11u} + 35W_{12u} + \cdots + 2W_{122u} + W_{123u})]\end{aligned} \tag{8-23}$$

5. 目标函数

整个线路的轨道状态,可表示为

$$\bar{S} = \frac{\sum\limits_u \overline{S_u}}{U^{\max}} = \frac{1}{36U^{\max}}\sum_u[36S_u^0 + 630\Delta S_u - \Delta S_u^r(36W_{11u} + 35W_{12u} + \cdots + 2W_{122u} + W_{123u})] \tag{8-24}$$

$\sum\limits_u(36S_u^0 + 630\Delta S_u)$ 可认为是定值,令:

$$C_1 = \frac{1}{36U^{\max}}\sum_u(36S_u^0 + 630\Delta S_u),\ C_2 = \frac{1}{36U^{\max}}$$

式(8-24)可改写如下:

$$\bar{S} = C_1 - C_2\left[\sum_u \Delta S_u^r(36W_{11u} + 35W_{12u} + \cdots + 2W_{122u} + W_{123u})\right] \tag{8-25}$$

当轨道状态为最佳时,则要求式(8-25)中后半部分取值最小,本模型的目标函数是对式(8-25)的最小化,但 $C_1 > 0$,因此,轨道状态最优综合养护计划模型可归纳为下列整数型优化问题:

$$\max\sum_u \Delta S_u^r(36W_{11u} + 35W_{12u} + \cdots + 4W_{113u} + 3W_{121} + 2W_{122u} + W_{123u}) \tag{8-26}$$

约束条件:$G(W_{mku}) = G$(大型养路机械配置时间、养护时间、养护地点、轨道几何不平顺上限值等)。

6. 约束条件

式(8-26)中,由于大型养路机械的作业特点、实际作业状况,使得模型受到约束条件的限制,具体如下:

(1) 不同月份对不同养护工区进行养护的约束(养路机械总量约束)。因为养路机械只有一台,共同拥有这一台养路机械的工区,在不同的月份都有可能配置到这台机械进行养护,但必须满足下列条件:

$$\sum_{d} Z_{md} \leqslant 1,\ m \in M \tag{8-27}$$

(2) 特殊月份、特殊工区配置养路机械的约束(养路机械特殊约束)。在有些特殊情况,如更换钢轨等大修作业,需要使用大型养路机械作业,这些特殊时间和特殊地点应满足下列条件:

$$Z_{md} = 1,\ d,\ m \in \{\text{被指定的某个工区和配置时间}\} \tag{8-28}$$

(3) 不同时间段,可进行养护的单元区段的上限数约束(单元区段上限个数约束)。根据各旬可养护的时间设定各旬可进行养护的单元上限数,当大型养路机械进行修理不能工作时,可维修的上限数设为零。

$$\sum_{u} W_{mku} \leqslant A_{mk},\ m \in M;\ k \in K \tag{8-29}$$

式中,A_{mk} 为第 m 个月、k 旬时可养护的单元值区段上限数。

日本总结出的大型养路机械每年可养护的单元值区段上限数,如表 8-9 所列。

表 8-9　　可养护单元区段上限数

月	旬			月	旬		
	1	2	3		1	2	3
4	3	3	2	10	2	3	3
5	1	3	2	11	3	2	2
6	3	2	3	12	3	2	1
7	3	0	0	1	1	3	3
8	0	0	0	2	3	2	2
9	0	0	3	3	3	2	3

(4) 不同时间段、不同单元区段,可进行养护的时间限制(时间约束)。夏天、冬天下雪和客流量较大时间段,需对养护的区间进行限制,对于各个单元区段设置可养护的时间和不可养护的时间。

$$\sum_{u \in J_1} \sum_{(mk) \in R_j} W_{mku} = 0 \tag{8-30}$$

式中 $J_1=$｛可进行养护但有时间限制的单元区段｝；

$R_j=$｛集合 U_1 内，单元区段 u 不能进行养护的时间(m,k)｝。

(5) 不同单元区段养护次数的限制(养护次数约束)。单元区段养护的最大次数是一年一次：

$$\sum_m \sum_k W_{mku} \leqslant 1,\ u \in U^{\max} \tag{8-31}$$

(6) 养路机械运转约束。因为假设几何不平顺养护都是用大型养路机械来进行维修的，因此在编排计划时，必须保证在 m 月大机配置到 d 工区后，对 d 工区的 u 单元区段进行养护维修。

$$\sum_k W_{mku} - Z_{md} = 0,\ m \in M, d \in D, u \in U_d \tag{8-32}$$

(7) 不同时间段大型养路机械可移动范围的约束。短时间内，大型养路机械进行大范围移动是不可能的，因此在考虑养护基地位置后，各旬大型养路机械可移动范围假定如下：

$$BW_{mku} + \sum_{u \in U_2^j} W_{mku} \leqslant B \tag{8-33}$$

式中，B 为 $\sum_{u \in U_2^j} W_{mku}$ 的最大值，$m \in M, k \in K$；其中，$U_2^j=$｛和 u 单元在同一个旬内不能作业的单元｝。

(8) 恶化状态上限约束。无论哪个单元区段的几何不平顺量在计划期间内是不可能超过上限值的，超过上限值的单元区段必须马上进行养护，否则，轨道几何不平顺恶化将会呈线性发展，如果单元区段几何不平顺在下一时间段会超过不平顺管理上限值，则在本时间段必须进行大型养路机械养护，这时：

$$\sum_{x=1}^{m_c^u-1} \sum_k W_{xku} + \sum_{y=1}^{k_c^u-1} W_{m_c^u yu} = 1,\ u \in U_3,\ k \in K \tag{8-34}$$

式中，m_c^u，$k_c^u \in$｛单元区段 u 最迟需综合养护的时间段(月、旬)｝；$U_3=$｛在下一年度中，预测几何不平顺达到上限值单元区段｝。

(9) 为防脱轨而铺设护轨的区间约束。对于铺设护轨的区间，若进行养护作业，需要较长的时间进行准备，在进行准备的时间段内，不安排养护作业。

$$\sum_{m=1}^{q_u-1} \sum_k W_{mku} = 0,\ u \in U_4 \tag{8-35}$$

式中，$U_4=$｛含有防护轨的单元区段｝；q_u 为单元 u 最早可进行养护的月份。

上述轨道状态最优综合养护计划模型是以大型养路机械作业特点和限制条件为约束条件，以几何不平顺检测数据来预测轨道几何不平顺变化趋势，在保证轨道状态最优的情况下，安排大型养路机械的作业时间和地点的理论模型。该模型为 0-1 型整数模型，根据我国大型养路机械作业的实际情况和轨检车检测数据，采用各种优化方法来求解模型，并建立相应的决策系统。

8.4 轨道养护维修辅助决策管理系统

8.4.1 轨道养护维修辅助决策系统概况

国内外铁路部门结合本国或本部门的特点与需求开发了大量的铁路工务管理系统。

国外典型的管理系统包括日本的“东海道新干线养护管理系统(RINDA)”、美国的“轨道养护决策支持系统(SMS)”、加拿大的“轨道养护维修决策支持系统(TMAS 和 EPMS 等)”、英国的“轨道养护、轨道更新计划决策、费用估算支持系统(MAPPAS)”、德国的“轨道养护、轨道更新计划决策支持系统(SYSTEM DYNAMICS)”、瑞士的“轨道养护计划决策支持系统(GEV)”、荷兰的“轨道养护·轨道更新计划决策支持系统(BINCO)”、波兰的“全面维修的决策支持系统(DONG)”以及欧洲铁道研究所(ERRI)开发的“经济型轨道养护维修系统(EcoTRACK)”等。本书选取其中有一定代表性的决策系统，作简要介绍。

1. 日本新干线信息管理系统 SMIS

日本从 20 世纪 60 年代开始应用计算机为铁路工务管理服务，于 1975 年运行新干线信息管理系统 SMIS。该系统中和轨道有关的三个部分为：①轨道维修状态管理；②轨道材料管理；③轨道工程计算。东海道新干线将 SMIS 改为 RINDA，并在此基础上开发了东海道新干线轨道管理系统 TOSMA。

轨道养护维修系统包括轨道状态与作业管理、长钢轨管理、轨道材料管理、养护维修机械管理、轨道工程决算及轨道作业计划。新干线系统除了输出与既有线类同的轨道变形状态图、表等信息外，还有轨道养护计划表、无缝线路钢轨管理图及反映线路平纵断面情况的轨道线形管理表等信息。根据这些图表，可以方便、快速地获得铁路工务设备、轨道状态的各种信息，辅助制订养护维修计划。

2. 日本 JR 东海道养护管理系统

日本 JR 东海道养护管理系统的组成如下：

(1) 养护管理系统，包括线路管理系统、检查系统、养修机械系统、工程合同系统、图像处理系统、工号表制作系统、轨道中心间隔系统以及其他系统。

(2) 综合试验车数据处理系统。

(3) 钢轨探伤磨耗测量车数据处理系统。

(4) 自动游间测量数据处理系统。

(5) 道岔轨道不平顺测量数据处理系统。

3. 日本东海道新干线养护管理系统（RINDA）

1999年11月新施设管理系统(RINDA)在日本全面开始使用，该系统的主要输入数据、数据保留时间和系统功能如下：

(1) 系统主要输入数据为轨道检测车数据、钢轨探伤车检查数据、SMIS运量数据、各种台账基础数据、各种环境文件、各种材料检查业绩、轨道作业业绩、养修机械使用业绩。

(2) 数据保留时间。轨道作业实绩和检查实绩，保留6年；道床更换作业业绩，半永久保留；钢轨更换业绩，保留20年。

(3) 系统功能。包括检测车数据处理、运量管理、1 m代表值管理、轨道维修作业验收、轨道状态管理、轨道环境文件管理、无缝线路温度管理、伸缩接头管理、胶接绝缘接头管理、道岔器管理、道床管理以及巡回检查管理、养修机械管理、钢轨探伤车数据处理、钢轨材料管理、综合管理图。

4. 英国MAPPAS系统

英国的轨道养护、轨道更新计划决策及费用估算支持系统(MAPPAS)用统计方法分析轨道破坏现象，基于技术经济分析模型，评价轨道养护维修方案，决定钢轨更换费用最小的更换周期等。

5. 德国SYSTEM DYNAMICS系统

德国的轨道养护、轨道更新计划决策支持系统(SYSTEM DYNAMICS)主要是基于动态系统理论，进行长期的经济、技术相互作用仿真。

6. 瑞士GEV系统

瑞士的轨道养护维修计划决策支持系统(GEV)主要是制订养护紧急程度及养护对策方案，并对其进行技术经济评价。

7. 荷兰BINCO系统

荷兰的轨道养护、轨道更新计划决策支持系统(BINCO)，主要是充分利用轨道状态、各种轨道部件损伤的时序变化信息，建立钢轨疲劳和磨耗恶化模型，对制订养护维修计划提供支持。

8. 波兰DONG系统

波兰的全面维修决策支持系统(DONG)，主要是以轨道和路基的养护、临时的限速、轴重限制为对象，建立轨道使用寿命理论模型，输出轨道养护紧急程度以及捣固作业计划，对制订养护维修计划提供决策支持。

9. 欧洲铁道研究所（ERRI）EcoTRACK系统

由于通过列车数和荷载条件的不同，轨道状态恶化情况也不一样，另外养护及维修作业顺序和技术经济等紧密相关，在确立养修计划时，必须有大量技术、经济的信息和丰富的经验。因此，是否养修，什么时候养修，怎样养修，如何投入最佳的人力、物力，这些都是非常复杂的问题。

为真正实现削减成本，最优化处理这个复杂的问题，在欧盟的财政支持下，ERRI开发了

EcoTRACK(经济的轨道养护维修系统),其概况如下:

(1) 适用于既有线、高速线和重载线路,能一次形成范围为 3 000～5 000 km 的铁路网络的维修计划;

(2) 可分别统计 200 m, 500 m, 1 000 m 等一定长度的各种检测数据;

(3) 根据一定的预算指标,决定养护的优先顺序;

(4) 对轨道的养护及更新作业,实行最佳资源和计划的分配;

(5) 是基于养护专家的知识和经验而开发的专家系统;

(6) 采用 Windows 操作系统,方便用户使用。

除此之外,ERRI 还将开发道岔管理系统(EcoSWITCH)、桥梁管理系统(EcoBRIDGE),接触网管理系统(EcoCATENARY)、路基管理系统(EcoSOIL)。

综上,各系统的对比分析如表 8-10 所示。

表 8-10　　国外的铁路轨道管理辅助决策系统

国家/组织名称	使用者	系统名称	系统内容、特点、操作情况
德国	德国国铁	SYSTEM DINAMICS	轨道养护、轨道更新计划决策支持系统,以系统动态理论为基础,进行长期的经济、技术相互作用的仿真
英国	英国国铁	MAPPAS	轨道养护、轨道更新计划决策及费用估算支持系统,适应于使用统计分析方法分析轨道破坏现象
		RRNPV	钢轨更换计划决策支持系统,根据技术、经济分析模型,决定更换费用最小的更换周期
美国	美国柏灵顿北方铁路	SMS	轨道养护维修系统,由轨道不平顺管理、钢轨、轨枕三个系统构成
		REPOMAN	钢轨更换计划,分析一定区间轨道损伤发生率和限界值的关系,以区间进行排序,客观反映钢轨磨耗的情况
日本	JR 集团	SMIS	新干线信息管理系统
瑞士	瑞士国铁	GEV	轨道养护维修计划决策支持系统,输出养护方法和养护工作量,对输出结果进行技术、经济的评价
荷兰	荷兰国铁	BINCO	轨道养护、轨道更新计划决策支持系统,包括由短波长数据确定的钢轨打磨计划
波兰	波兰国铁	DONG	全面维修决策支持系统,确定全面补修计划
		KOMPLAN	计算机辅助编制作业计划,慢行确定、抢修施工以及轴重限值的确定
法国	法国国铁	GOP	对高低不平顺进行技术、经济分析,根据捣固作业量最小进行路基和道床的保养

续 表

国家/组织名称	使用者	系统名称	系统内容、特点、操作情况
加拿大		PWMIS	轨道养护计划支持系统，对钢轨损伤、轨枕损伤、轨道不平顺发展进行定量预测，对 5 年后的状态和标准进行比较，利用运量、曲线半径、钢轨材质进行钢轨磨耗预测
		EPMS	轨道养护计划决策支持系统，利用项目管理和资源管理对劳动生产率、设备的有效利用进行管理
		TMAS	轨道养护计划决策支持系统，预测 20 种轨道品质指标，输出钢轨、轨枕、道床的更换周期，输出轨道捣固、钢轨打磨周期
匈牙利	匈牙利国铁	PATER	补修/更新计划编制辅助系统，轨道不平顺的评估、作业程序的制订
欧盟	欧洲铁路研究所	EcoTRACK	经济的轨道管理系统，轨道状态管理、补修作业计划、更换作业计划的制订

国内各高校或铁路部门也开发了多种铁路工务管理系统，如铁道科学研究院等部门联合开发的 PWMIS 系统，柳州铁路局工务处的“工务综合信息管理系统”，同济大学城市轨道与铁道工程系、广州集团公司科研所和广深工务段联合开发的“广深准高速线路养护维修计算机管理系统”等。

综合分析表明，国内外铁路工务管理系统均以工务基础设施、设备的管理为主，侧重于宏观管理，如设备类型、设备数量、设备位置等。此外，国外工务管理系统还普遍关注轨道设备的状态分析、管理与决策等功能，如钢轨寿命分析、轨枕寿命分析、经济技术评价等。但是，国内的管理系统大多是基础设施的台账式管理，无法对历史数据进行纵向、横向的统计分析，也无法编制养护维修工作计划，更没有对养护维修的基础理论和系统实现深入的探讨，和国外相关的系统相比有较大的差距。

目前，国内在轨道几何状态的分析与管理上，普遍利用轨道质量指数对轨道状态进行分析和评估，这样可以减少大型养路机械盲目作业，有效提高作业的准确性，降低养修成本，提高消除线路病害的反应速度。但是，仅从轨道质量指数这一单一指标来评估轨道几何状态及其发展趋势明显存在很大的不足。

针对如何较好地评价轨道几何状态的质量和控制轨道状态的变化还尚未形成一个完整的系统，同样，将轨道几何状态评价系统作为一个独立的系统存在，这在国内外更不多见。因此，结合轨道几何状态变化规律的分析及其评价方法的研究，我们开发了一套轨道几何状态评价系统。

8.4.2 轨道养护维修辅助决策系统设计

适用于城市轨道交通轨道养护维修管理和决策的软件系统，其设计需重点解决系统定位、软件功能需求及环境等问题。为此，这里将对此作简要分析。

1. 系统定位

(1) 目标行业：用于城市轨道交通工务系统的数据处理部门。

(2) 系统功能：轨道台账设备信息查询、检测数据的统计分析和管理。

(3) 应用范畴：企业应用。

2. 软件功能

软件系统应具备系统管理、数据管理、统计计算与分析、图片管理等功能，即：

(1) 台账设备查询：具有台账的图形查询与精确查询等功能。

(2) 检测数据统计分析：对检测数据的超限、分布及历史发展规律等进行统计计算及分析。

(3) 设备图片查询与管理：对检测过程中拍摄的图片及车站的图片进行查询与管理。

(4) 用户管理：用户进行密码设置；添加、删除用户及修改用户权限。

3. 软件总体结构层次图

软件总体结构关系如图 8-21 所示。

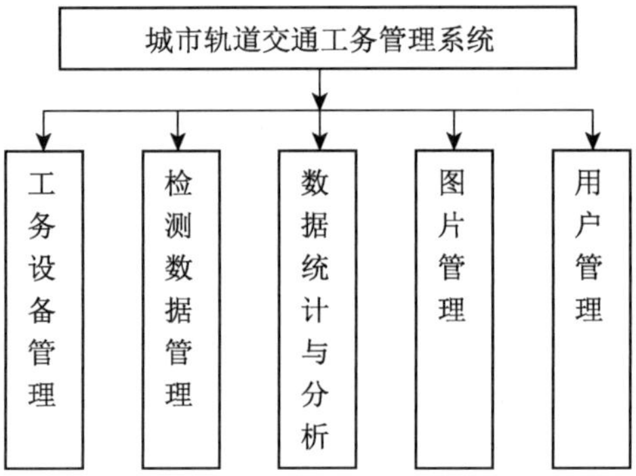

图 8-21 软件总体结构关系图

4. 软件应用环境

系统的运行环境配置如下：

1) 硬件要求

(1) CPU：Intel 奔腾双核处理器(1.0GHz)或更高；

(2) 内存：2G；

(3) 硬盘：160G 以上；

(4) 显示适配器：支持 1024×768 真彩 32 位模式。

2) 软件要求

(1) Microsoft Windows 2000 及以上；

(2) Microsoft Office 2000 或以上(包含 Access 2003)。

8.4.3 上海城市轨道交通工务管理系统

为提高线路工务管理水平与管理效率，科学分析与评估轨道几何状态、制订合理的轨道综合养护作业计划，笔者特编制了《上海城市轨道交通工务管理系统》(Maintenance-of-Way Management Information System for Urban Rail Transit of Shanghai Metro，MWMIS-URT-SHM)软件。该软件是针对城市轨道交通的国内第一套以轨道设备数据管理、轨道几何状态分析与评估管理为核心的软件系统。

1. 系统概况

根据系统数据处理分析及结果展示的需求，分别采用 C/S 模式和 B/S 模式进行开发，典型的功能框架如图 8-22 所示。

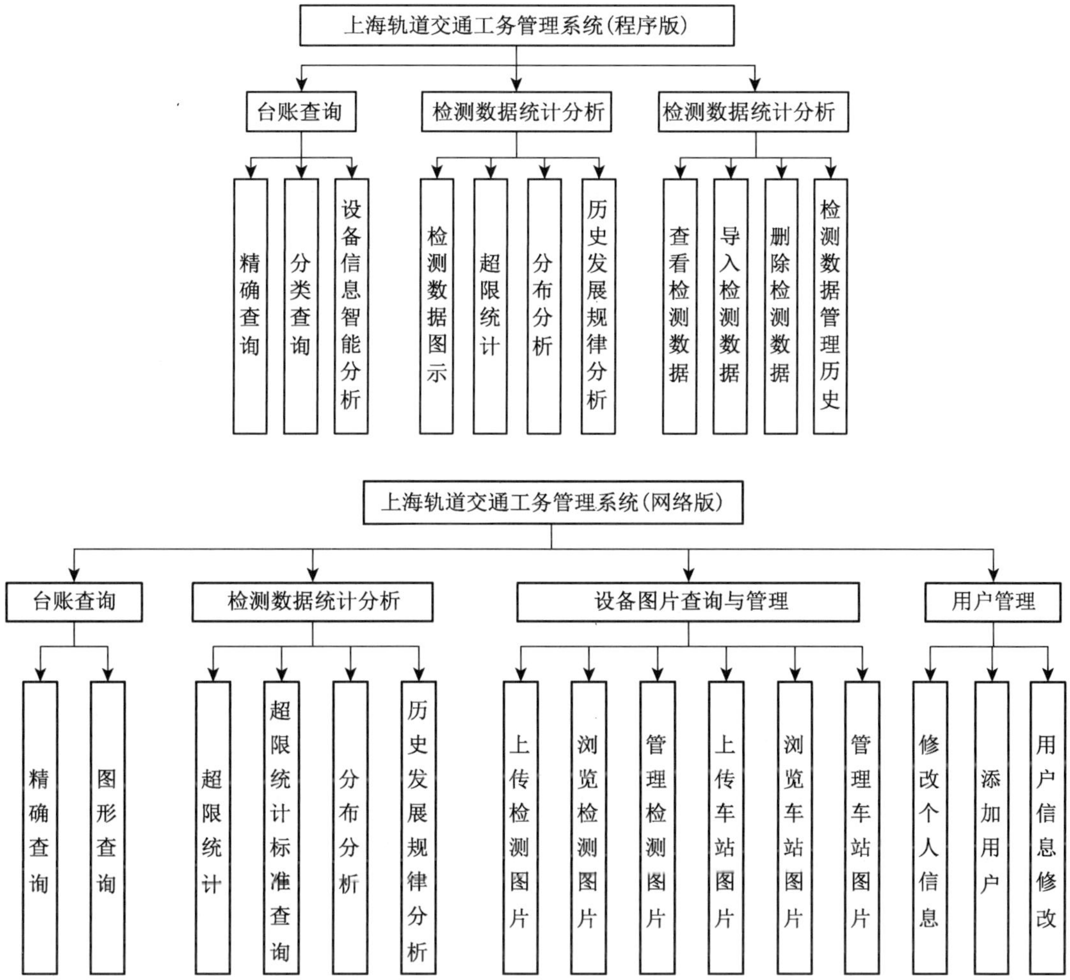

图 8-22　系统总体结构功能框架

2. **系统特点**

(1) 基于 VS2005 平台开发,用户界面友好,操作简单,易学易用;

(2) 紧密结合现场需求,简化人工统计分析工作,提供科学的决策依据;

(3) 采用数据库技术,实现各功能模块的数据接口,保证数据传递的正确性;

(4) 模块化设计,系统具有可扩展性;

(5) 参数化设计,系统的可维护性强;

(6) 报表与图形的设计与外部设备完全独立,输出时可以支持各种类型的打印机,具有设备无关性;

(7) 具有报表、图形与 Excel 等常用文档处理工具间的相互转换功能,更便于快速形成检测报告及统计分析意见;

(8) 系统定位明确,功能清晰。

3. 典型的功能界面

系统典型界面如图 8-23—图 8-37 所示。

图 8-23　上海城市轨道交通工务管理系统(程序版)启动初始界面

图 8-24　程序版系统主界面

图 8-25　程序版系统精确查询界面

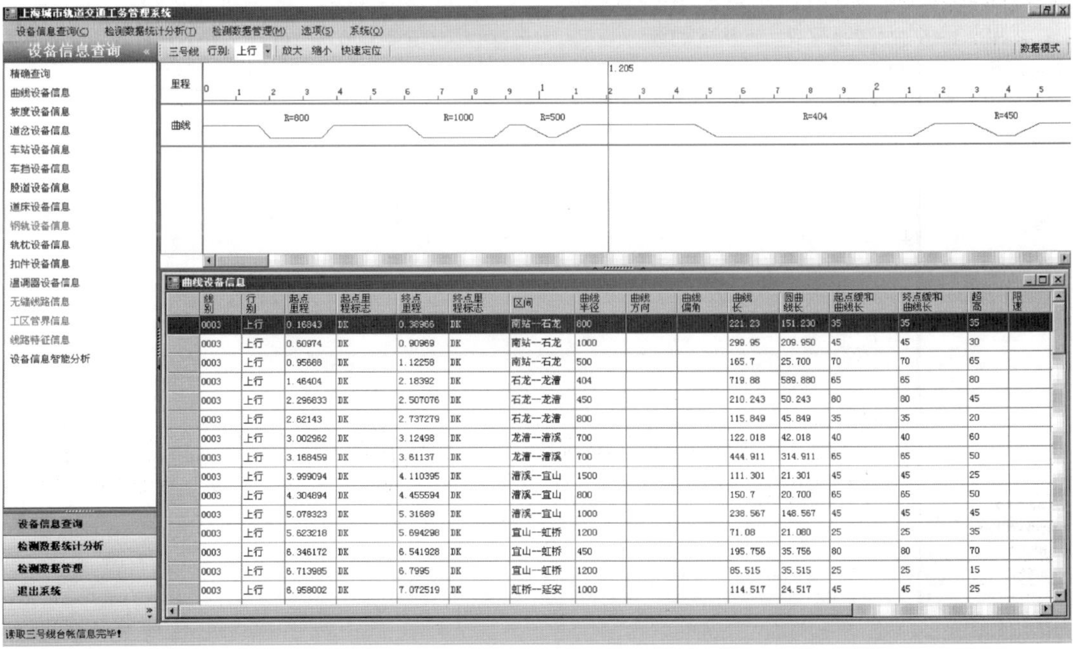

图 8-26　程序版系统图形查询界面

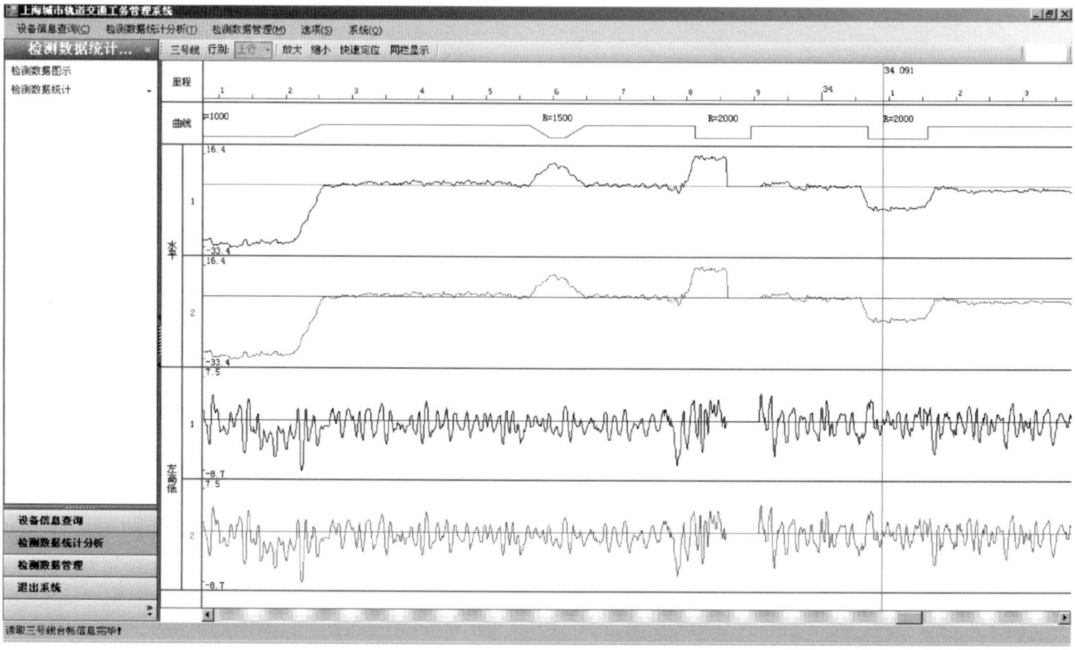

图 8-27 程序版系统分栏显示界面

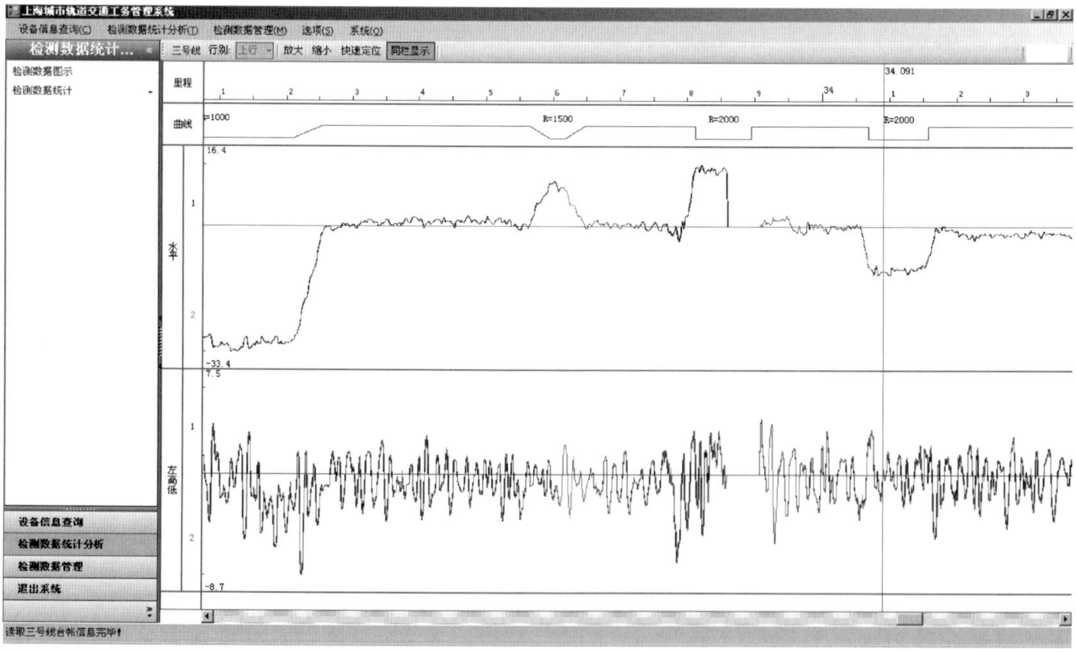

图 8-28 程序版系统同栏显示界面

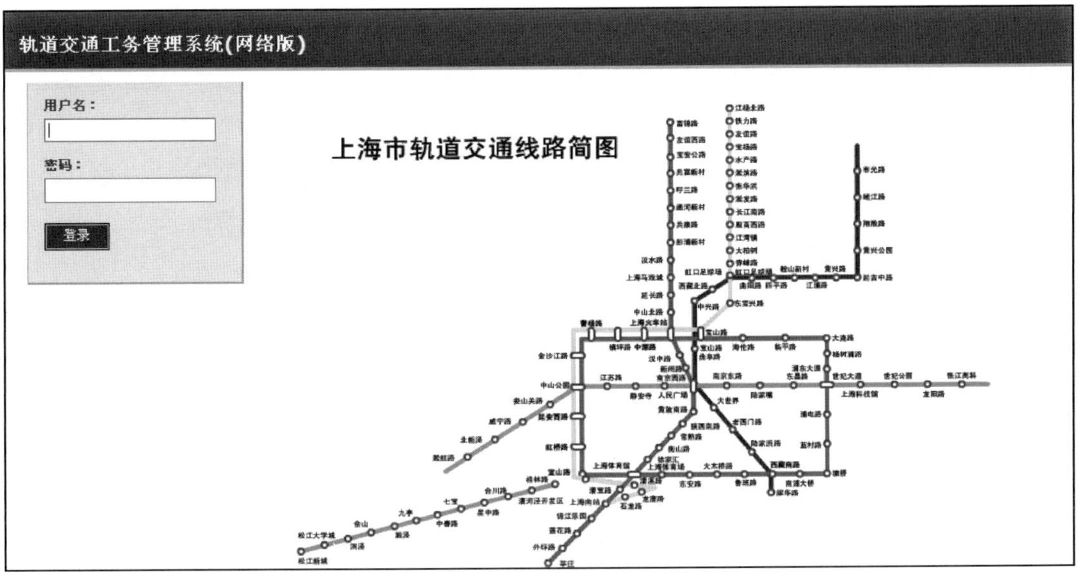

图 8-29　上海轨道交通工务管理系统(网络版)启动初始界面

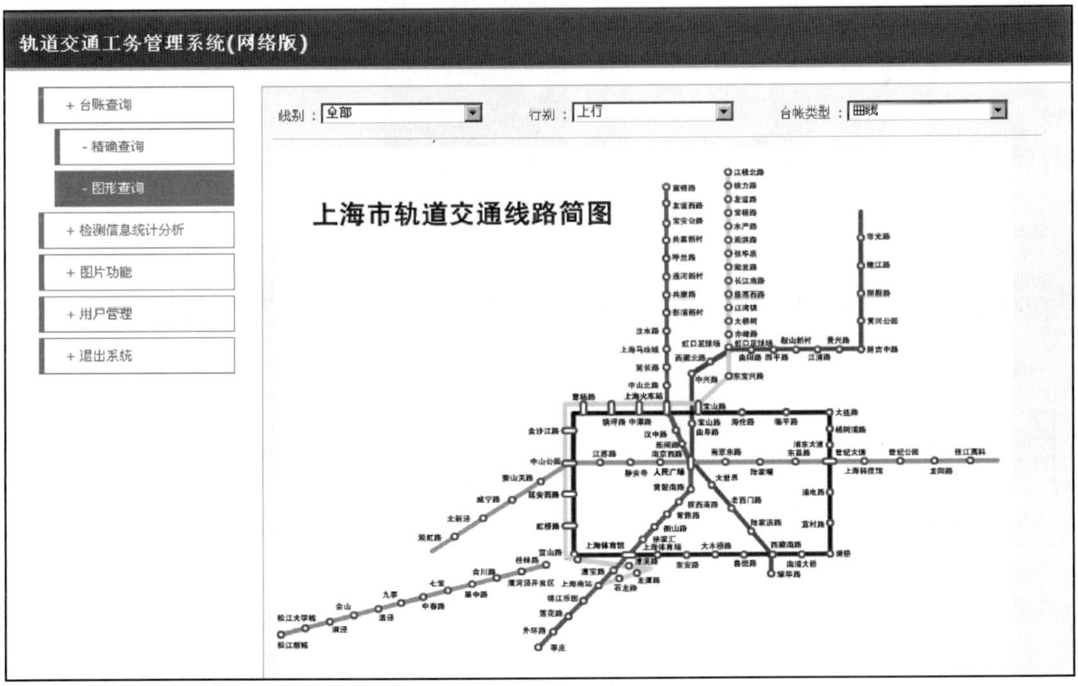

图 8-30　网络版系统主界面

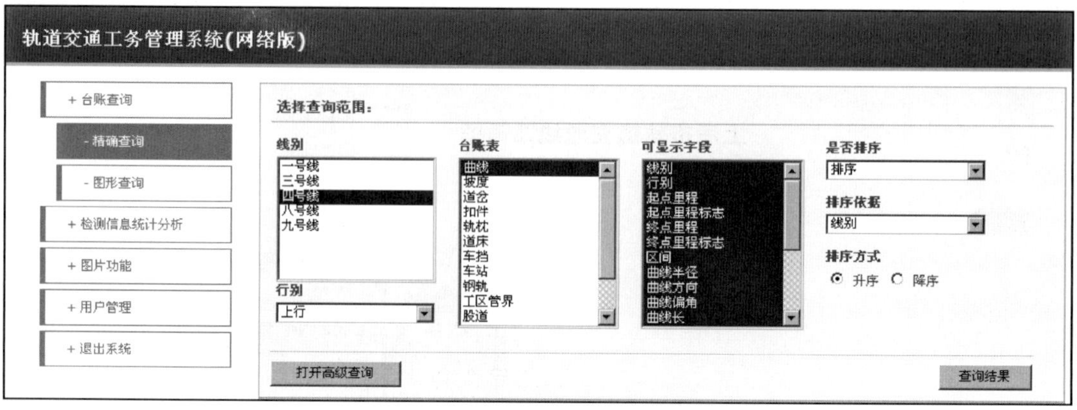

图 8-31　网络版系统精确查询界面

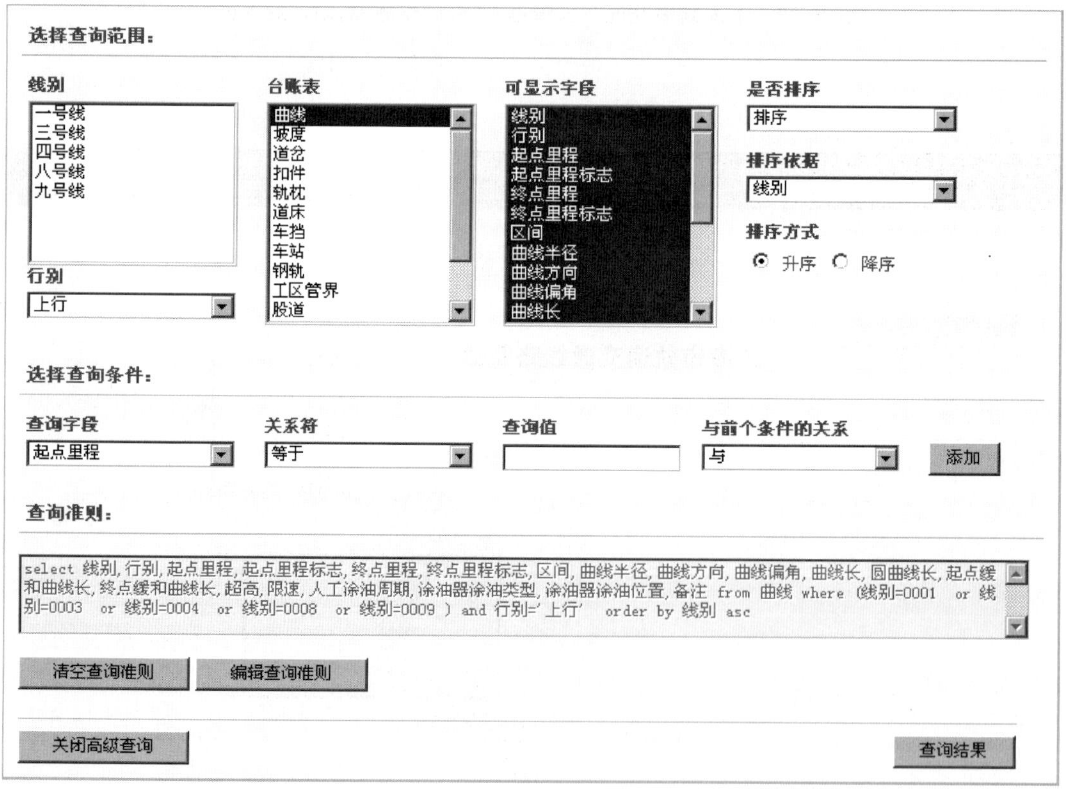

图 8-32　网络版系统高级查询界面

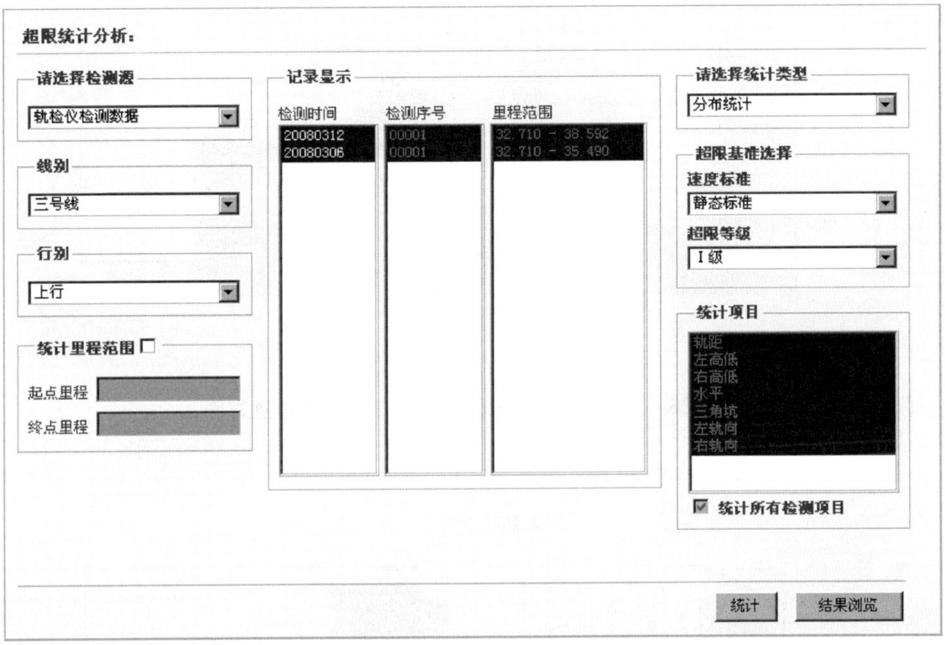

图 8-33　网络版系统超限统计界面

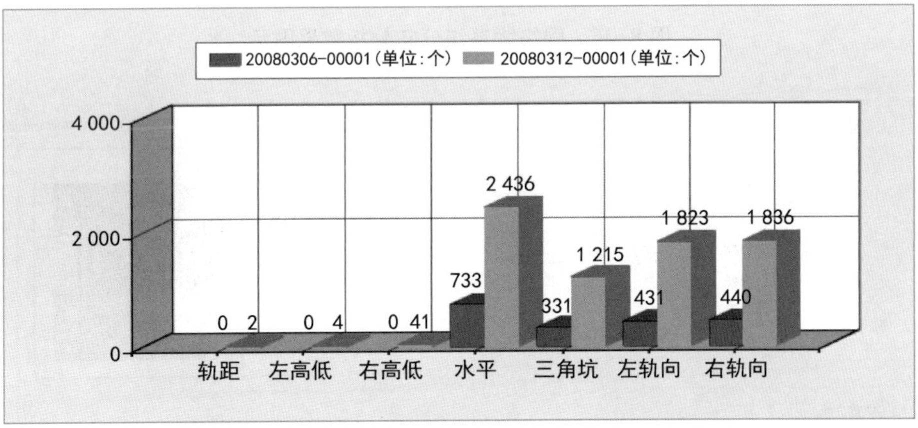

图 8-34　网络版系统超限统计——分布统计直方图

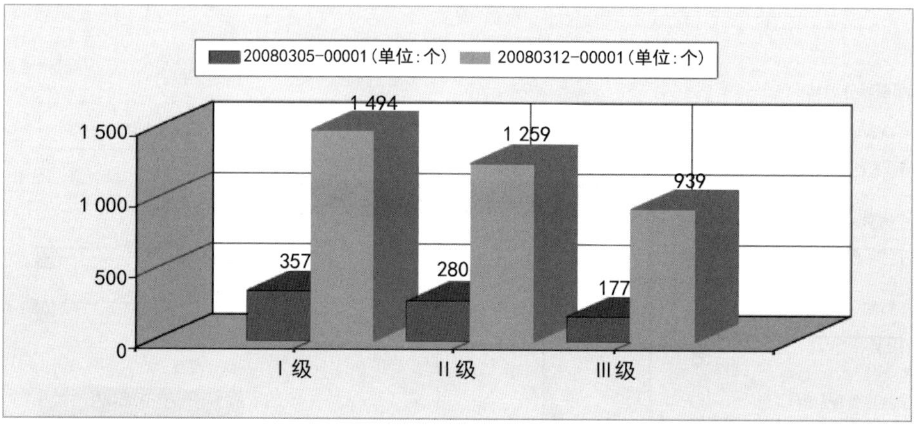

图 8-35　网络版系统超限统计——综合统计直方图

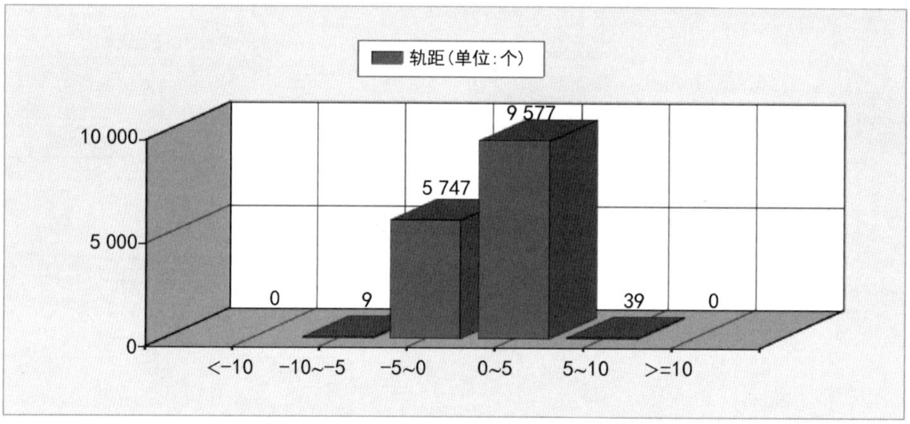

图 8-36　网络版系统分布分析结果图示

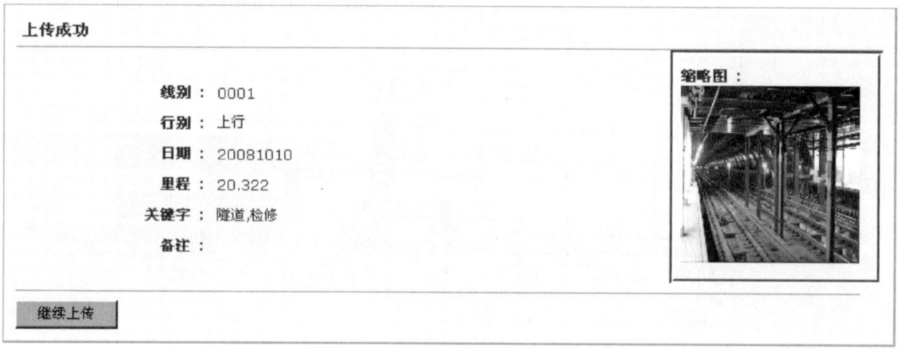

图 8-37　网络版系统上传成功图

9 轨道交通运营安全风险评估

随着轨道交通的快速发展和运营时间的不断延长，轨道交通系统存在越来越多影响较大的风险。为保障系统运营的安全高效，轨道交通运营安全风险评估工作就具有十分重要的意义。目前，国内关于轨道交通系统风险管理的研究尚不完善，基本停留在定性分析或者半定量分析阶段，后期在轨道交通系统的风险评估方面还需要做大量的工作。本章主要以上海市轨道交通安全运营风险评估工作为例，介绍轨道交通运营安全风险评估工作的评估内容、评估流程以及评估结果分析。

9.1 概述

在安全风险学中，风险定义为特定危险性事件发生的可能性与事故后果的结合，属于纯粹风险。因此，在安全评价中所研究的风险，要有如下两方面的内容：

(1) 受害程度或损失大小。有无风险在很大程度上决定于可能造成多大损失。

(2) 造成这种损失或损害的难易程度。损害发生的难易一般用某种损害发生的概率大小来描述。

结合轨道交通领域现状，本书将轨道交通运营安全风险定义如下：在轨道交通运营期间可能造成人身伤亡、财产损失、环境损害、工程经济损失、工期延误等潜在的不利事件的发生概率(P)和后果(C)的集合，表达式为：$R=f(P,C)$。

影响城市安全的突发事件不断滋生，而轨道交通系统本身又是个技术复杂、人口密集的交通系统，因而其安全性越来越受到重视。表 9-1 展示了近年来国内外部分城市轨道交通事故。如表所示，轨道交通事故影响越大、造成的后果越严重，因此轨道交通运营安全风险也就越来越引起人们的重视，将风险分析、评估以及管理的相关理论引入轨道交通运营安全管理中来已刻不容缓。

表 9-1 城市轨道交通事故表

分类	时间	国家和城市	事故影响及伤亡情况
列车相撞事故	2009 年 7 月 18 日	美国旧金山	轻轨 L 线和 K 线，伤 48 人，其中 4 人伤势较重
	2009 年 9 月 9 日	日本东京	地铁东西线，东阳站，无人员伤亡
	2009 年 12 月 22 日	中国上海	地铁 1 号线，富锦路站至上海火车站小交路折返段，多人受伤
脱轨事故	2009 年 5 月 12 日	西班牙马德里	蒙克洛亚站，无人员伤亡
	2009 年 12 月 20 日	法国巴黎	C 线快速地铁，伤 17 人
	2010 年 2 月 12 日	美国华盛顿	北法拉格特车站，无人员伤亡
停电事故	2007 年 10 月 23 日	日本东京	供应电车电力的变电所出现问题导致停电，造成大江户线地铁 72 班电车停驶，9.3 万人出行受到影响
	2010 年 6 月 13 日	中国上海	地铁 3 号线上海南站至漕溪路上行区间触网失电，造成正线运营中断 57 min
	2010 年 10 月 18 日	英国伦敦	5 列地铁列车陷入停顿，2 000 多名乘客被困在隧道中近 2 h，4 000 余人的出行受到影响

续 表

分类	时间	国家和城市	事故影响及伤亡情况
乘客坠落站台事故	2008 年 10 月 30 日	中国北京	地铁 1 号线玉泉路站,伤 1 人
	2009 年 7 月 17 日	中国北京	地铁 1 号线南礼士路站,死亡 1 人
	2010 年 7 月 5 日	中国上海	地铁 2 号线中山公园站,死亡 1 人
设备故障事故	2009 年 3 月	中国广州	地铁 3 号线中断运营超过 12 h
	2010 年 7 月	中国上海	地铁 2 号线车门故障,死亡 1 人

目前,国内外对轨道交通的风险评估已开展了不少相关研究,以下是部分国家和地区的研究现状。

1. 澳大利亚

本节先说明澳大利亚及新西兰联合制定的风险管理相关法案与施行细则,之后再以塔斯马尼亚州(Tasmania)与澳大利亚糖铁(Cane Rail)的铁路安全风险实务为例进行说明。

1) 澳大利亚政府风险管理相关法案与施行细则

澳大利亚政府风险管理相关法案与施行细则是澳大利亚与新西兰联合制定的风险管理标准 AS/NZS 4360(AS/NZS, 2004)。该标准介绍了风险管理的观念,并定义相关名词以确保解释之标准化。之后澳大利亚又根据 AS/NZS 4360 标准制定了铁路安全专用的 AS 4292,截至目前该标准最新版为 2006 年版。AS 4292 主要由营运、设备、车辆与其他运输系统的接口以及与其他铁路网络的接口等构成,探讨维护铁路安全所需建立的安全管理系统。在 AS 4292.1 中开宗明义说明铁路安全管理系统须建立风险管理系统、程序与规章,以确保铁路安全。

2) 澳大利亚塔斯马尼亚州安全管理做法

澳大利亚塔斯马尼亚州所制定的铁路安全风险评估(Tasmania, 2004)步骤包括建立内容、辨识、分析、评估、处理与回馈,关系如图 9-1 所示。

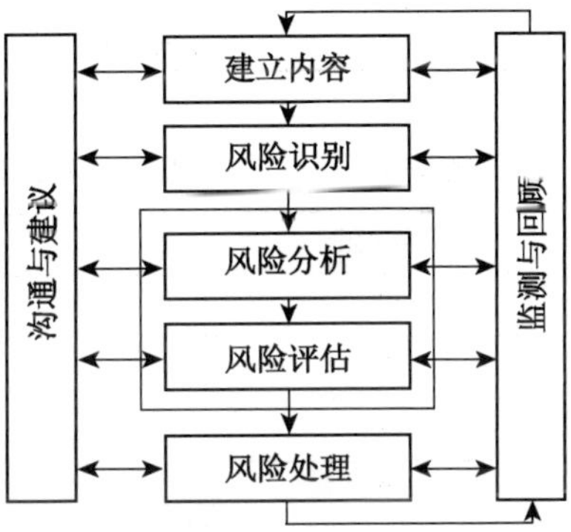

图 9-1 澳大利亚塔斯马尼亚州铁路安全风险管理流程

铁路风险严重程度与发生频率以半定量评估来衡量,均划分为 6 个等级,风险矩阵表如表 9-2 所示,严重程度与频率如表 9-3 和表 9-4 所示,风险评估数值所代表的意义可参考表 9-5。

3) 澳大利亚糖铁

澳大利亚糖铁依据《工作场所健康与安全法案》(*Workplace Health and Safety Act*, 1995)以及《工作场所健康与安全施行细则》(*Workplace Health and Safety Regulation*, 2008)制定出符合澳大利亚 AS 4292 标准的糖铁安全实施规则(Australia, 2008)。其中风险矩阵表如表 9-6 所示,风险值采用定性方式,详细内容可参考表 9-7。

表 9-2　　澳大利亚塔斯马尼亚州铁路风险矩阵表

风险矩阵		严重程度					
		1	2	3	4	5	6
频率	6	7	8	9	10	11	12
	5	6	7	8	9	10	11
	4	5	6	7	8	9	10
	3	4	5	6	7	8	9
	2	3	4	5	6	7	8
	1	2	3	4	5	6	7

表 9-3　　澳大利亚塔斯马尼亚州铁路风险严重程度分级

等级	风险	财务损失或者认知
6	超过 4 位死亡	每年损失超过 1 亿美元以上，或者系统需关闭
5	2～3 位死亡	每年损失在 1 000 万～1 亿美元之间
4	1 人死亡或多人重伤	每年损失在 100 万～1 千万美元之间
3	严重受伤	每年损失在 10 万～100 万美元之间
2	需医疗照顾	每年损失在 1 万～10 万美元之间
1	无灾害或不需处理	每年损失小于 1 万美元

表 9-4　　澳大利亚塔斯马尼亚州铁路事故发生频率分级

等级	频率
6	每年发生超过 10 次
5	每年发生超过 1 次
4	每 110 年发生 1 次
3	每 10 100 年发生 1 次
2	每 1 001 000 年发生 1 次
1	每 1 000 年小于 1 次

表 9-5　　澳大利亚塔斯马尼亚州铁路安全风险矩阵值

风险值	说明	备注
11～12	无法忍受之风险，必须停止营运立即改善	
8～10	高度风险	二者落于 ALARP 概念的管控范围，应尽可能采取防范措施以降低风险强度
5～7	中度风险	
2～4	可接受风险	

注：ALARP 为最低合理可行原则(As Low As Reasonably Practicable，ALARP)。

表 9-6　　澳大利亚糖铁风险矩阵表

严重性机率	Extreme 死亡/残废	Major 严重受伤	Moderate 轻伤需治疗者
Very likely 几乎确定发生	1	2	3
Likely 可能会发生	2	3	4
Unlikely 很少发生	3	4	5
Very unlikely 几乎不发生	4	5	6

表 9-7　　澳大利亚糖铁风险矩阵值

风险值	说明
1～3	无法忍受之风险，必须停止营运立即改善
4～5	中度风险，必须尽速改善
6～7	可接受风险，无需注意

2. 美国

美国各项政策的推动都以联邦法案为最高指导原则，安全监理单位对铁路业者的基本项目有两项，系统安全促进计划（System Safety Program Plan, SSPP）和系统保全计划（System Security Plan, SSP）。SSPP 有 21 项基本要求，包括政策、目标、组织、变动管理、计划执行、危害管理、安全认证、安全考虑、安全数据、事故之通报与调查、紧急管理、计划执行之检讨、规章与作业程序、设施安全检查、维修体系之监督与检查、训练与认证、型态管理、外包工作安全、危险物料、酒精与药品、采购之安全控制。SSP 有 5 项基本要求：政策/方向/目标、对系统弱点之管理与安全认证、旅客/员工人身安全重要地点之确认与管制、计划之实施绩效与内部评鉴、计划文件建立与送审。

3. 韩国

韩国高铁系统（Korea Train Express, KTX）于 2004 年开始营运，而同年间也一并公布了铁路安全法案（Railway Safety Act），自此以后韩国开始着重于以风险为基础的安全管理。韩国铁道研究中心（Korea Railroad Research Institute, KRRI）于 2005 年提出了风险管理的架构与分析模型，已应用在韩国的铁道路网上，同时也提出了如图 9-2 所示的风险评估程序，包括风险辨识、定义危害事

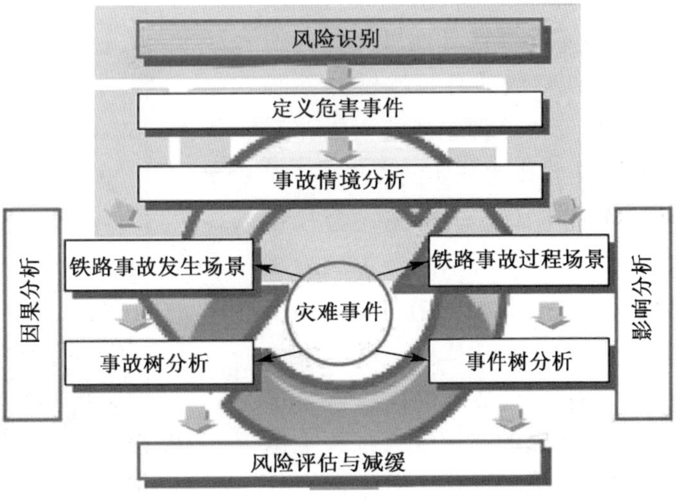

图 9-2　韩国 KRRI 提出的风险评估程序

件、事故情境分析、事故树分析、事件树分析以及风险评估与减缓。

在风险模式上 KRRI 所采用的是等效死亡的观念(Fatalities and Weighted Injuries, FWI),究其数值显示 10 个重伤或者 200 个轻伤会等于一个死亡事件,风险值的计算方式为:累积风险值=频率×严重性。

此外,KRRI 有一套专门分析铁路系统的软件,名为 RAIMS 系统,分别由事故分析、风险分析、安全需求管理和系统管理 4 个子系统组成,如图 9-3 所示。

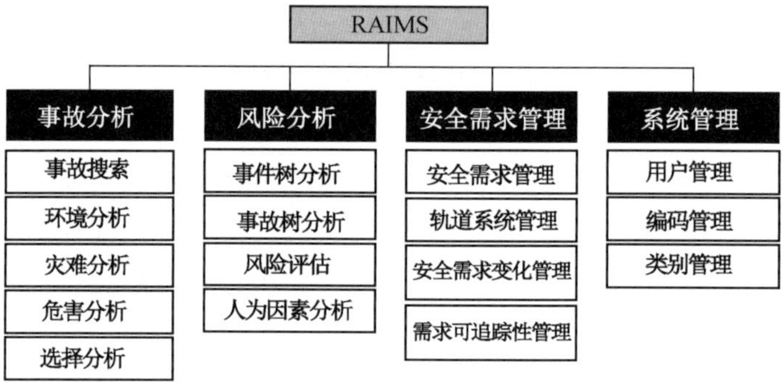

图 9-3 韩国 RAIMS 系统

4. 日本

日本早期虽没有将 RAMS(Reliability, Availability, Maintainability, Safety)作为铁路系统安全评估的标准,但是日本铁路的安全纪录显示出其是世界上相对较佳的。由于在欧盟统一及国际化潮流下,RAMS 成了国际标准,而欲在国际舞台上一展身手的日本,也不得不认真地思考如何将 RAMS 调整成适合日本铁路系统的标准,期待这种趋势能为铁路系统的安全带来更务实的发展。

东日本旅客铁路株式会社提出了如图 9-4 所示的定量风险矩阵图,图中可以看出在 JR 福知山线(Fukuchiyama Line)超速事故造成一百多人死亡及数百人受伤后,已将超速的严重度大幅往上修正。通过风险分析,东日本旅客铁路株式会社挑选出特别值得重视

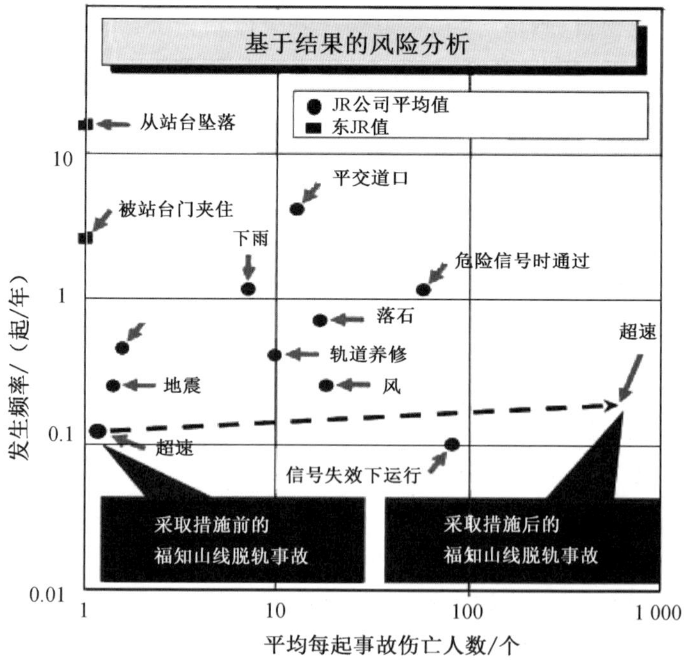

图 9-4 JR-EAST 定量风险矩阵图

的危害项目并研拟减缓措施，包括东京城区大地震、平交道口、列车超速、低速出轨、车站站台安全与落石山崩自然灾害。此外，除了考虑惯用的频率与严重性之外，东日本旅客铁路株式会社更将损失的资产价值予以同时考虑，亦即采用三维空间的风险矩阵(图 9-5)，图中圈住的危害即代表相对需要迫切整改的风险。

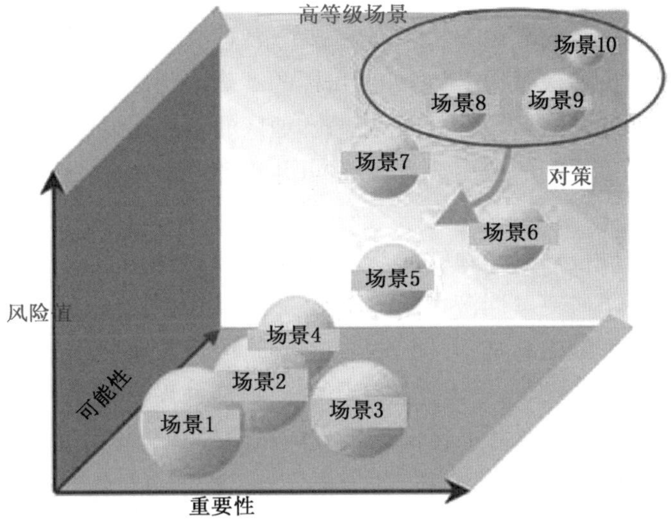

图 9-5　JR-EAST 三维风险矩阵示意图

5. 新加坡

新加坡地铁在风险管理上的主要方式为：选定风险管理顾问，协助确定、评估计划的风险，分析其潜在影响，并提出改善方法。范围包括隧道、高架、动力钻掘、钢构架设、线路施工、设备安装等复杂危险性工作，而实施要领包含括以下 4 点：

(1) 促进立法及建立周详的合约文件。

(2) 精选工程顾问及承包商：专业能力与财务能力评估。

(3) 实施控制与监工管理：施工前进行调查，制订不稳定或高危险性工作防制计划、监工、品管与安卫管理。

(4) 办理工程保险：营造综合保险、第三人意外责任险、劳工保险与海运险。

6. 中国

我国的风险管理研究起步相对较晚，20 世纪 80 年代开始，从美国等西方发达国家引入风险管理思想，主要是翻译国外著作为主。由于计划经济体制，原材料的价格由国家控制，国家成为唯一的投资主体，企业没有独立的经济效益，风险由国家承担。随着社会主义市场经济体制的逐步完善，风险管理的研究也在学术界成为一个热点，工程项目、国际工程、金融、房地产等领域逐步开展了应用研究，取得了比较明显的效果。以三峡工程为代表，在大型水利工程中首先获得应用，取得了一定的基础性资料。清华大学的郭仲伟教授是国内引入风险分析理论的主要代表，他在 1987 年所撰写的《风险分析与决策》一书中详细地介绍了风险分析的理论和方法，对国内外研究成果做了全面的综述，时至今日参考价值仍很大。天津大学于九如教授根据三峡工程风险分析的成果，撰写了《投资项目风险分析》一书，为风险分析理论在大型工程中应用做出了理论上的探讨。

近年来，我国风险管理理论研究重点已经转移到风险定性、定量分析上来，并取得了相应的成果。姜青舫在《风险度量原理》一书中，对风险的定义提出新的数学描述，根据效用理论运用数学方法给出了风险度量的理论方法。邱苑华在《管理决策与应用熵学》中提出将热力学中"熵"的概念引入风险评价和决策中来，为评价目标的不确定性提供了一种验证的手段。

伴随我国轨道交通的发展，以及大力发展西部地区的工程建设中所遇到的隧道建设问题，风险管理在隧道和地下工程中的应用成为热点，近几年各大设计院、保险公司以及高校都开始了相关研究。

同济大学的丁士昭教授对广州地铁的首期工程、上海地铁 1 号线工程等地铁工程建设中的风险和保险模式进行了研究。同济大学的黄宏伟教授对国内外隧道和地下工程建设中的风险管理研究进展进行了系统的总结，并探讨了当前实施风险管理中存在的主要问题，对进一步研究做出了展望。上海交通大学、上海市隧道工程轨道交通设计研究院针对隧道工程设计系统的风险管理进行了研究，将隧道工程设计系统的风险管理工作分为项目研究、方案设计阶段，设计操作阶段以及运营阶段三个阶段，并细化分为工程预可行性研究、工程可行性研究、扩初设计、初步设计、施工图设计、运营组织维护设计 6 道"管理门(SS-Gate)"，每道(SS-Gate)管理门设置相应的风险管理任务以及分配风险管理工作的相应内容，建立了"SS-Gate System"隧道工程设计系统的风险管理体系。

项目管理实际过程中，我国已经逐步引入风险管理，例如哈大线电气化工程的可行性研究报告，结合该项目的市场、费用、工期等诸多风险因素，根据各自影响的程度及产生的后果，主要分为工程投资、运营收入、运营成本三个方面，并对主要风险因素进行了定性和定量的分析，最终决定采用引进德国全套设备与技术。在启动运营的几年中，验证了其决策的正确性，也证明我国的风险管理水平具备了相应的基础。

总体来说，目前国内关于风险管理的研究尚不完善，基本停留在定性分析或者半定量分析阶段，在铁路系统的风险管理方面还要做大量的工作。工业化水平的提高，是风险管理研究的推动力。人们在追求高度现代文明的同时，必须重视与推动风险管理这一现代化科学管理技术在应对风险事件中的研究和应用。

9.2 轨道交通运营安全风险评估内容

轨道交通运营安全风险的影响因素及来源主要有路网规划、线路方案、运营企业的体制、组织机构设置、运营管理水平、运营企业的服务水平、应急措施、财务管理、资源的开发、各个专业工程方案的协调和配合、客流预测、工程规模、融资方案、经济效益分析、设计咨询单位的设计能力和技术水平及服务意识、业主的决策能力和管理水平、政府和社会的参与程度、工程所在地的社会经济状况和经济能力、国家的宏观经济政策等。

风险评估需要结合实际工程情况和评估需求对上述项目进行合适的选择确定。为更好地说明风险评估的构成和体系，本节介绍上海市轨道交通安全运营千分制风险评估内容。

9.2.1 上海市轨道交通运营安全风险评估内容

运营安全风险评价应包括运营管理评价、运营组织评价、设施设备评价、运营外界环境评价等。运营管理评价包括安全管理机构、人员、运营管理制度、事故隐患管理和突发事件应急救援处置管理等评价；运营组织评价包括系统负荷、行车组织、客运组织等评价；设施设备评价包括土建设施、车辆系统、供电系统、通信系统、信号系统和机电系统等评价；运营外界环境评价包括防自然灾害、保护区的控制质量与管理等评价。

上海市轨道交通运营安全风险评估工作参照国家标准《地铁运营安全评价标准》(GB/T 50438—2007)，分为土建系统、安全管理及事故风险、运营组织与管理、车辆系统、信号系统、通信系统、供电系统、机电设备等 8 个子系统分别进行评价，分析上海轨道交通线路开通运营以来设备状态存在的隐患、运营管理体系中存在的薄弱环节，并针对性地提出对策措施，为线路安全运营提供技术参考。

1. 土建系统

在分析运营公司提供的全面检查数据的基础上，利用现场调查和定性综合分析的方法，对土建系统进行分析与评价，主要有以下 4 部分内容：

(1) 根据线路线形、轨道结构、道岔结构、桥梁结构、隧道结构和车站结构的台账数据，分析是否在设计中存在缺陷。

(2) 根据线路在运营过程中线路线形的变化情况，轨道结构的伤损情况，道岔结构的伤损情况，隧道结构、桥梁结构的伤损情况，总结分析设备的伤损发生频次和重点所在地段，并进行现场调查。

(3) 线路施工保护区存在的问题及处理措施。

(4) 线路维护规章、验收制度等。

具体评估内容见表 9-8，可采取以下评价方法开展评价。

表 9-8　上海市轨道交通土建系统评价内容

检查项目	检查内容
线路轨道基本状况及病害分析	1.1 线路平面、纵断面台账信息 1.2 扣件、道床、路基台账及病害信息 1.3 无缝线路信息(包括钢轨伸缩调节器台账和其位移记录) 1.4 挡车器类型及台账信息 1.5 护轨安装位置及说明 1.6 道岔台账及伤损信息 1.7 轨道设备秋检资料

续 表

检查项目	检查内容
轨道结构	2.1 轨道几何形位基本信息 2.2 轨道超限数据分析 2.3 钢轨台账及伤损信息(包括钢轨断裂、波磨等)
隧道结构	3.1 隧道结构台账 3.2 隧道结构渗漏水记录 3.3 隧道混凝土结构的碳化、空洞等检测情况 3.4 隧道内径变形监测记录 3.5 隧道沉降检测记录 3.6 旁通道沉降检测记录 3.7 隧道衬砌掉落记录 3.8 隧道秋检资料
桥梁结构	4.1 桥梁结构台账 4.2 桥梁沉降检测记录 4.3 高架桥的限高设备安装信息 4.4 高架桥声屏障的台账、维护记录 4.5 桥梁结构病害信息 4.6 桥梁检测设备信息 4.7 桥梁秋检记录
车站结构	5.1 车站的沉降检测记录 5.2 车站秋检信息
施工保护区	6.1 施工保护区的分布信息 6.2 施工保护区的针对措施
其他	7.1 线路设备检测、维护规章的详细信息 7.2 线路检测、检验设备的标定、修理制度

(1) 查阅土建相关台账,查阅防止土建设施设备故障的安全对策措施和监控记录。

(2) 检查土建设施设备运行状态,查阅土建设施设备定期检查记录。

(3) 查阅土建设施设备安全管理文件、监控记录和应急处理记录,查阅城市轨道交通保护区巡查记录。

(4) 查验岗位人员考核记录和培训记录。

(5) 抽考岗位人员对规章制度、突发事件处置掌握情况。

(6) 现场抽查。

2. 安全管理及事故风险

对线路的安全管理及事故风险专业方面的评价主要包含安全管理机构设置、安全管理制度建设、安全管理基本条件落实情况、人员和设备安全运行情况、事故风险隐患管理、事故应急救援等评价项目。可采取以下评价方法开展评价:

(1) 查阅相关规章制度文件、培训记录、生产记录、档案、事故故障台账、考核记录等资料。

(2) 查验岗位人员资格证书。

(3) 抽考岗位人员对规章制度、突发事件处置的掌握情况。

(4) 现场检查岗位人员的操作情况。

3. 运营组织与管理

运营组织与管理评估是结合现场调研、资料收集、人员访谈、问卷调查、文档审查、考卷测试的情况,从系统负荷、规章制度、客运组织、应急处置、人员培训与考核等方面对线路的运营组织与管理进行分析与评价。

其中,运营负荷评价包括线路负荷、车站负荷 2 个分项;规章制度评价包括行车规章、列车规章、车站规章 3 个分项;客运组织评价包括车站安全管理、列车安全管理、乘客安全宣传教育 3 个分项;应急处置评价包括应急预案、外联制度、信息发布 3 个分项;人员培训与考核评价包括人员培训、素质评估 2 个分项。可采取以下评价方法开展评价:

(1) 查阅近期相关高峰小时客流统计资料或进行高峰小时客流调查。

(2) 查阅相关档案、记录、台账、手册等资料。

(3) 现场检查。

4. 车辆系统

车辆系统评价内容包括车辆安全性能与安全防护设施、车辆防火性能、车辆可靠性以及维修体系 4 个评价项目。车辆维修体系评价包括维修制度、维修人员、维修配件等方面内容。宜采用以下评价方法开展评价:

(1) 查阅相关规章制度文件、考核记录、培训记录、档案记录、事故故障台账等资料及其运作情况。

(2) 查阅车辆各子系统部件的技术指标和维修工艺规程、制度。

(3) 查验岗位人员资格证书。

(4) 抽考岗位人员对维修工艺规程、车辆突发故障处置掌握情况。

(5) 察看现场维修岗位人员的操作情况。

5. 信号系统

信号系统主要评价内容包括信号系统和维修体系 2 个项目,包括列车自动监控(Automatic Train Supervision, ATS)子系统、列车自动保护(Automatic Train Protection, ATP)子系统、列车自动驾驶(Automatic Train Operation, ATO)子系统、联锁系统、车载系统、基于通信的列车自动控制(Communication Based Train Control, CBTC)系统的后备模式、安全防护、维护保障体系等内容。

6. 通信系统

通信系统的安全风险评估,主要从通信系统可靠性、维护和安全管理制度、运营保障机制、人员的能力与培训等 4 方面展开。评价宜采用定性和定量相结合的评价方法,故障统计分析采用定量分析方法,从中确定与行车安全直接相关的常发风险点,并制订有针对性的维修策略。

7. 供电系统

供电专业评估采用企业全面自查和专家现场抽查相结合、定性分析和定量统计相结合、同类对比和突出重点相结合的方式对线路供电系统供电保障能力和相关安全风险进行评价。供电保障能力是指系统满足线路各种运营工况的电能供应可靠性。安全风险是指供电系统运营时,可能引起的设备损坏、人员安全以及对相关设施与环境的破坏与影响。供电系统评价包括主变电站、牵引变电站、降压变电站、接触网、电力电缆、供电 SCADA(Supervisory Control And Data Acquisition)系统、杂散电流防护与监测系统 7 个项目。可采取以下评价方式开展评价:

(1) 查阅相关设计文件及实验报告。

(2) 查阅相关规章制度文件、考核记录、培训记录、档案记录、事故故障台账等资料。

(3) 查验岗位人员资格证书。

(4) 抽考岗位人员对规章制度、突发事件处置的掌握情况。

(5) 现场检查岗位人员的操作情况。

8. 机电系统

机电设备评价的内容包括:屏蔽门/安全门/防淹门系统、通风空调系统、给排水系统、电梯与自动扶梯系统、楼宇自动化系统(Building Automation System, BAS)、城市轨道交通自动售检票系统(Automatic Fare Collection System, AFC)、火灾报警系统(Fire Alarm System, FAS)、气体灭火系统、低压配电系统及风亭等专业系统,以及检查评价对应的设施设备的维护保养检修规章制度和应急处理保障等措施,通过评价报告建议,促进相关规章制度的完善。可采取以下评价方法开展评价:

(1) 查阅被评价单位的自查报告,并查阅相关文件和资料。

(2) 现场检查。

9.2.2 轨道交通安全运营千分制评估内容

轨道交通安全运营千分制评价以运营安全和服务实际需求为评价标准,对线路的建设成果与质量、运营组织和安全管理等进行量化考核。线路安全服务综合评价得分用千分制表示。

千分制评价采用总分值为 1 000 分的综合评价体系,设置建设篇和运营篇,每篇各 500 分。千分制评价结果是指根据评价分数及分析得出的评价结论,主要以评价得分、评价类型和评价级别表示。评价类型根据线路评价得分划分不同水平档次,用文字和字母表示,分为良好(A)、合格(B)、不合格(C)三种类型。再对每种评价类型划分级别,以体现同一类型的差异,采用在字母后重复标注该字母的方式表示。对各评价单元进行评价时,也应当按照良好、合格、不合格划分评价类型。综合评价类型采用建设-运营复合类型(BB-AA)表示。

其中,运营篇用于评价投入运营的线路的运营安全与服务综合管理水平,分别对线路安全管理、运营和服务表现进行评价。具体评估内容见表 9-9。

虽然上海市轨道交通安全运营千分制评估工作对评估子项目的划分方式不同,但是评估内容都是尽可能全面综合地考虑了运营过程中可能影响设备状态及管理状态的诸多因素。

表 9-9　　轨道交通安全运营千分制评估内容

类别	评价单元	项目分值	评价标准	评价结果类型
安全管理	安全表现	300 分	1. 由于运营企业责任原因导致发生以下情形，一票否决，不得分： ——造成 1 人(含)以上死亡或者 5 人(含)以上重伤； ——造成直接经济损失 500 万元(含)以上； ——造成轨道交通运营中断 2 h(含)以上。 2. 由于运营企业责任原因导致发生以下情形，扣 100 分： ——造成 3 人以上 5 人以下重伤； ——造成直接经济损失 300 万元以上 500 万元以下； ——造成轨道交通运营中断 30 min 以上 2 h 以下； ——设备设施故障或人为操作失误造成非正常封站 90 min 以上； ——运营线列车冲突； ——运营线列车脱轨； ——运营线列车溜逸； ——运营线列车分离； ——运营线列车冒进禁行信号； ——未经允许列车载客进入非运营线； ——列车错开车门，运行中开启车门； ——列车运行中，齿轮箱吊挂装置、关节轴承销轴、空压机、牵引电机等车辆重要部件脱落； ——轨道线路发生胀轨跑道影响运营； ——行车或电力指挥通信系统中断； ——信号升级显示； ——运营中车站照明全部熄灭； ——排雨泵站设备故障，雨水不能排出而中断列车运行； ——出站信号在中心和车站同时失控或紧急关闭信号失控； ——运营线上发生明火。 3. 由于运营企业责任原因导致发生以下情形，扣 30 分：考核期内发生两次以上，但每次间隔在 1 500 万车公里以上的，每次扣 35 分。间隔小于 1 500 万车公里的，每少 100 万车公里，每起加扣 5 分(即 40 分)。 ——造成 1 人以上 3 人以下重伤； ——造成直接经济损失 50 万元以上 300 万元以下； ——造成轨道交通运营中断 20 min 以上 30 min 以下； ——列车擅自退行； ——应停列车全列越过显示禁行信号的出站信号机； ——应停列车在站通过； ——列车客室内或车站的设施、设备、器材松动脱落等异常情况，造成乘客受伤； ——运营线路几何尺寸超限； ——运营中走行轨由轨头到轨底贯通断裂； ——运营车站正常照明全部熄灭或侧式站台一侧正常照明全部熄灭； ——运营线车辆或车辆载物超出车辆轮廓限界； ——运营线设备设施侵入列车运行限界； ——运营线设备设施运行过程中发生非正常冒烟； ——设备故障或人为操作失误造成运营线客流高峰时段车站被迫采取非正常封站 90 min 以下。	良好：270～300 分 合格：240～270 分 不合格：240 分以下

续 表

类别	评价单元	项目分值	评价标准	评价结果类型
安全管理	安全表现	300 分	4. 由于运营企业责任原因导致发生以下情形扣 10 分:考核期内发生两次以上,但间隔在 500 万车公里以上,每起扣 15 分。间隔小于 500 万车公里的,每少 100 万车公里,每起加扣 5 分(即 20 分)。 ——造成 1 人以上人员轻伤; ——造成直接经济损失 10 万元以上 50 万元以下; ——造成轨道交通运营中断 5 min 以上 20 min 以下。 5. 检查过程中,发现由于运营企业责任导致以下情形,每处扣 5 分。 ——客运组织和管理措施不到位,存在乘客伤害、踩踏风险; ——安全巡查、车站安检工作不到位,存在安全隐患; ——建设期遗留问题、运营线正在施工程项目安全保障措施落实不到位; ——控制保护区巡查不到位,未制订应急预案,存在隐患; ——隐患监控与整改不及时,威胁安全运营	
运营组织管理	运营服务表现	100 分	1. 列车兑现率在[99.5%, 100%)的,每低 0.1%扣 1 分;在[99.0%, 99.5%)的,每低 0.1%扣 2 分;在 99.0%以下的,不得分; 2. 列车正点率在[99.5%, 100%)的,每低 0.1%扣 1 分;在[99.0%, 99.5%)的,每低 0.1%扣 2 分;在 99.0%以下的,不得分; 3. 列车掉线率在(0, 0.05]的,每高 0.01 次/万车公里扣 1 分;在(0.05, 0.1]的,每高 0.01 扣 2 分;在 0.1 以上的,不得分; 4. 列车清人率在(0, 0.05]的,每高 0.01 次/万车公里扣 1 分;在(0.05, 0.1]的,每高 0.01 扣 2 分;在 0.1 以上的,不得分; 5. 发生 5 min 以上延误事件,发生一起扣 1 分;考核期内发生两次以上,但每次间隔在 400 万车公里以上的,每起扣 1.5 分;每次间隔小于 400 万车公里的,每少 100 万车公里,每起加扣 0.5 分; 6. 突发事件报告、乘客信息发布不及时的,发生一起扣 5 分。考核期内发生两次以上,但每次间隔在 400 万车公里以上的,每起扣 6 分;间隔小于 400 万车公里的,每少 100 万车公里,每起加扣 2 分(即 8 分)	良好:90～100 分 合格:75～90 分 不合格:75 分以下
	客运服务表现	100 分	1. 负面事件(包括乘客投诉) 负面事件:特指由于恶性服务纠纷、服务人员违反工作规定、服务质量和水平不达标等原因,遭到乘客投诉并确认真实有效;或由媒体刊登公开发布的对行业产生不良反应的运营方面事件。考核期内事件频率在(0,2 件/百万人次]的,扣 5 分;在(2, 3 件/百万人次]的,扣 10 分;在 3 件/百万人次以上的,不得分。 2. 服务设施设备 车站土建设施完好率在[99.5%, 100%)的,每低 0.1%扣 2 分;在[99.0%, 99.5%)的,每低 0.1%扣 4 分;在 99.0%以下的,不得分; 车站标志标识完好率在[99.5%, 100%)的,每低 0.1%扣 2 分;在[99.0%, 99.5%)的,每低 0.1%扣 4 分;在 99.0%以下的,不得分; CCTV 监控设备完好率在[99.5%, 100%)的,每低 0.1%扣 2 分;在[99.0%, 99.5%)的,每低 0.1%扣 4 分;在 99.0%以下的,不得分; PIS 设备可靠度在[99.5%, 100%)的,每低 0.1%扣 2 分;在[99.0%, 99.5%)的,每低 0.1%扣 4 分;在 99.0%以下的,不得分; 自动售检票设备完好率在[99.5%, 100%)的,每低 0.1%扣 2 分;在[99.0%, 99.5%)的,每低 0.1%扣 4 分;在 99.0%以下的,不得分; 电扶梯可靠度在[99.5%, 100%)的,每低 0.1%扣 2 分;在[99.0%, 99.5%)的,每低 0.1%扣 4 分;在 99.0%以下的,不得分	良好:90～100 分 合格:80～90 分 不合格:80 分以下

9.3 轨道交通运营风险评估流程

9.3.1 轨道交通运营风险总体评估流程

轨道交通安全运营评价机构应按国家标准、评价方法、评价线路的实际情况，制订各专业的评价工作方案，并向被评价单位提出自查建议书。被评价单位应根据自查建议书，按规定时间和规定检查项目提交自查报告。评价机构应根据评价方案和自查报告，组织专家审阅被评线路的基础资料、现场核查、专题访谈，并开展定性、定量的评价工作，形成专业评审报告。评价机构应在专业评审报告的基础上，形成《安全评价总报告》，并组织专家验收。

以上海市轨道交通运营安全风险评估为例，主要的评估流程为：成立评价领导组、工作组和专家组；编写总体评价方案和各专业评价细则；管理部门对工作方案进行审批；专家组开展定性、定量的评价工作；撰写安全评价报告；管理部门组织专家进行验收等。以下是上海轨道交通线路运营安全评价项目工作流程图和技术路线(图 9-6 和图 9-7)。

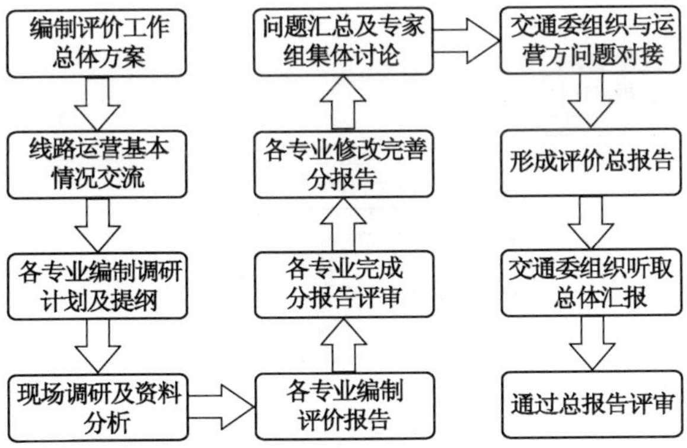

图 9-6 上海轨道交通线路运营安全评价项目工作流程图

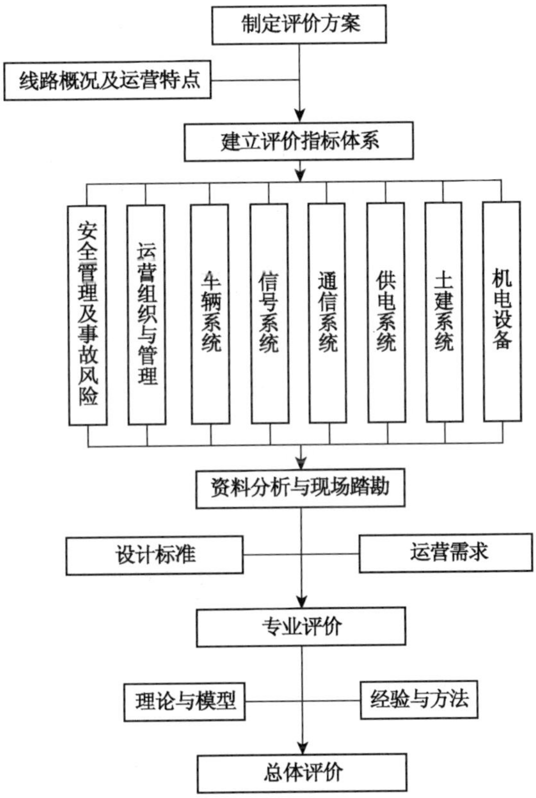

图 9-7 上海轨道交通线路运营安全评价项目技术路线图

城市轨道交通运营安全评价应采用评价机构组织专家评价和企业自我评价相结合的方

式，对城市轨道交通运营系统中存在的风险进行分析。城市轨道交通运营安全评价应为制订城市轨道交通运营安全对策及运营安全监督提供科学依据。评价宜采用适用于各专业特点、定性定量相结合的方法。

9.3.2 轨道交通土建系统运营安全风险评估流程

轨道交通系统可分为多个子系统分别进行评估，继而对每个子系统的主要风险源进行汇总分析作为整个轨道交通系统的运营风险评估成果。这里以土建系统为例，详细说明每个子系统的运营安全风险评估流程和方法。

图 9-8 是轨道交通土建系统运营安全风险评估流程图。

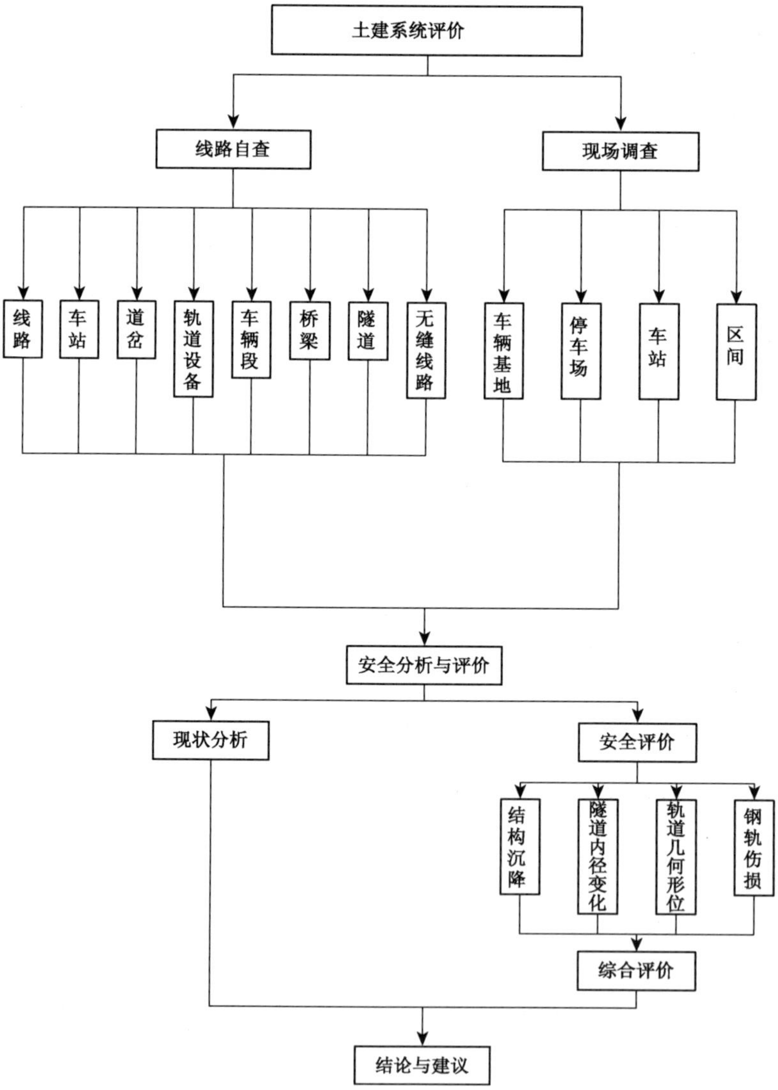

图 9-8 轨道交通土建系统运营安全风险评估流程图

1. 线路自查

运营单位按自查要求和确保运营安全的自身需要，对轨道交通线路运营安全做全面的自查，并提交自查报告。

相关管理部门会根据年度设备评估的有关要求，对线路所有轨道设备和土建结构等进行全面检查并汇总、分析，最终得到秋检报告(主要成果包括轨道设备秋检总结、隧道秋检总结和桥梁秋检总结等)。线路自查报告的主要依据正是秋检报告，以上海市轨道交通某线 2014 年年度秋检为例，一般内容如下。

1) 基本情况

上海市轨道交通某线 2014 年秋检设备数量汇总情况见表 9-10。

表 9-10　　上海市轨道交通某线 2014 年秋检设备数量汇总

名称	单位	2013 年数量	2014 年数量
隧道设备	环	60 127	60 127
桥梁	km	5.034	5.034
声屏障	km	3.340	3.340
车站建筑	m^2	426 609	426 609
正线线路	km	92.262	92.262
正线道岔	组	56	56
正线钢轨伸缩调节器	组	4	4
站场线路	股	45	45
站场道岔	组	49	49

2) 年度设备评估中发现的设备病害及原因分析

(1) 区间上、下行底部十字环缝渗水病害和道床渗水病害较多。

(2) 部分车站机房墙体出现一定的渗水现象。

(3) 部分车站排水沟堵塞造成积水现象。

(4) 正线部分:发现主要钢轨伤损共计 121 处。其中，上行线共计 57 处，以上伤损主要是由于现场滴水或积水、轨底金属物、钢轨金属接触疲劳等原因造成的，且都已达到钢轨的轻伤标准，要求工区加强巡检，拆检周期为 6 个月，当发现伤损发展到重伤时，应及时进行更换。某线锚固螺栓歪斜、易松地段集中于现浇浮置板，由于震动较大，且螺栓歪斜使弹簧垫圈起不到应有作用，易引发锚栓松动及弹簧垫圈断裂。

3) 次年计划

计划将把秋检病害情况汇总分类后，在下一年的年度生产计划实施中加以解决。继续提高维修项目的质量，确保设备的良好运作。

2. 现场调查

评估组在地铁公司自查和资料分析整理的基础上，对车辆段、区间隧道及轨道部件及相关附属设施进行现场查勘，了解现场设备类型及其使用状态，将相关资料整理得到包括轨道结构、隧道结构、车辆段和附属设施等部分的现场调查报告。对上海市多条线路运营安全风险评估中土建系统现场调查的一般评估内容和工作方式进行了汇总，如表 9-11 所示。

表 9-11　　线路运营安全风险评估土建专业现场调查内容

地点	土建专业评估侧重内容	工作方式
车辆基地	基本台账数据； 检测基地线路、道岔情况、车挡； 检测钢轨探伤车、轨道检测车的运用情况、规章制度； 运营过程中线路、结构的伤损记录数据； 施工保护区的记录及处理措施； 线路、结构的检查手段、评价方法、维护规章、验收制度等； 维护保障人员信息、上岗证明等； 车辆部门添乘运用车辆、测试列车运行中振动加速度、列车车箱噪声	听取汇报、资料收集； 关键岗位人员访谈； 交流讨论、现场测试
地下区间、车站	道岔情况、区间结构变形、钢轨波磨、钢轨伤损、隧道漏水情况、限界变化情况、轨行区和车站通道连接情况	听取汇报、资料收集； 查勘现场、交流讨论
高架区间、车站	温调器、道岔、桥梁结构	听取汇报、查勘现场； 关键岗位人员访谈、交流讨论

3. **现状分析**

现状分析主要是指根据线路台账数据、秋检成果，对照现行规范，对线形、设备、道岔、车站、隧道、桥梁和施工保护区等方面的现状进行现状汇总，并分析主要病害的原因。一般成果如下。

(1) 线形：参照《地铁设计规范》(GB 50157—2013)等的规定，对线路线形的台账数据进行汇总分析，指出设计上不符合规范的地方。主要考虑内容包括平面线形(曲线半径、缓和曲线、圆曲线长、夹直线长、复曲线)、纵断面线形(最大坡度、最小坡度、竖曲线、竖缓重叠)。

(2) 设备：参照《地铁设计规范》(GB 50157—2013)等的规定，对设备台账数据进行汇总分析，指出设计上不符合规范的地方。主要考虑内容包括轨枕、道床、扣件、护轨、车挡、钢轨伸缩调节器、无缝线路锁定轨温设置等。

(3) 道岔：对线路道岔数量进行统计，参照《地铁设计规范》(GB 50157—2013)考虑设计上是否满足规范，并参考线路秋检成果统计合格失格率和道岔大件更换情况。

(4) 车站：统计线路车站面积，结合秋检结果和现场调查报告统计车站的结构与设备存在的病害。

(5) 桥梁：统计线路桥梁里程，结合秋检结果和现场调查报告统计桥梁的结构与设备存在的病害。

(6) 隧道：统计线路隧道里程，结合秋检结果和现场调查报告统计隧道的结构与设备存在的病害。

(7) 施工保护区:对线路保护区施工项目信息进行汇总,列出项目及其与线路的位置关系。

4. 状态分析

分别对轨道、桥梁、隧道、车站进行综合状态分析。综合考虑线路动检报告、结构沉降报告、内径监测报告、年度秋检报告等,分区间或车站对主要病害进行统计,指出主要病害形式和病害较严重的区间车站。下面每一部分内容都将结合上海市轨道交通某线 2015 年运营安全风险评估的工作过程说明。

1) 轨道状态分析

(1) 轨道几何形位

轨道几何形位是指轨道各个部分的几何形状、相对位置和基本尺寸。国内外的实践均表明,轨道的不平顺状态是激发车辆有害振动及轮轨间相互动态作用的根源,对列车的运行平稳性与安全性以及轮轨系统各部件的伤损和轨道质量状态的恶化等均有极其不利的影响。

状态分析一般结合线路轨道几何形位动态检测结果,统计上、下行轨道几何形位的失格情况,关注Ⅲ级超限项目。以上海市轨道交通某线为例,相关部门分别于 2015 年 4 月 2 日、5 月 2 日和 7 月 5 日对该线进行了轨道几何形位的动态检测,其中一次的检测结果如表 9-12 所列。

表 9-12　　某线 2015 年 4 月 2 日轨道几何形位动检超限信息统计

检测日期	检测里程	三级超限	超限类型
2015-04-02	上行:K0—K10 K0—K34 下行:K0—K42 累计检测:85 km	上行:18 个 下行:9 个	上行:轨距(12 个) 高低(5 个) 三角坑(1 个) 下行:轨距(6 个) 高低(2 个) 三角坑(1 个)

此次检测中,上、下行轨道几何形位的失格情况如表 9-13、表 9-14 所列。

表 9-13　　某线上行 2015 年 4 月 2 日轨道几何形位动检失格情况统计

检测里程:线路一 K0—K10,线路二 K0—K34,检测线路总长:42 km		
等级	公里数/km	百分率$=\frac{\text{各等级公里数}}{\text{总公里数}}\times 100\%$
优良	29	69.05%
合格	12	28.57%
失格	1	2.38%

表 9-14　　某线下行 2015 年 4 月 2 日轨道几何形位动检失格情况统计

检测里程:K0—K42,检测线路总长:43 km		
等级	公里数/km	百分率$=\frac{\text{各等级公里数}}{\text{总公里数}}\times 100\%$
优良	26	60.47%
合格	14	32.56%
失格	3	6.97%

同理对另两次检测结果做类似统计分析,可以发现:在 2015 年的三次动态检测中都出现了Ⅲ级超限项目,其中,上行线共 28 处,下行线共 24 处。对这些项目,工务部门都进行了及时的整改。

(2) 钢轨伤损

钢轨作为轨道主要部件之一,直接承受车轮荷载并将其传递至轨枕。钢轨的质量和工作状态的好坏,都会直接影响到轨道交通的运营安全。随着城市轨道交通客运量和运营年限的不断增加,钢轨将不可避免地出现各种各样的伤损问题。

状态分析会对钢轨伤损分别按照区间和伤损类型进行分类统计分析,并指出钢轨伤损的多发段和主要伤损类型。

对 2010 年 1 月到 2015 年 7 月期间某线的钢轨伤损进行统计分析,结果如图 9-9 所示。从中可以看出,部分区间为钢轨伤损的多发段,高于其他区段的水平。

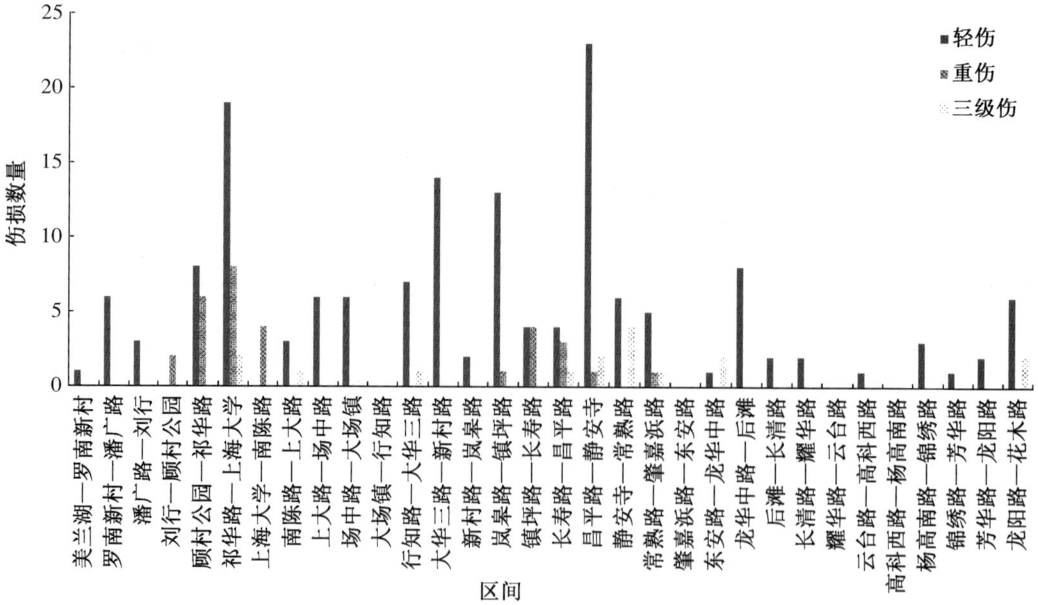

图 9-9　某线各区间钢轨伤损统计图

不同类型的钢轨伤损统计结果如表 9-15 所列。从中可以看出某线多发的钢轨伤损类型是轨脚锈蚀、锈蚀掉块和轨面擦伤。

表 9-15　　某线不同类型钢轨伤损统计

类型	轨脚锈蚀	锈蚀掉块	轨面擦伤	轨面剥落掉块	轨底脚焊缝伤损	轨底电击伤
数量	207	18	16	13	11	10
类型	轨腰锈蚀	剥落掉块	轨脚掉块	焊缝伤	轨头顶面碎裂掉块	轨头内侧鱼鳞伤
数量	6	6	6	5	4	3
类型	轨面碎裂	轨面鱼鳞伤	轨头剥落掉块	轨底锈蚀	接头剥落掉块	轨面锯口
数量	3	2	2	2	1	1
类型	第二螺栓孔变	轨头顶面碎裂	轨头顶面锈蚀	接头母材磨耗	焊补层剥落	钢轨下颚伤
数量	1	1	1	1	1	1
类型	轨头焊缝碎裂掉块	1 孔疑似下裂纹	轨底裂缝	鱼鳞伤	轨底伤	波磨
数量	1	1	1	1	1	1
类型	轨头核伤	纵向裂纹	焊缝高头			
数量	1	1	1			

通过对轨道几何形位和钢轨伤损两方面的综合分析，可以得到以下结论：

（1）对于轨道几何状态动态检测，某线在 2015 年的三次轨道几何形位的动态检测中，上行线出现了 28 处Ⅲ级超限，而下行线出现了 24 处。在这些超限中，轨距超限占到了 38 处，需要引起重视。同时，对于Ⅲ级超限的项目，工务部门都及时进行了整改。

（2）某线在运营过程中出现了多种类型的钢轨伤损，主要类型为轨脚锈蚀、锈蚀掉块和轨面擦伤。

2）桥梁状态分析

（1）桥梁结构沉降

结构沉降方面，一般会对开通运营至今的累计沉降、年度沉降、沉降速率和差异沉降等数据分区间统计，指出其中出现较大沉降（隆起）量、较大沉降速率、较大差异沉降量的区间，指明沉降趋势未稳定的区间。

上海市轨道交通某线桥梁结构沉降采用 2011 年 2 月至 2014 年 12 月的测量数据，对每一年各区间年度最大隆起量、最大沉降量和标准差进行统计分析。其中上行、下行的年度最大沉降量结果如图 9-10、图 9-11 所示。

同理也对上、下行桥梁年度最大隆起量做类似统计直方图。从 2014 年的数据可以看出，个别区间的上行和下行线路的最大沉降量和最大隆起量有一定差异。

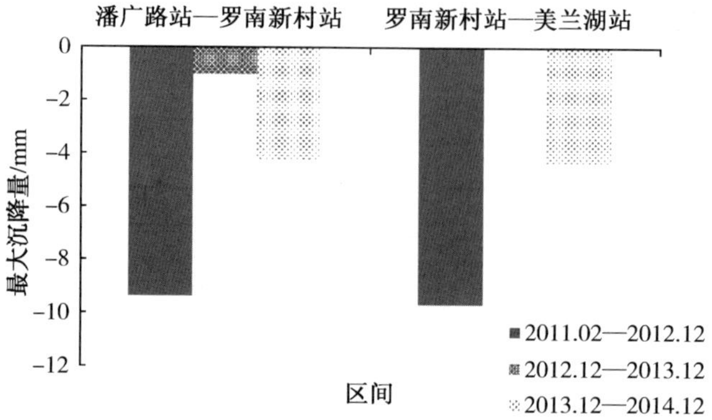

图 9-10　某线上行桥梁年度最大沉降量统计直方图

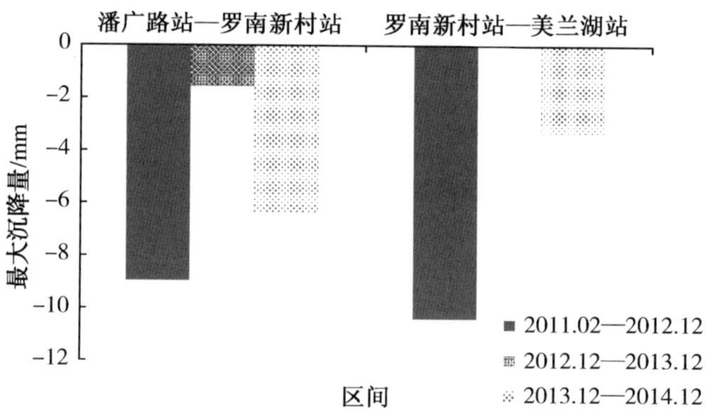

图 9-11　某线下行桥梁年度最大沉降量统计直方图

对沉降速率的数据进行整理，某线上、下行高架区间平均沉降速率如表 9-16 和表 9-17 所列。

表 9-16　某线上行高架区间平均沉降速率统计

区间	沉降速率/(mm·月$^{-1}$)		
	2011.02—2012.12	2012.12—2013.12	2013.12—2014.12
区间一	−0.3	0.12	−0.16
区间二	−0.29	0.23	−0.05

表 9-17　某线下行高架区间平均沉降速率统计

区间	沉降速率/(mm·月$^{-1}$)		
	2011.02—2012.12	2012.12—2013.12	2013.12—2014.12
区间一	−0.28	0.06	−0.13
区间二	−0.23	0.25	−0.15

从表 9-17 可以看出，下行的罗南新村站—美兰湖站区间沉降趋势还未稳定。

（2） 桥梁结构秋检

桥梁秋检方面，对近几年的年度秋检结果汇总，分析线路桥梁设备的总体状态和失格合格情况；并对当年的桥梁结构病害进行统计，指出需要继续关注的病害及其所在区间。

2012 年至 2014 年的秋检结果显示，上海市轨道交通某线桥梁设备状态总体较好，没有出现失格的情况。2014 年的桥梁结构病害统计结果如表 9-18 所列。

表 9-18　　2014 年桥梁病害统计

结构分类	病害	里程号/墩号	数量	总计
桥面结构	止水带破/裂	百 76—百 77	4	4
	装饰板翘/缺	百 75—百 76	1	3
		百 78—百 79	2	
	电缆盖板缺/损	百 72—百 80	8	8
	止水带破/裂	百 83—百 93	13	13
	装饰板翘/缺	百 81—百 96	15	15
	电缆盖板缺/损	百 81—百 96	15	15
桥下结构	梁/翼缘底露筋	1 墩—15 墩	6	6
	钢梁涂装层失效	11 墩—15 墩	1	1
	落水管缺/损	8 墩—17 墩	6	6
	梁底蜂窝/麻面/混凝土剥落	93 墩—93 墩	10	69
		31 墩—73 墩	59	
	钢梁锈蚀	19 墩—69 墩	8	8
	挡墙破损	30 墩—52 墩	6	6

通过对桥梁结构沉降和结构秋检两方面的综合分析，可以得到以下结论：

（1） 从 2014 年的数据可以看出，上行、下行区间的最大沉降量和最大隆起量有一定差异。

（2） 某线 2011—2014 年的沉降监测数据统计结果表明，下行区间沉降趋势还未稳定。

3） 隧道状态分析

（1） 隧道结构沉降

结构沉降方面，一般会对开通运营至今的累计沉降、年度沉降、沉降速率和差异沉降等数据分区间统计，指出其中出现较大沉降（隆起）量、较大沉降速率、较大差异沉降量的区间，指明沉降趋势未稳定的区间。

对某线 2011 年 6 月至 2014 年 6 月的上行隧道结构沉降监测数据进行分析，对每一年各区间年度最大隆起量、最大沉降量和标准差进行统计分析，其中部分结果如表 9-19 和图 9-12 所示。

表 9-19　　某线上行隧道区间沉降监测统计　　单位:mm

区间	2011.06—2012.06		2012.06—2013.06		2013.06—2014.06	
	最大隆起量	最大沉降量	最大隆起量	最大沉降量	最大隆起量	最大沉降量
罗南新村站—潘广路站	1.01	−3.61	5.2	—	1.92	−5.55
潘广路站—刘行站	1.37	−2.13	3.75	−0.21	2.84	−3.37
刘行站—顾村公园站	0.41	−4	5.85	−4	1.13	−2.78
顾村公园站—祁华路站	4	−12.74	20.75	—	10.93	−5.88
祁华路站—上海大学站	2.69	−2.41	8.69	—	—	−7.86
上海大学站—南陈路站	1.67	−2.12	7.35	—	—	−9.46
南陈路站—上大路站	2.66	−2.08	8.62	—	—	−4.96
上大路站—场中路站	1.82	−3.95	9.64	—	1.78	−4.05
场中路站—大场镇站	0.87	−4.72	9.69	—	1.99	−5.28
大场镇站—行知路站	2.71	−2.8	8.19	—	6.17	−0.84
行知路站—大华三路站	4.49	−0.6	4.62	−0.21	4.79	−0.95
大华三路站—新村路站	4.88	−0.12	5.79	−0.27	2.22	−2.64
新村路站—岚皋路站	3.62	−1.27	6.39	−0.33	5.26	−0.06
岚皋路站—镇坪路站	4.12	−0.77	5.45	—	6.47	−1.9
镇坪路站—长寿路站	3.64	—	5.24	—	5.83	—
长寿路站—昌平路站	3.33	−0.93	3.05	—	6.63	—
昌平路站—静安寺站	2.37	−4.4	2.38	−4.9	7.46	−0.54
静安寺站—常熟路站	—	−3.87	0.45	−2.58	6.9	—
常熟路站—肇嘉浜路站	1.14	−9.58	0.46	−7.76	5.18	−1.21
肇嘉浜路站—东安路站	0.34	−3.55	1.45	−2.02	2.33	−1.02
东安路站—龙华中路站	—	−3.87	2.21	−3.92	1.58	−2.58
龙华中路站—后滩站	4.29	−3.16	2.92	−52.23	2.74	−3.94
后滩站—长清路站	4.19	−0.49	2.42	−2.67	1.58	−3.51
长清路站—耀华路站	4.07	−0.6	2.11	−2.59	1.84	−4.6
耀华路站—云台路站	3.98	−1.04	3.23	−0.53	2.11	−3.34
云台路站—高科西路站	0.71	−3.72	4.29	−1.41	—	−5.27
高科西路站—杨高南路站	0.77	−4.04	5.9	—	2.34	−2.15
杨高南路站—锦绣路站	2.56	−4.42	6.33	—	3.48	−0.08
锦绣路站—芳华路站	2.23	−1.51	5.9	−1.75	3.07	−1.39
芳华路站—龙阳路站	4.21	−0.51	3.86	−1.92	4.32	−0.97
龙阳路站—花木路站	3.83	—	1.19	−2.1	4.2	−0.55

注:正数表示隆起;负数表示沉降。

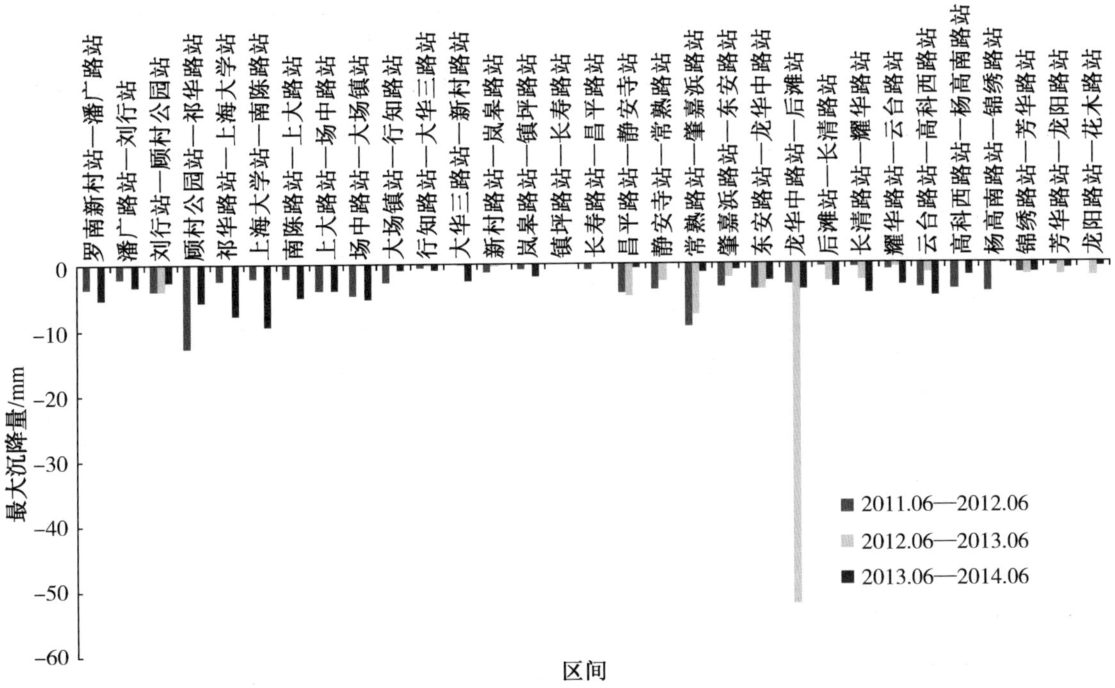

图 9-12　某线上行隧道年度最大沉降量统计直方图

从 2014 年的数据可以看出，上行的顾村公园站—祁华路站区间、上海大学站—南陈路站区间以及下行的场中路站—大场镇站区间、顾村公园站—祁华路站区间的最大沉降量和最大隆起量有一定差异。进一步的分析表明，顾村公园站—祁华路站区间在顾村公园站洞口位置附近 NSK2＋109.02—NSK2＋143.45 出现了 10 mm 左右的差异沉降，如图 9-13 所示。

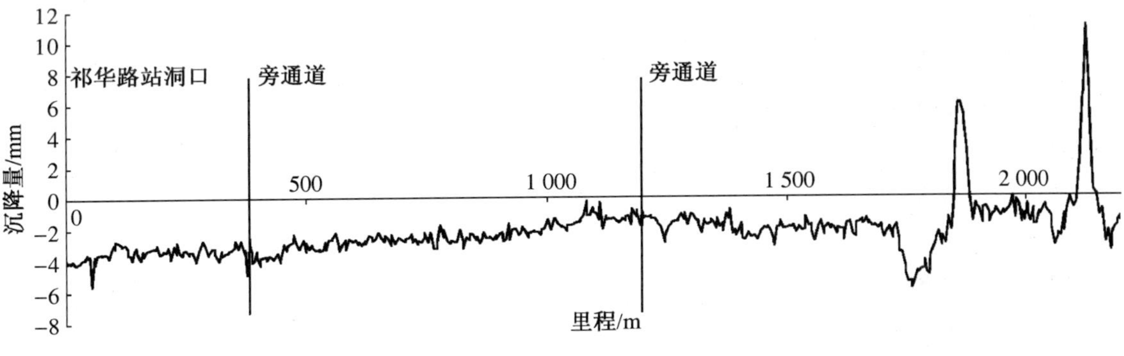

图 9-13　某线顾村公园站—祁华路站上行区间 2013—2014 年度沉降图

对沉降速率的数据进行整理，某线上行隧道区间平均沉降速率如表 9-20 所列。

表 9-20　某线上行隧道区间沉降速率统计

区间	沉降速率(mm·月$^{-1}$)		
	2011.06—2012.06	2012.06—2013.06	2013.06—2014.06
罗南新村站—潘广路站	−0.14	0.16	−0.02
潘广路站—刘行站	0.04	0.54	−0.18
刘行站—顾村公园站	−0.02	0.57	−0.41
顾村公园站—祁华路站	−0.05	0.46	−0.33
祁华路站—上海大学站	0.00	0.58	−0.26
上海大学站—南陈路站	0.02	0.54	−0.06
南陈路站—上大路站	−0.17	0.68	−0.11
上大路站—场中路站	0.02	0.37	0.22
场中路站—大场镇站	0.19	0.17	0.15
大场镇站—行知路站	0.19	0.18	0.00
行知路站—大华三路站	0.13	0.31	0.21
大华三路站—新村路站	0.14	0.26	0.18
新村路站—岚皋路站	0.21	0.27	0.27
岚皋路站—镇坪路站	0.09	0.16	0.35
镇坪路站—长寿路站	−0.08	0.02	0.38
长寿路站—昌平路站	−0.14	−0.11	0.41
昌平路站—静安寺站	−0.11	−0.15	0.10
静安寺站—常熟路站	−0.13	−0.02	0.05
常熟路站—肇嘉浜路站	−0.18	−0.10	0.00
肇嘉浜路站—东安路站	0.08	−0.20	−0.08
东安路站—龙华中路站	0.18	0.07	−0.07
龙华中路站—后滩站	0.12	0.03	−0.14
后滩站—长清路站	0.05	0.08	−0.06
长清路站—耀华路站	−0.15	0.18	−0.25
耀华路站—云台路站	−0.12	0.26	0.01
云台路站—高科西路站	−0.02	0.37	0.12
高科西路站—杨高南路站	0.07	0.19	0.11
杨高南路站—锦绣路站	0.12	0.06	0.14
锦绣路站—芳华路站	0.20	−0.02	0.11
芳华路站—龙阳路站	−0.10	0.24	−0.19
龙阳路站—花木路站	−0.02	0.20	0.04

同理，对上行最大沉降/隆起量及其变化速率进行汇总统计，可以发现：上行的祁华路站—上海大学站、静安寺站—常熟路站区间以及下行的上海大学站—南陈路站、昌平路站—静安寺站、静安寺站—常熟路站区间的沉降趋势尚未稳定。

(2) 隧道内径变化

以上海市轨道交通某线为例，隧道自区间首环起，每5环测量一断面，至区间隧道末环结束，且首尾两环必须测量。其中，北延伸段区间的进出洞、旁通道及收敛异常区段加密；花木路站—祁华路站区间旁通道附近左、右各一环必须测量。工务部门对这些测点进行监测，以了解隧道内径的变化情况。

状态分析需要对全线隧道内径监测测量结果进行汇总，统计与圆形隧道设计直径比较的隧道内径变化值较大的环号和所在区间，并对隧道内径普遍状况、隧道形状变化情况进行评价。一般还会结合实际工程情况指出可能给管片结构、隧道限界和受电弓等设备带来的影响。

因此，对上海市轨道交通某线的全线测量结果表明：与圆形隧道设计直径相比较，本次所测得的圆形隧道直径变化值普遍在0～5 cm，局部大于6 cm。这说明圆形隧道不同程度的变形为扁椭圆形，沿水平径向拉伸为椭圆的长轴。整理得到各区间的隧道内径变化分布如图9-14所示。

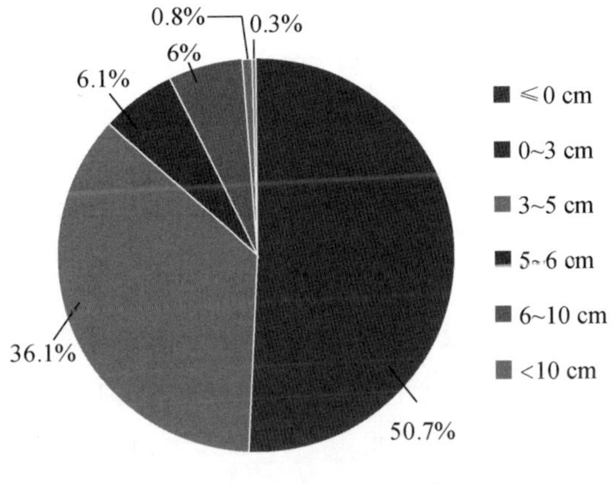

图9-14 某线隧道内径变化分布图

从以上结果可以看出，隧道内径普遍在水平方向有所增加。而从变化的幅度上来看，顾村公园站—祁华路站、祁华路站—上海大学站和龙华中路站—后滩站上行线以及顾村公园站—祁华路站、东安路站—龙华中路站、龙华中路站—后滩站和高科西路站—杨高南路站下行线存在部分管片内径变化大于10 cm的情况。

总体来看，隧道内径都有不同程度的变化，使得其由圆形变为扁椭圆形。这一方面会改变管片结构的受力状态，影响密封条的止水效果；另一方面会对隧道限界和受电弓等设备造成不良影响。

为了找出隧道内径变化梯度较大处，采用每延米隧道内径变化值作为衡量指标。对每个测点进行了数据分析，筛选出内径变化梯度大的测点，由此得到每延米隧道内径变化值大于1 cm的测点具体信息如表9-21所列。

(3) 隧道结构秋检

对近几年的年度秋检结果进行汇总，分析线路隧道设备的总体状态和失格合格情况；并对当年的隧道结构病害进行统计，指出需要继续关注的病害及其所在区间。

2011年至2014年的秋检结果显示，某线隧道结构状态整体良好。通过对隧道结构沉降、隧道内径变化和结构秋检三项的综合分析，可以得到以下结论：

表 9-21　　某线隧道每延米内径变化值大于 1 cm 处信息汇总

序号	区间	行别	环号	里程	2014 年水平直径/m	内径变化梯度/(cm·m^{-1})
1	潘广路站—刘行站	下行	635	NXK4+114	5.534	−1.04
			637	NXK4+112	5.555	
2	顾村公园站—祁华路站	上行	1515	NSK0+379	5.554	−1.94
			1520	NSK0+378	5.574	
3	新村路站—岚皋路站	上行	565	SK10+336	5.510	−1.21
			567	SK10+334	5.534	
4	龙华中路站—后滩站	上行	620	SK21+469	5.598	−1.22
			625	SK21+475	5.525	
5			962	SK21+879	5.605	−1.76
			963	SK21+880	5.587	
6	长清路站—耀华路站	下行	200	XK24+150	5.509	1.01
			201	XK24+151	5.519	
7	芳华路站—龙阳路站	下行	1420	XK31+004	5.510	−1.33
			1423	XK31+001	5.550	

① 从 2014 年的数据可以看出，上行的顾村公园站—祁华路站区间、上海大学站—南陈路站区间以及下行的场中路站—大场镇站区间、顾村公园站—祁华路站区间的最大沉降量和最大隆起量有一定差异。进一步的分析表明，顾村公园站—祁华路站区间顾村公园站洞口位置附近 NSK2+109.02—NSK2+143.45 出现了 10 mm 左右的差异沉降。

② 某线 2011—2014 年的沉降监测数据统计结果表明，上行的祁华路站—上海大学站、静安寺站—常熟路站区间以及下行的上海大学站—南陈路站、昌平路站—静安寺站、静安寺站—常熟路站区间的沉降趋势尚未稳定，需要引起关注。

③ 从隧道内径变化幅度上来看，上行线的顾村公园站—祁华路站、祁华路站—上海大学站和龙华中路站—后滩站等 3 个区间以及下行线的顾村公园站—祁华路站、东安路站—龙华中路站、龙华中路站—后滩站和高科西路站—杨高南路站等 4 个区间存在隧道内径变化大于 10 cm 的情况，需要引起关注。

4）车站状态分析

（1）车站结构沉降

结构沉降方面，一般会对开通运营至今的累计沉降、年度沉降、沉降速率和差异沉降等数据分车站统计，指出其中出现较大沉降（隆起）量、较大沉降速率、较大差异沉降量的车站，指明沉降趋势未稳定的车站。

某线车站沉降测量数据的选择中，美兰湖站和罗南新村站采用 2011 年 2 月至 2014 年 12 月的测量数据，潘广路站—花木路站采用 2011 年 6 月至 2014 年 6 月的测量数据，对每一年各区间年度最大隆起量、最大沉降量和标准差进行统计分析，可以得到类似桥梁区间和隧道区间的年度上下行最大沉降/隆起量统计图表。同样也可以得到差异沉降和沉降速率较大的车站信息。此处由于篇幅限制不一一列出。

（2）车站结构秋检

对近几年的年度秋检结果进行汇总，分析线路车站设备的总体状态和失格合格情况；并对当年的车站结构病害进行统计，指出需要继续关注的病害及其所在车站。

2012 年至 2014 年的秋检结果显示，上海轨道交通某线车站结构状态整体良好。通过对车站结构沉降和秋检这两项的综合分析，可以得到以下结论：

① 从 2014 年的数据可以看出，上行的龙华中路站、龙阳路站以及下行的龙华中路站、后滩站的最大沉降量和最大隆起量有一定差异，进一步的分析表明，龙阳路站附近 SK32＋655.7—SK32＋791.32 出现了 6 mm 左右的差异沉降。

② 某线 2011—2014 年的沉降监测数据统计结果表明，上下行的罗南新村站和高科西路站的沉降趋势尚未稳定。

除了上述的现状分析和综合分析，评估工作一般还会对线路的规章制度管理文件进行汇总，包括轨道专业规程、土建专业规程、桥梁专业规程、监护专业规程、轨道专业作业指导书、土建专业作业指导书、桥梁专业作业指导书和监护专业作业指导书等，检查线路规章制度的设置是否完善。

最终可以在相关资料及台账数据明细表的基础上，利用现场调查、测试和定性综合分析的方法，分别从线路线形、轨道设备、钢轨伤损、车站结构、桥梁结构、隧道结构等多个方面开展综合分析评估，形成最终的结论与建议，并对土建专业的主要风险源进行汇总。

9.4 轨道交通运营安全风险评估结果与分析

近年来，对上海市轨道交通多条线路进行了轨道交通线路安全评价，其中风险评估按照上述工作内容和流程进行。运营安全风险评估的结果与分析工作重在指明整体风险状态，针对风险点提出相应对策。

运营安全风险评估结果展示首先会对线路运营安全风险给出总体评价，指出该线路目前的总体安全状态和 8 个子系统的总体安全状态，列举严重的、需重视的风险点以引起足够的重视，采取有效的整改措施，确保运营安全。然后会对每个专业进行风险评价，指出主要风险点并给出建议，这里仅介绍土建系统。最后对各条线路整体和各个专业所存在的风险点进行统计，指出所属的风险源分类、分属专业及编号，并提出具体的对策和整改要求。

以上海市轨道交通某线运营安全风险评估为例，风险评估得到的主要结果如下。

9.4.1 总体评价

自开通运营以来，某线客流稳步增长，面对客流压力，运营公司员工积极应对，通过合理规划车站客流走向、制订高峰时段排堵保畅方案，从而有效地保证了车站客运组织工作的正常秩序，为运营安全奠定了良好的基础。某线客流大多集中于中段换乘站，且换乘站结构较复杂，为有效缓解车站早、晚高峰客流对冲情况，在静安寺、镇坪路、常熟路、龙阳路等车站配备了站务助理加强高峰保驾力量，共同维护车站拥堵点，确保运营安全。公司具有完整的“行车规章、列车规章、车站规章”，实现了规章制度管理信息化、规范化的工作。

某线运营时间不长，职工队伍年轻，面对大运量的客运需求，员工们克服工作强度大、压力大等困难，安全有序地完成了客运组织工作，体现出良好的员工素质和业务水平。

通过现场查勘、调研、交流以及对被评估方提交的文档资料的审阅，结合评价工作的重点排查内容，对轨道交通某线运营安全状态进行了详细、全面的分析。

总体评价认为：轨道交通某线目前的运营安全状态总体是可以接受的。

但对于严重的、需重视的风险点，应引起足够的重视，采取有效的整改措施，确保运营安全。

对土建专业的运营风险评价结论如下：某线的线路线形、轨道设备、轨道几何状态、钢轨伤损、车站结构、桥梁结构、隧道结构等状态总体良好，能够满足安全运营的要求。但夹直线长度、竖曲线半径及复合曲线的存在等均不能满足规范要求，同时，隧道的内径变化和差异性沉降、旁通道门无法打开等问题需引起重视。

9.4.2 土建专业存在的风险点与建议

以上海市轨道交通某线土建系统的运营安全风险评价为例，主要存在的风险点及应对建议如下。其他专业存在的风险点及应对建议由于篇幅限制，此处不一一介绍。

1. 夹直线长度不满足规范要求

某线存在 3 处夹直线长度小于规范要求的地段，主要是由施工原因所致。同时，因其中两处夹直线前后的曲线半径较小，对瞭望条件有一定影响。鉴于这些地段线形已不便更改，运营单位应采取相关的措施来保障行车安全。建议：开展全线夹直线的调查与测量，加强监控与防护，保障运营的安全与可靠性。

2. 竖曲线半径不满足规范要求

某线存在两处竖曲线半径小于规范要求的地段，主要系工程建设原因导致。鉴于其调整困难，运营单位应采取相关的措施来保障行车安全。建议：开展全线的竖曲线调查与测量，可考虑安装护轨，加强监控与防护，保障运营的安全与可靠性。

3. 存在不符合现行规范的复合曲线

某线存在 6 处复合曲线，均未设置中间缓和曲线，不能满足规范要求。鉴于其调整困难，运营单位应采取相关的措施来保障行车安全。建议：开展全线的复合曲线调查与测量，安装护轨，加强监控与防护，保障运营的安全与可靠性。

4. 隧道内径变化

某线存在7个区间出现共计88处隧道内径变化大于10 cm的情况。建议:对隧道内径变化较大区段,缩短检测周期,加强监控;对内径变化超限地段采取整治措施。

5. 差异性沉降

顾村公园站—祁华路站区间顾村公园站洞口位置附近NSK2+109.02—NSK2+143.45出现了10 mm左右的差异沉降。某线的龙阳路站附近SK32+655.7—SK32+791.32出现了6 mm左右的差异沉降。建议:对差异性沉降较大区段,加强监控,提出整改措施。

6. 旁通道门打不开

顾村公园—上海大学站区间的旁通道门打不开,存在安全隐患。建议:对全线旁通道门进行普查,加强涂油维护等工作。

9.4.3 整改建议

1. 风险点归类分析

某线的风险等级分为可接受的、需重视的、严重的、非常严重的和灾难性的5个等级。针对土建专业的风险点,提出相应的整改建议,如表9-22所列。

表9-22　上海市轨道交通某线土建专业运营安全风险评估整改建议表

序号	风险点	风险源类型*	对策	归类说明	专业
1	存在旁通道门打不开现象	A, B	对全线旁通道门进行普查;加强涂油维护等工作	急需整改	土建
2	线路中存在不符合现行规范的情况	A	对全线的竖曲线、夹直线进行调查、测量;相关区段安装护轨	计划整改	土建
3	部分区间存在隧道内径变化现象	B, D	对隧道内径变化较大区段,缩短检测周期,加强监控;对内径变化超限地段采取整治措施	计划整改	土建
4	部分区间存在差异性沉降现象	B	对差异性沉降较大区段,加强监控,提出整改措施	计划整改	土建

注:*轨道交通运营安全评价风险源分类:A-设计标准差异;B-设备老化伤损严重可靠性差;C-管理问题;D-专业接口;E-其他。

2. 重点整改建议

对隧道内径变化超限地段采取整治措施;对差异性沉降较大区段,缩短检测周期,加强监控。

参 考 文 献

REFERENCE

[1] 朱丹.城市轨道交通工程概论[M].北京:人民交通出版社,2012.

[2] 李建国.城市轨道交通系统概论[M].北京:机械工业出版社,2009.

[3] 杨秀仁,等.城市轨道交通轨道工程技术与应用[M].北京:中国建筑工业出版社,2016.

[4] 许玉德.轨道交通工务管理[M].上海:同济大学出版社,2007.

[5] 练松良.轨道工程[M].北京:人民交通出版社,2010.

[6] 范俊杰.现代铁路轨道[M].2 版.北京:中国铁道出版社,2004.

[7] 张庆贺,朱合华,庄荣.地铁与轻轨[M].北京:人民交通出版社,2006.

[8] 中华人民共和国住房和城乡建设部,中华人民共和国国家治理监督检验检疫总局.地铁设计规范:GB 50157—2013[S].北京:中国标准出版社,2014.

[9] 中华人民共和国建设部,中华人民共和国国家发展和改革委员会.城市轨道交通工程项目建设标准:建标 104—2008[S].北京:中国计划出版社,2008.

[10] 国家铁路局.铁路轨道设计规范:TB 10082—2005[S].北京:中国铁道出版社,2018.

[11] 中华人民共和国铁道部.无缝线路铺设及养护维修方法:TB 2098—2007[S].北京:中国铁道出版社,2014.

[12] 国家质量技术监督局,中华人民共和国建设部.地下铁道工程施工及验收规范:GB 50299—1999[S].北京:中国计划出版社,2004.

[13] 中华人民共和国铁道部.铁路轨道工程施工质量验收标准:TB 10413—2003[S].北京:中国铁道出版社,2004.

[14] 中华人民共和国铁道部.铁路线路修理规则(铁运〔2006〕146 号)[S].2006.

[15] 卢祖文.铁路轨道结构与修理[M].北京:中国铁道出版社,2002.

[16] 中华人民共和国铁道部.铁路线路修理规则[S].北京:中国铁道出版社,2006.

[17] 中华人民共和国铁道部.43~75 kg/m 热轧钢轨订货技术条件:TB/T 2344—2003[S].北京:中国铁道出版社,2004.

[18] 中华人民共和国铁道部.钢轨用接头夹板型式尺寸:TB/T 2342.3—93, 60 kg/m [S].北京:中国铁道出版社,1993.

[19] 中华人民共和国铁道部.铁路碎石道砟:TB/T 2140—2008 [S].北京:中国铁道出版社,2008.

[20] 国家环境保护局.城市区域环境振动标准:GB 10070—1988 [S].北京:中国标准出版社,1988.

[21] 环境保护部,国家质量监督检验检疫总局.声环境质量标准:GB 3096—2008 [S].北京:中国环境出版社,2008.

[22] 王其昌. 无碴轨道钢轨扣件[M]. 成都:西南交通大学出版社,2006.
[23] 于春华. 地铁与轻轨用道岔[J]. 铁道标准设计,2004(8):8-10.
[24] 赵国堂. 轨检车技术现状与发展[M]. 北京:中国铁道出版社,2001.
[25] 邓学通,叶一鸣. 准高速轨检车检测原理及应用[M]. 北京:中国铁道出版社,2004.
[26] 韩志青,唐定全. 抄平起拨道捣固车[M]. 北京:中国铁道出版社,2001.
[27] 杉山德平. 軌道狂い進みの実態調査とその解析[R]. 鉄道技术研究報告,No1081,1978.
[28] 内田雅夫,石川達也,名村明,等. 軌道狂い進みに着目した有道床軌道の新しい設計法[J]. 鉄道道総研報告,1995,9(4):37-42.
[29] 内田雅夫,三和雅史. 材料劣化を考慮した轨道狂い経時変化の予測モデル[J]. 鉄道道総研報告,1997,11(2):1-6.
[30] 内田雅夫,森本滕,三和雅史. 在来線高速線区の軌道狂い進みの実態と予測手法の検証[J]. 鉄道道総研報告,1998,12(3):17-22.
[31] 堀雄一,三和雅史,内田雅夫. 新しい軌道狂い進みの予測式とその特征[J]. 新線路,1996,50(11):30-32.
[32] 森本滕,三和雅史. 指数平滑法を用した軌道狂い進みの予測法[C]//土木学会第52回年次学术讲演会. 东京,土木学会,1997:692-693.
[33] 三和雅史,内田雅夫. 轨道状态推移モデルの设定と轨道保守施策决定法[J]. 鉄道道総研報告,1996,10(4):7-12.
[34] 三和雅史,石川達也,大山达雄. 軌道状態推移予測モデルの構築と最適軌道保守計画作成のための全整数型数理計画モデル分析[C]//土木学会論文集,2001,681/IV-52 (7):51-65.
[35] 三和雅史. 数理計画を用いた軌道狂い保守の最適スケジューリング法[J]. 第155回 鉄道総研月例発表会要旨.
[36] 藤森聪二. 利用传递函数推断法评价捣固车的作业效果[J]. 铁道技术研究所速报,A-83-137,1983.
[37] 越野佳孝,家田仁. 新干线的轨道养护维修作业对轨道几何不平顺维修效果评价报告—应用传递函数推定法[J]. 铁道线路,1986,34(3):4-13.
[38] 许玉德,曾学贵. 建立整数型轨道状态最优综合维修计划模型[J]. 铁道学报,2003,25(6):85 88.
[39] 许玉德,周宇. 既有线轨道质量指数的分布与不平顺权重系数统计分析[J]. 中国铁道科学,2006,27(4):71-75
[40] 李海锋,吴纪才,许玉德. 铁路轨道几何状态评价方法比较[J]. 同济大学学报(自然科学版),2005,33(6):772-776.
[41] 周宇,许玉德,李浩然. 轨道不平顺非线性预测模型[J]. 交通运输工程学报,2004,4(4):21-24.
[42] 朱训舟. 大型养路机械参与综合维修若干问题探讨[J]. 上海铁道科技,2000(4):38-40.
[43] 魏世斌,杨凤春,翁绍德. 轨道质量指数的研究和应用[J]. 中国铁道科学,1996,17(6):23-33.
[44] 罗林. 轨道随机干扰函数[J]. 中国铁道科学,1982,3(1):74-112.
[45] 中华人民共和国铁道部. 大型养路机械使用管理规则(铁运〔2006〕227号)[S]. 北京:中国铁道出版社,2004.
[46] 刘秀波. 铁路干线轨道不平顺功率谱的研究[D]. 北京:北京交通大学,2006.
[47] 许玉德. 轨道不平顺预测理论及辅助决策系统的研究[D]. 北京:北京交通大学,2003.

[48] 吴纪才. 轨道几何状态质量专家评价系统的研究[D]. 上海：同济大学，2004.
[49] GRASSIE S L. Rail corrugation-advances in measurement, understanding and treatment [J]. Wear, 2005, 258:1224-1234.
[50] GRASSIE S L, SAXON M J, SMITH J D. Measurement of longitudinal rail irregularities and criteria for acceptable grinding [J]. Journal of Sound and Vibration, 1999, 227(5):949-964.
[51] GRASSIE S L. Short wavelength rail corrugation field trials and measuring technology [J]. Wear, 1996, 191:149-160.
[52] GRASSIE S L. Measurement of railhead longitudinal profiles: a comparison of different techniques [J]. Wear, 1996,191:245-251.
[53] SINCLAIR I. Sensors and transducers [M]. London: Butterworth Heinemann, 2001.
[54] SIMON Iwnicki. Handbook of railway vehicle Dynamics [M]. United Kingdom: CRC/Taylor & Francis, 2006.
[55] 吉村彰芳. 軌道狂い原波形の復元に関する理論的基礎の確立とその応用[R]. 鉄道技術研究報告，1986.
[56] 陆贤斌. 五型轨检车的检测原理及数据分析[J]. 上海铁道科技，2011(4):61-62.
[57] 乔小雷. 轨检车检测技术的比较研究[J]. 城市轨道交通研究，2009,12(6):33-39.
[58] YAZAWA EIJI, OKAI TADAO. Improvement of track measurement device by the inertial mid-chord offset method [J]. RTRI Report, 2004, 18(3):35-41.
[59] BOCCIOLONE M, CAPRIOLI A, CIGADA A, et al. A measurement system for quick rail inspection and effective track maintenance strategy[J]. Mechanical Systems and Signal Processing, 2007, 21(3):1242-1254.
[60] 毛晓君. 基于弦测法的轨面短波不平顺检测理论与方法[D]. 上海：同济大学，2014
[61] 张继科. 便携式轨道几何检测系统研究[D]. 北京：北京交通大学，2014.
[62] 陈宪麦，王澜，陶夏新，等. 基于小波分析理论的轨道不平顺分析[J]. 铁道工程学报，2008(01):57—61+71.
[63] 北京市质量技术监督局. 城市轨道交通设施养护维修技术规范：DBIIT 718—2010 [S]. 北京：[s. n.]，2010.
[64] 同济大学.《工务线路检养修生产管理系统》研究报告[R]. 上海：同济大学城市轨道与铁道工程系，2017.
[65] 周宇，许玉德. 城市轨道交通钢轨全寿命养护策略研究[J]. 城市轨道交通研究，2008,11(12):45-48.
[66] 中华人民共和国铁道部. 钢轨伤损分类：TB/T 1778—2010. 北京：中国铁道出版社，2010.
[67] 曹亮，许玉德，周宇. 城市轨道交通钢轨波浪形磨耗特征分析[J]. 城市轨道交通研究，2010,13(2):46-48,52.
[68] 王少锋，许玉德，周宇，等. 城市轨道交通曲线钢轨波磨检测与评价方法研究[J]. 城市轨道交通研究，2011, 14(10):56-60.
[69] 周宇. 城市轨道交通轨面短波不平顺水平谱分析[J]. 城市轨道交通研究，2014, 17(4):18-22,32.
[70] ZAREMBSKI A M. The art and science of rail grinding [M]. Omaha: Simmons-Boardman Books, 2005.

[71] LI Z, DOLLEVOET R, MOLODOVA M, et al. Squat growth—some observations and the validation of numerical predictions [J]. Wear, 2011, 271: 148-157.

[72] 何越磊,石嵘,刘志钢. 城市轨道交通钢轨伤损检测技术[M]. 北京:中国铁道出版社,2010.

[73] 董志洪. 高技术铁路与钢轨[M]. 北京:冶金工业出版社,2003.

[74] 刘宝昇,赵宪明. 钢轨生产与使用[M]. 北京:冶金工业出版社,2009.

[75] 陈春生. 钢轨探伤工[M]. 北京:中国铁道出版社,2000:165-173.

[76] 史宏章,任远,张友鹏,等. 国内外断轨检测技术发展的现状与研究[J]. 铁道运营技术,2010,16(4):1-3.

[77] SEMIH Kalay. Transit cooperative research program report74, track-related research volume1[R]. Pueblo,Colorado:Transportation Technology Center, Inc(TTCI),2001:10-17.

[78] SHOOMAN Steven. Broken rail detection without track circuits [M]. Pueblo: Colorado State University Press, 1997.

[79] 吕进. 基于超声波的无缝线路断轨检测系统[D]. 北京:北京交通大学,2011.

[80] 田铭兴,陈云峰,赵斌,等. 实时断轨检测方法综述[J]. 兰州交通大学学报,2011,30(1):122-126.

[81] 张友鹏,任远. 基于超声导波的实时钢轨断裂检测方法研究[J]. 铁道工程学报,2010(11):47-51, 74.

[82] 任远. 基于超声导波的实时断轨检测方法研究[D]. 兰州:兰州交通大学,2010.

[83] FRANCOIS A Burger. A practical continuous operating rail break detection system using guided waves [C]//18th World Conference on Non-destructive Testing, 2012.

[84] JOSEPH L. Rose,MICHAEL J. Avioli, Jr, YOUNHO Cho. Ealstic wave analysis for broken rail detection[J]. Review of Quantitative Nondestructive Evaluation,2002(21):1806-1810.

[85] ZHOU Yu, ZHENG Xiaofeng, JIANG Junnan, et al. Modeling of rail head checks by X-ray computed tomography scan technology [J]. International Journal of Fatigue, 2017, 100: 21-31.

[86] ZHOU Yu, WANG Shaofeng, WANG Tianyi, et al. Field and laboratory investigation of the relationship between rail head check and wear in a heavy-haul railway [J]. Wear, 2014, 315(1): 68-77.

[87] 周宇,张杰,杨新文,等. U75V 热处理钢轨轨距角滚动接触疲劳裂纹和磨耗试验分析[J]. 同济大学学报(自然科学版),2015,43(6):877-881.

[88] ZHOU Yu, XU Yude, LI Haifeng, et al. Application of on-line rail milling in rail maintenance of high-speed railways [J]. Journal of Modern Transportation 2010, 18(2):140-144.

[89] MAGEL E, RONEY M, KALOUSEK J,et al. The blending of theory and practice in modern rail grinding [J]. Fatigue Fract Engng Mater Struct, 2010,26(10): 921-929.

[90] 周宇,许玉德,曹亮. 城市轨道交通钢轨表面在线整修技术的应用分析[J]. 城市轨道交通研究,2010,11:30-34.

[91] ZHOU Yu, KUANG Difeng, ZHENG Xiaofeng. The monitoring of long-term settlement of the infrastructure and vehicle-caused dynamic response in urban rail transit [C]// Proceedings of 1st International Workshop on Structural Health Monitoring for Railway System, 2016, Qingdao, China.

[92] JIANG Junnan, ZHOU Yu, ZHANG Jie, et al. Simulation and analysis on stress and deformation

of fixed bolts in the shear hinge of a floating slab track in urban rail transit [C]// Proceedings of the 15th Chinese Overseas Transportation Association (COTA) International Conference of Transportation Professionals, 2015, Beijing, China, 1872-1881.

[93] JIANG Junnan, ZHOU Yu, ZHANG Jie, et al. Inspection method for track components defects based on image recognition in subway system [C]// Proceedings of the 10th Asia Pacific Transportation Development Conference, Beijing, China, 2014.6: 373-380.

[94] ZHANG Jie, ZHOU Yu, JIANG Junnan, et al. System design of broken rail monitoring for urban rail transit based on ultrasonic-guided wasves [C]// Proceedings of the 10th Asia Pacific Transportation Development Conference, Beijing, China, 2014.6.

[95] ZHOU Yu, SUI Guodong, ZHANG Jie, et al. Research on automatic monitoring system of track real-time condition of urban rail transit [C]// ICTIS 2013: Improving Multimodal Transportation Systems-Information, Safety, and Integration-Proceedings of the 2nd International Conference on Transportation Information and Safety, Wuhan, China, 2013: 1877-1893.

[96] 夏禾. 交通环境振动工程[M]. 北京:科学出版社,2010.

[97] ISO 2631/1, Mechanical vibration and shock-evaluation of human exposure to whole bodyvibration—Part 1: General requirements [R]. 1997.

[98] 国家环境保护局. 城市区域环境振动测量方法:GB 10071—1988 [S]. 北京:中国标准出版社,1988.

[99] 前田達夫. 鉄道騒音と空力問題[J]. 鉄道総研報告,1997,11(1):7-15.

[100] TALOTTE C, GAUTIER P E, THOMPSON D J, et al. Identification, modelling and reduction potential of railway noise sources: a critical survey[J]. Journal of Sound & Vibration, 2003, 267(3):447-468.

[101] BEUVIN G M Van Ba, DITTRICH M. Work Package 1.2: Rail Source-Task 1.2.1 State of the Art[R]. Paris: Research and Technology Department, Physics of the Railway System and Comfort, 2005.

[102] 铁道科学院,西南交通大学. 客运专线无砟轨道区段噪声控制及其治理措施的研究[R]. 北京:铁道科学研究院,2007.

[103] 西南交通大学列车与线路研究所. 无砟轨道及轨道减振降噪技术措施的研究报告之五:福厦铁路轮轨噪声的预测与控制[R]. 成都:西南交通大学列车与线路研究所,2003.

[104] 雷晓燕,圣小珍. 铁路交通噪声与振动[M]. 北京:科学出版社,2004.

[105] 孙家麒,郭建国,金志春. 城市轨道交通振动和噪声控制简明手册[M]. 北京:中国科学技术出版社,2002.

[106] 张慧慧. 轨道结构减振降噪技术综述[J]. 铁道建筑技术,2011,S1:171-175.

[107] 王康. 高速动车组噪声检测及降噪技术研究[D]. 成都:西南交通大学,2014.

[108] 杨栋. 高速铁路轨道振动监测系统的研究与实现[D]. 兰州:兰州交通大学,2012.

[109] 王庆有,邹晓峰. 轨道振动的非接触测量[J]. 光学技术,1998,(6):69-70.

索 引

INDEX